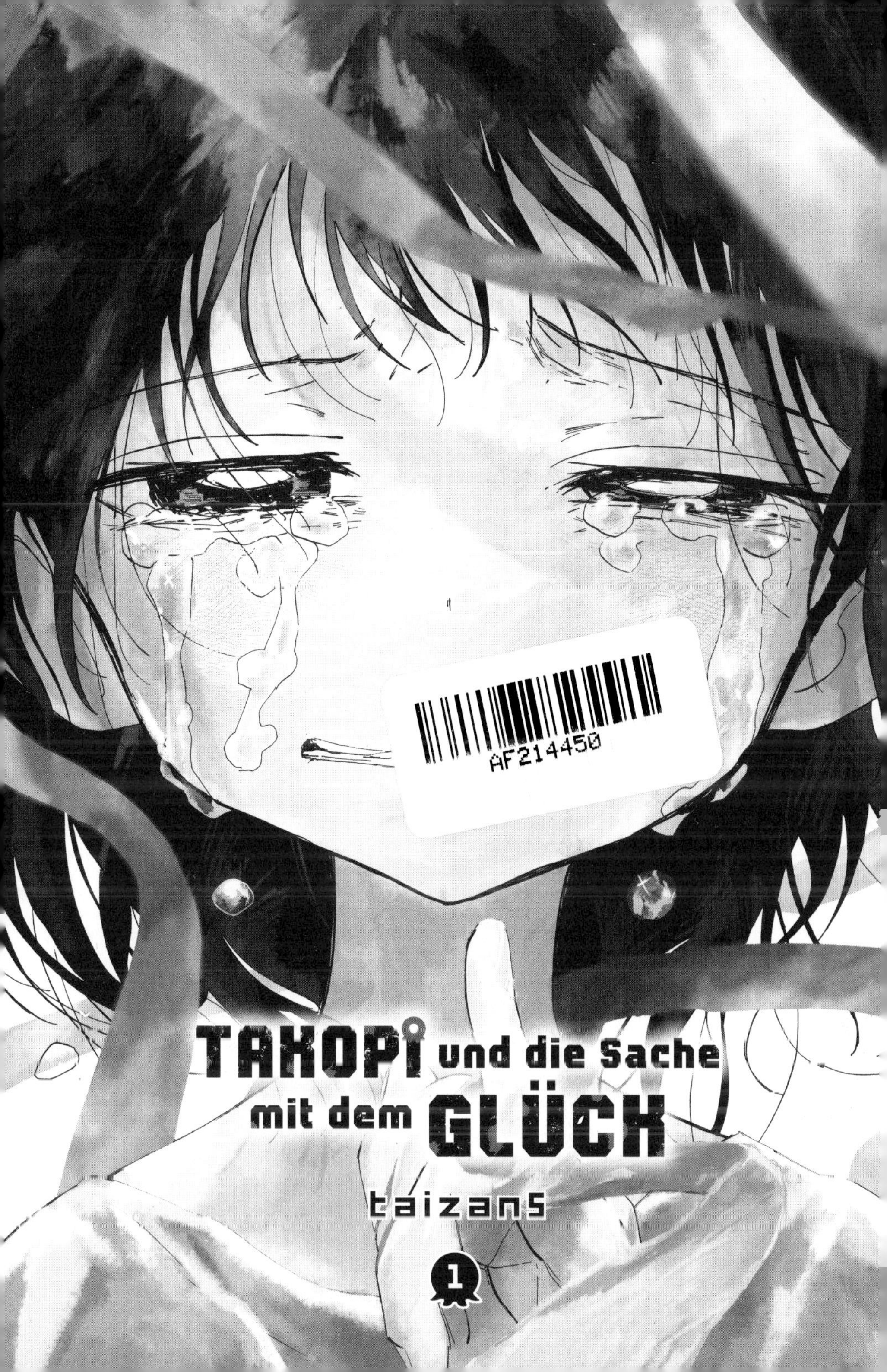

TAKOPI und die Sache mit dem GLÜCK

taizan5

1

TAKOPI und die Sache mit dem GLÜCK

1

Inhalt

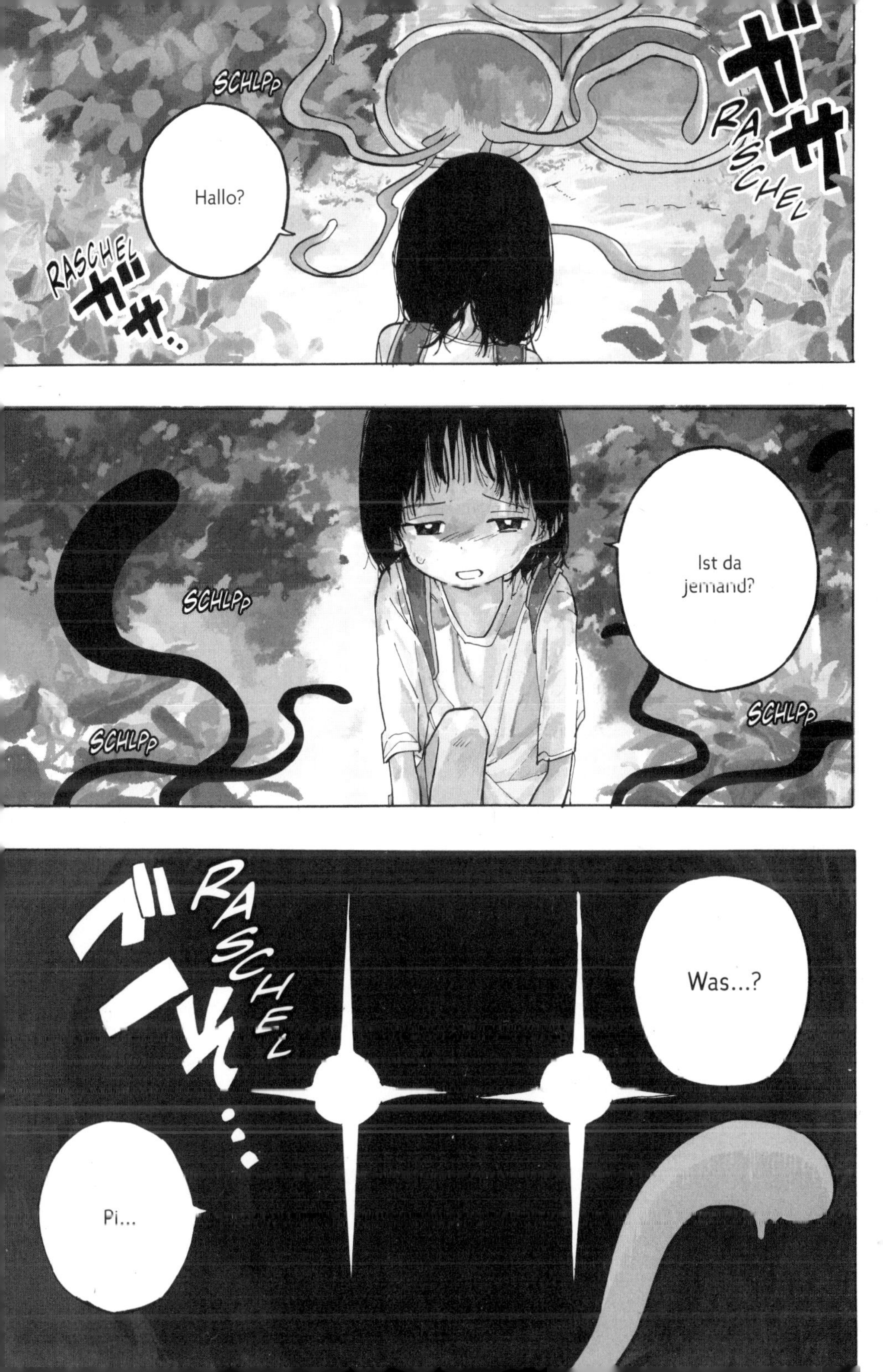
ガサ
RASCHEL
SCHLPP
Hallo?
RASCHEL
ガサ..
Ist da jemand?
SCHLPP
SCHLPP
SCHLPP
Was...?
RASCHEL
ズルッ...
Pi...

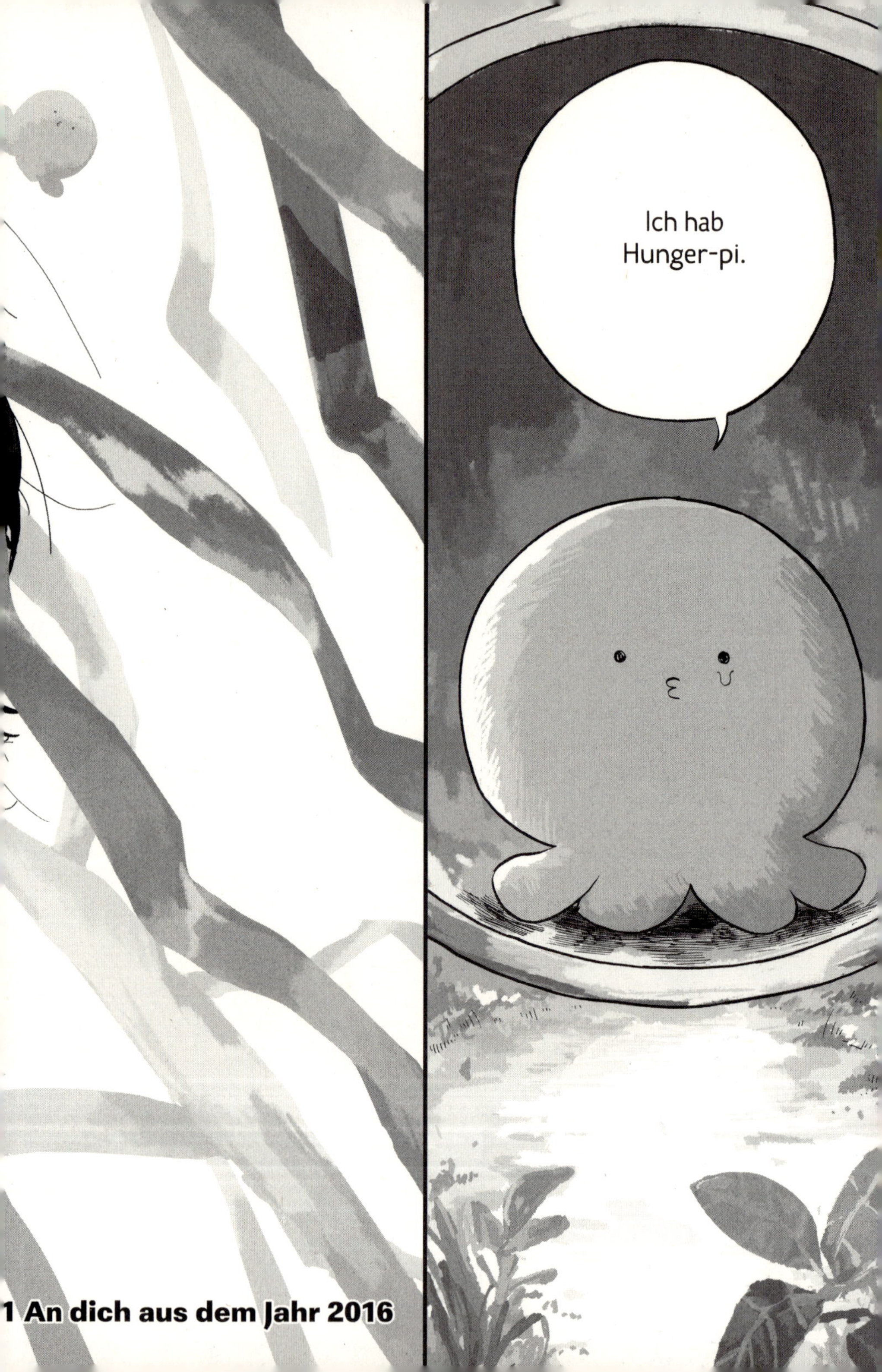

1 An dich aus dem Jahr 2016

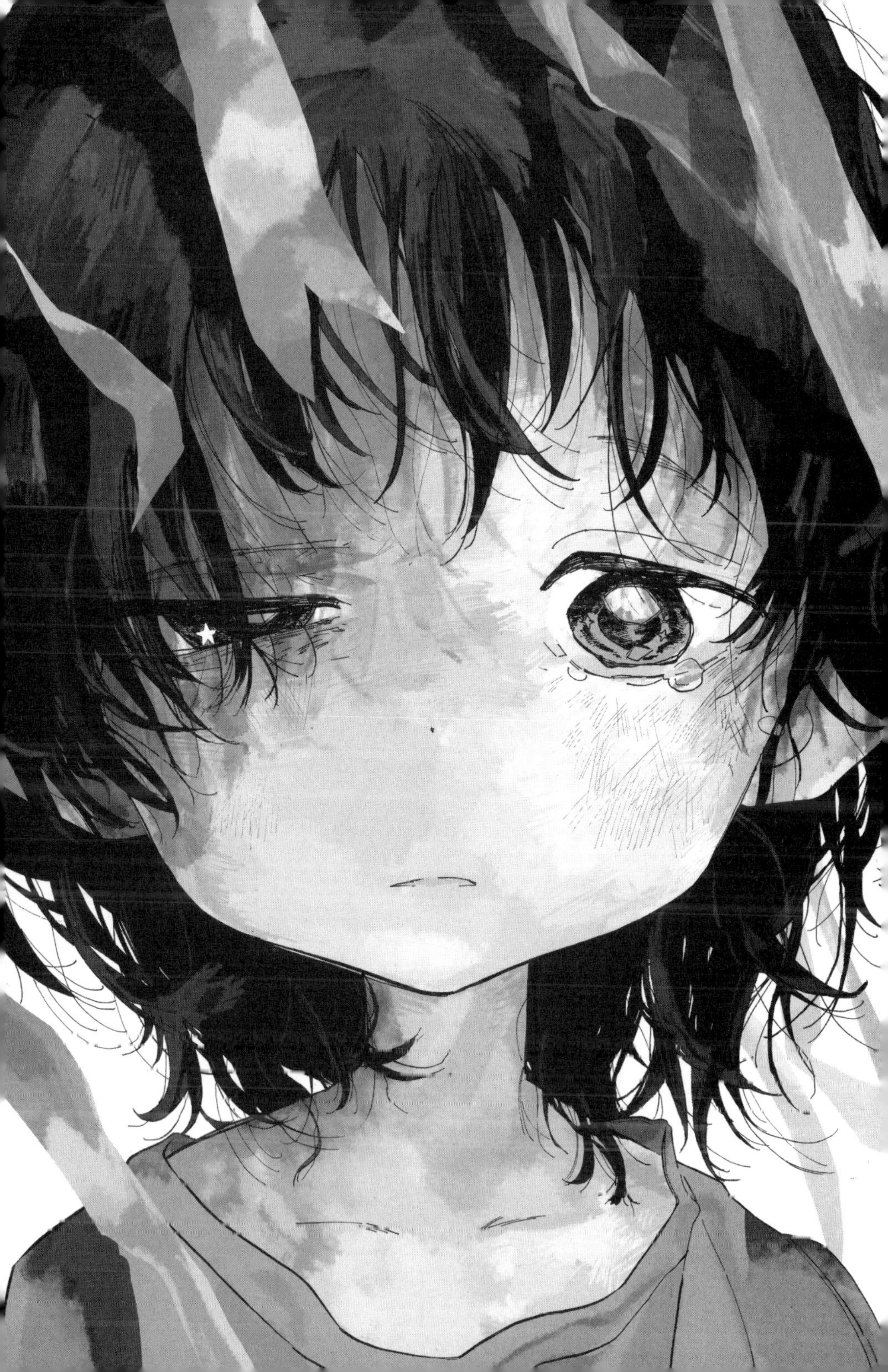

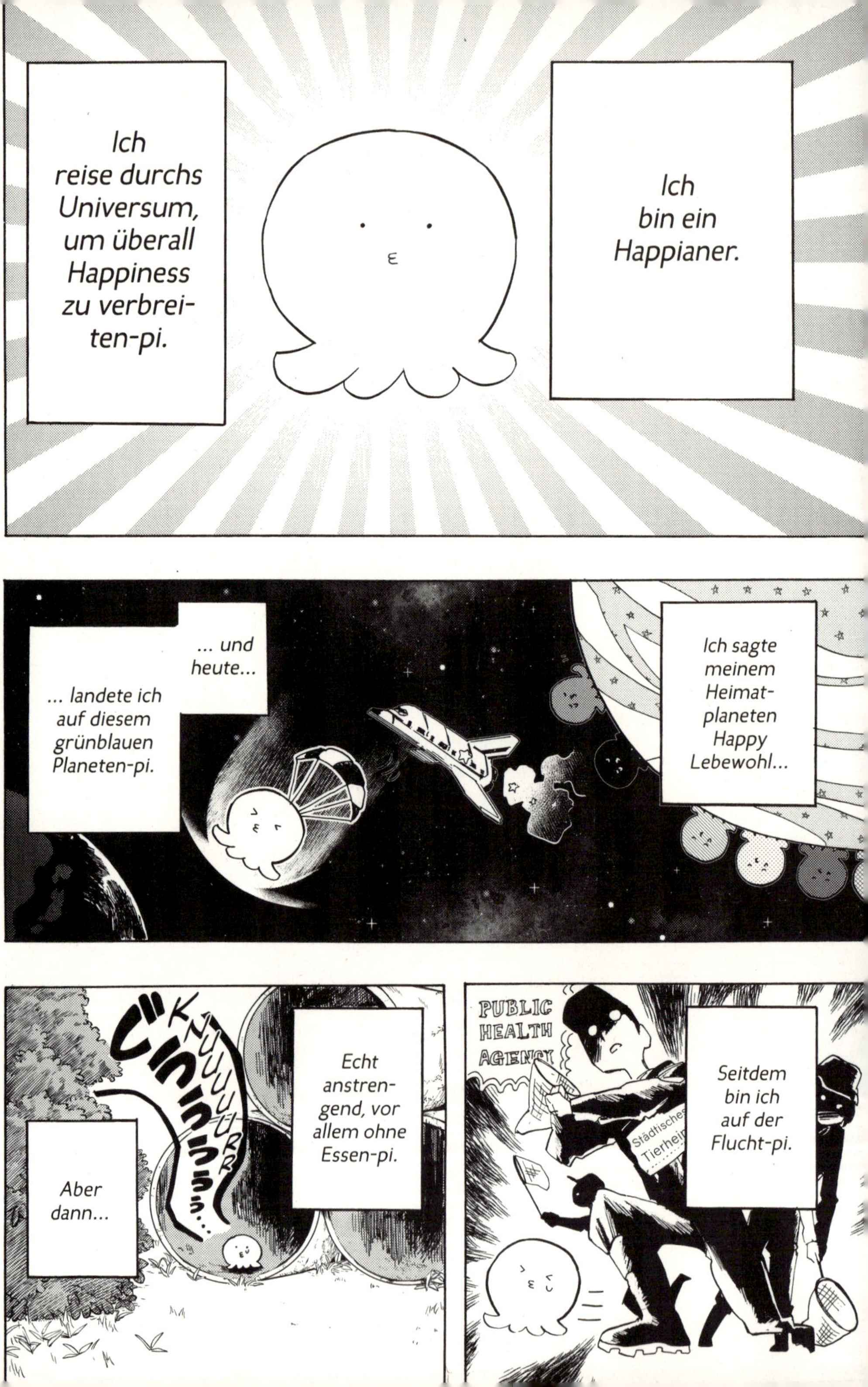

Ich bin ein Happianer.
Ich reise durchs Universum, um überall Happiness zu verbreiten-pi.
Ich sagte meinem Heimatplaneten Happy Lebewohl...
... und heute...
... landete ich auf diesem grünblauen Planeten-pi.
PUBLIC HEALTH AGENCY
Städtisches
Seitdem bin ich auf der Flucht-pi.
Echt anstrengend, vor allem ohne Essen-pi.
KNUUUURR
Aber dann...

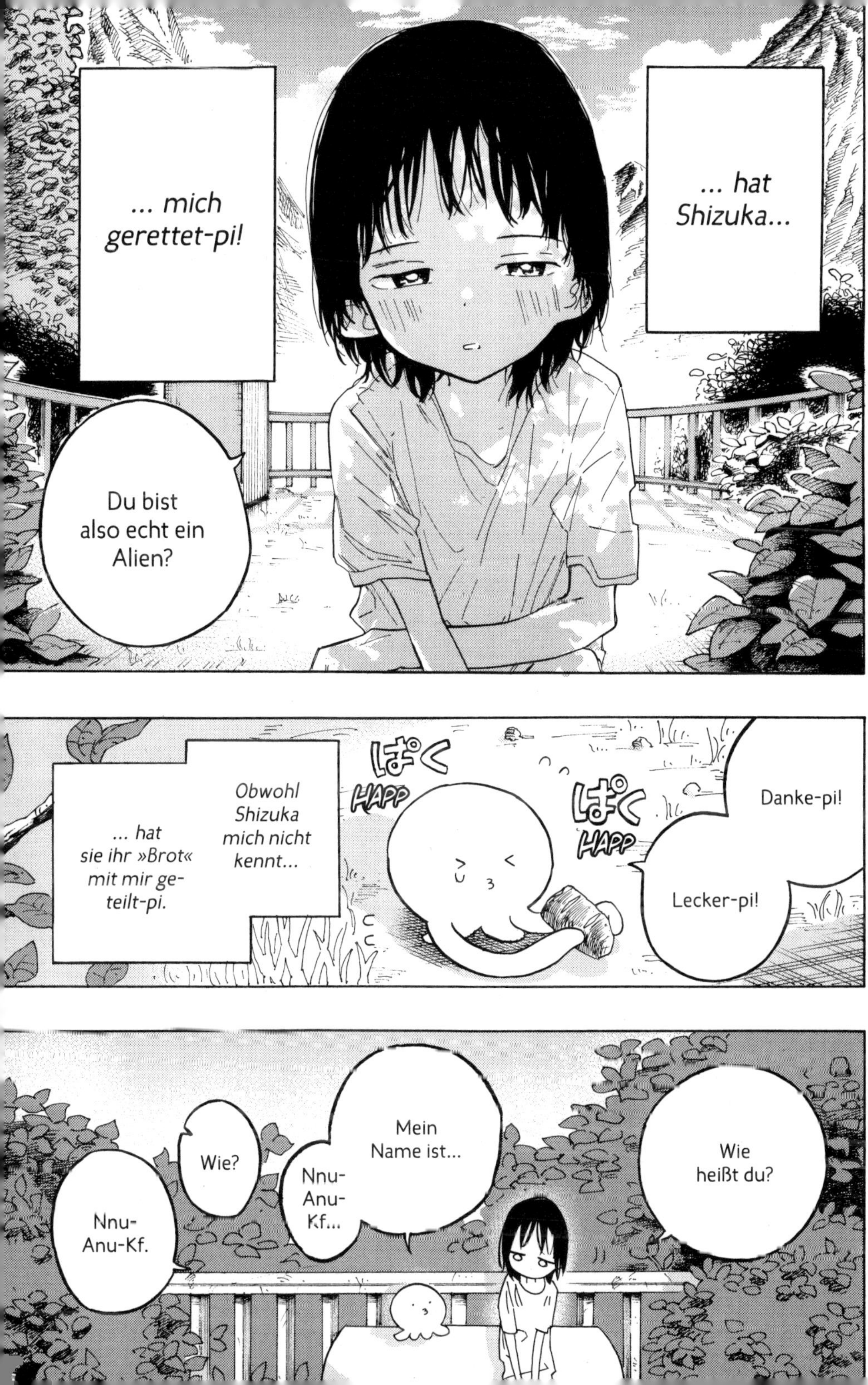
... hat Shizuka...
... mich gerettet-pi!
Du bist also echt ein Alien?
Danke-pi!
Lecker-pi!
ぱく HAPP
ぱく HAPP
Obwohl Shizuka mich nicht kennt...
... hat sie ihr »Brot« mit mir geteilt-pi.
Wie heißt du?
Mein Name ist...
Nnu-Anu-Kf...
Wie?
Nnu-Anu-Kf.

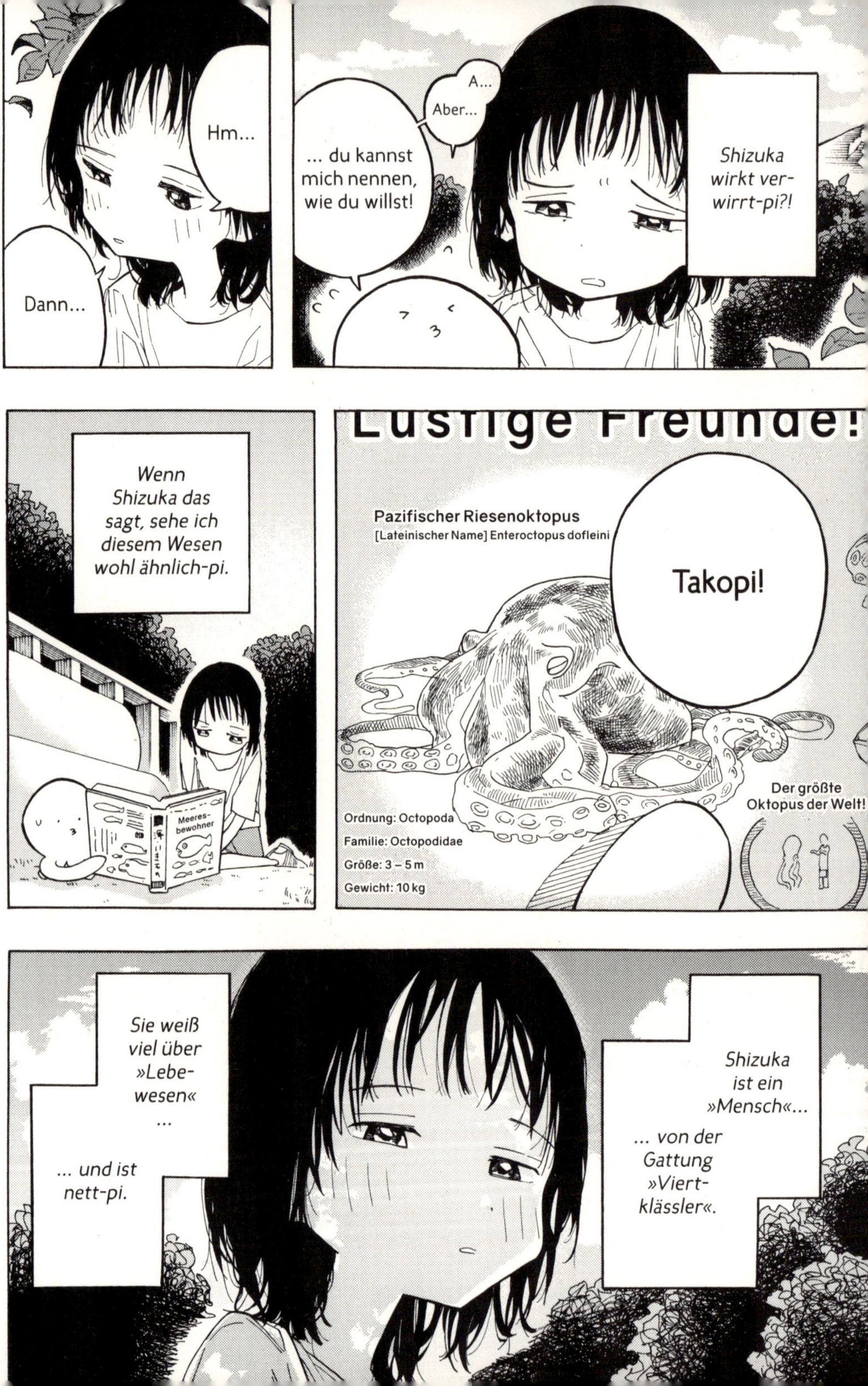
Shizuka wirkt ver-wirrt-pi?!
A... Aber...
... du kannst mich nennen, wie du willst!
Hm...
Dann...
Lustige Freunde!
Pazifischer Riesenoktopus
[Lateinischer Name] Enteroctopus dofleini
Takopi!
Der größte Oktopus der Welt!
Ordnung: Octopoda
Familie: Octopodidae
Größe: 3 – 5 m
Gewicht: 10 kg
Wenn Shizuka das sagt, sehe ich diesem Wesen wohl ähnlich-pi.
Meeres-bewohner
Shizuka ist ein »Mensch«...
... von der Gattung »Viert-klässler«.
Sie weiß viel über »Lebe-wesen« ...
... und ist nett-pi.

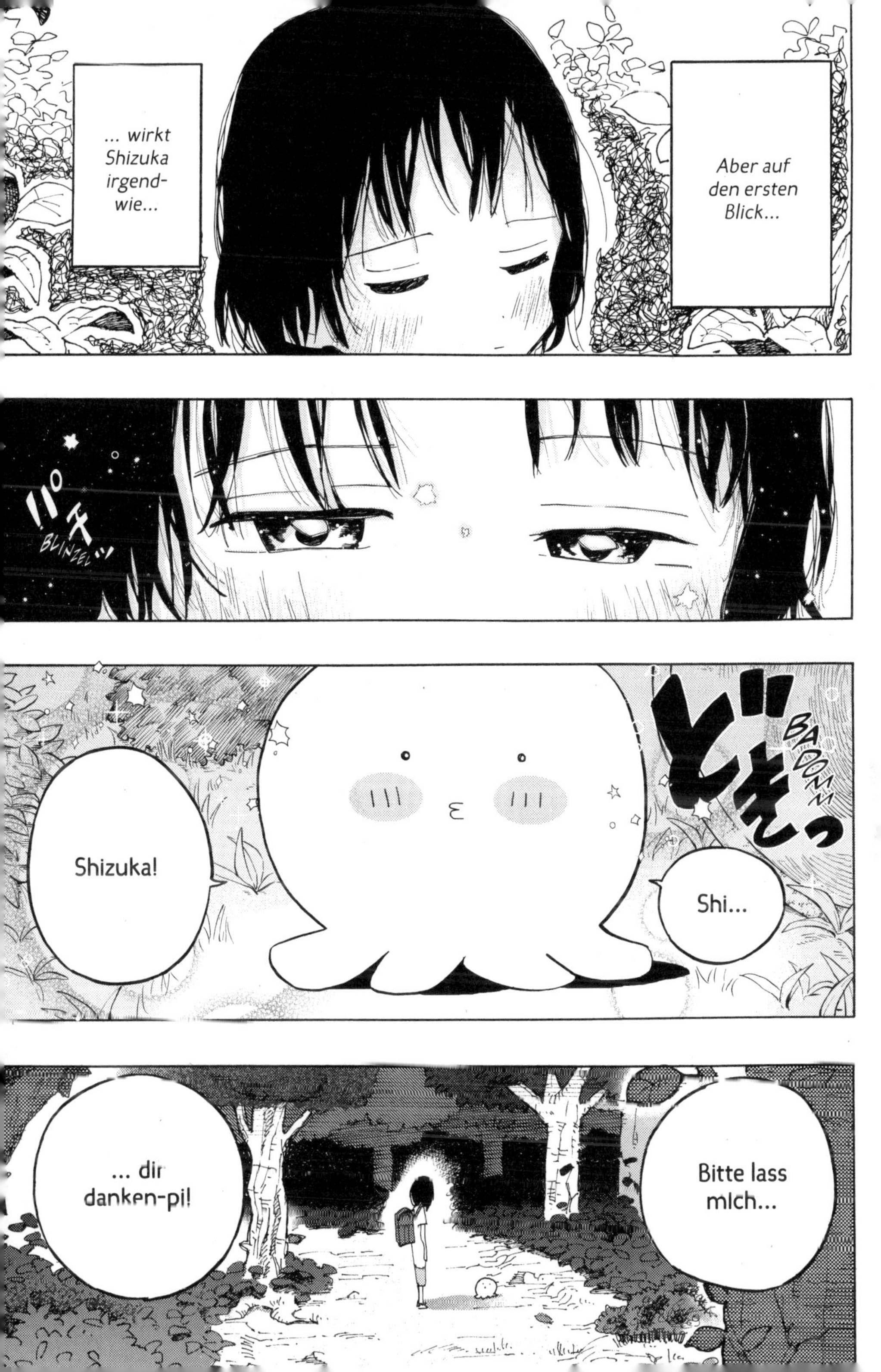
Aber auf den ersten Blick...
... wirkt Shizuka irgendwie...
BLINZEL
BADOMM
Shi...
Shizuka!
Bitte lass mich...
... dir danken-pi!

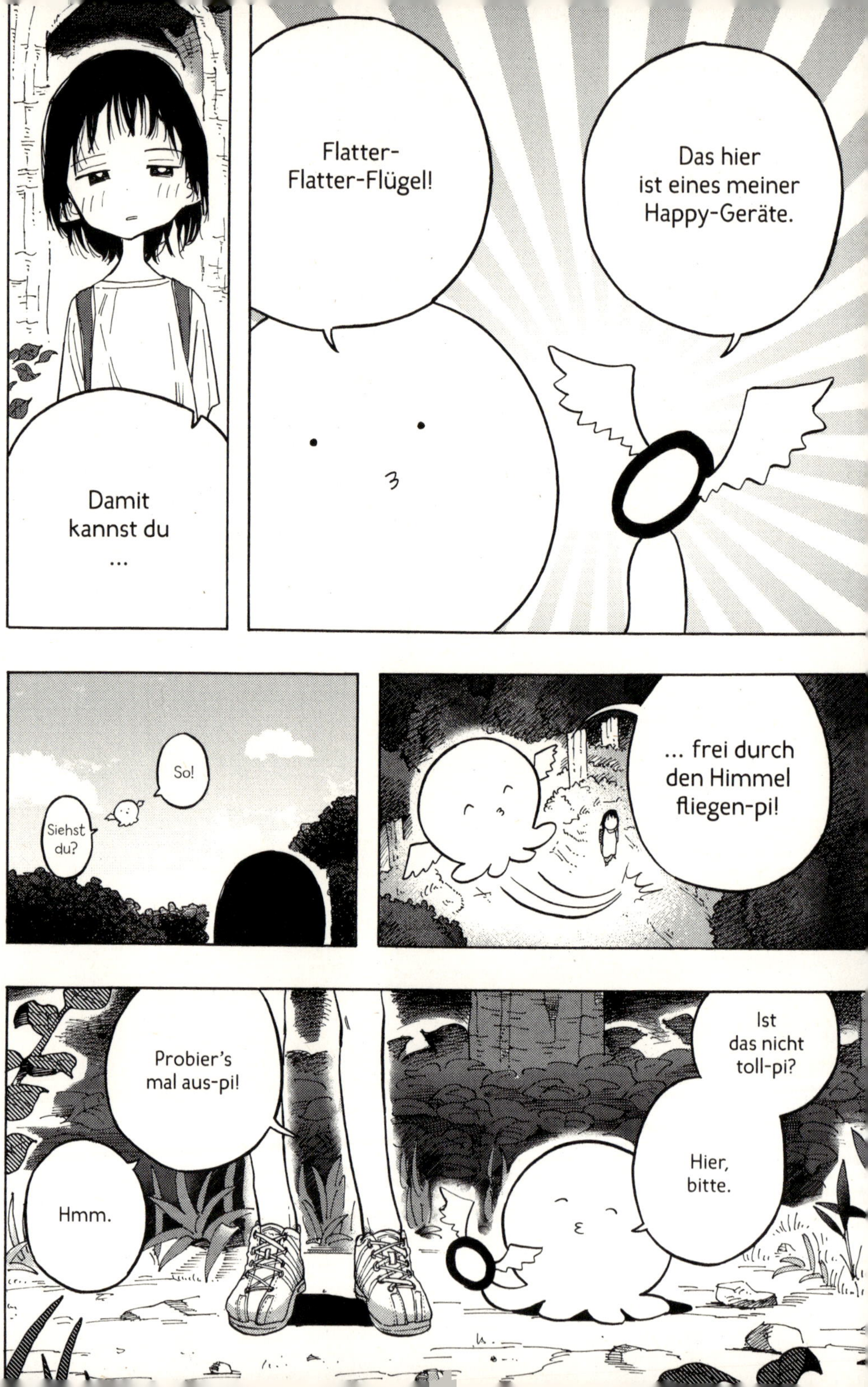
Das hier ist eines meiner Happy-Geräte.
Flatter-Flatter-Flügel!
Damit kannst du ...
... frei durch den Himmel fliegen-pi!
So!
Siehst du?
Ist das nicht toll-pi?
Hier, bitte.
Probier's mal aus-pi!
Hmm.

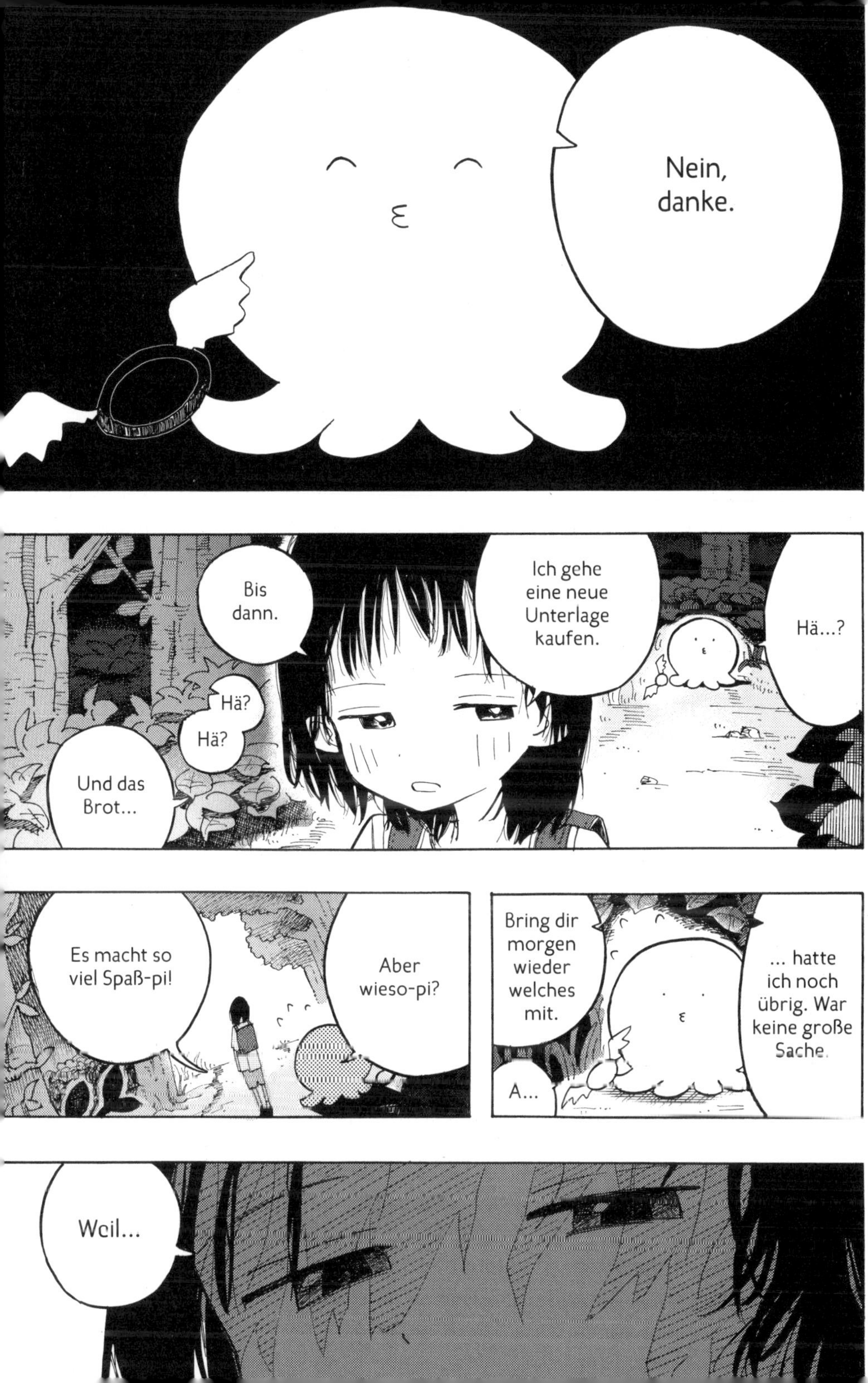

Nein, danke.
Hä...?
Ich gehe eine neue Unterlage kaufen.
Bis dann.
Hä?
Hä?
Und das Brot...
... hatte ich noch übrig. War keine große Sache.
Bring dir morgen wieder welches mit.
A...
Aber wieso-pi?
Es macht so viel Spaß-pi!
Weil...

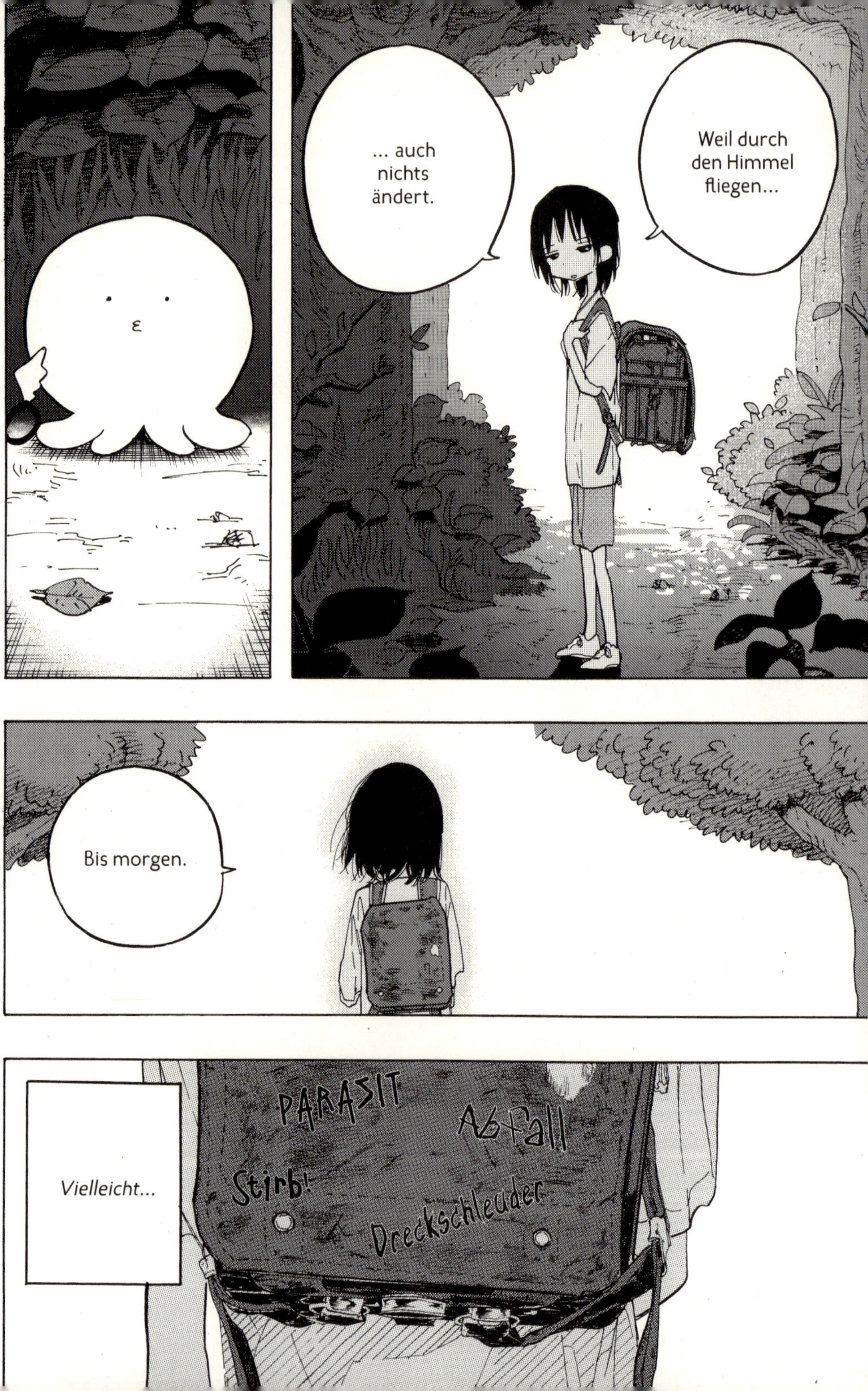
Weil durch den Himmel fliegen...
... auch nichts ändert.
Bis morgen.
PARASIT
Abfall
Stirb!
Dreckschleuder
Vielleicht...

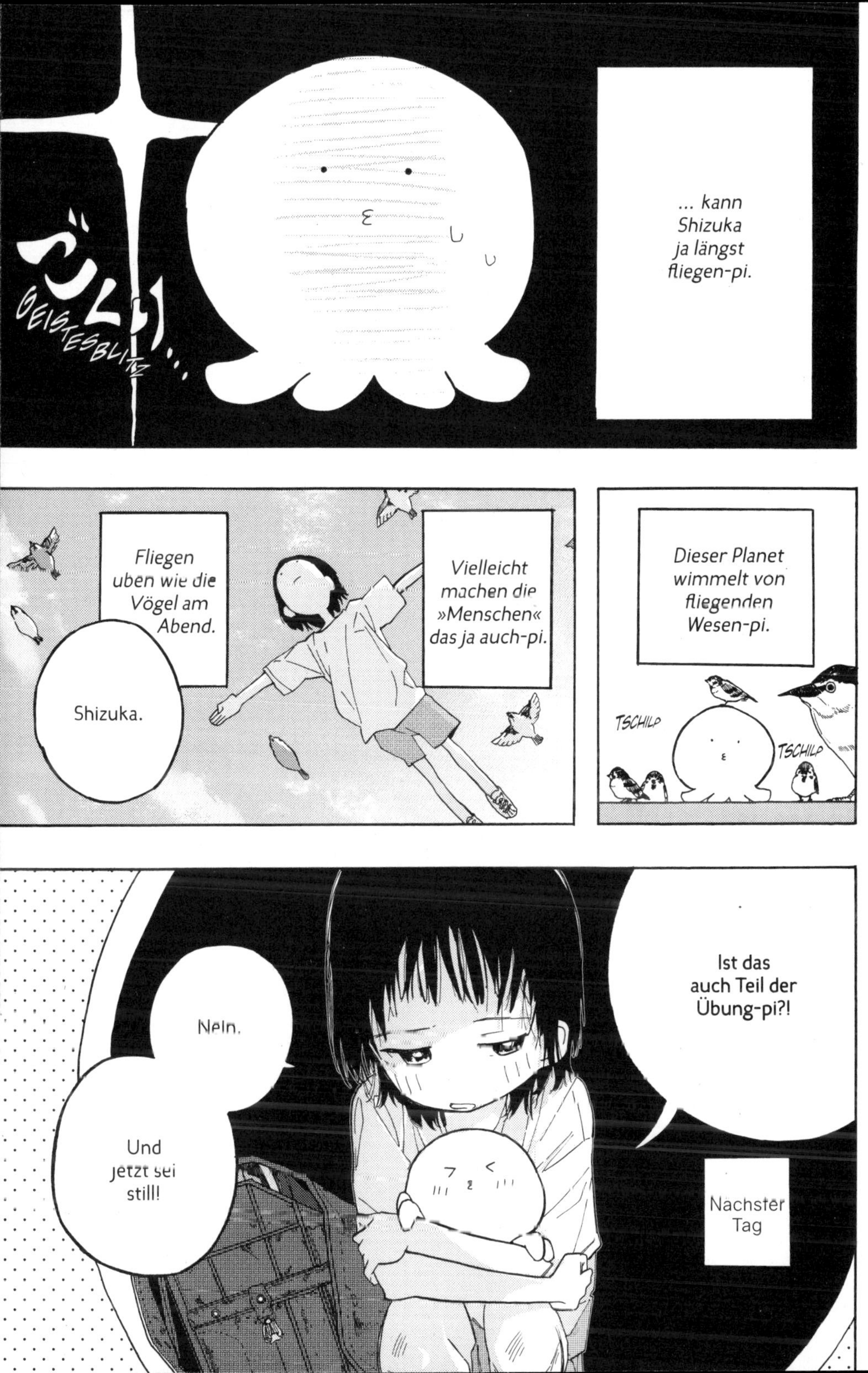

... kann Shizuka ja längst fliegen-pi.
GEISTESBLITZ...
Dieser Planet wimmelt von fliegenden Wesen-pi.
TSCHILP
TSCHILP
Vielleicht machen die »Menschen« das ja auch-pi.
Fliegen üben wie die Vögel am Abend.
Shizuka.
Nächster Tag
Ist das auch Teil der Übung-pi?!
Nein.
Und jetzt sei still!

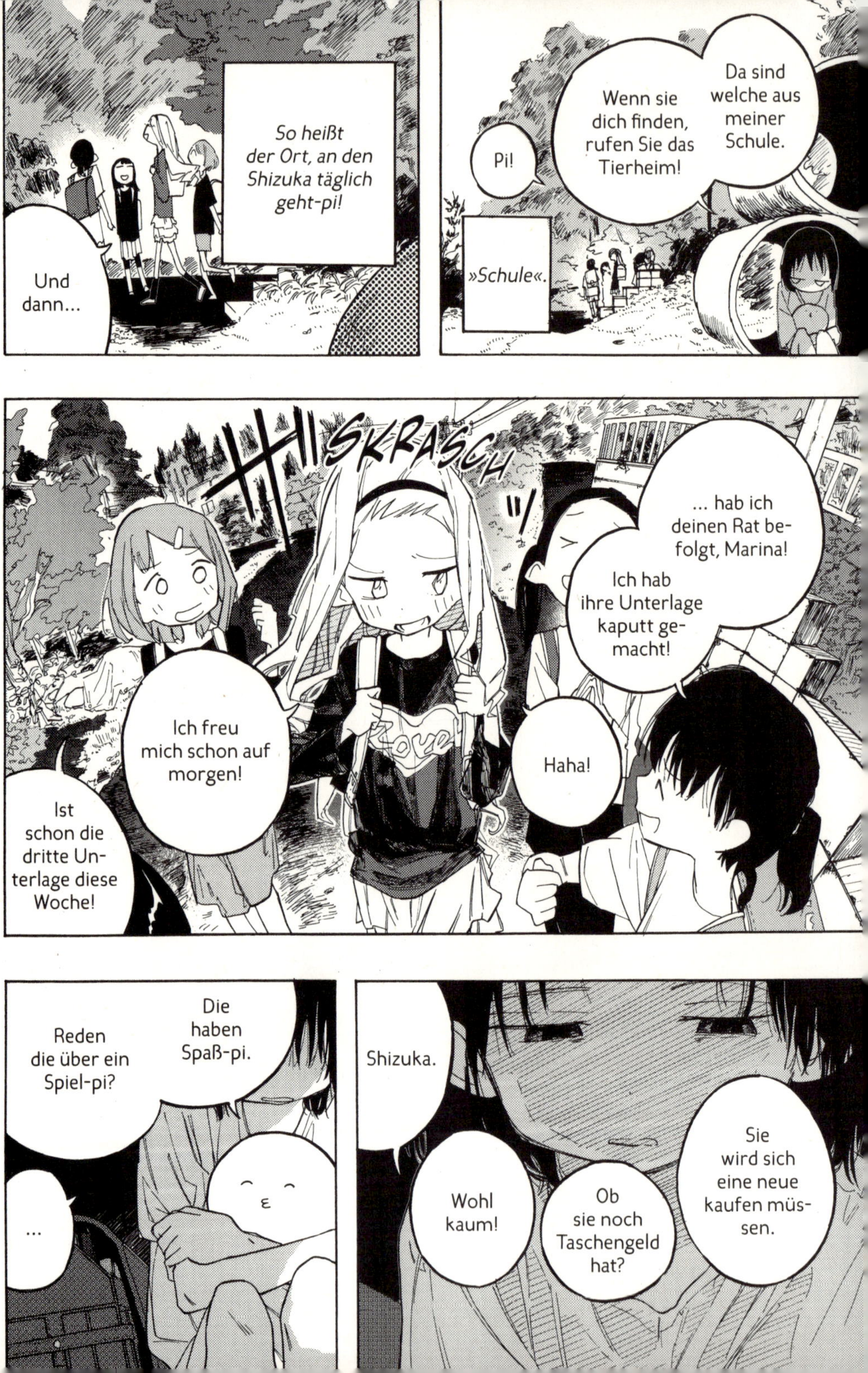

Da sind welche aus meiner Schule.
Wenn sie dich finden, rufen Sie das Tierheim!
Pi!
»Schule«.
So heißt der Ort, an den Shizuka täglich geht-pi!
Und dann…
SKRASCH
… hab ich deinen Rat befolgt, Marina!
Ich hab ihre Unterlage kaputt gemacht!
Haha!
Ich freu mich schon auf morgen!
Ist schon die dritte Unterlage diese Woche!
Shizuka.
Sie wird sich eine neue kaufen müssen.
Ob sie noch Taschengeld hat?
Wohl kaum!
Die haben Spaß-pi.
Reden die über ein Spiel-pi?
…

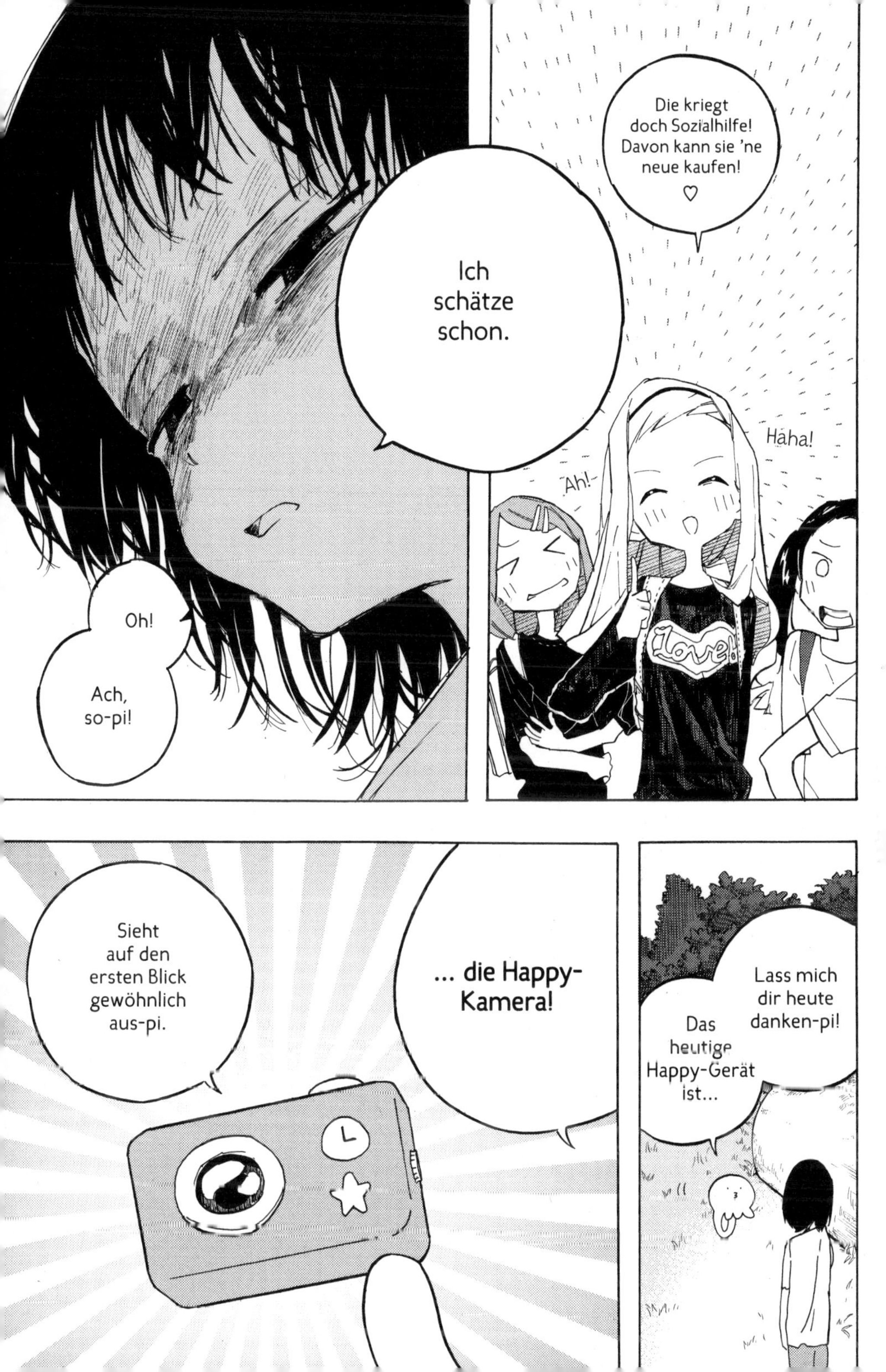
Die kriegt doch Sozialhilfe! Davon kann sie ’ne neue kaufen! ♡
Haha!
Ah!
Ich schätze schon.
Oh!
Ach, so-pi!
Lass mich dir heute danken-pi!
Das heutige Happy-Gerät ist...
... die Happy-Kamera!
Sieht auf den ersten Blick gewöhnlich aus-pi.

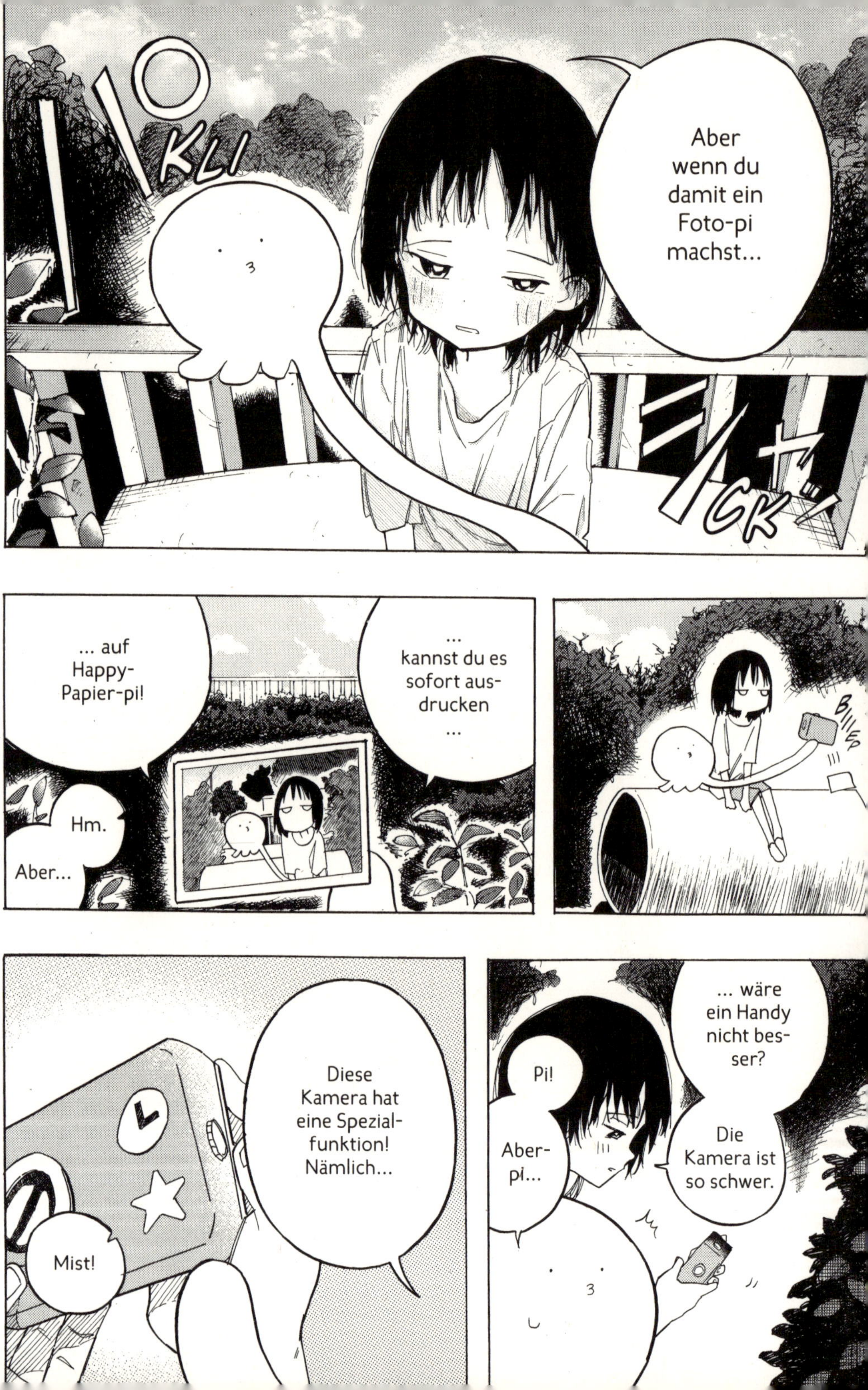
Aber wenn du damit ein Foto-pi machst...
KLI
CK
... kannst du es sofort aus-drucken ...
... auf Happy-Papier-pi!
Hm.
Aber...
... wäre ein Handy nicht bes-ser?
Die Kamera ist so schwer.
Pi!
Aber-pi...
Diese Kamera hat eine Spezial-funktion! Nämlich...
Mist!

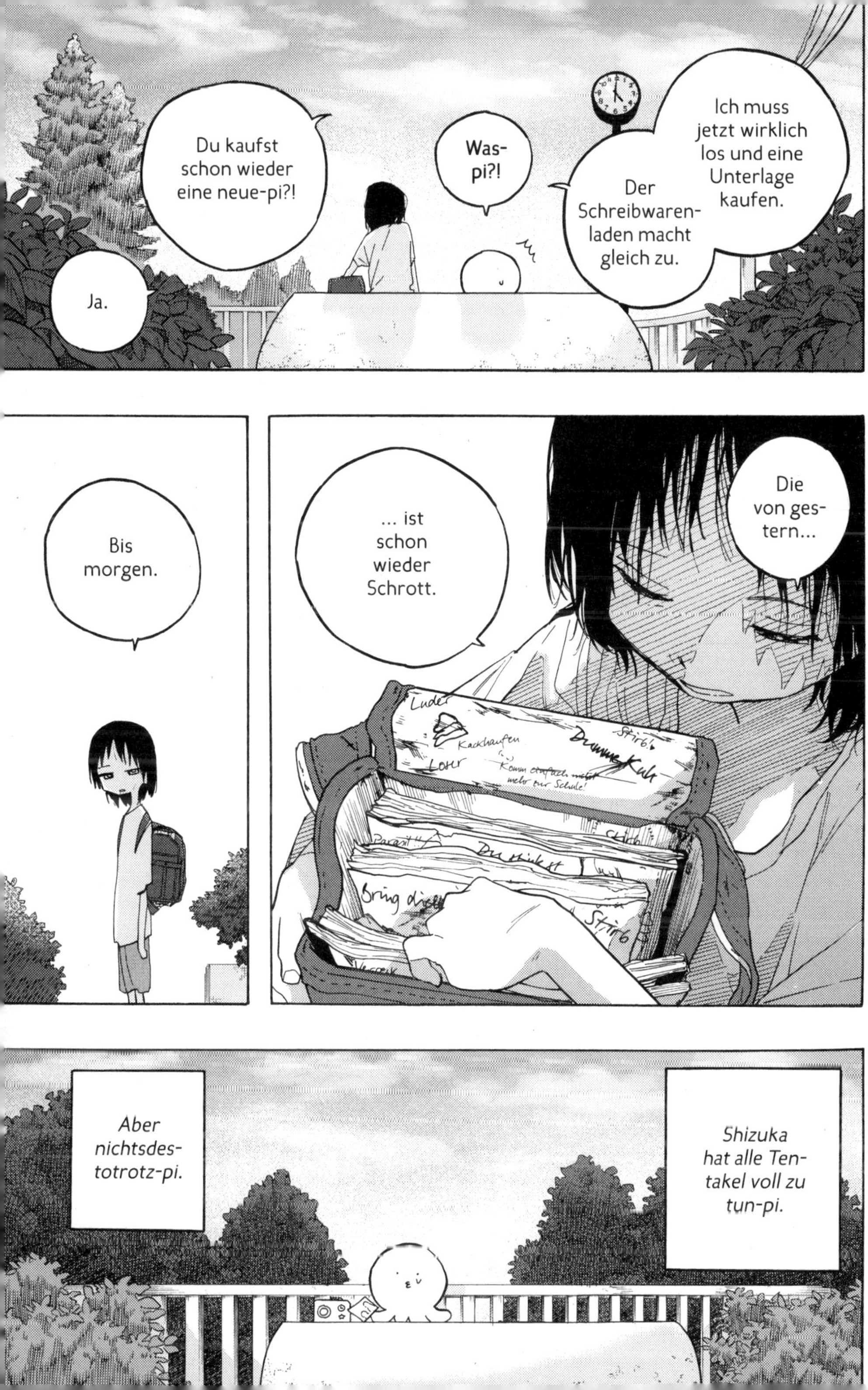
Ich muss jetzt wirklich los und eine Unterlage kaufen.
Der Schreibwarenladen macht gleich zu.
Was-pi?!
Du kaufst schon wieder eine neue-pi?!
Ja.
Die von gestern…
… ist schon wieder Schrott.
Luder
Kackhaufen
Loser
Stirb
Parasit!!
Du stinkst
Bis morgen.
Shizuka hat alle Tentakel voll zu tun-pi.
Aber nichtsdestotrotz-pi.

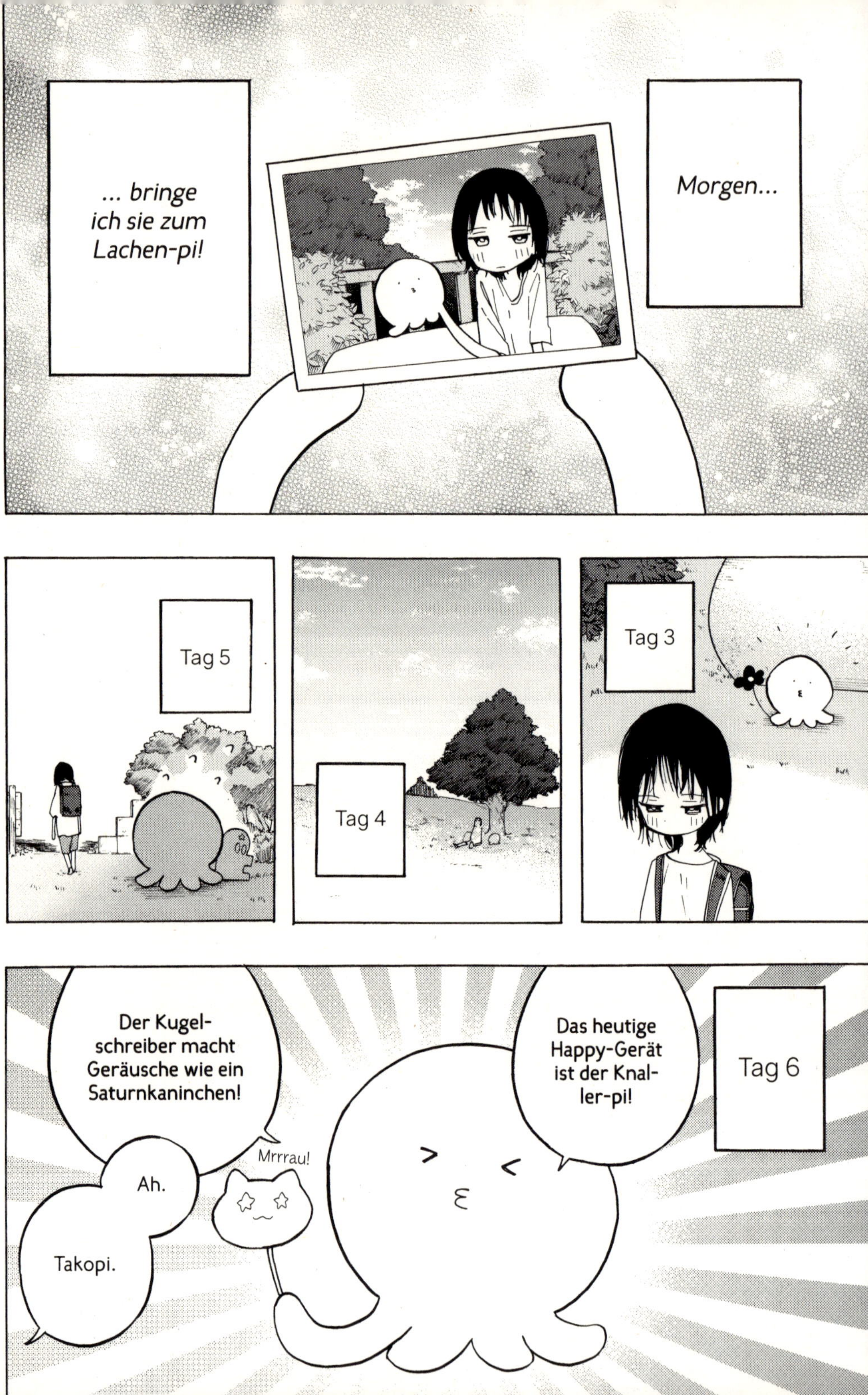
Morgen...
... bringe ich sie zum Lachen-pi!
Tag 3
Tag 4
Tag 5
Tag 6
Das heutige Happy-Gerät ist der Knal-ler-pi!
Der Kugel-schreiber macht Geräusche wie ein Saturnkaninchen!
Mrrrau!
Ah.
Takopi.

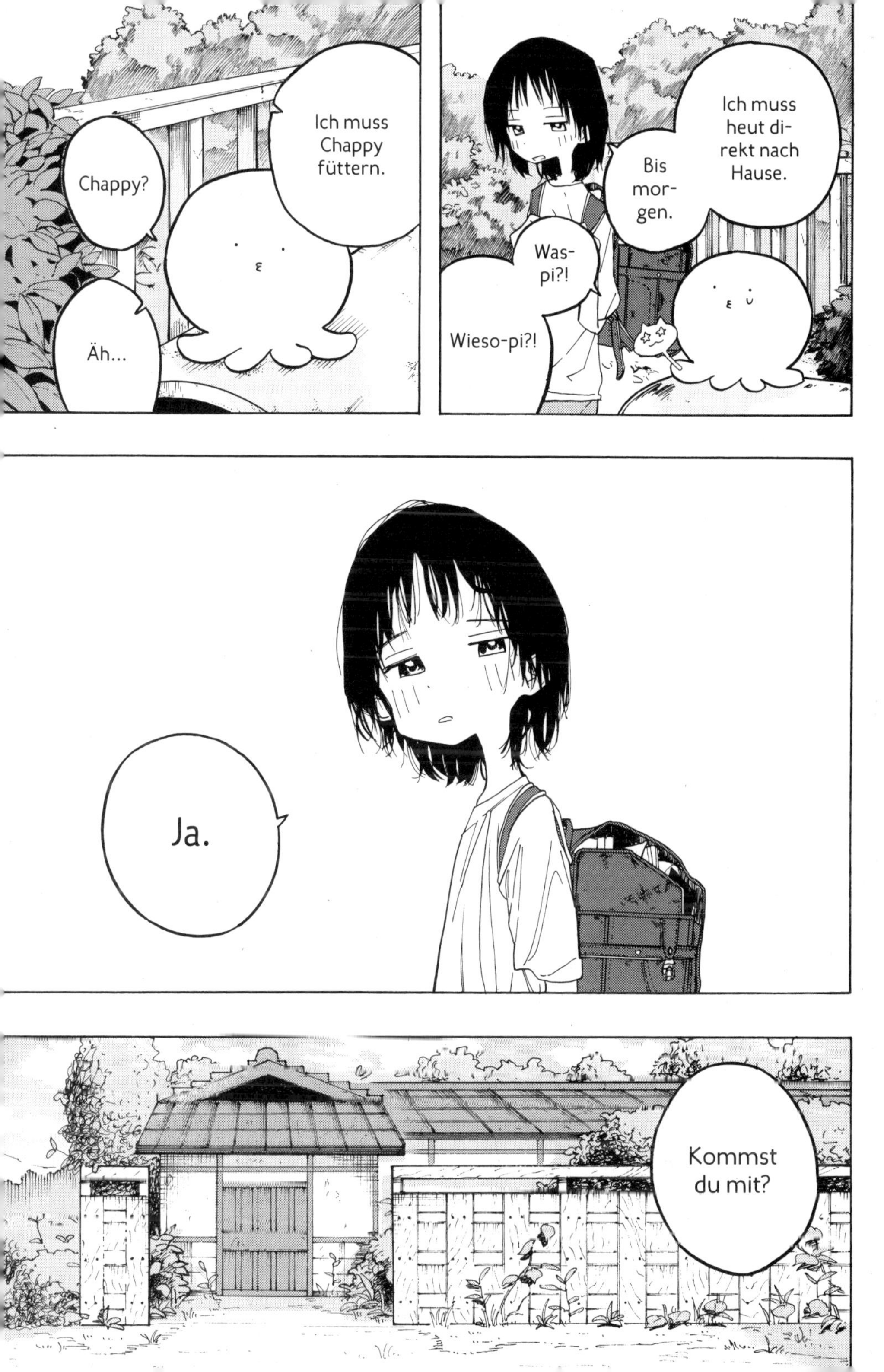
Ich muss heut direkt nach Hause.
Bis morgen.
Was-pi?!
Wieso-pi?!
Ich muss Chappy füttern.
Chappy?
Äh…
Ja.
Kommst du mit?

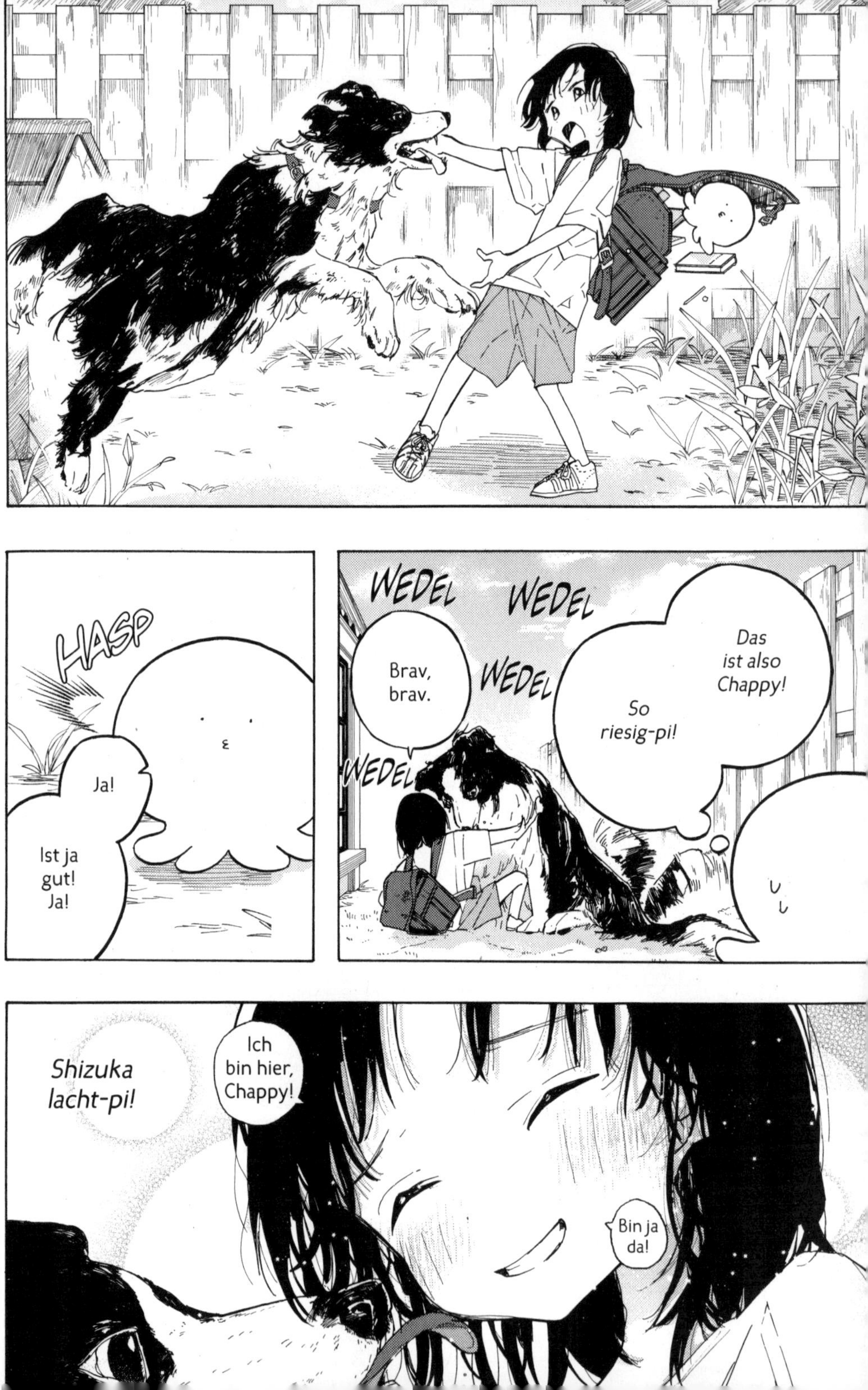
WEDEL
WEDEL
WEDEL
WEDEL
Das ist also Chappy!
So riesig-pi!
Brav, brav.
HASP
Ja!
Ist ja gut! Ja!
Ich bin hier, Chappy!
Bin ja da!
Shizuka lacht-pi!

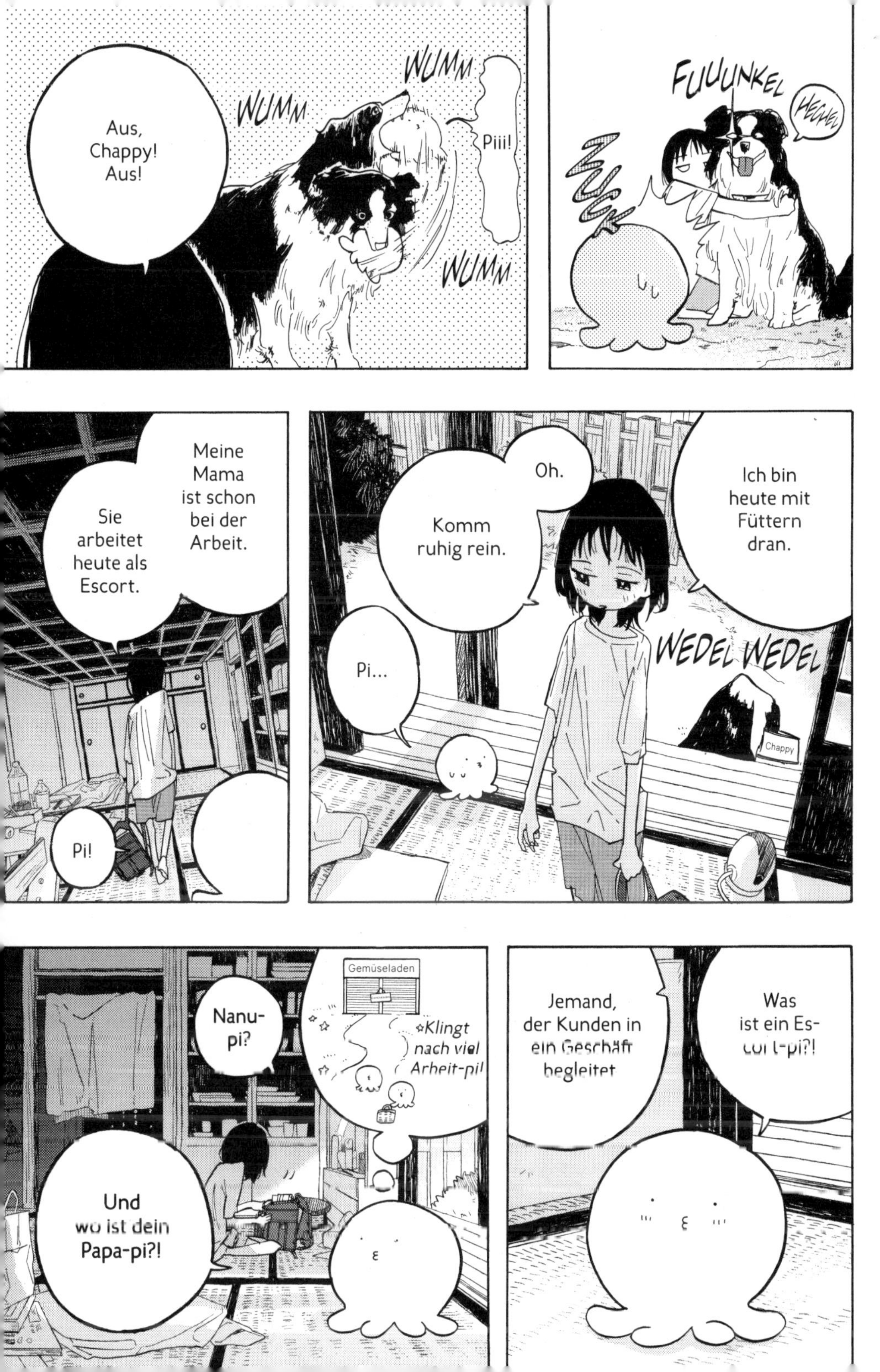
FUUUNKEL
HECHEL
ZUCK
WUMM
WUMM
Piii!
WUMM
Aus, Chappy! Aus!
Ich bin heute mit Füttern dran.
Oh.
Komm ruhig rein.
WEDEL WEDEL
Chappy
Pi…
Meine Mama ist schon bei der Arbeit.
Sie arbeitet heute als Escort.
Pi!
Was ist ein Es-cort-pi?!
Jemand, der Kunden in ein Geschäft begleitet
Nanu-pi?
Gemüseladen
Klingt nach viel Arbeit-pi!
Und wo ist dein Papa-pi?!

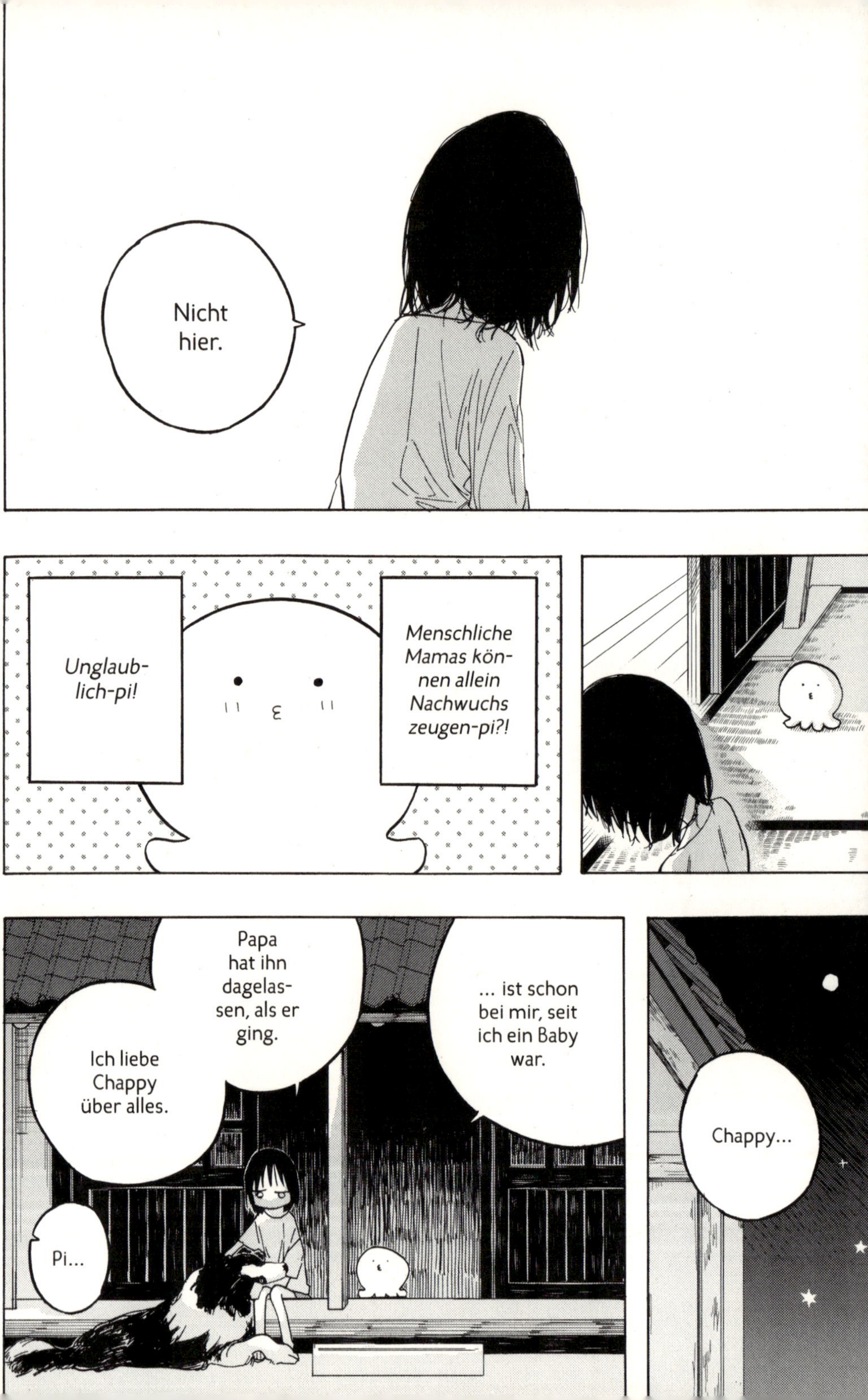
Nicht hier.
Menschliche Mamas können allein Nachwuchs zeugen-pi?!
Unglaublich-pi!
Chappy...
... ist schon bei mir, seit ich ein Baby war.
Papa hat ihn dagelassen, als er ging.
Ich liebe Chappy über alles.
Pi...

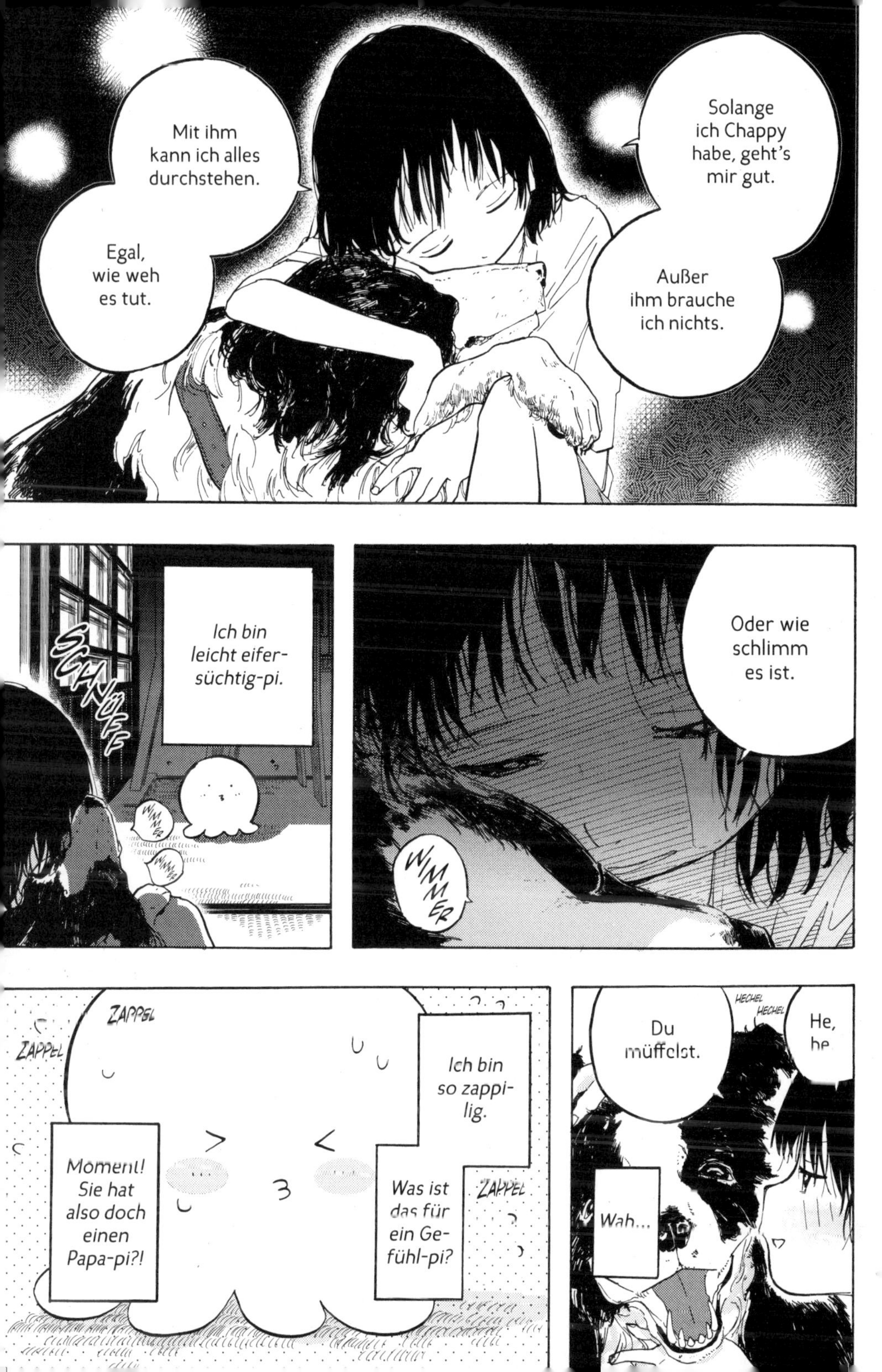
Solange ich Chappy habe, geht's mir gut.
Außer ihm brauche ich nichts.
Mit ihm kann ich alles durchstehen.
Egal, wie weh es tut.
Oder wie schlimm es ist.
WIMMER
Ich bin leicht eifersüchtig-pi.
SCHNÜFF
WIMMER
WIMMER
He, he
HECHEL
HECHEL
Du müffelst.
Wah…
Ich bin so zappilig.
Was ist das für ein Gefühl-pi?
ZAPPEL
ZAPPEL
Moment! Sie hat also doch einen Papa-pi?!
ZAPPEL

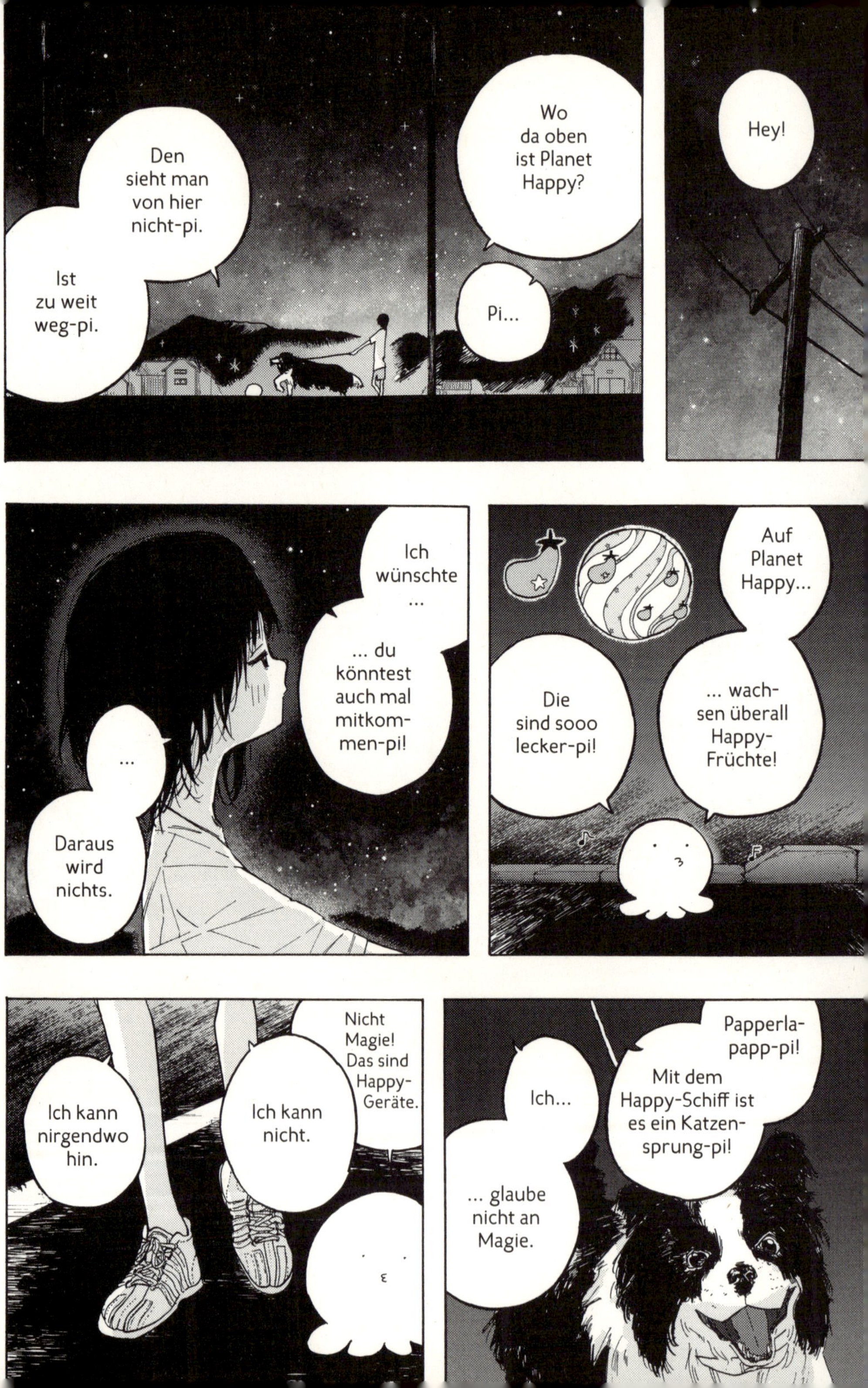
Hey!
Wo da oben ist Planet Happy?
Pi...
Den sieht man von hier nicht-pi.
Ist zu weit weg-pi.
Auf Planet Happy...
... wach-sen überall Happy-Früchte!
Die sind sooo lecker-pi!
Ich wünschte ...
... du könntest auch mal mitkom-men-pi!
...
Daraus wird nichts.
Papperla-papp-pi!
Mit dem Happy-Schiff ist es ein Katzen-sprung-pi!
Ich...
... glaube nicht an Magie.
Nicht Magie! Das sind Happy-Geräte.
Ich kann nicht.
Ich kann nirgendwo hin.

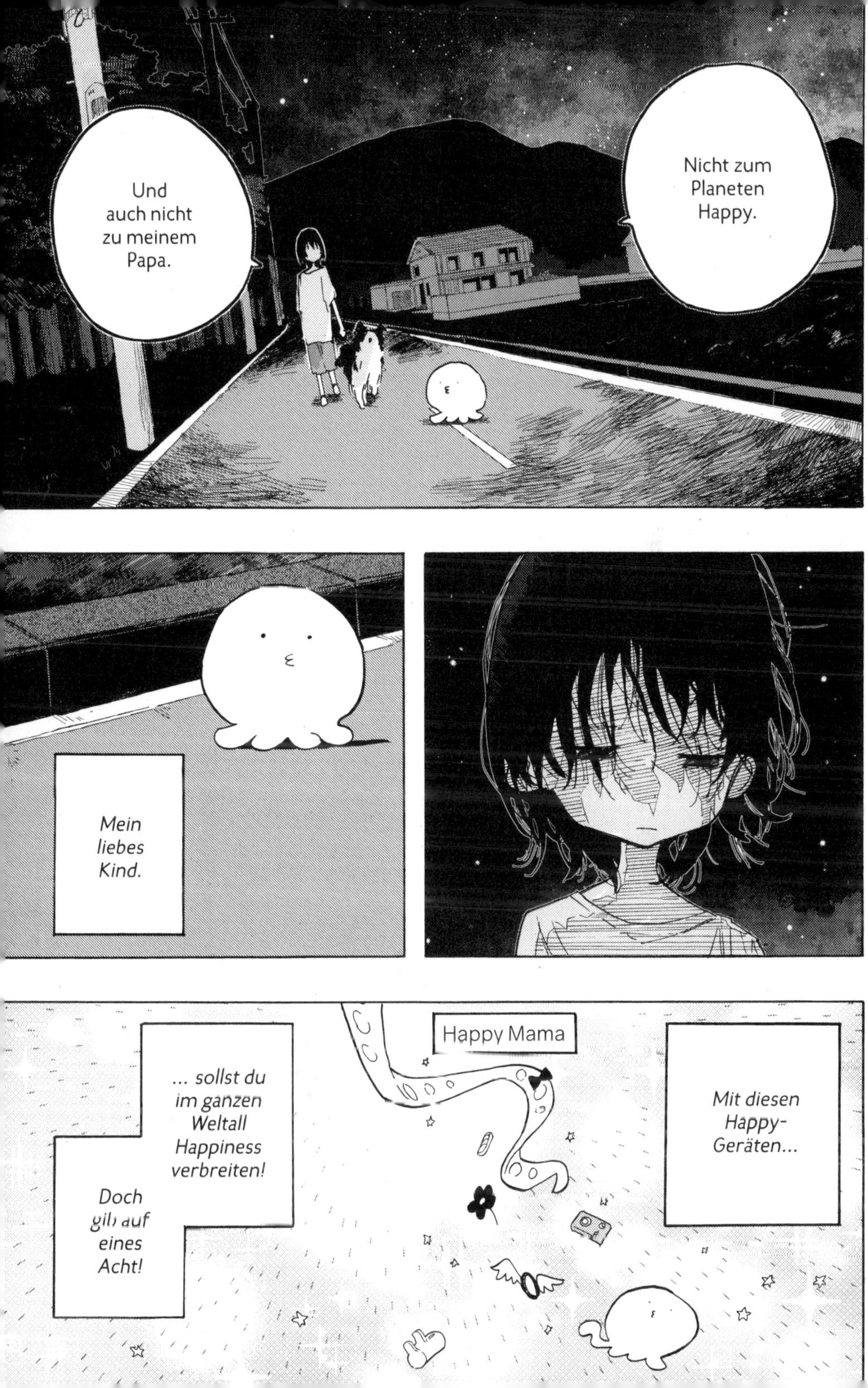
Nicht zum Planeten Happy.
Und auch nicht zu meinem Papa.
Mein liebes Kind.
Mit diesen Happy-Geräten…
Happy Mama
… sollst du im ganzen Weltall Happiness verbreiten!
Doch gib auf eines Acht!

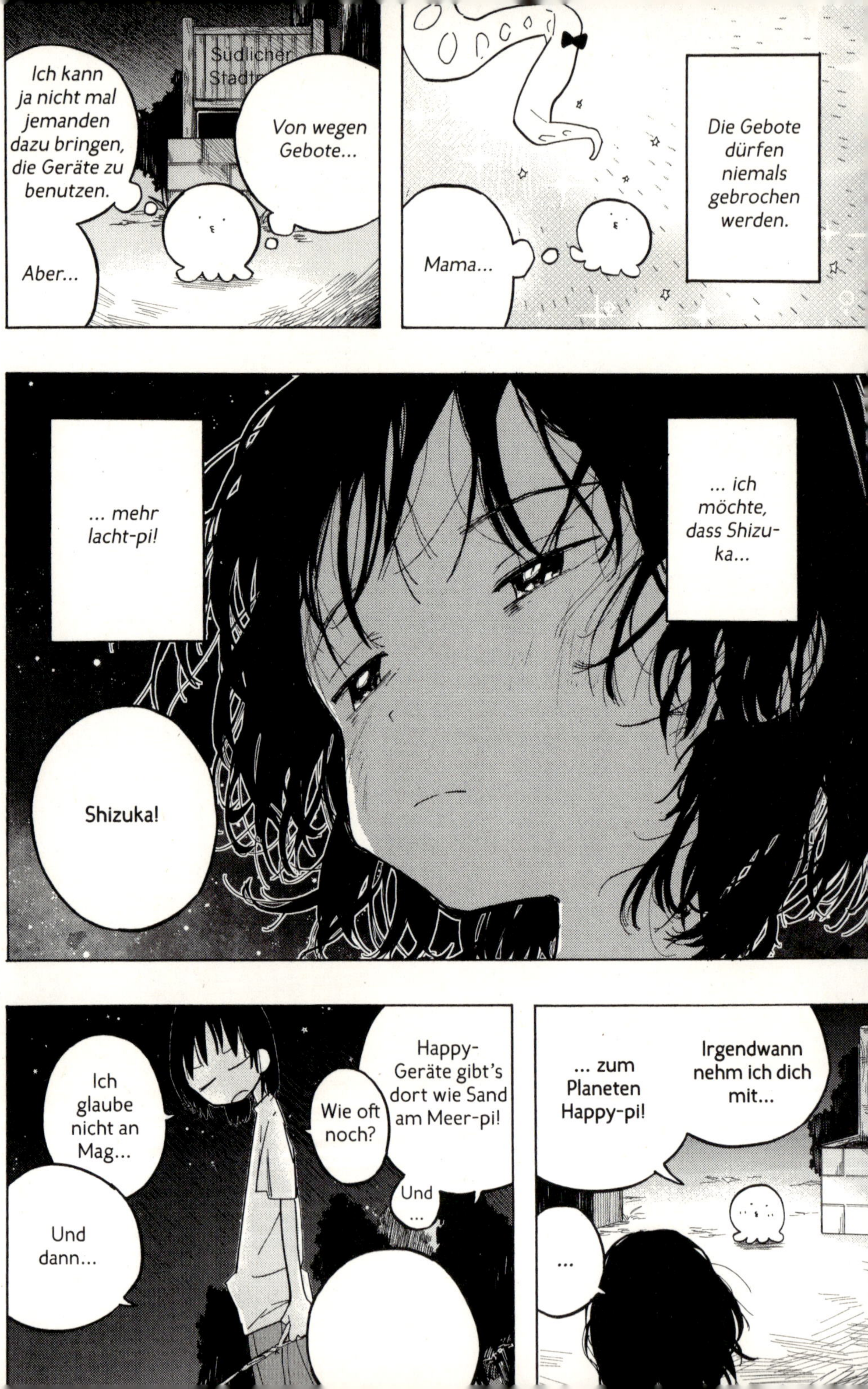

Die Gebote dürfen niemals gebrochen werden.
Mama...
Südlicher
Von wegen Gebote...
Ich kann ja nicht mal jemanden dazu bringen, die Geräte zu benutzen.
Aber...
... ich möchte, dass Shizuka...
... mehr lacht-pi!
Shizuka!
Irgendwann nehm ich dich mit...
... zum Planeten Happy-pi!
...
Happy-Geräte gibt's dort wie Sand am Meer-pi!
Wie oft noch?
Ich glaube nicht an Mag...
Und ...
Und dann...

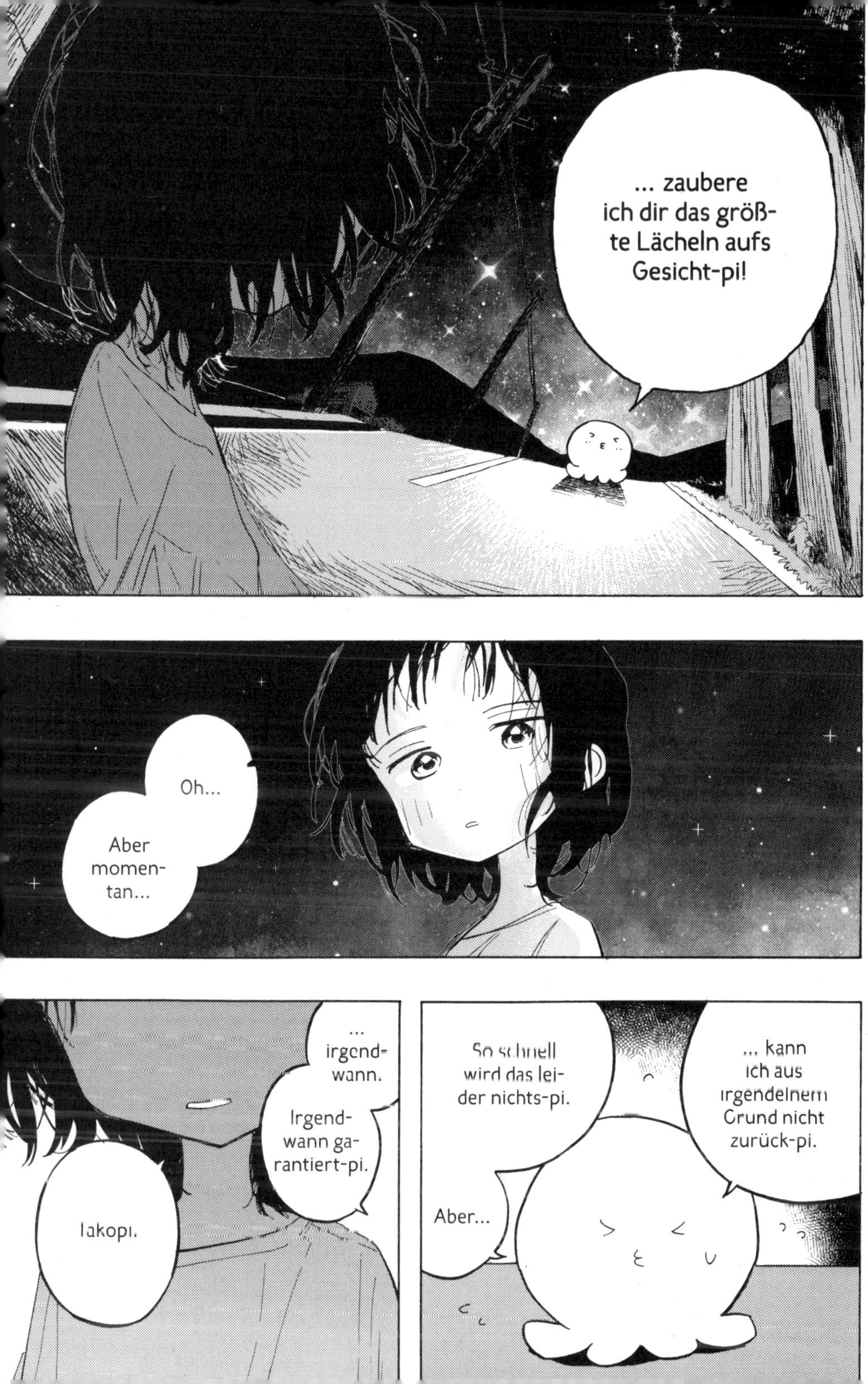

... zaubere ich dir das größte Lächeln aufs Gesicht-pi!
Oh...
Aber momentan...
... kann ich aus irgendeinem Grund nicht zurück-pi.
So schnell wird das leider nichts-pi.
Aber...
... irgendwann.
Irgendwann garantiert-pi.
Takopi.

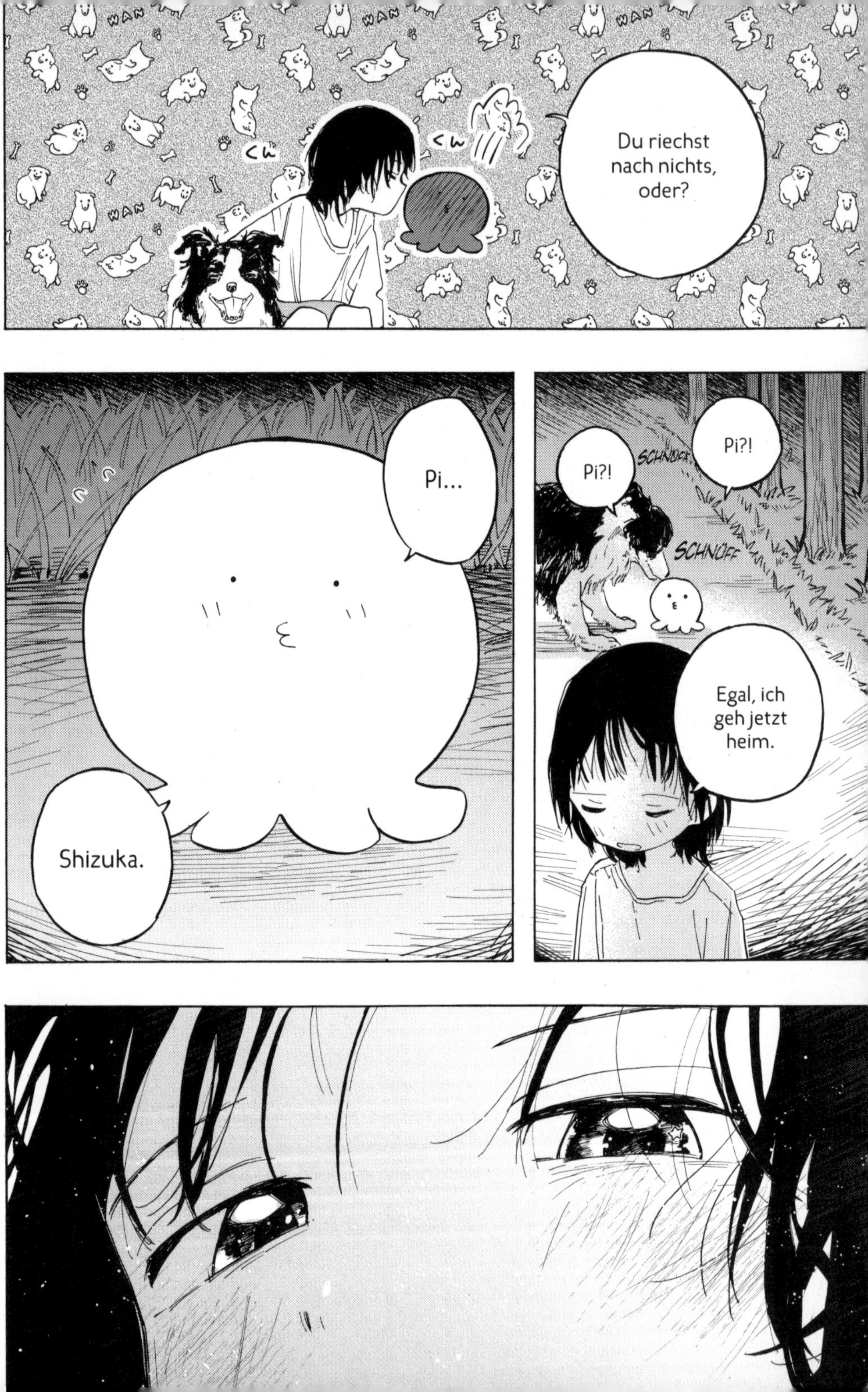

Du riechst nach nichts, oder?
Pi?!
Pi?!
SCHNUFF
Egal, ich geh jetzt heim.
Pi...
Shizuka.

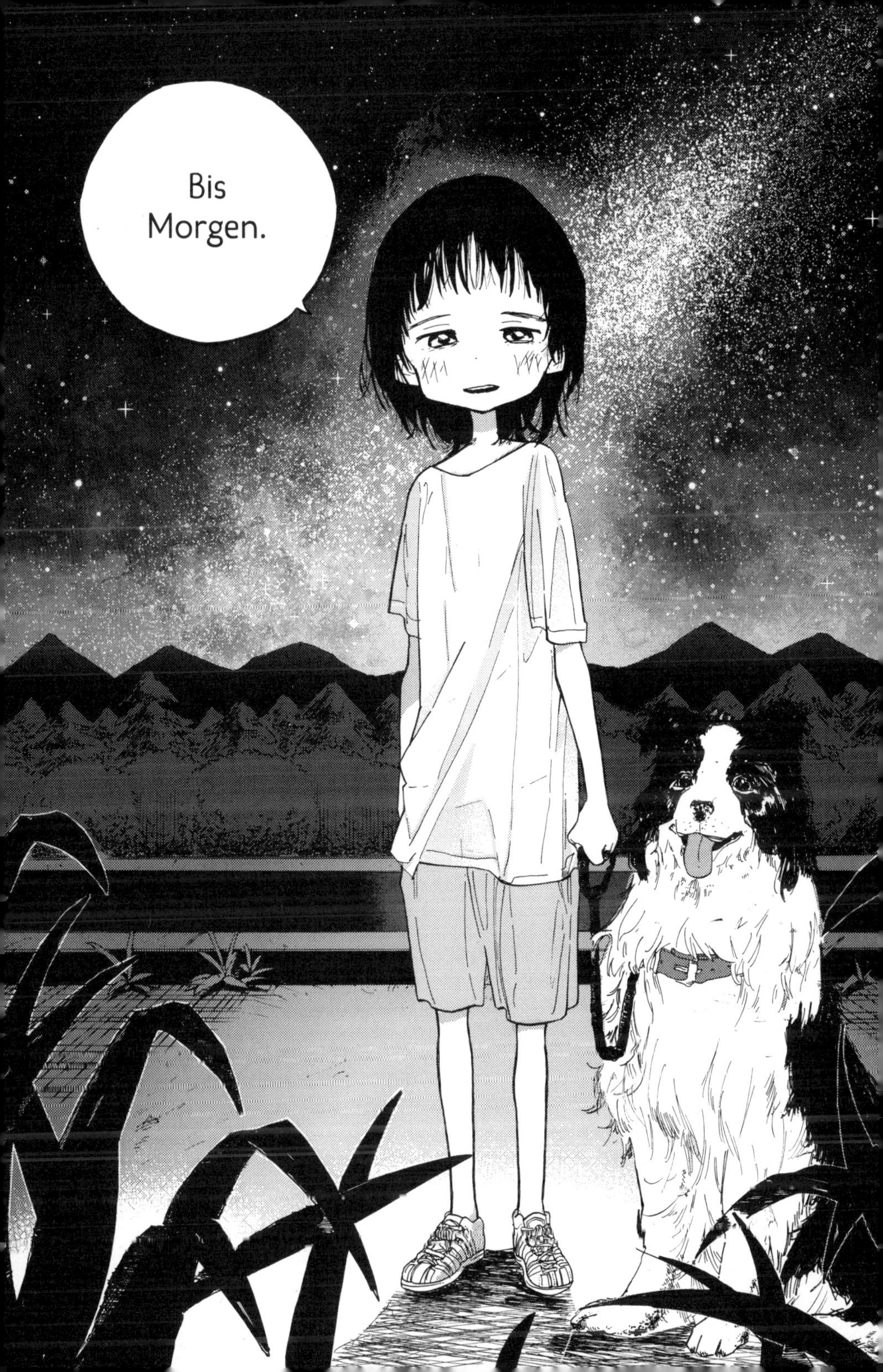
Bis Morgen.

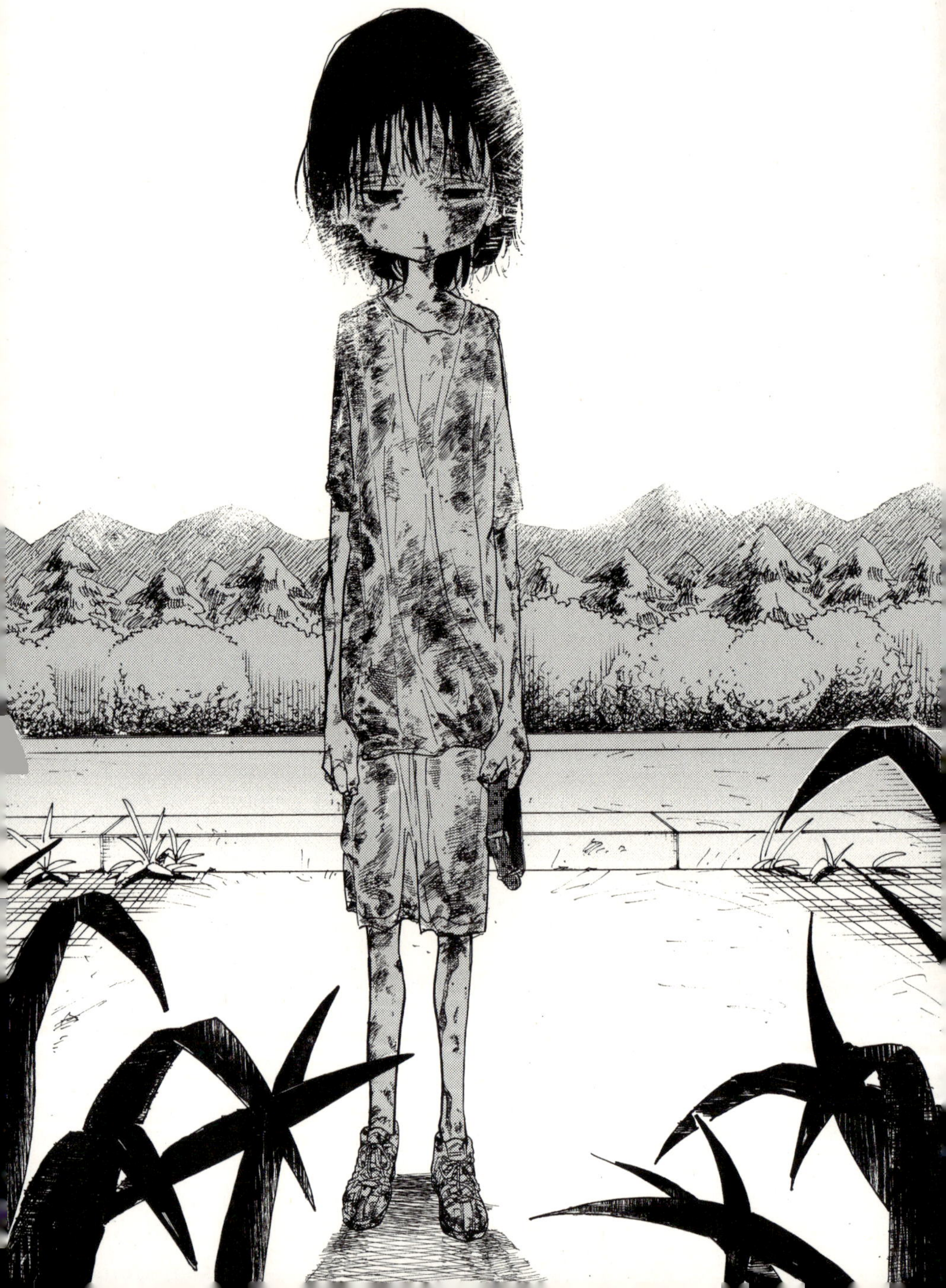

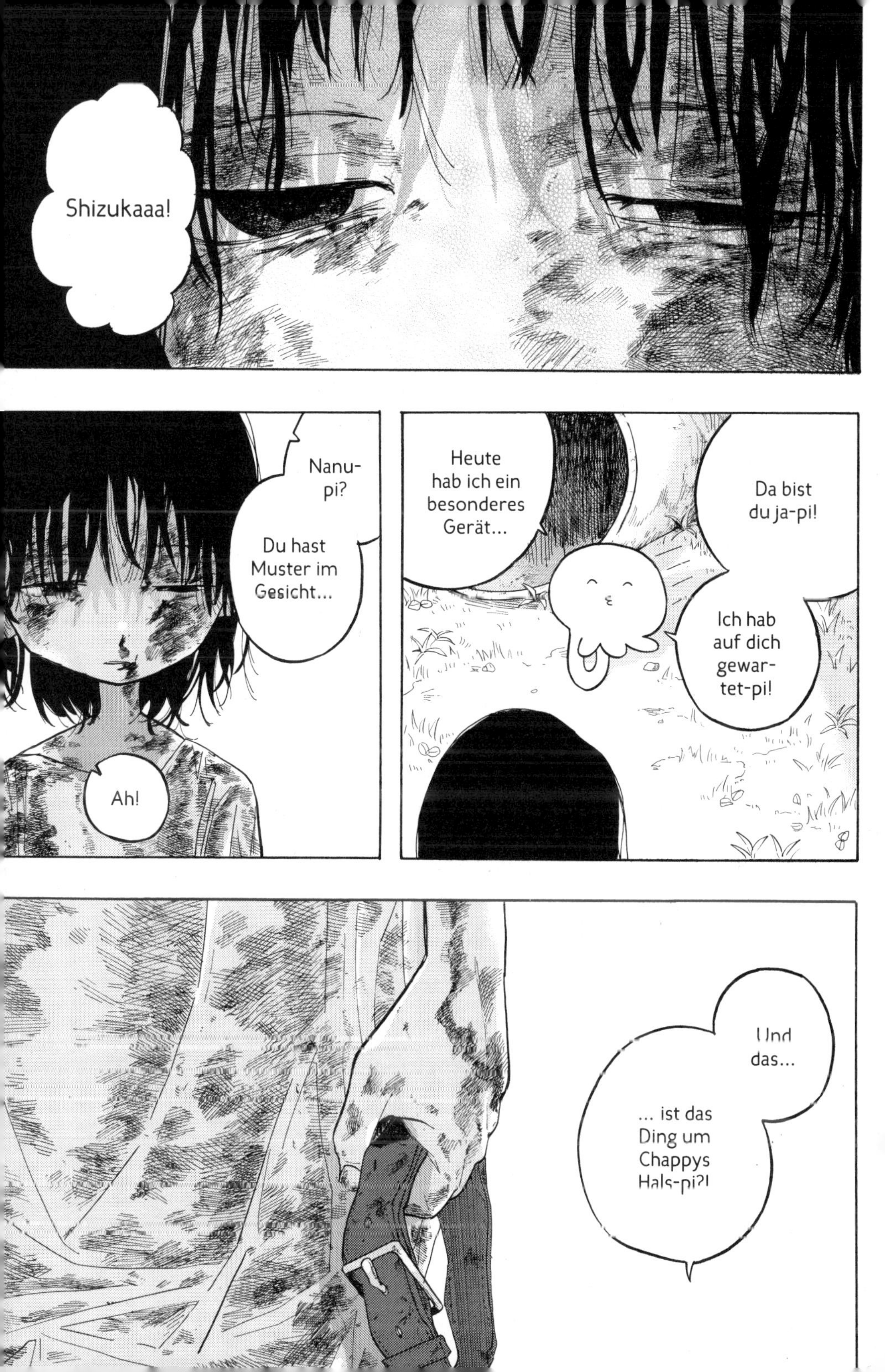
Shizukaaa!
Da bist du ja-pi!
Ich hab auf dich gewar-tet-pi!
Heute hab ich ein besonderes Gerät...
Nanu-pi?
Du hast Muster im Gesicht...
Ah!
Und das...
... ist das Ding um Chappys Hals-pi?!

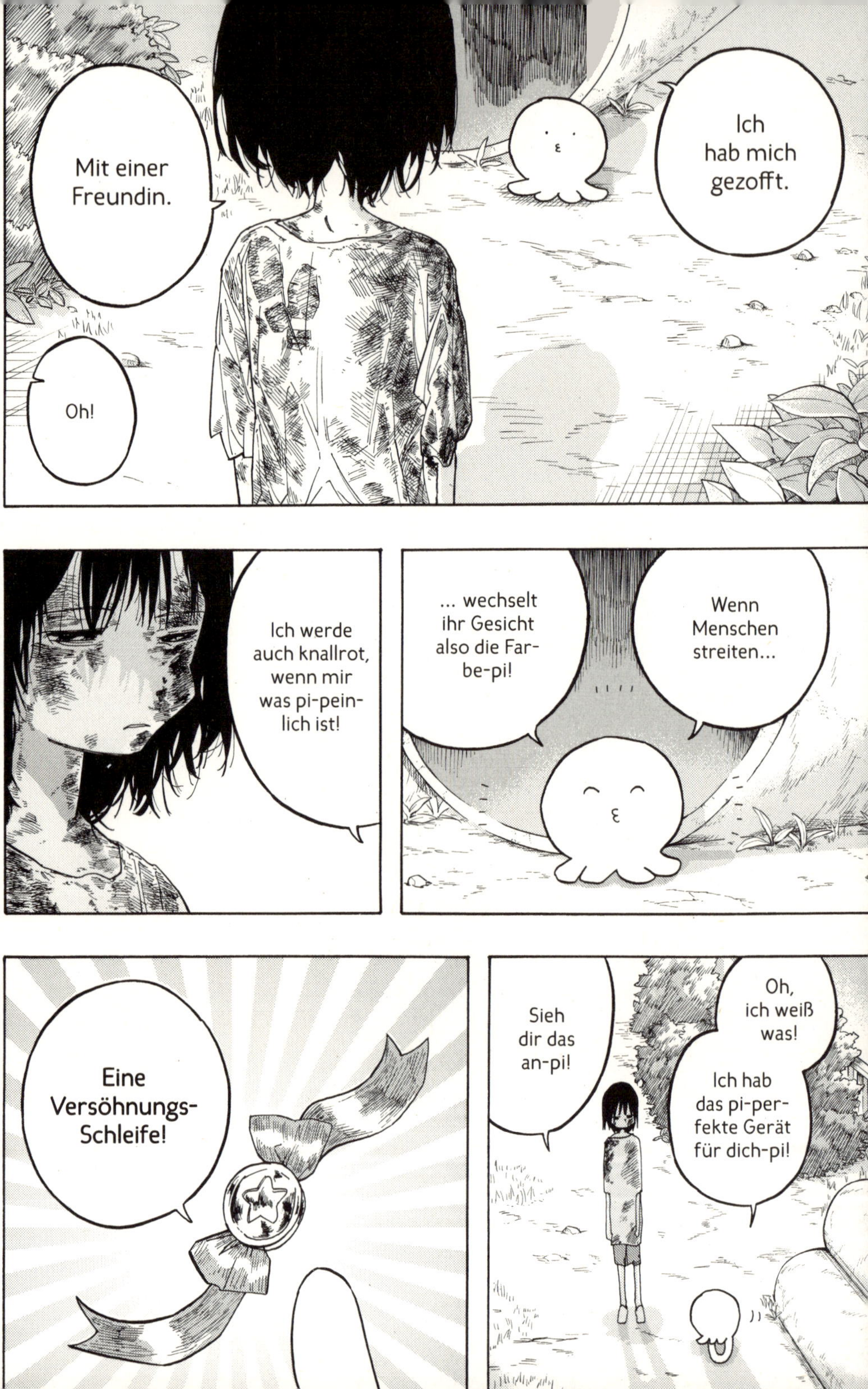
Ich hab mich gezofft.
Mit einer Freundin.
Oh!
Wenn Menschen streiten…
… wechselt ihr Gesicht also die Far-be-pi!
Ich werde auch knallrot, wenn mir was pi-pein-lich ist!
Oh, ich weiß was!
Ich hab das pi-per-fekte Gerät für dich-pi!
Sieh dir das an-pi!
Eine Versöhnungs-Schleife!

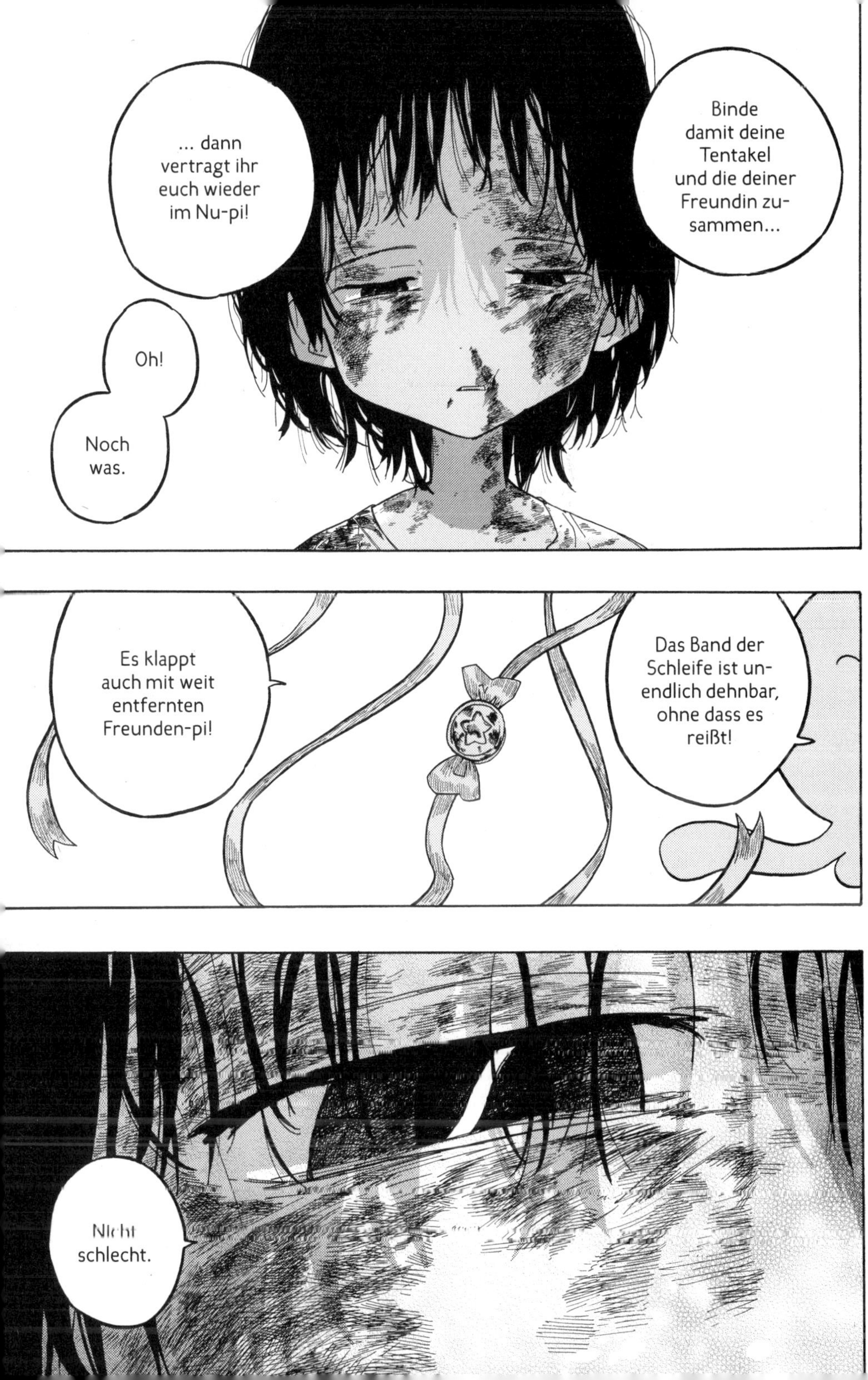
Binde damit deine Tentakel und die deiner Freundin zusammen...
... dann vertragt ihr euch wieder im Nu-pi!
Oh!
Noch was.
Das Band der Schleife ist unendlich dehnbar, ohne dass es reißt!
Es klappt auch mit weit entfernten Freunden-pi!
Nicht schlecht.

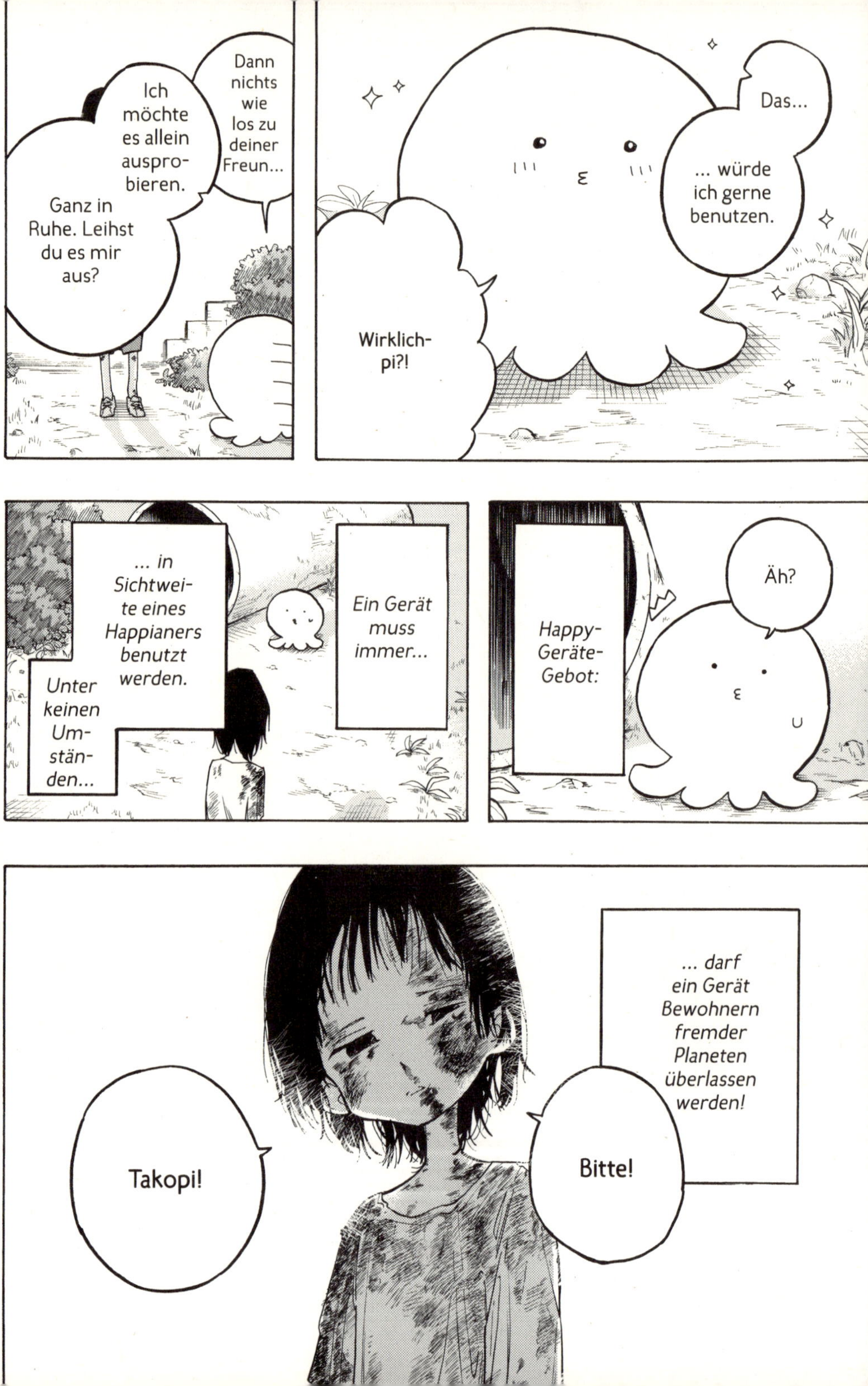
Das...
... würde ich gerne benutzen.
Wirklich-pi?!
Dann nichts wie los zu deiner Freun...
Ich möchte es allein ausprobieren.
Ganz in Ruhe. Leihst du es mir aus?
Äh?
Happy-Geräte-Gebot:
Ein Gerät muss immer...
... in Sichtweite eines Happianers benutzt werden.
Unter keinen Umständen...
... darf ein Gerät Bewohnern fremder Planeten überlassen werden!
Bitte!
Takopi!

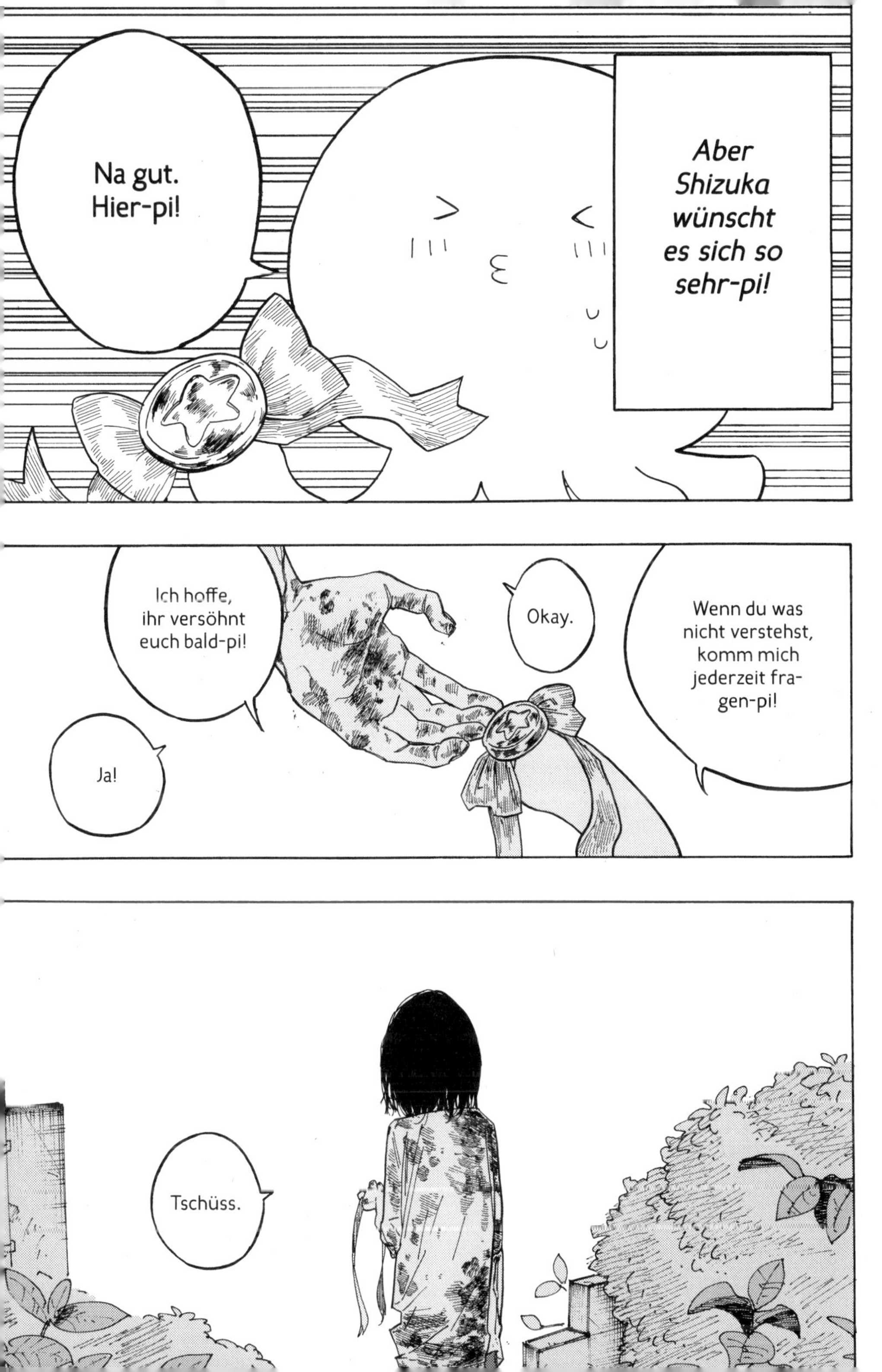
Aber Shizuka wünscht es sich so sehr-pi!
Na gut. Hier-pi!
Wenn du was nicht verstehst, komm mich jederzeit fragen-pi!
Okay.
Ich hoffe, ihr versöhnt euch bald-pi!
Ja!
Tschüss.

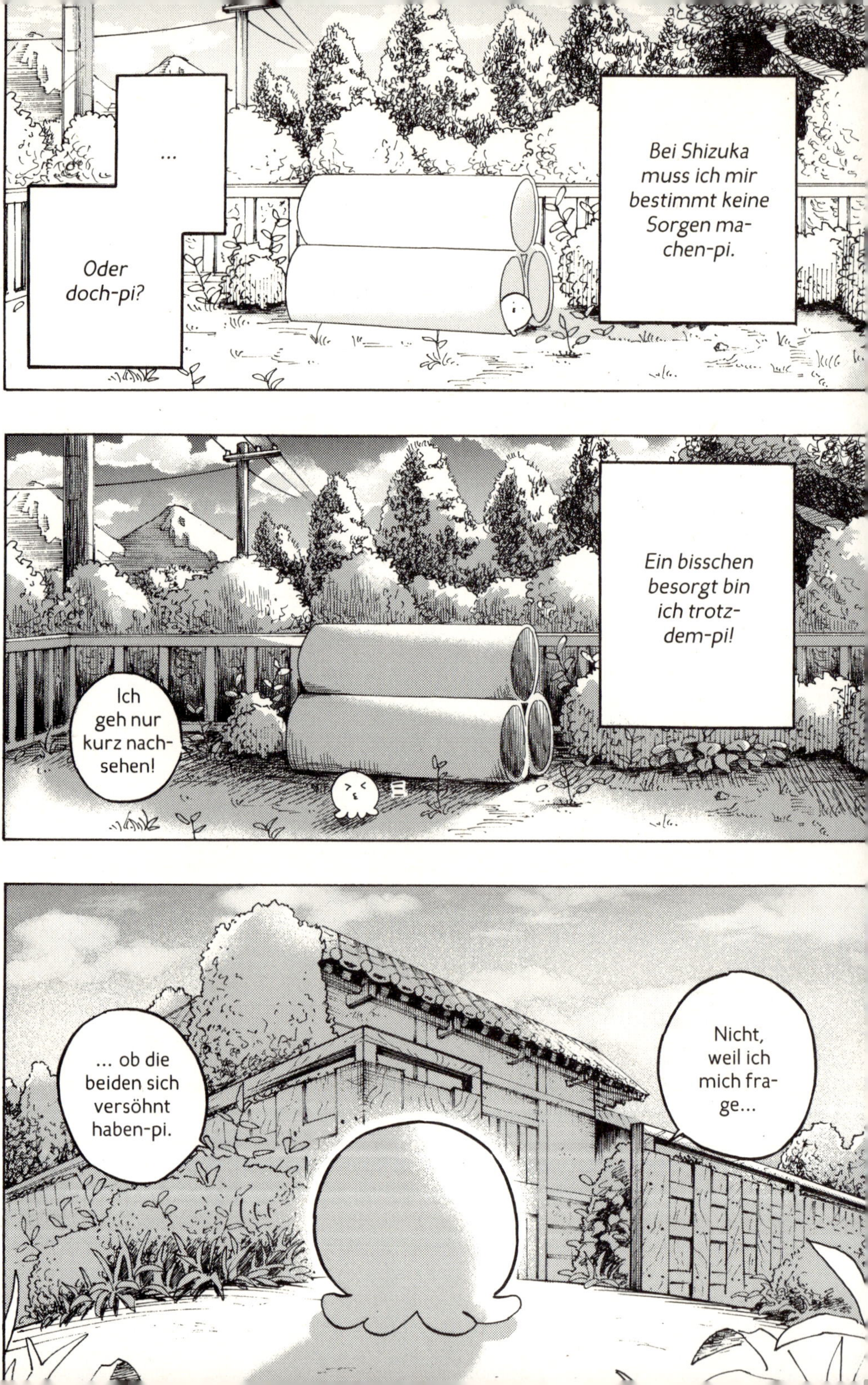
Bei Shizuka muss ich mir bestimmt keine Sorgen machen-pi.
...
Oder doch-pi?
Ein bisschen besorgt bin ich trotzdem-pi!
Ich geh nur kurz nachsehen!
Nicht, weil ich mich frage...
... ob die beiden sich versöhnt haben-pi.

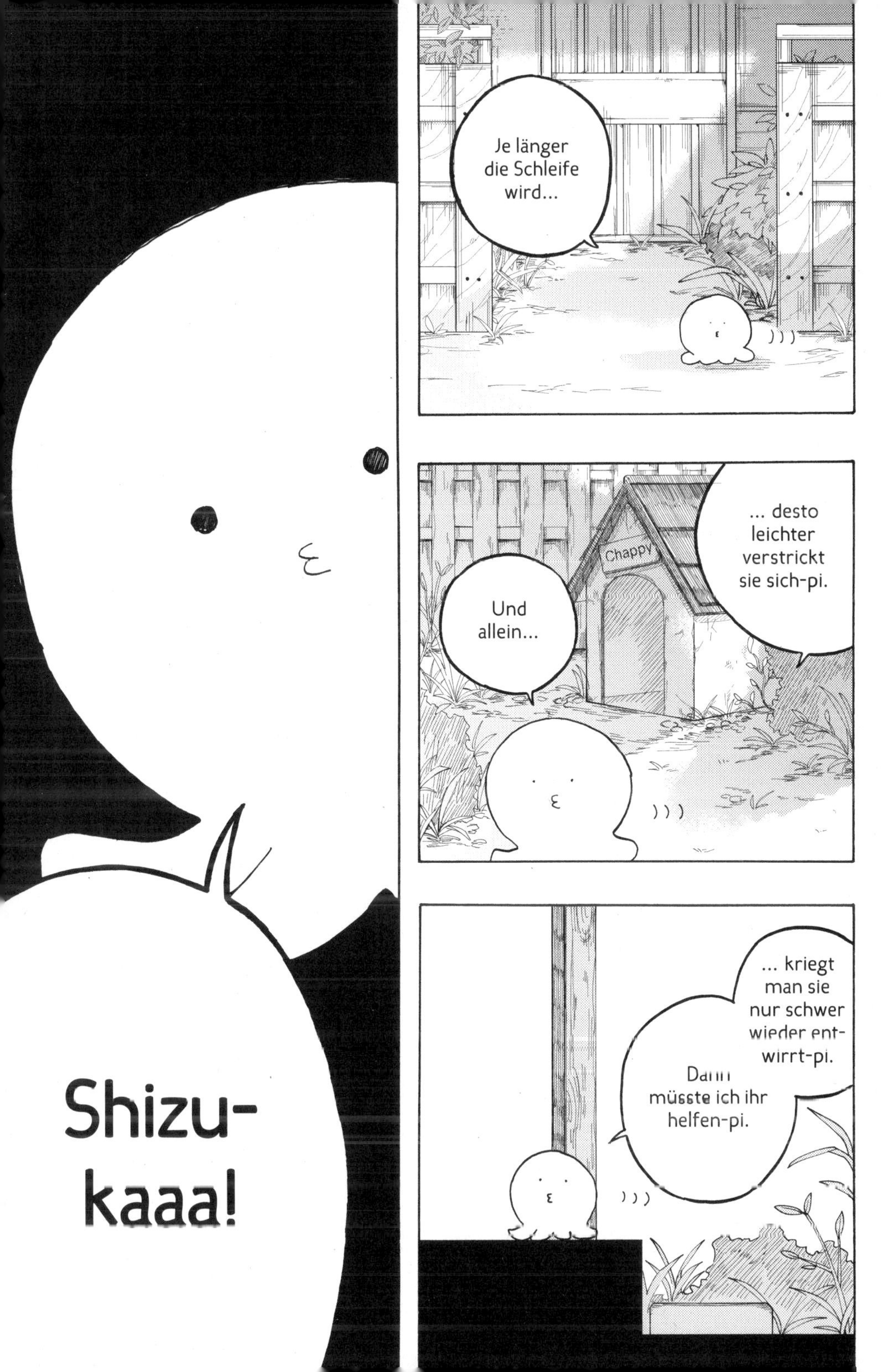
Je länger die Schleife wird...
... desto leichter verstrickt sie sich-pi.
Und allein...
... kriegt man sie nur schwer wieder ent-wirrt-pi.
Dann müsste ich ihr helfen-pi.
Shizu-kaaa!

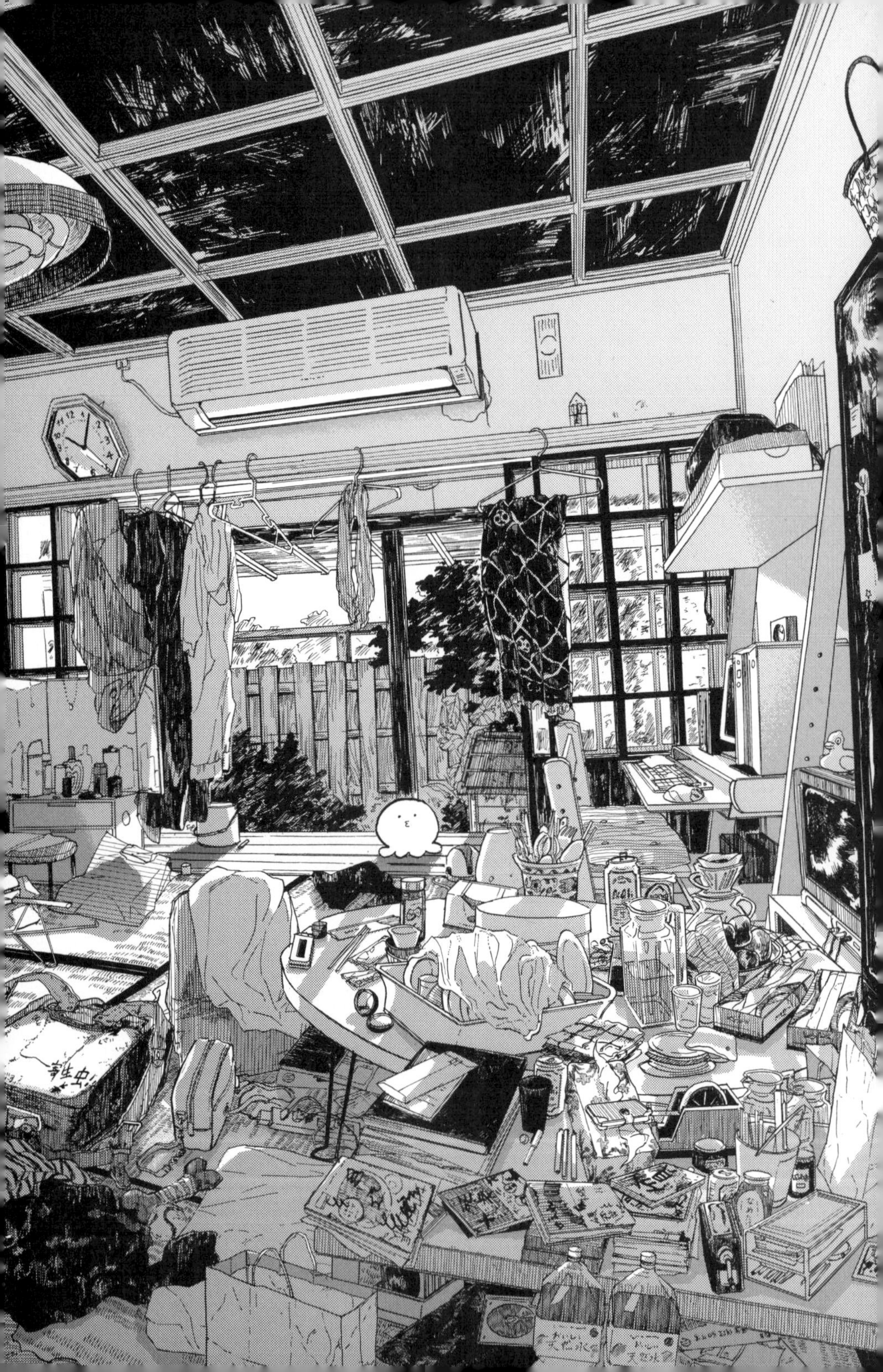
寄生虫

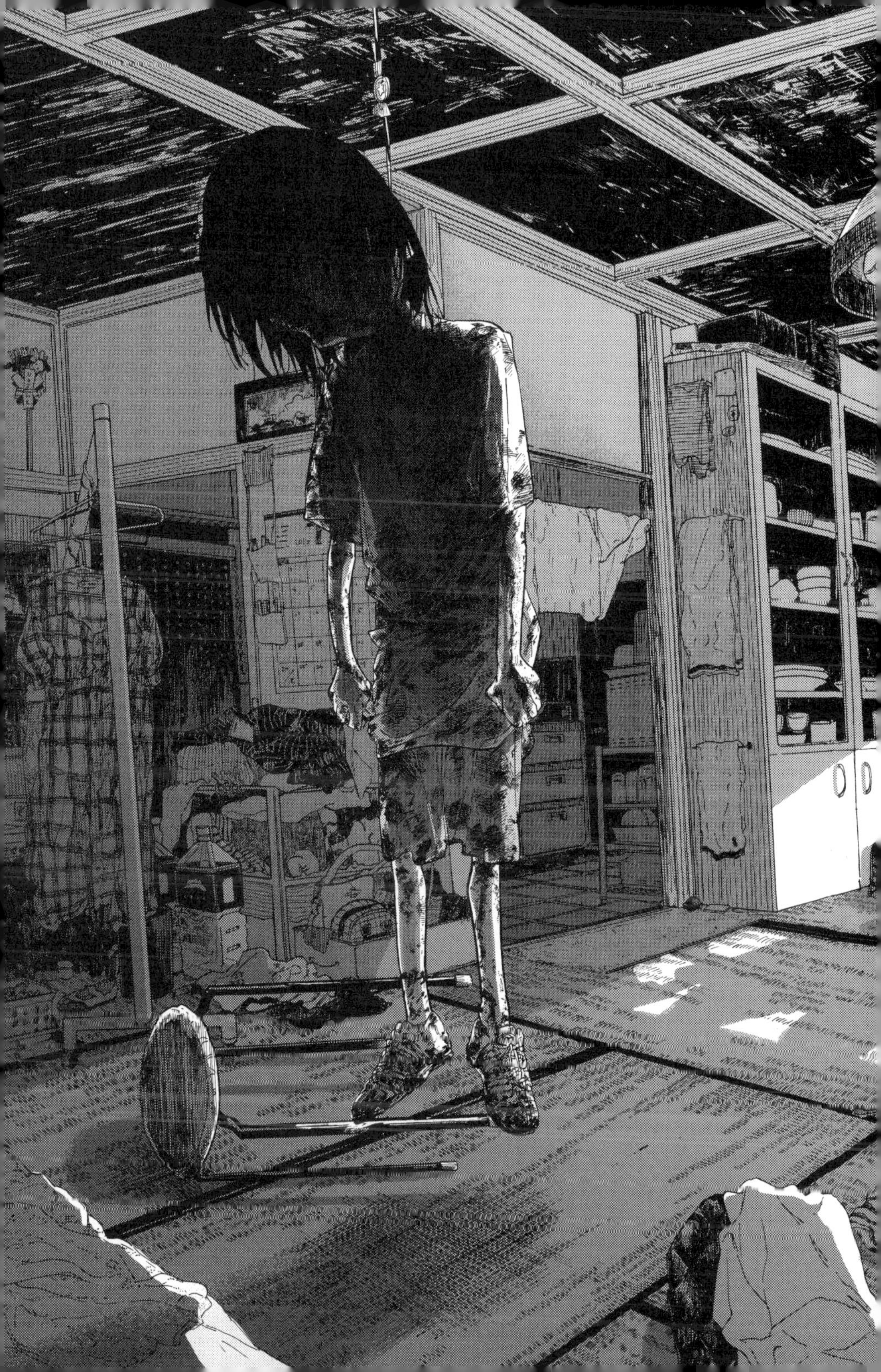

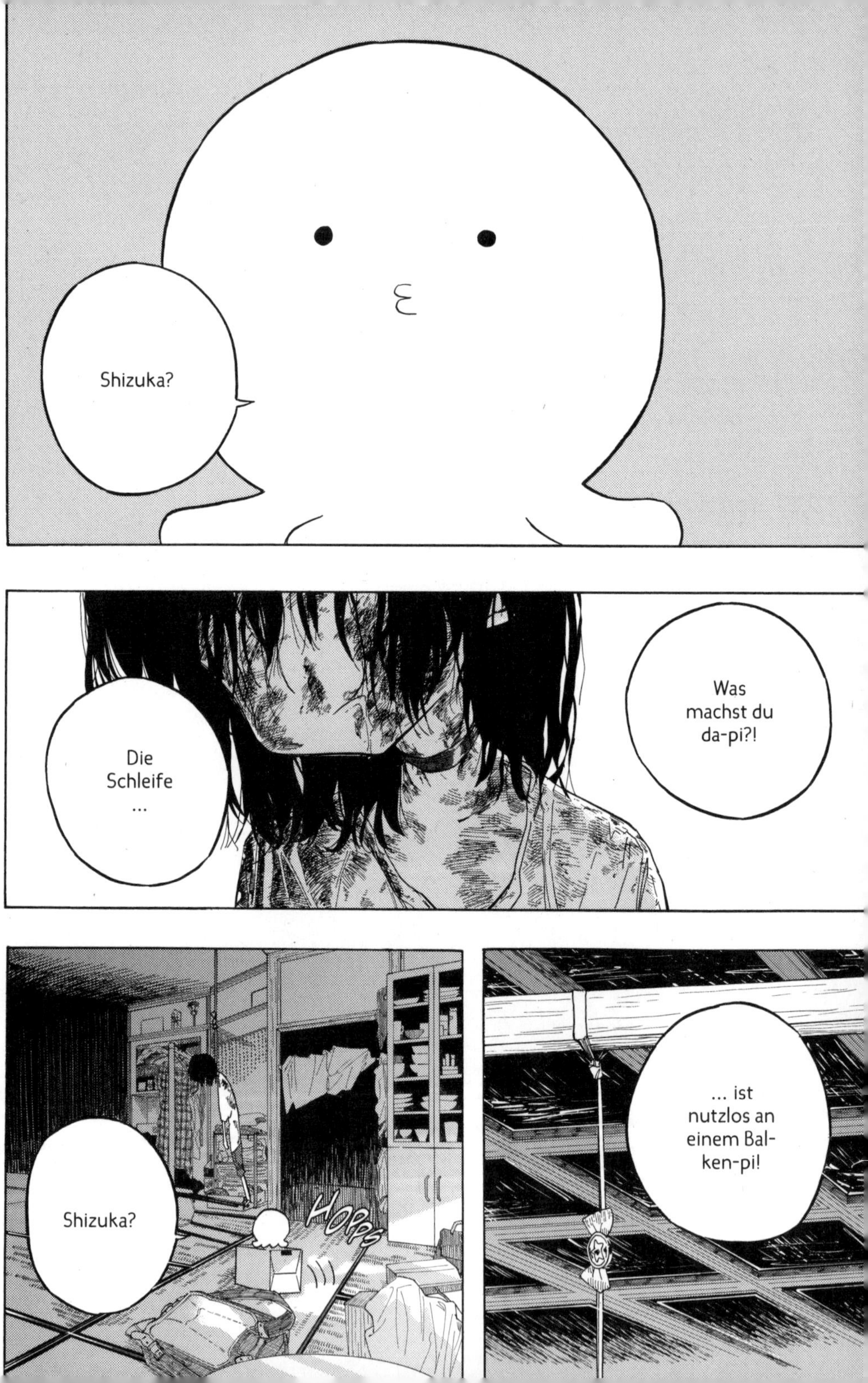
Shizuka?
Was machst du da-pi?!
Die Schleife …
Shizuka?
HOPPS
… ist nutzlos an einem Bal-ken-pi!

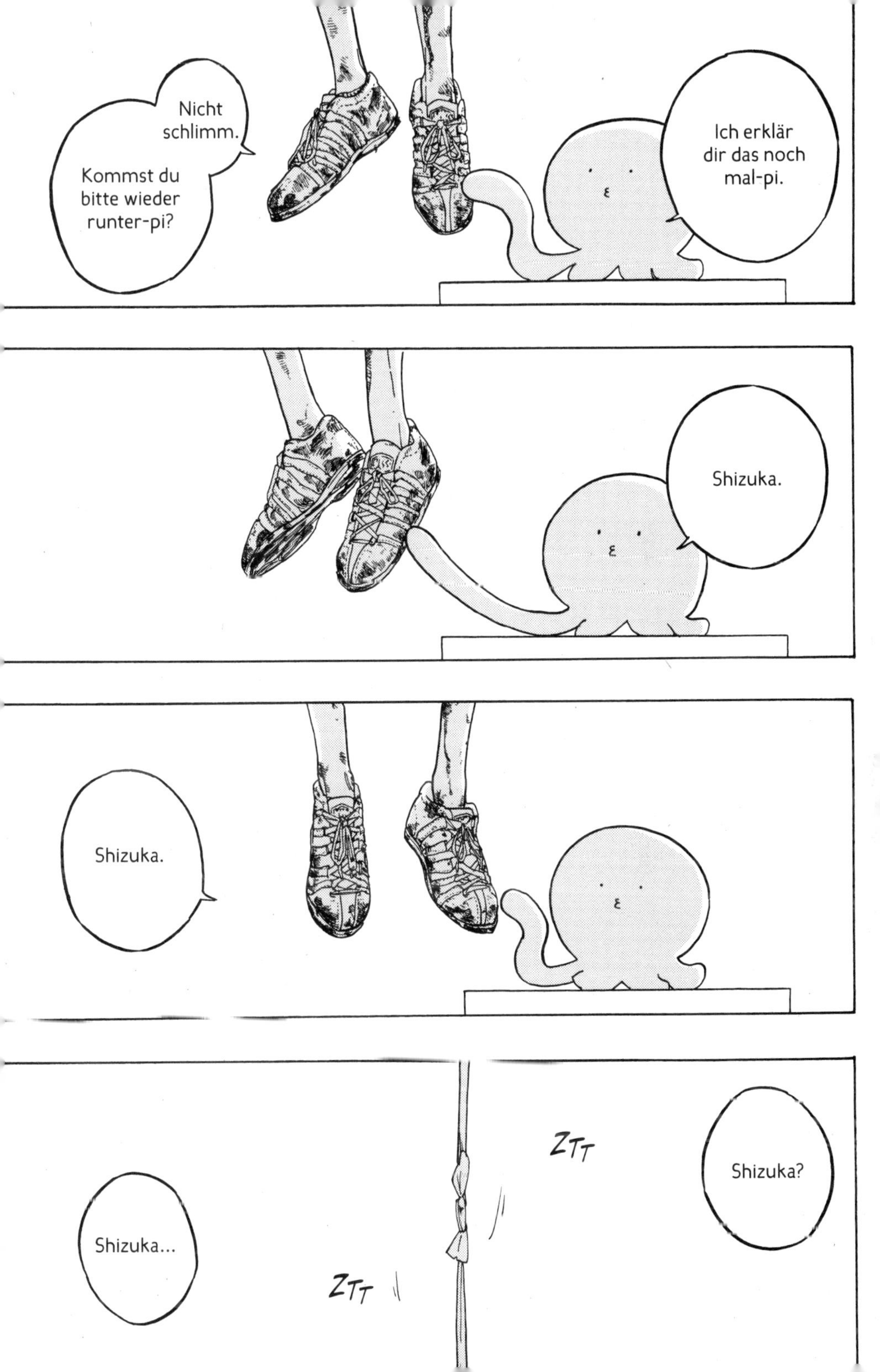

Ich erklär dir das noch mal-pi.
Nicht schlimm.
Kommst du bitte wieder runter-pi?
Shizuka.
Shizuka.
Shizuka?
ZTT
Shizuka...
ZTT

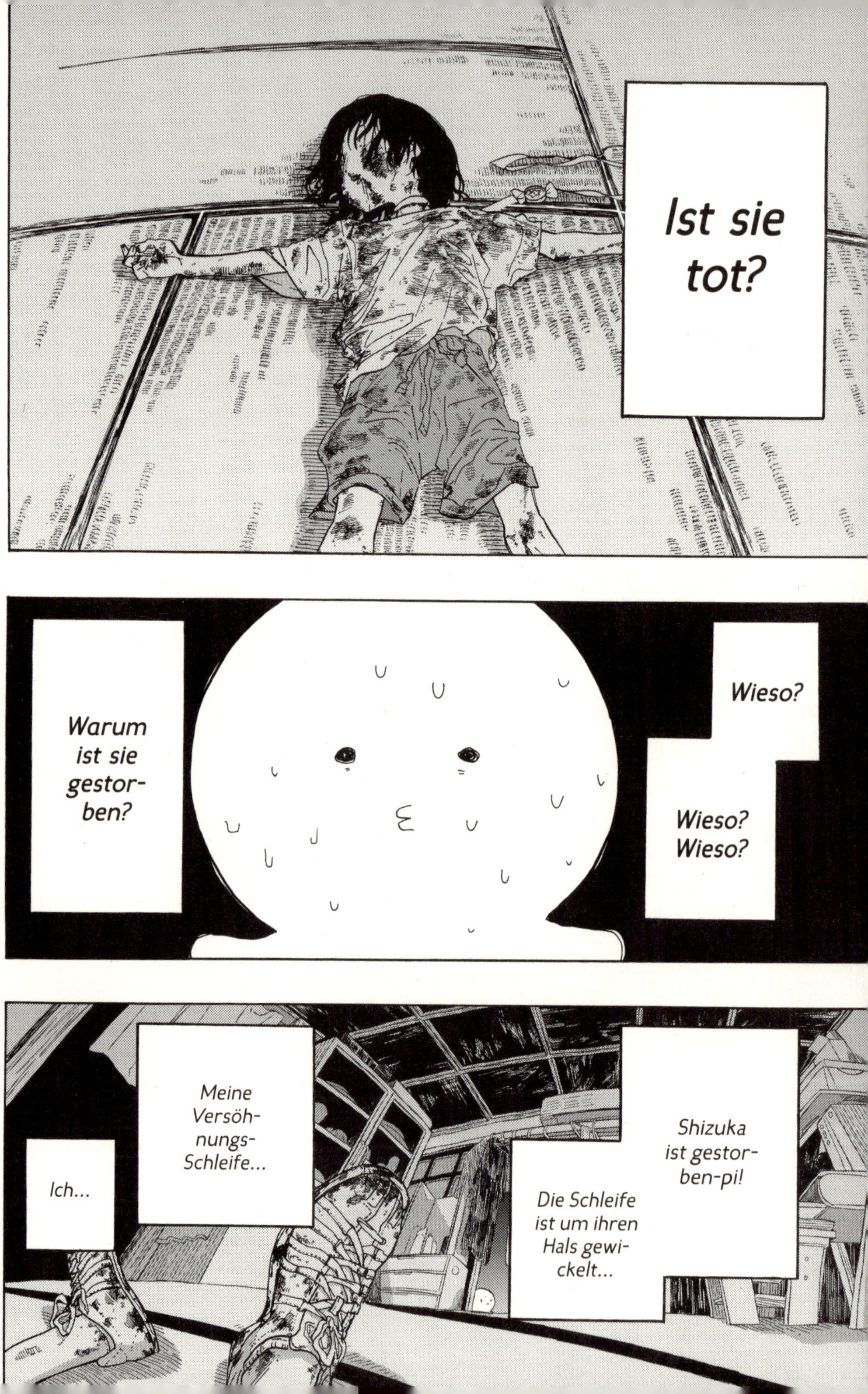
Ist sie tot?
Wieso?
Wieso? Wieso?
Warum ist sie gestor-ben?
Shizuka ist gestor-ben-pi!
Die Schleife ist um ihren Hals gewi-ckelt…
Meine Versöh-nungs-Schleife…
Ich…

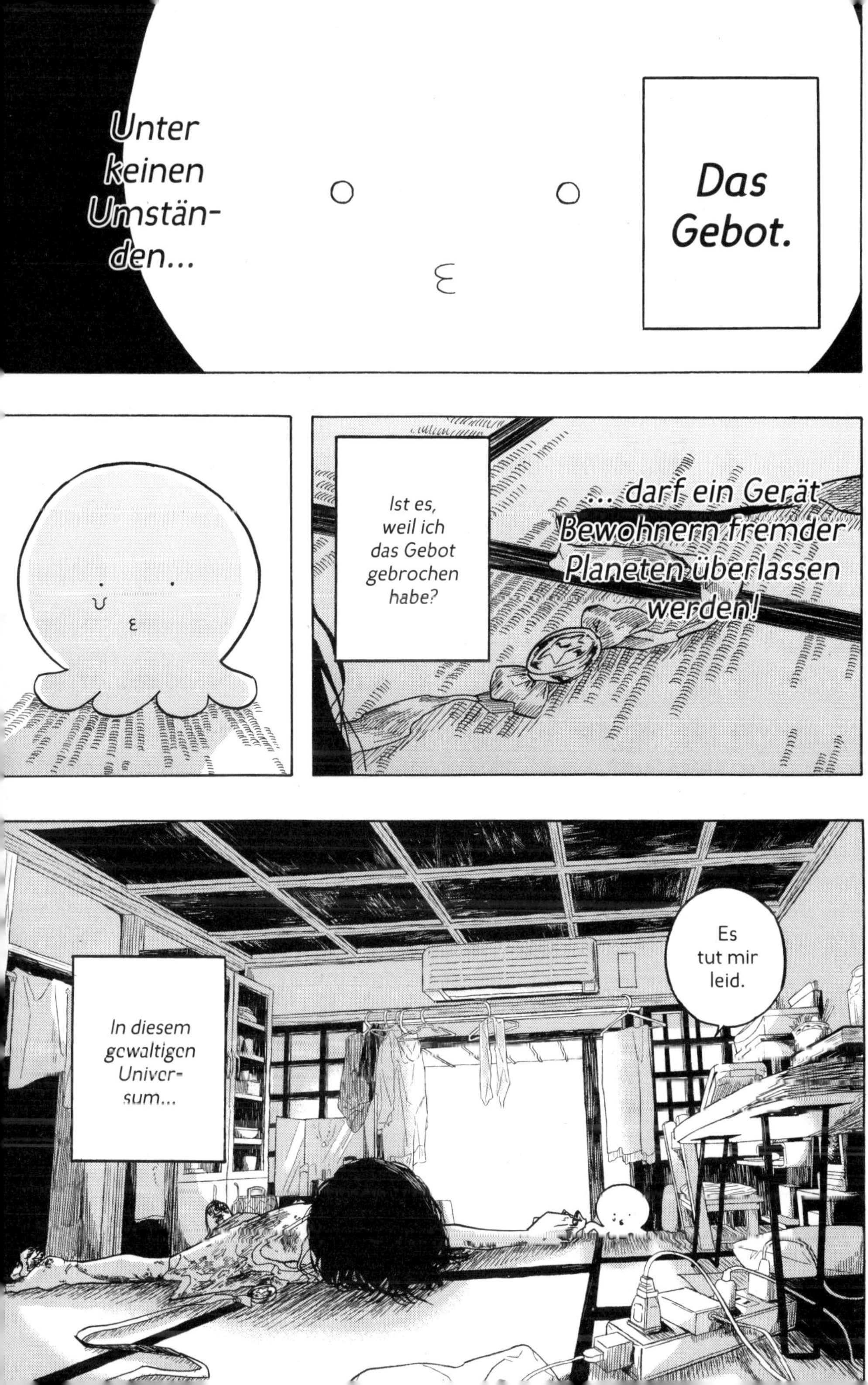
Das Gebot.
Unter keinen Umstän- den...
... darf ein Gerät Bewohnern fremder Planeten überlassen werden!
Ist es, weil ich das Gebot gebrochen habe?
Es tut mir leid.
In diesem gewaltigen Univer- sum...

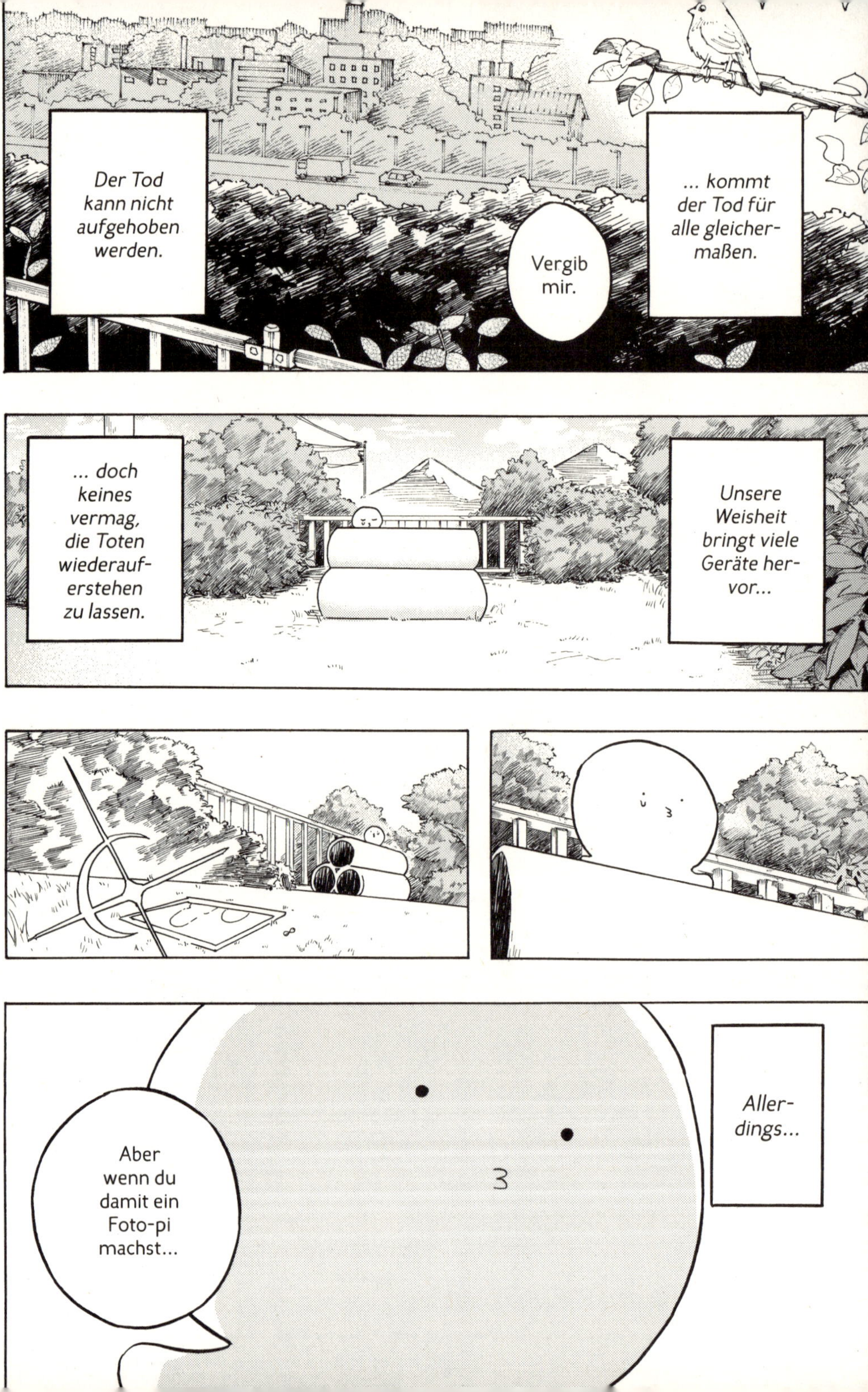
... kommt der Tod für alle gleichermaßen.
Vergib mir.
Der Tod kann nicht aufgehoben werden.
Unsere Weisheit bringt viele Geräte hervor...
... doch keines vermag, die Toten wiederauferstehen zu lassen.
Allerdings...
Aber wenn du damit ein Foto-pi machst...

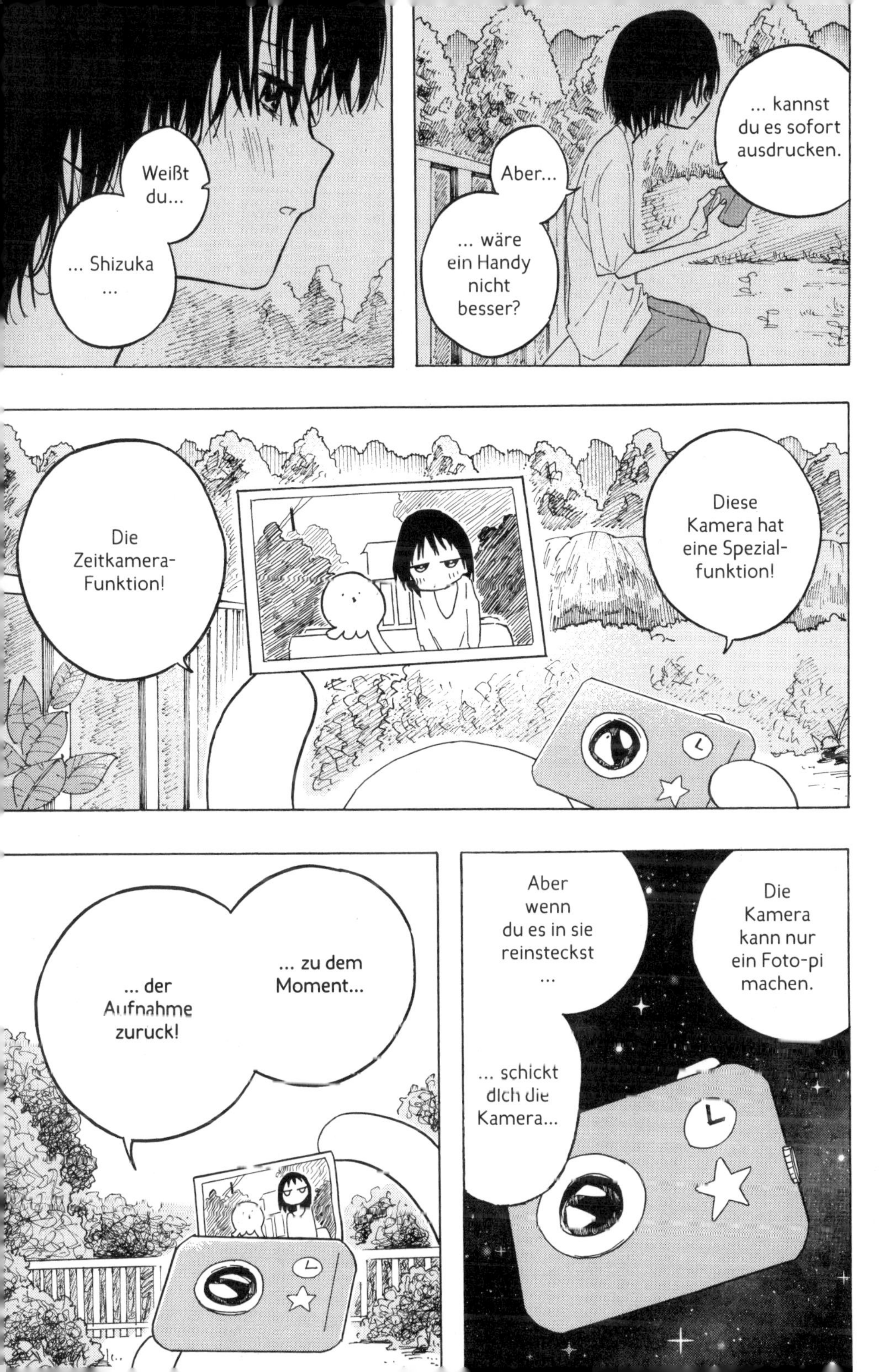

... kannst du es sofort ausdrucken.
Aber...
... wäre ein Handy nicht besser?
Weißt du...
... Shizuka ...
Diese Kamera hat eine Spezial-funktion!
Die Zeitkamera-Funktion!
Die Kamera kann nur ein Foto-pi machen.
Aber wenn du es in sie reinsteckst ...
... schickt dich die Kamera...
... zu dem Moment...
... der Aufnahme zurück!

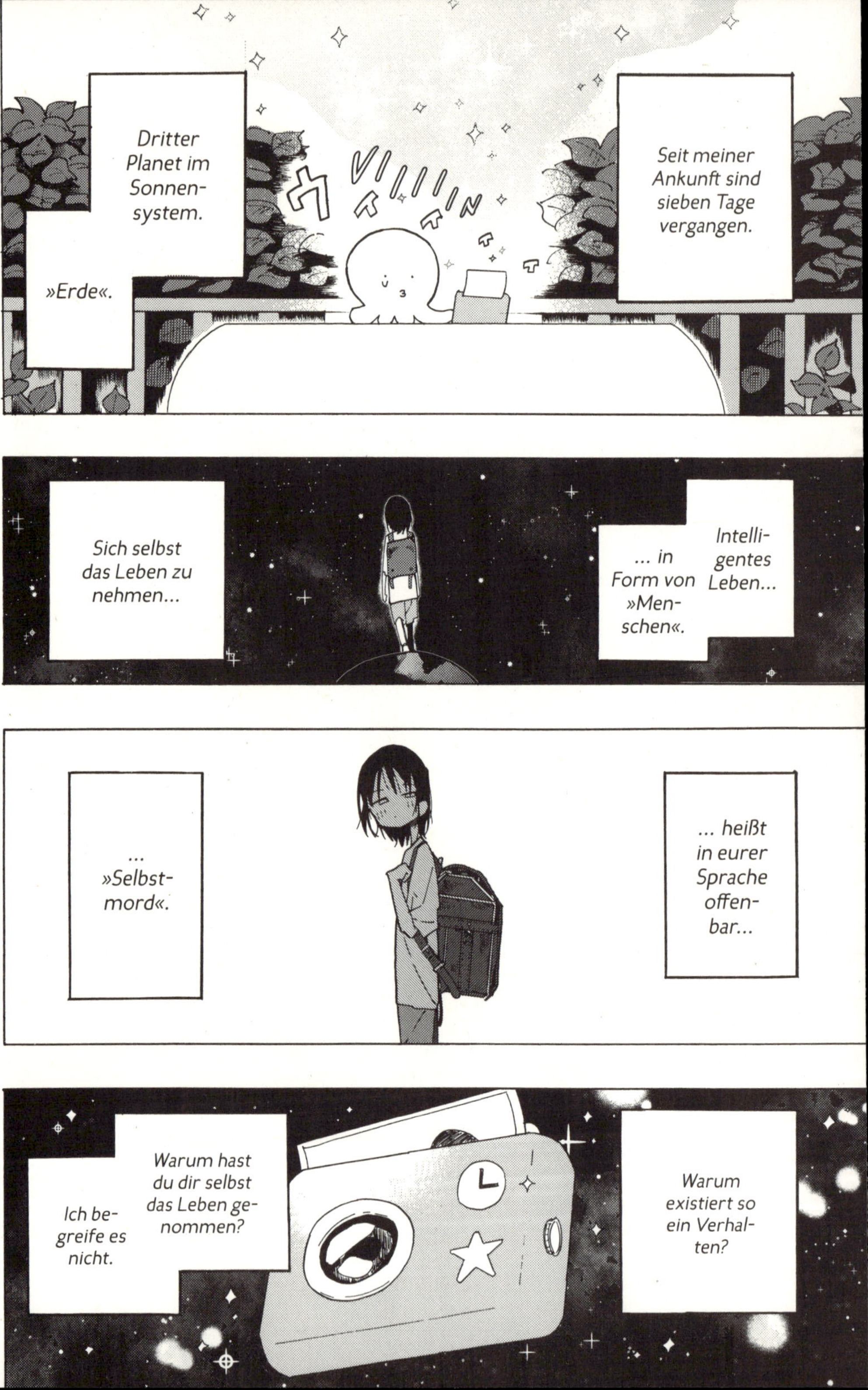

Seit meiner Ankunft sind sieben Tage vergangen.
Dritter Planet im Sonnensystem.
»Erde«.
Intelligentes Leben…
… in Form von »Menschen«.
Sich selbst das Leben zu nehmen…
… heißt in eurer Sprache offenbar…
… »Selbstmord«.
Warum existiert so ein Verhalten?
Warum hast du dir selbst das Leben genommen?
Ich begreife es nicht.

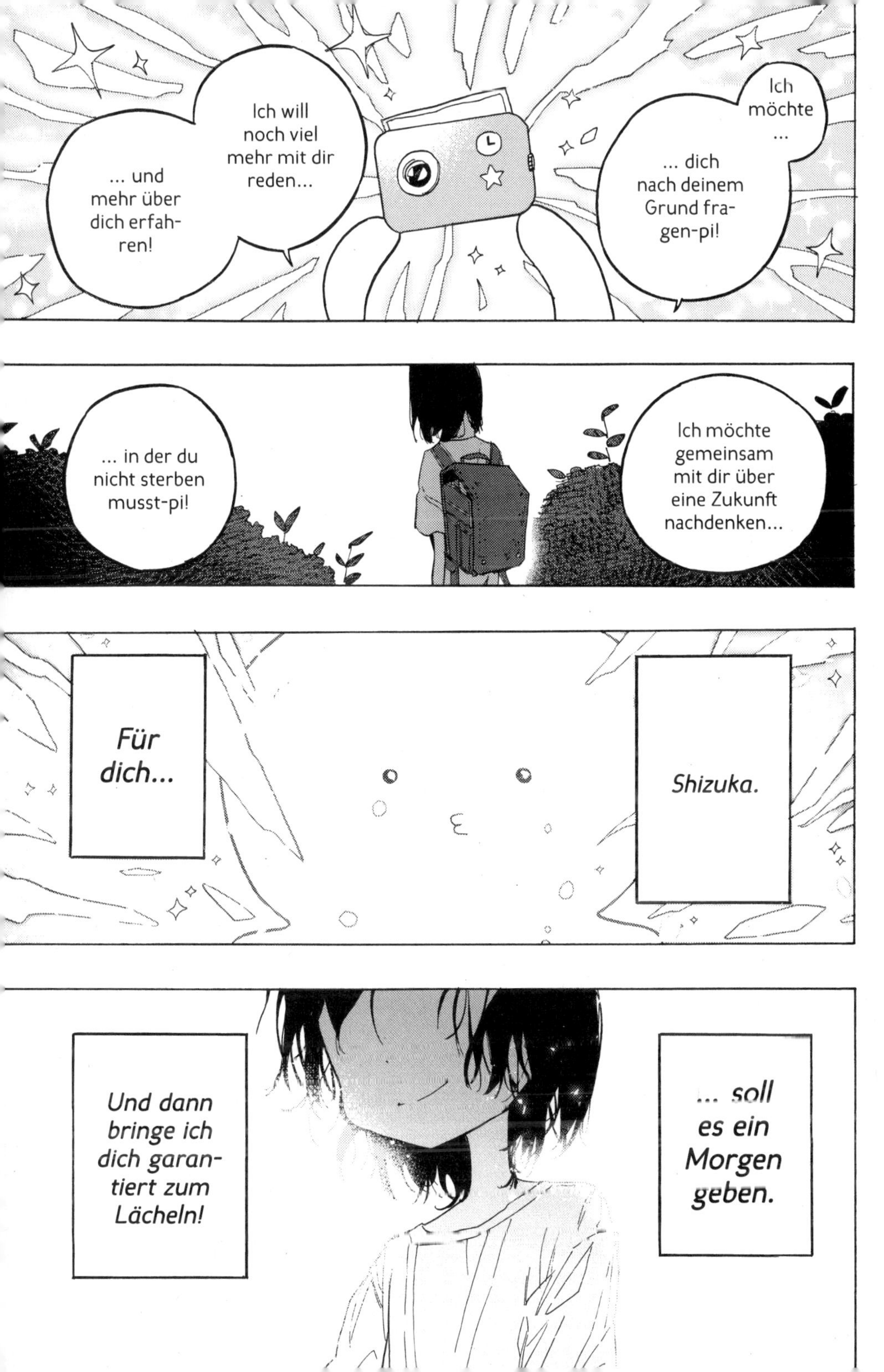
Ich möchte ...
... dich nach deinem Grund fragen-pi!
Ich will noch viel mehr mit dir reden...
... und mehr über dich erfahren!
Ich möchte gemeinsam mit dir über eine Zukunft nachdenken...
... in der du nicht sterben musst-pi!
Shizuka.
Für dich...
... soll es ein Morgen geben.
Und dann bringe ich dich garantiert zum Lächeln!

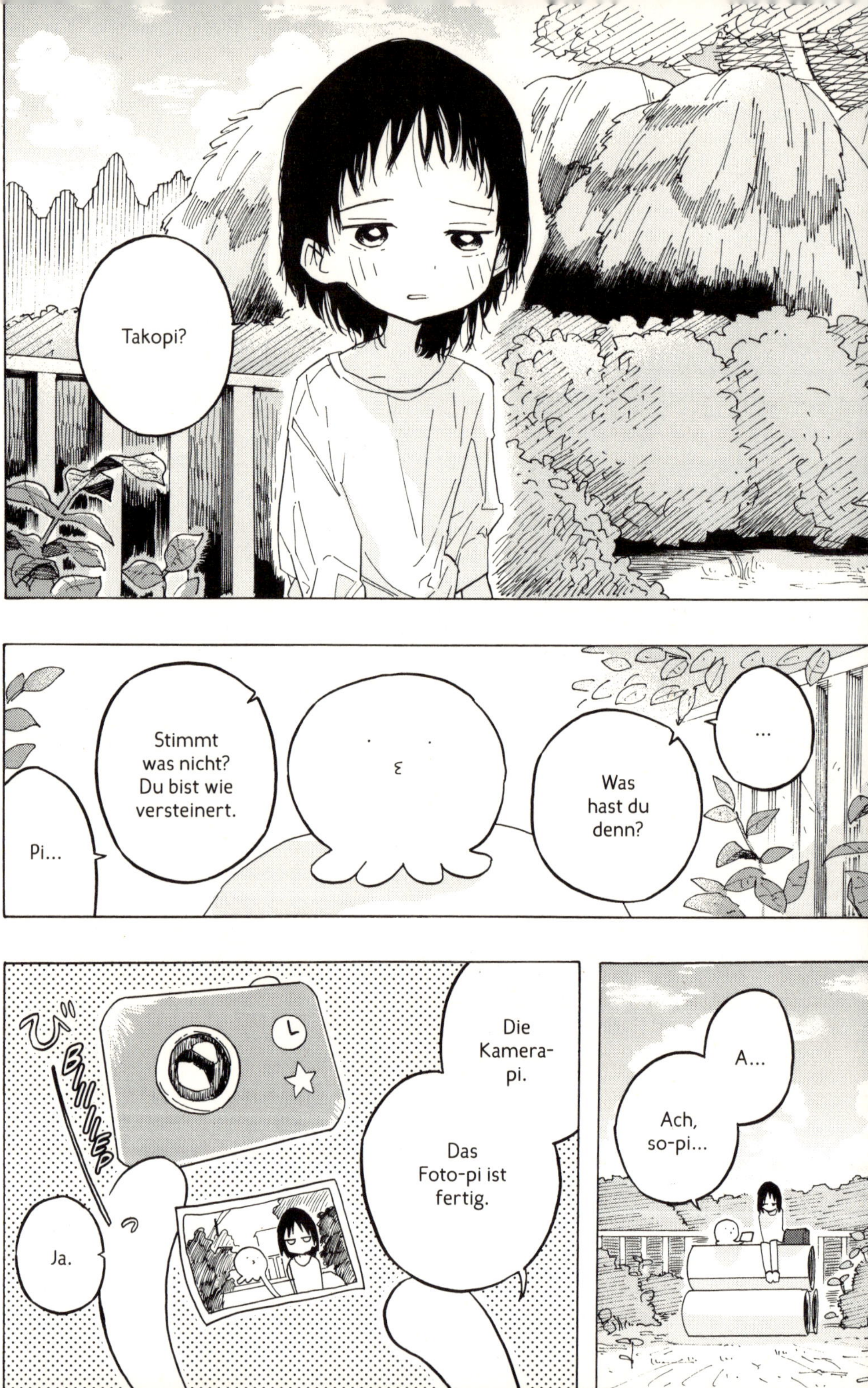

Takopi?
...
Was hast du denn?
Stimmt was nicht? Du bist wie versteinert.
Pi...
A...
Ach, so-pi...
Die Kamera-pi.
Das Foto-pi ist fertig.
Ja.

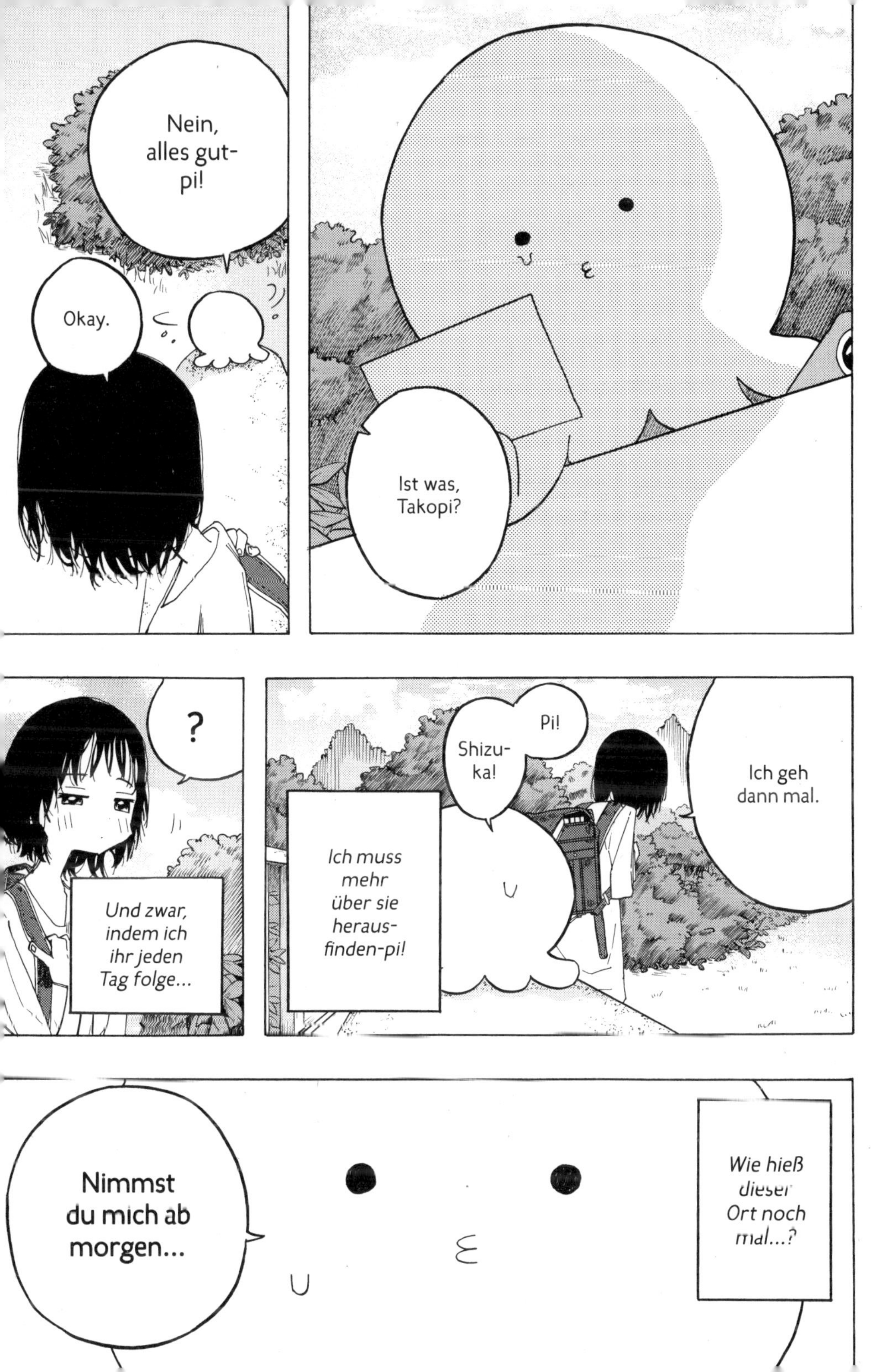
Ist was, Takopi?
Nein, alles gut-pi!
Okay.
Ich geh dann mal.
Pi!
Shizu-ka!
Ich muss mehr über sie heraus-finden-pi!
?
Und zwar, indem ich ihr jeden Tag folge…
Wie hieß dieser Ort noch mal…?
Nimmst du mich ab morgen…

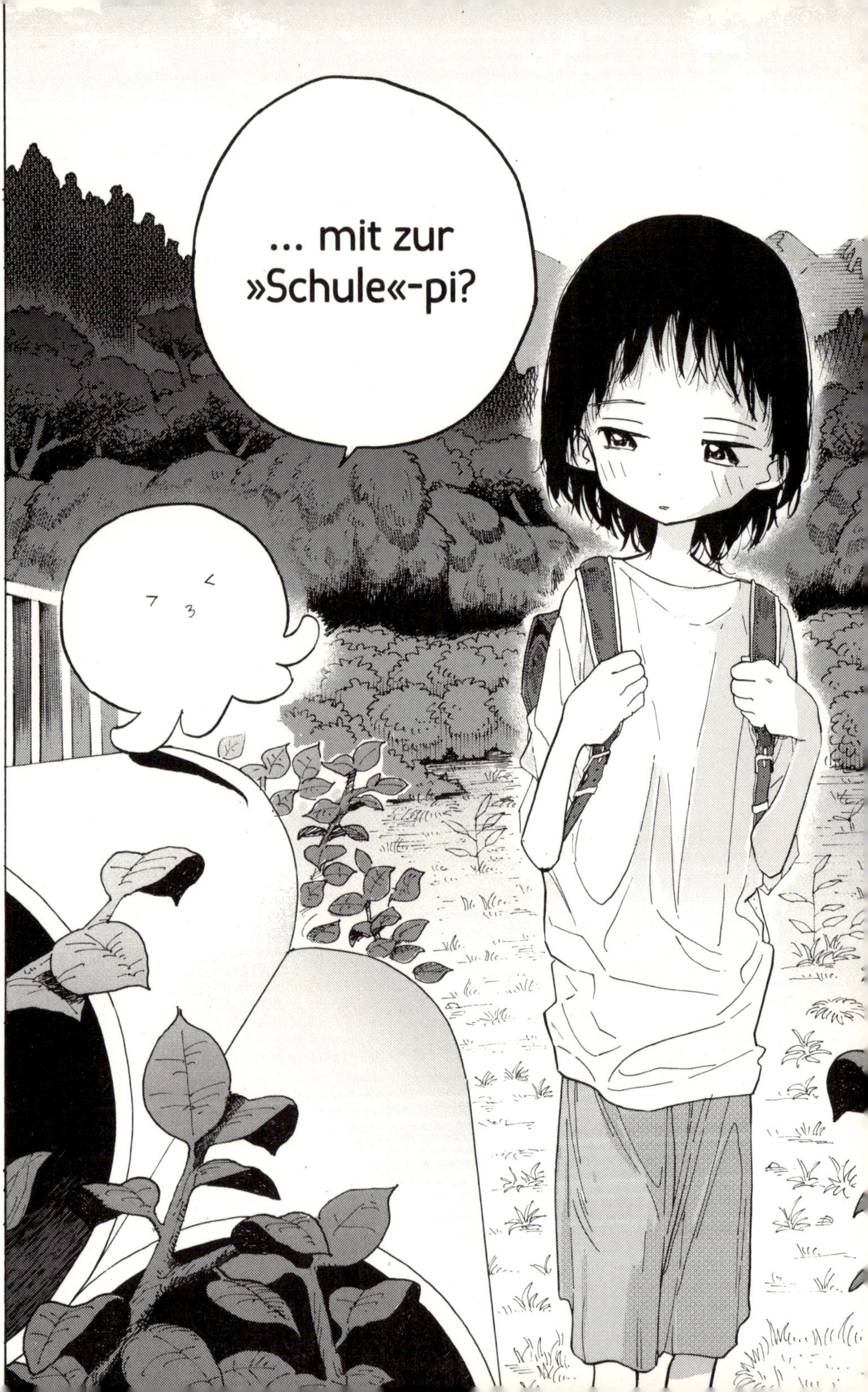
... mit zur »Schule«-pi?

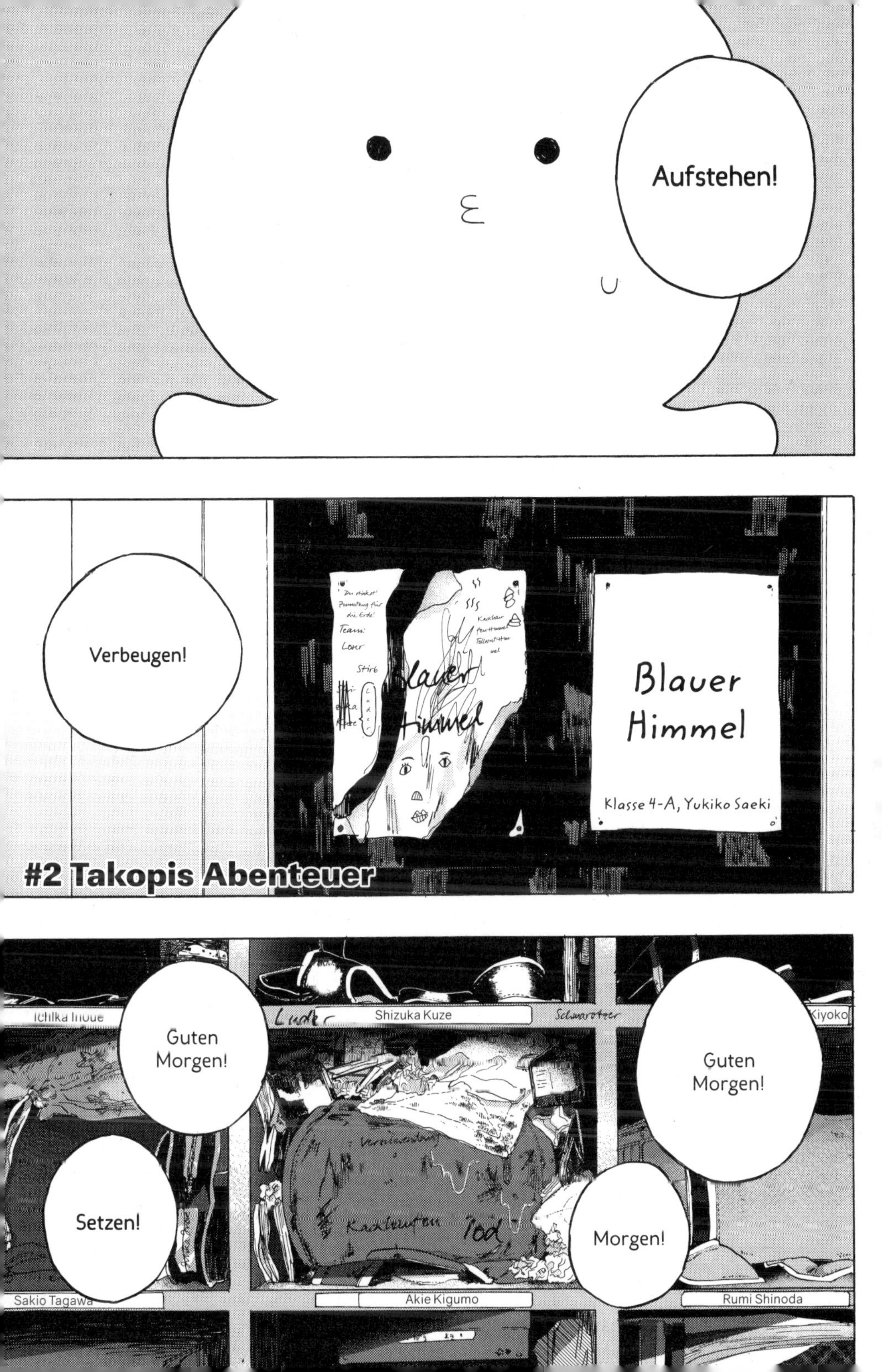
Aufstehen!
Blauer Himmel
Klasse 4-A, Yukiko Saeki
Blauer Himmel
Verbeugen!
#2 Takopis Abenteuer
Kiyoko
Shizuka Kuze
Ichika Inoue
Guten Morgen!
Morgen!
Guten Morgen!
Setzen!
Tod
Rumi Shinoda
Akie Kigumo
Sakio Tagawa

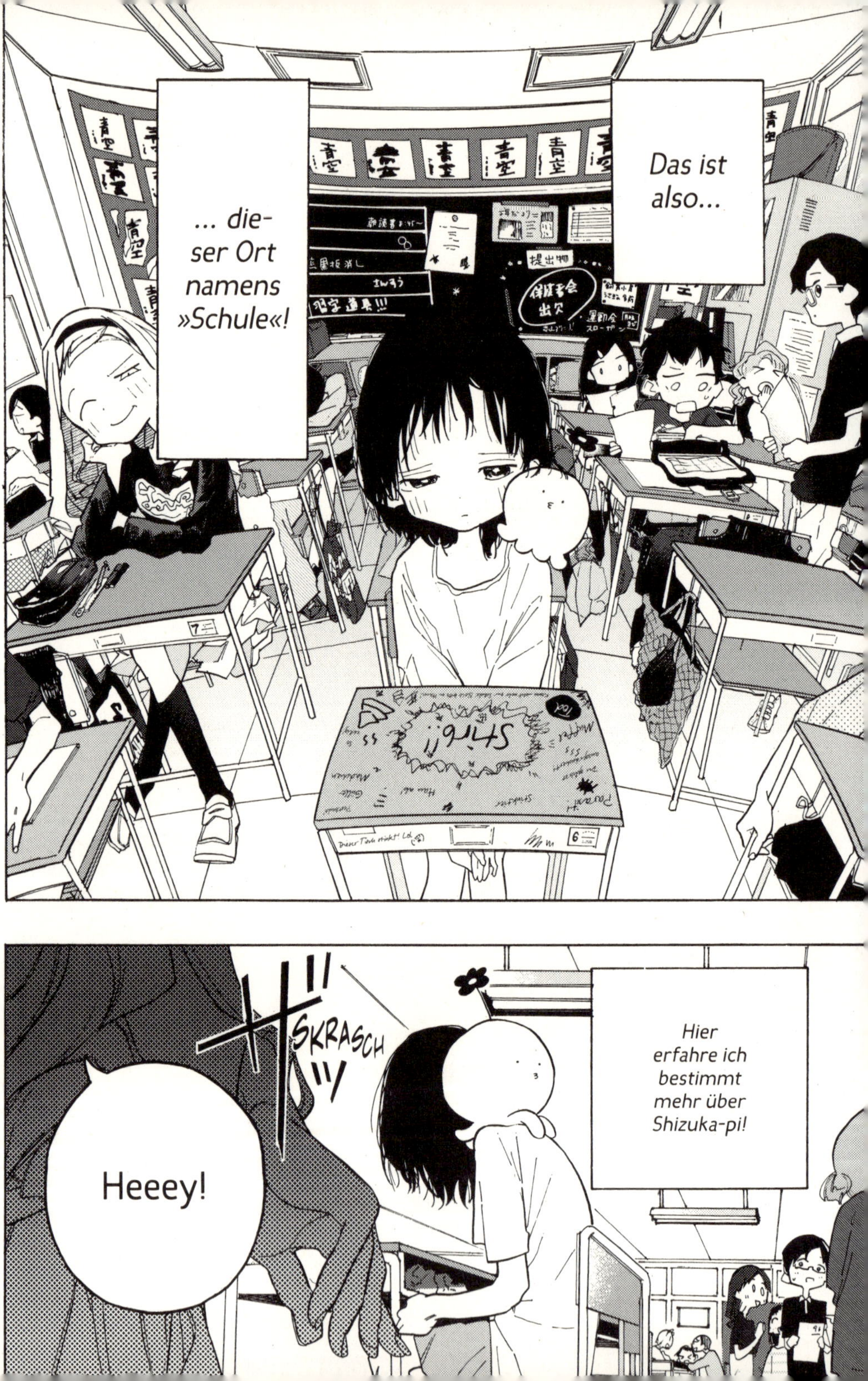
Das ist also...
... dieser Ort namens »Schule«!
Hier erfahre ich bestimmt mehr über Shizuka-pi!
SKRASCH
Heeey!

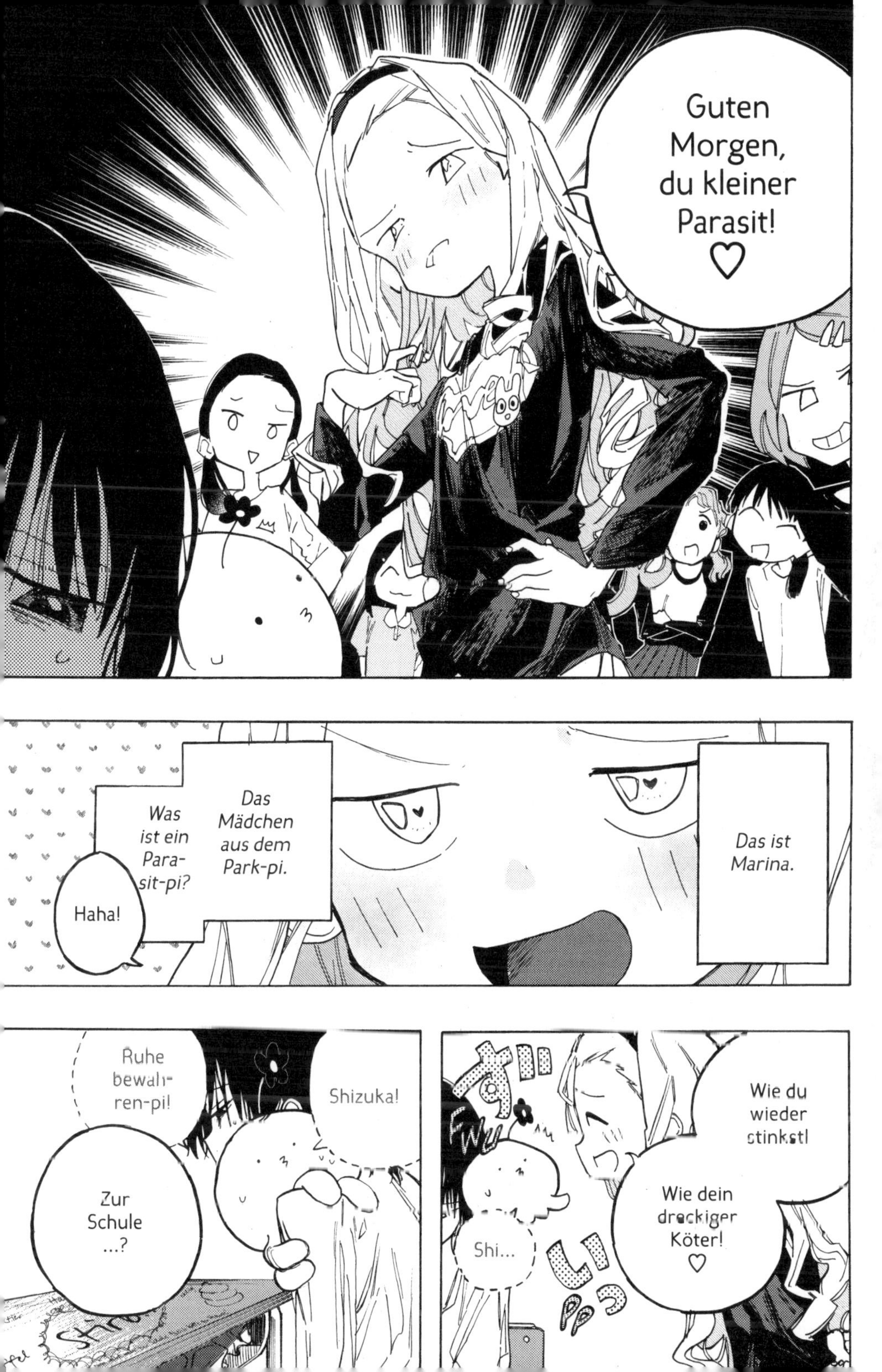
Guten Morgen, du kleiner Parasit! ♡
Das ist Marina.
Das Mädchen aus dem Park-pi.
Was ist ein Para-sit-pi?
Haha!
Wie du wieder stinkst!
Wie dein dreckiger Köter! ♡
Shi...
Shizuka!
Ruhe bewah-ren-pi!
Zur Schule ...?

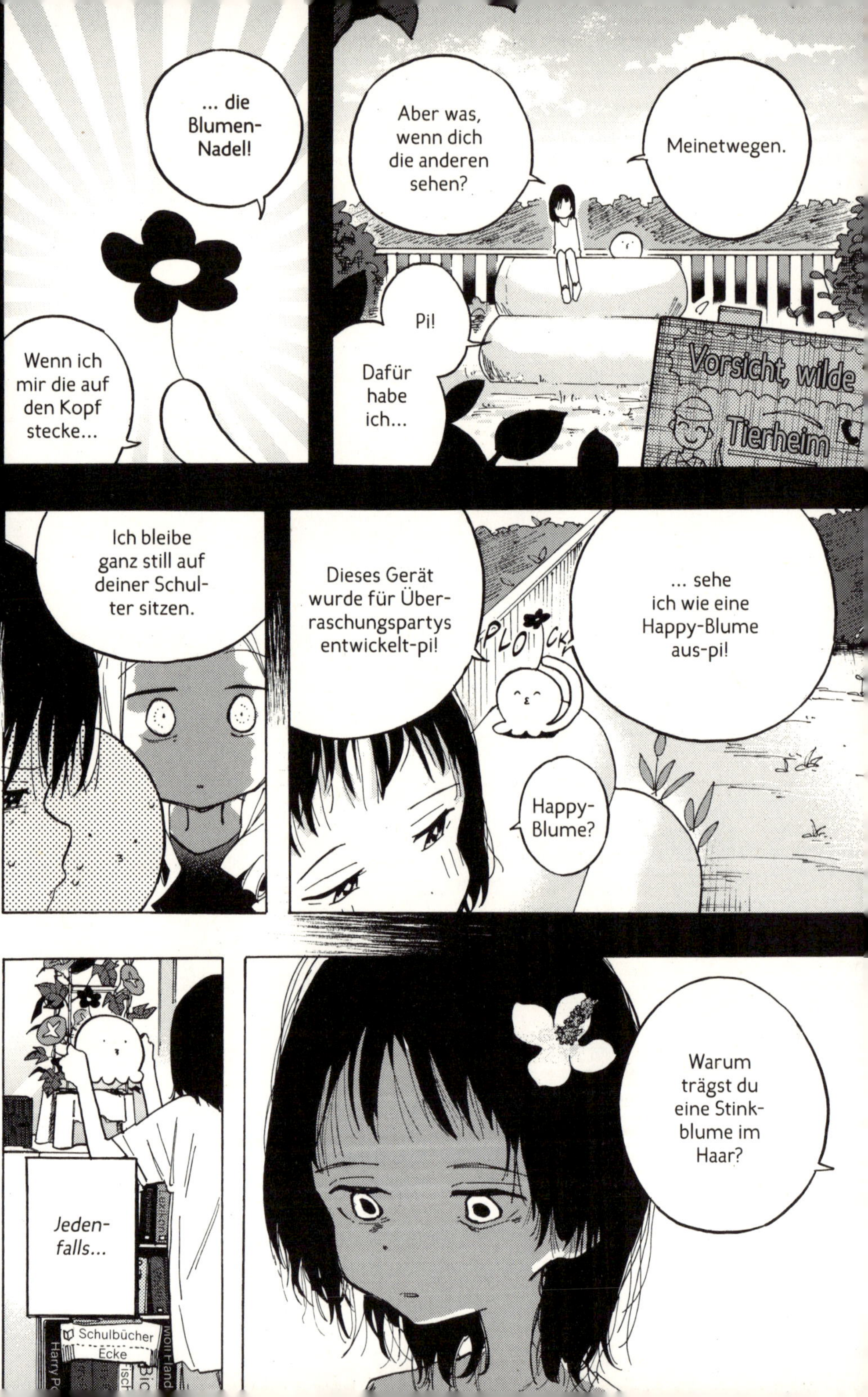
Meinetwegen.
Aber was, wenn dich die anderen sehen?
Vorsicht, wilde
Tierheim
Pi!
Dafür habe ich...
... die Blumen-Nadel!
Wenn ich mir die auf den Kopf stecke...
... sehe ich wie eine Happy-Blume aus-pi!
PLOCK
Happy-Blume?
Dieses Gerät wurde für Überraschungspartys entwickelt-pi!
Ich bleibe ganz still auf deiner Schulter sitzen.
Warum trägst du eine Stinkblume im Haar?
Jedenfalls...
Schulbücher Ecke

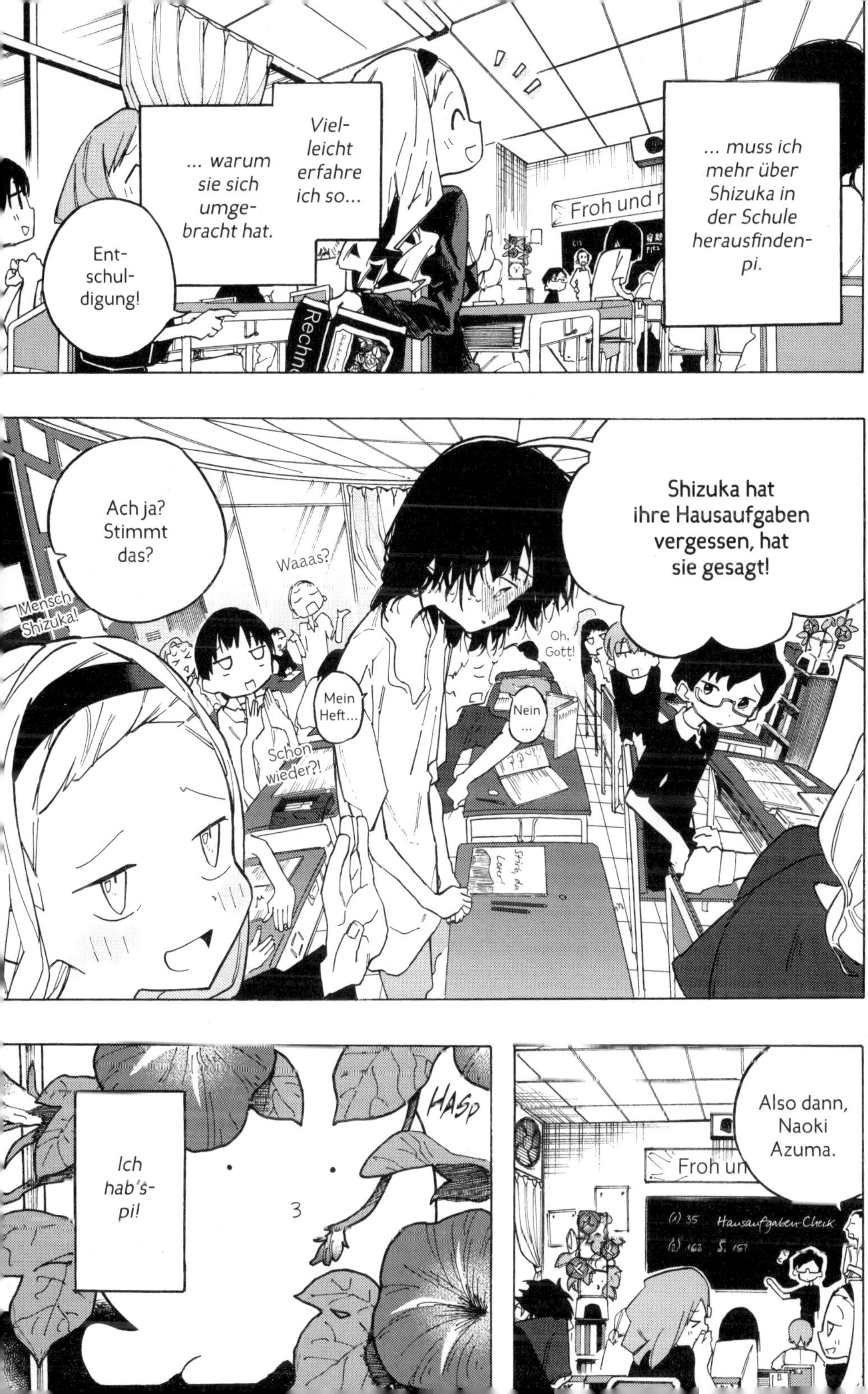

... muss ich mehr über Shizuka in der Schule herausfinden-pi.
Vielleicht erfahre ich so...
... warum sie sich umgebracht hat.
Entschuldigung!
Shizuka hat ihre Hausaufgaben vergessen, hat sie gesagt!
Oh, Gott!
Nein ...
Mathe
Mein Heft...
Waaas?
Schon wieder?!
Ach ja? Stimmt das?
Mensch Shizuka!
Also dann, Naoki Azuma.
Hausaufgaben-Check
HASp
Ich hab's-pi!

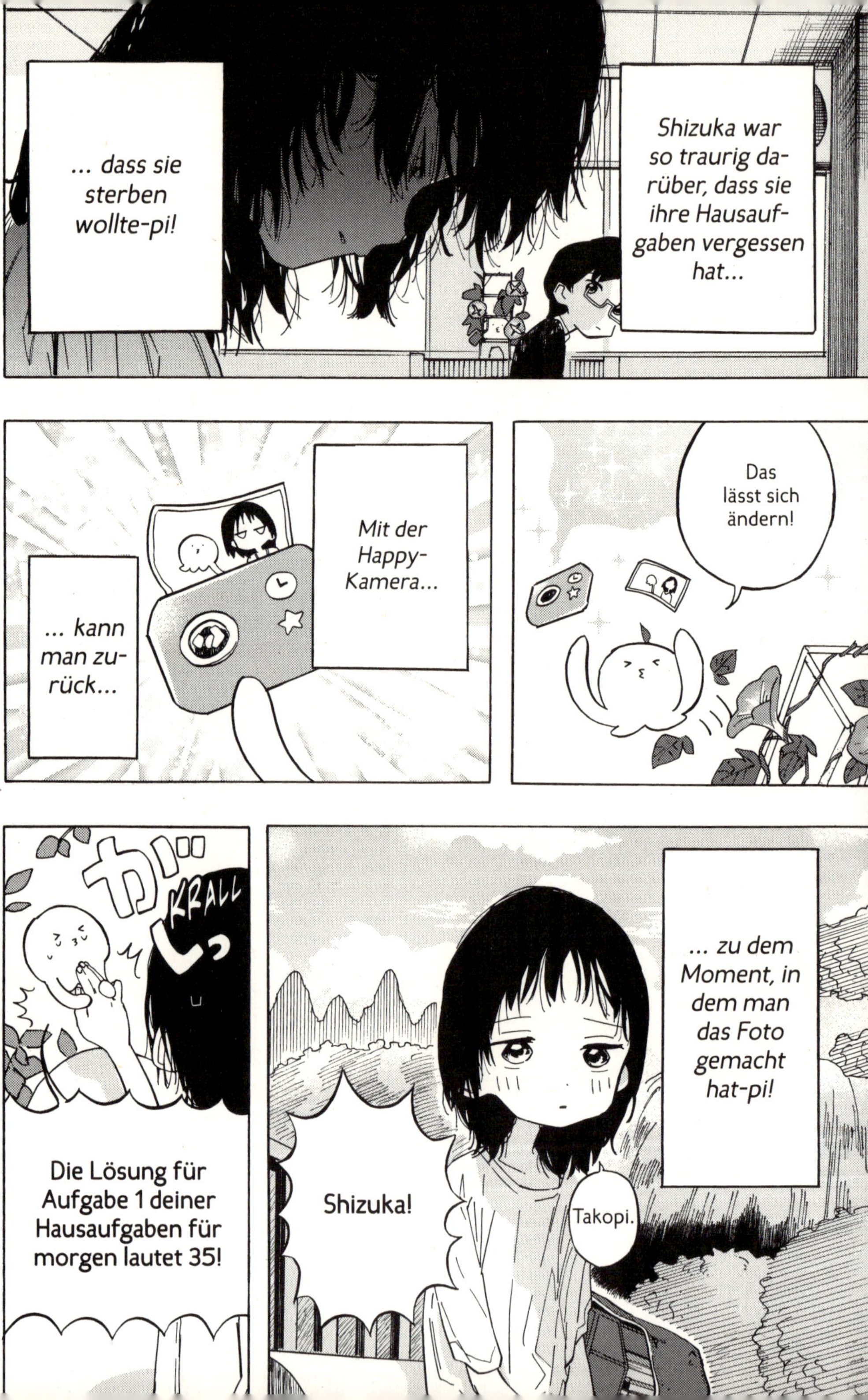
Shizuka war so traurig darüber, dass sie ihre Hausaufgaben vergessen hat...
... dass sie sterben wollte-pi!
Das lässt sich ändern!
Mit der Happy-Kamera...
... kann man zurück...
... zu dem Moment, in dem man das Foto gemacht hat-pi!
Takopi.
Shizuka!
KRALL
Die Lösung für Aufgabe 1 deiner Hausaufgaben für morgen lautet 35!

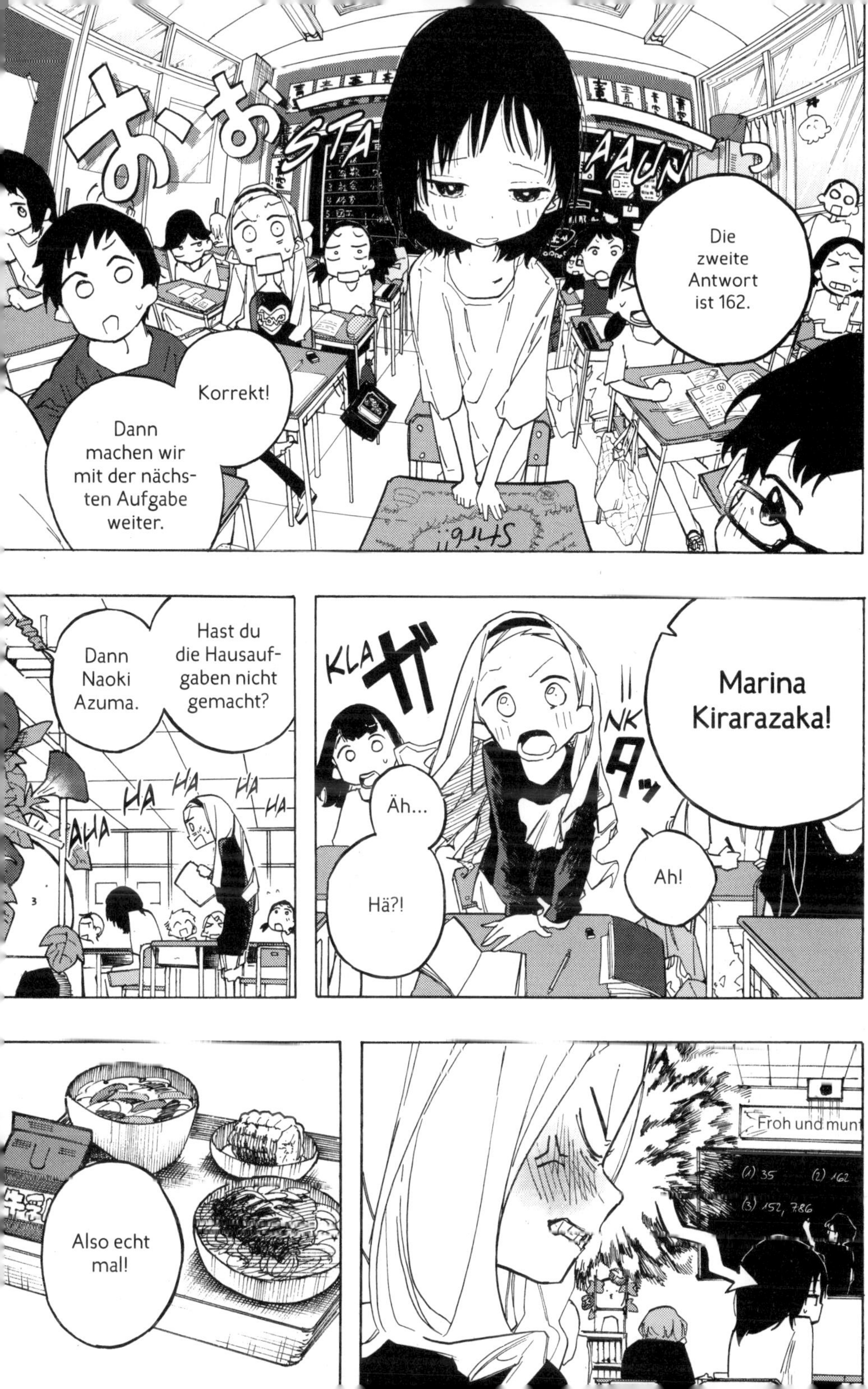

おお
STA
AAUN
っ
Die zweite Antwort ist 162.
Korrekt!
Dann machen wir mit der nächsten Aufgabe weiter.
Marina Kirarazaka!
KLA
NK
Ah!
Äh...
Hä?!
Hast du die Hausaufgaben nicht gemacht?
Dann Naoki Azuma.
HA HA HA HA
AHA
Froh und munt
(1) 35 (2) 162
(3) 152, 786
Also echt mal!

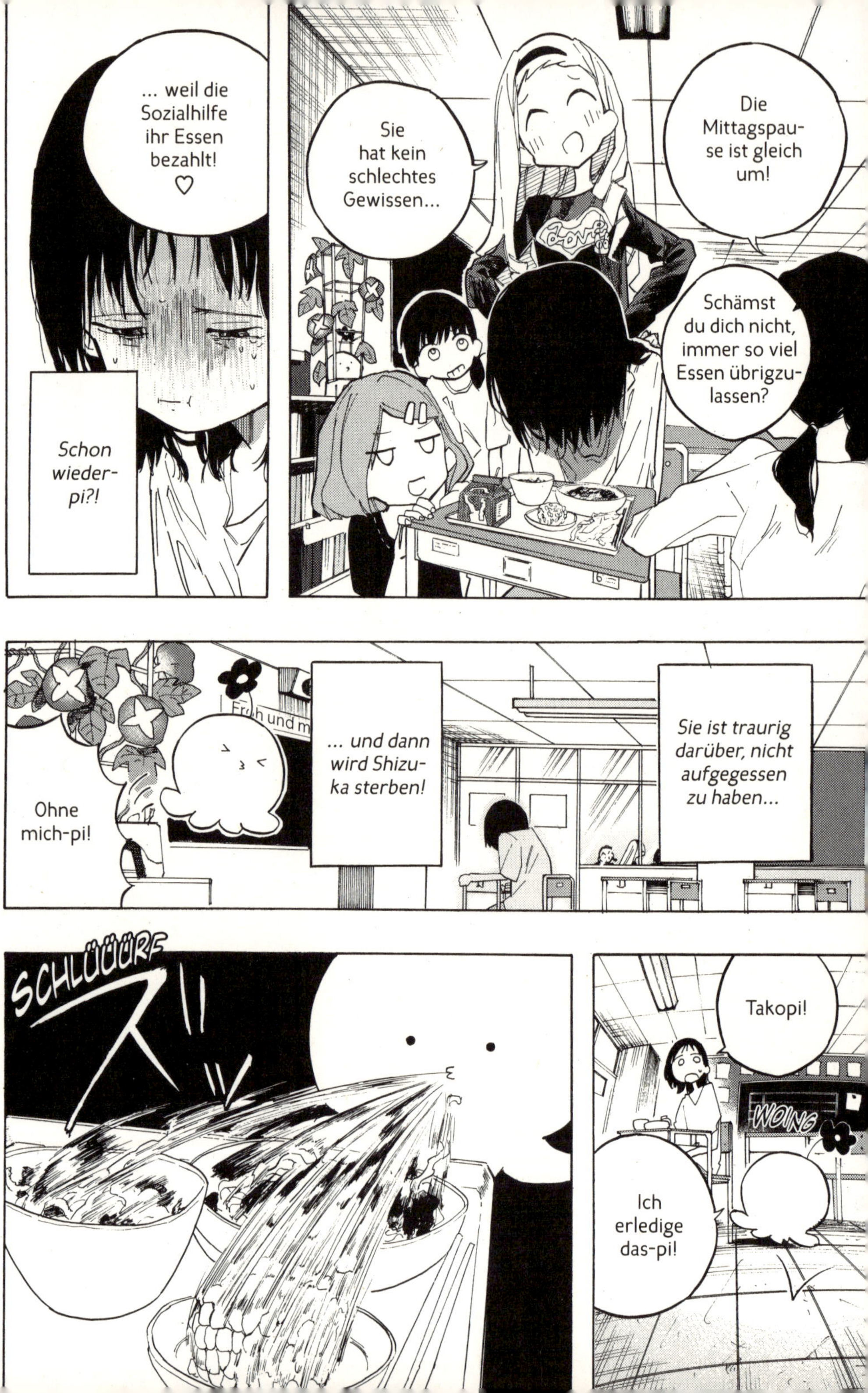
Die Mittagspause ist gleich um!
Schämst du dich nicht, immer so viel Essen übrigzulassen?
Sie hat kein schlechtes Gewissen...
... weil die Sozialhilfe ihr Essen bezahlt! ♡
Schon wieder-pi?!
Sie ist traurig darüber, nicht aufgegessen zu haben...
... und dann wird Shizuka sterben!
Ohne mich-pi!
Takopi!
WOING
Ich erledige das-pi!
SCHLÜÜÜRF

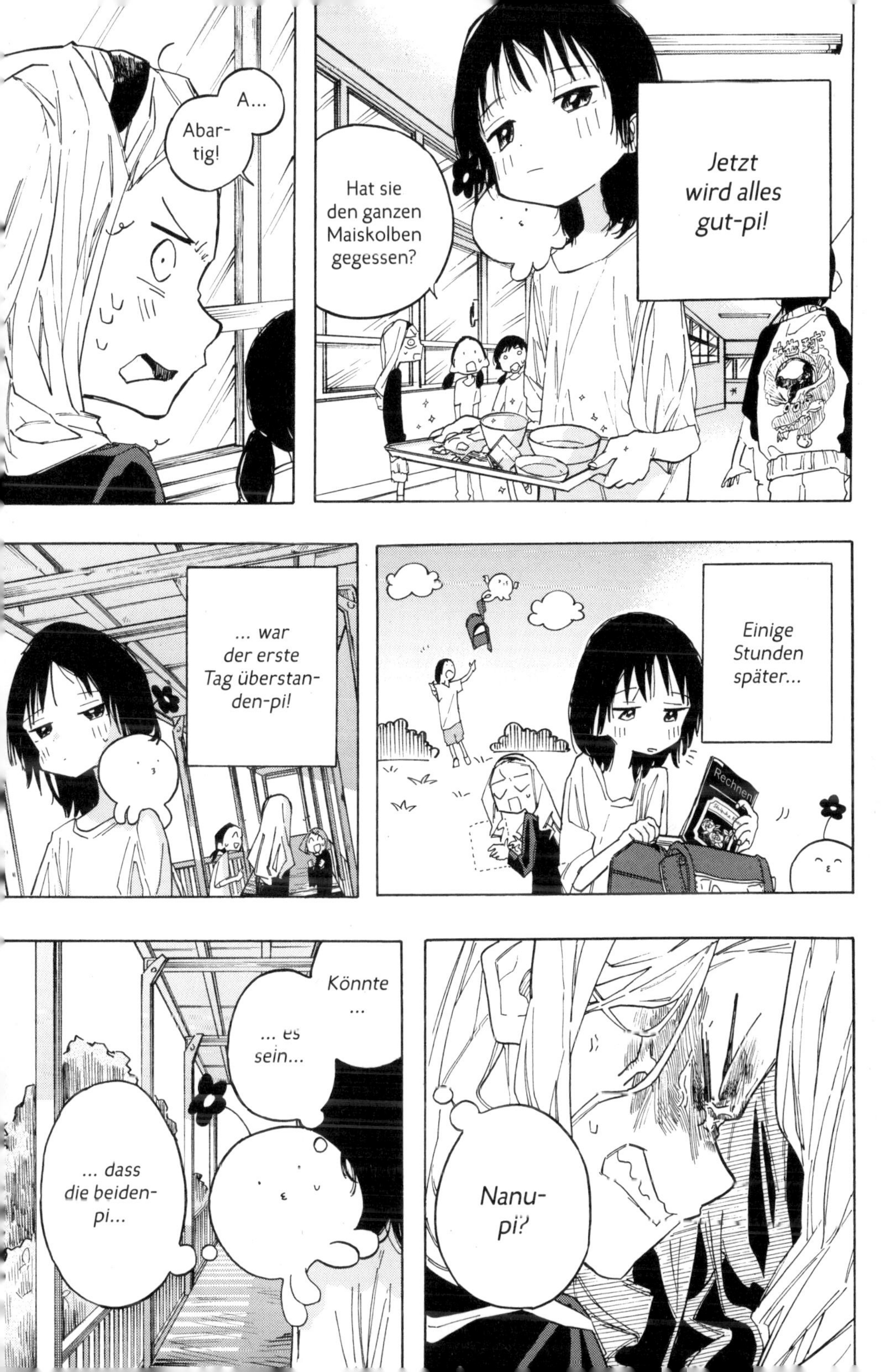
Jetzt wird alles gut-pi!
Hat sie den ganzen Maiskolben gegessen?
A... Abartig!
Einige Stunden später...
Rechnen
... war der erste Tag überstanden-pi!
Nanu-pi?
Könnte ...
... es sein...
... dass die beiden-pi...

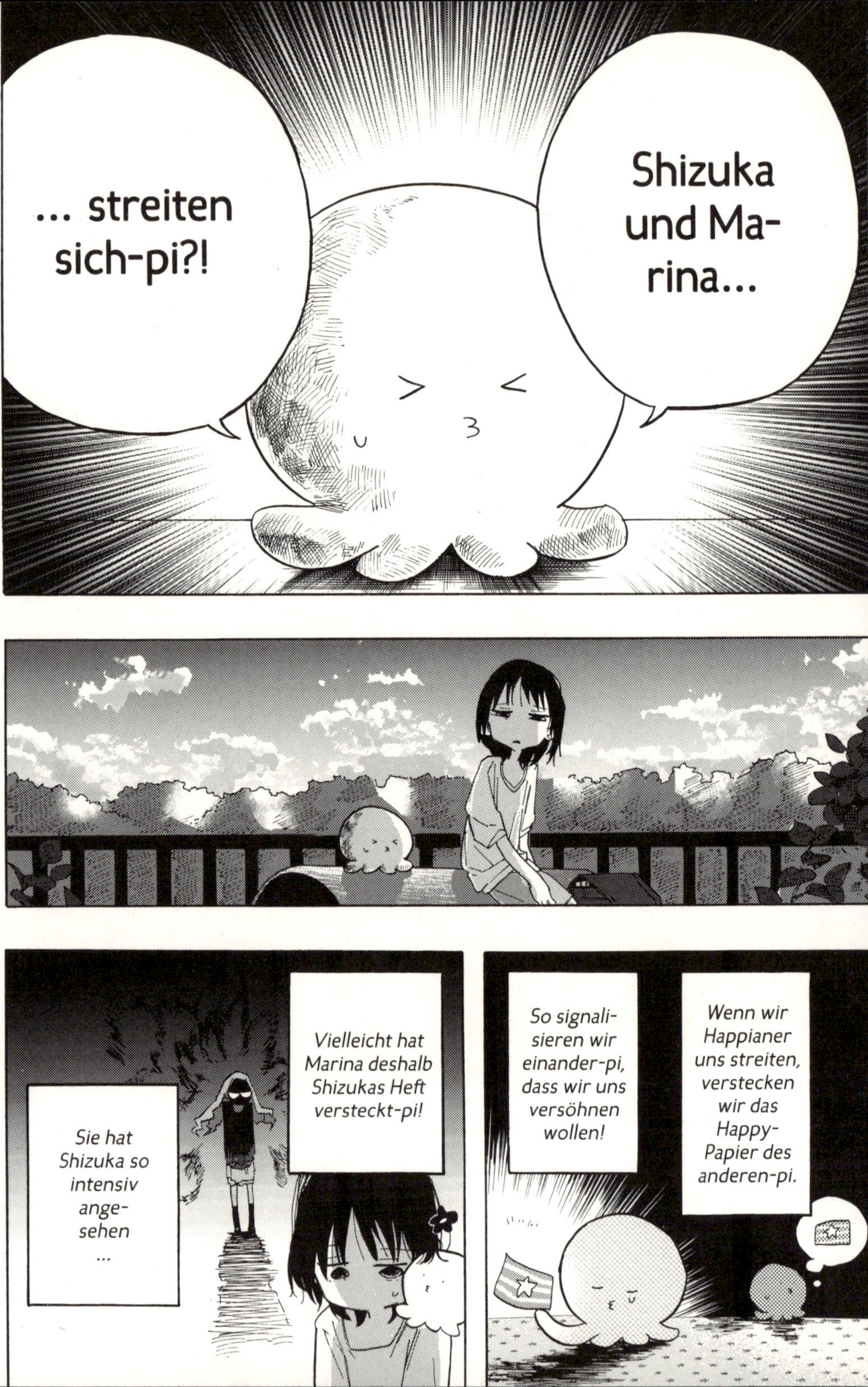
Shizuka und Marina…
… streiten sich-pi?!
Wenn wir Happianer uns streiten, verstecken wir das Happy-Papier des anderen-pi.
So signalisieren wir einander-pi, dass wir uns versöhnen wollen!
Vielleicht hat Marina deshalb Shizukas Heft versteckt-pi!
Sie hat Shizuka so intensiv angesehen …

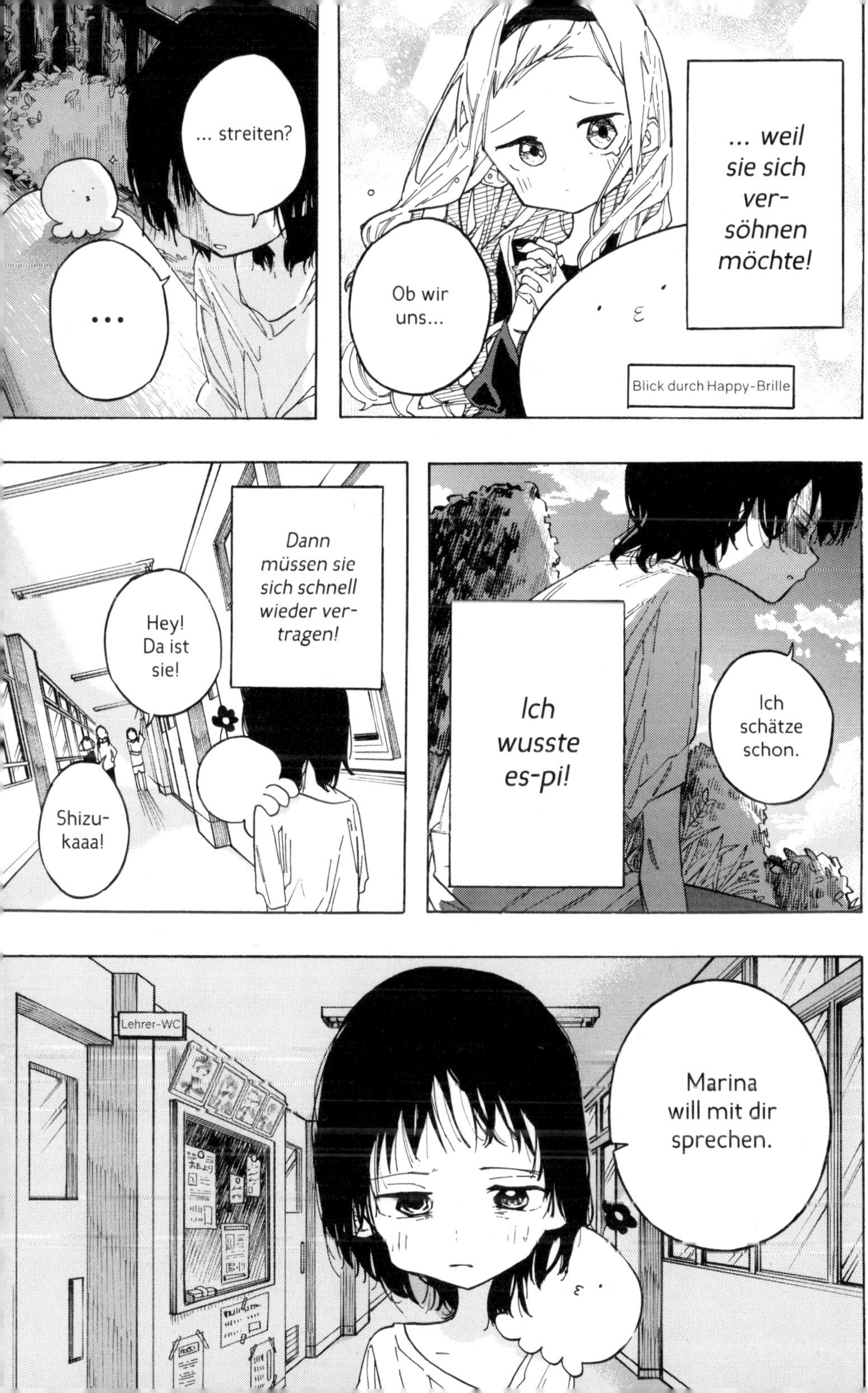

... weil sie sich ver-söhnen möchte!
Ob wir uns...
Blick durch Happy-Brille
... streiten?
...
Ich schätze schon.
Ich wusste es-pi!
Dann müssen sie sich schnell wieder ver-tragen!
Hey! Da ist sie!
Shizu-kaaa!
Lehrer-WC
Marina will mit dir sprechen.

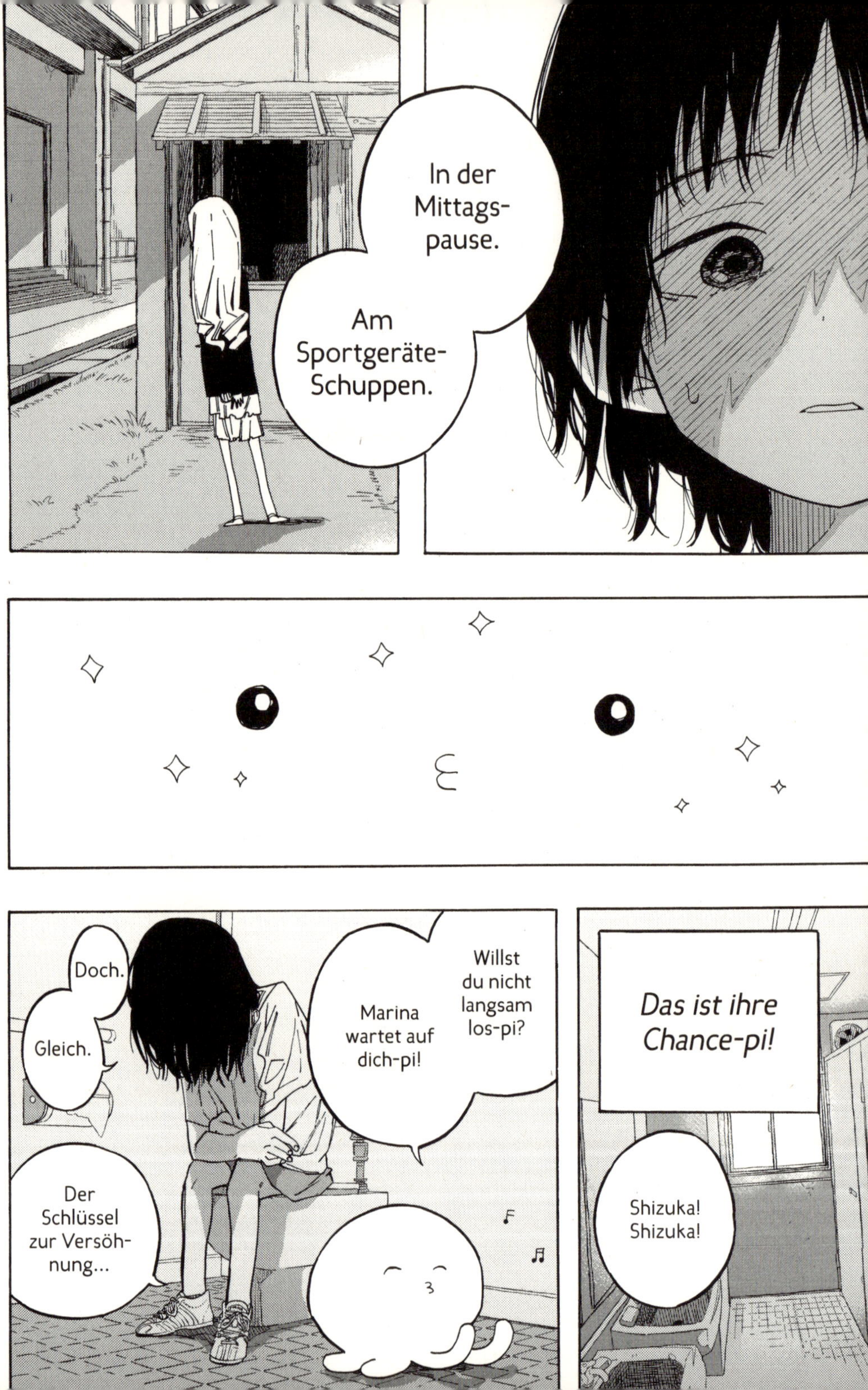
In der Mittags-pause.
Am Sportgeräte-Schuppen.
Das ist ihre Chance-pi!
Shizuka! Shizuka!
Willst du nicht langsam los-pi?
Marina wartet auf dich-pi!
Doch.
Gleich.
Der Schlüssel zur Versöh-nung...

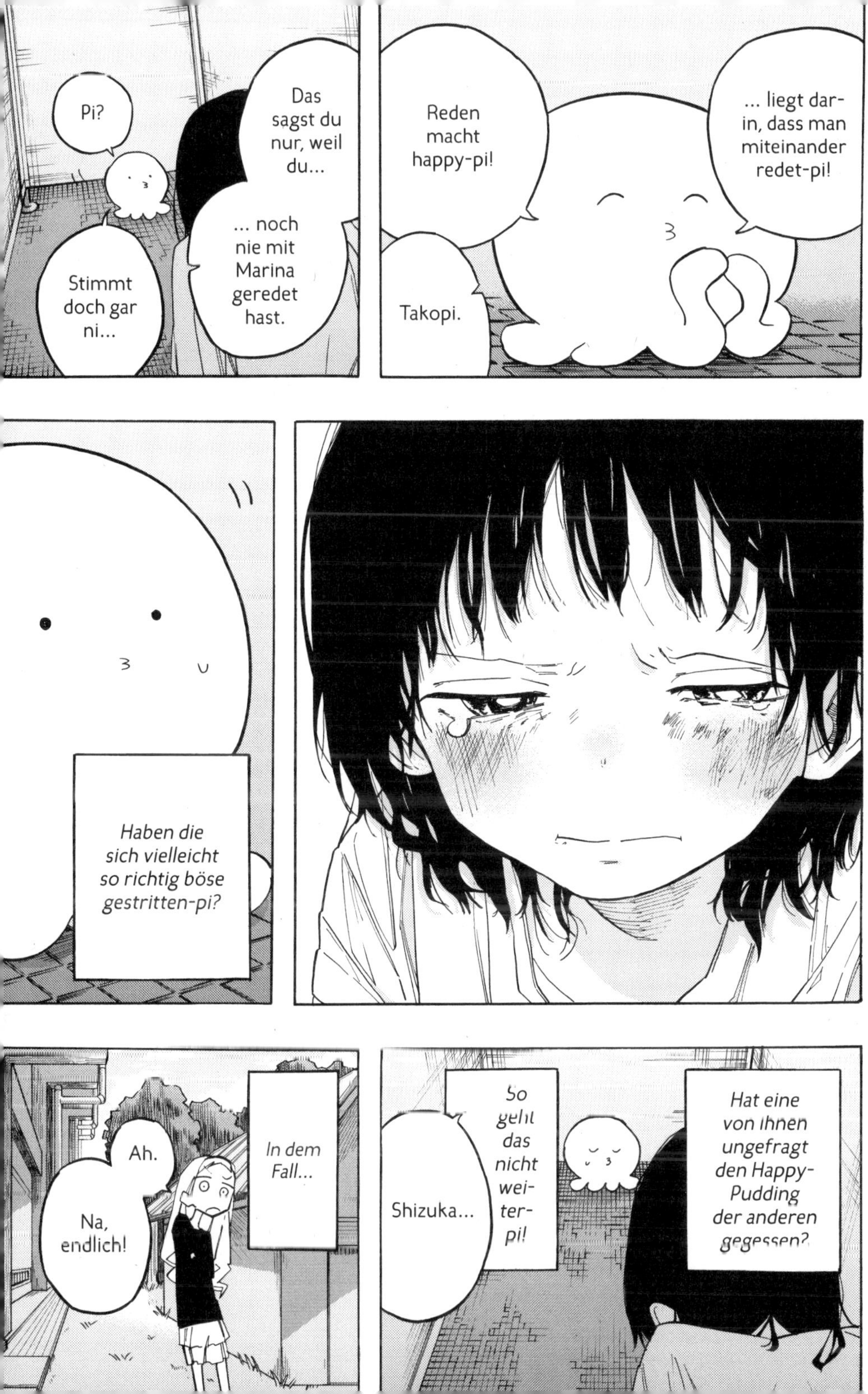
... liegt darin, dass man miteinander redet-pi!
Reden macht happy-pi!
Takopi.
Das sagst du nur, weil du...
... noch nie mit Marina geredet hast.
Pi?
Stimmt doch gar ni...
Haben die sich vielleicht so richtig böse gestritten-pi?
Hat eine von ihnen ungefragt den Happy-Pudding der anderen gegessen?
So geht das nicht weiter-pi!
Shizuka...
In dem Fall...
Ah.
Na, endlich!

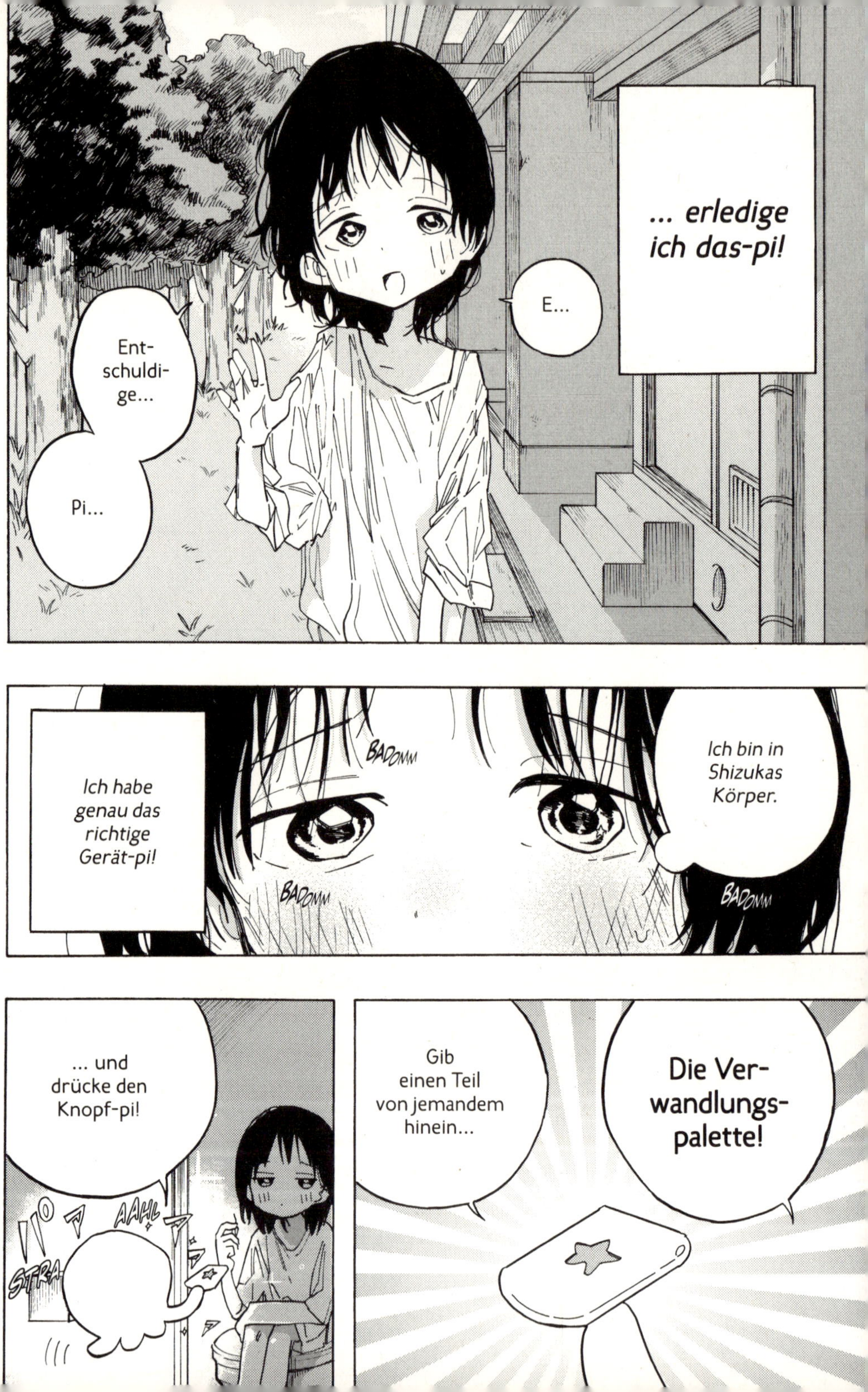

... erledige ich das-pi!
E...
Entschuldige...
Pi...
Ich bin in Shizukas Körper.
BADOMM
BADOMM
BADOMM
Ich habe genau das richtige Gerät-pi!
Die Verwandlungspalette!
Gib einen Teil von jemandem hinein...
... und drücke den Knopf-pi!

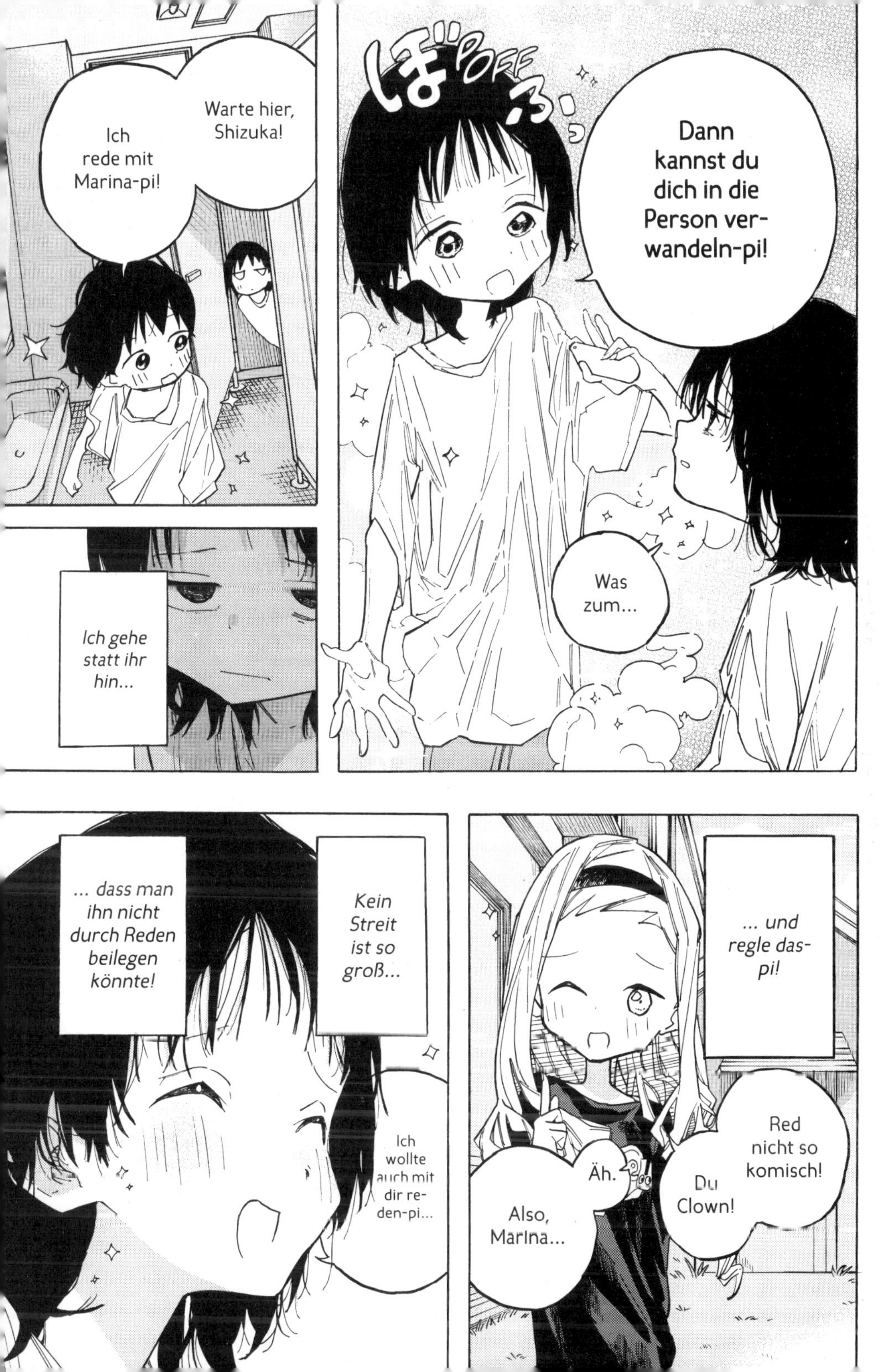
POFF
Dann kannst du dich in die Person verwandeln-pi!
Was zum...
Warte hier, Shizuka!
Ich rede mit Marina-pi!
Ich gehe statt ihr hin...
... und regle das-pi!
Red nicht so komisch!
Du Clown!
Äh.
Also, Marina...
Kein Streit ist so groß...
... dass man ihn nicht durch Reden beilegen könnte!
Ich wollte auch mit dir reden-pi...

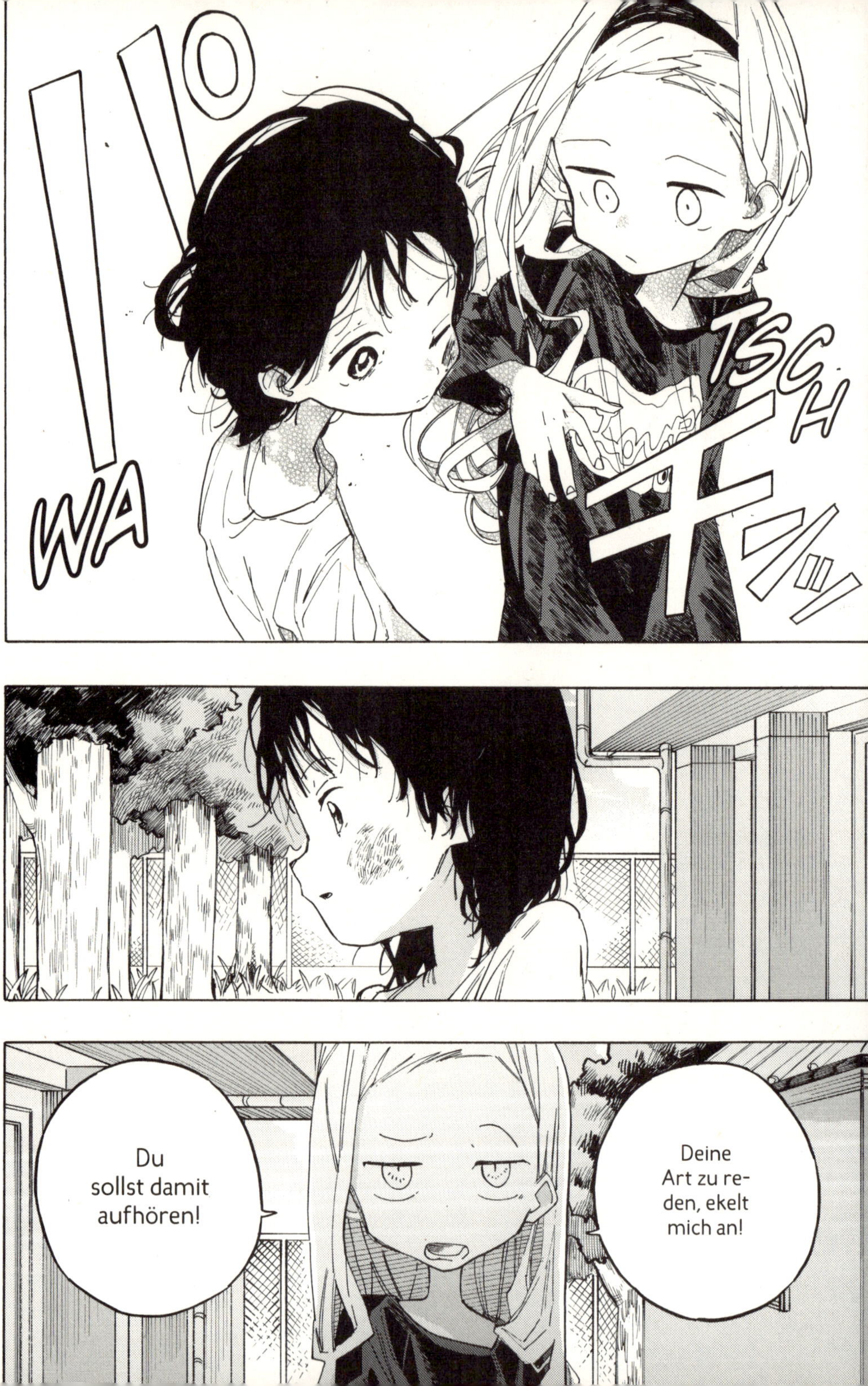
WA
TSCH
Deine Art zu re-den, ekelt mich an!
Du sollst damit aufhören!

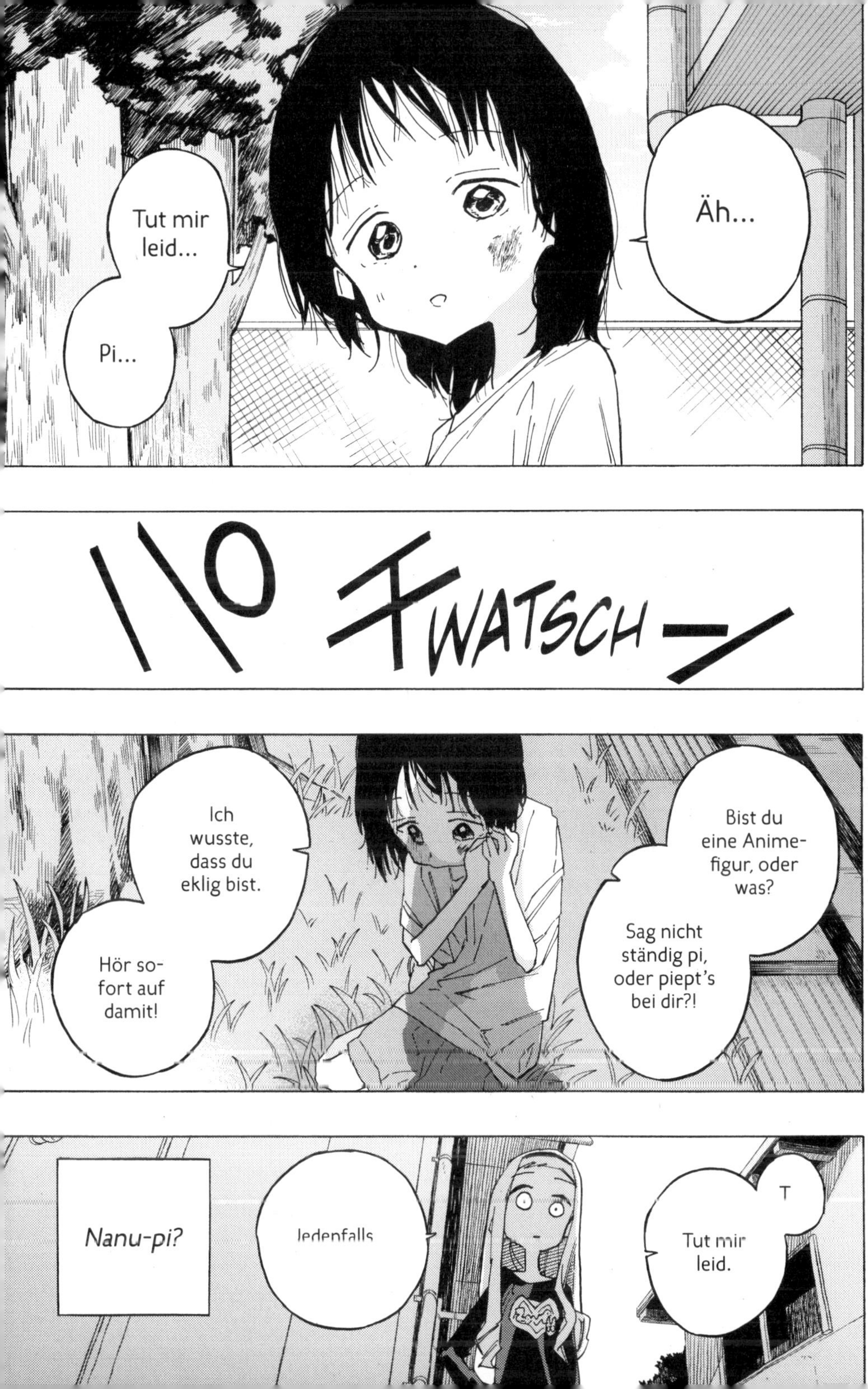
Äh...
Tut mir leid...
Pi...
FWATSCH
Bist du eine Anime-figur, oder was?
Sag nicht ständig pi, oder piept's bei dir?!
Ich wusste, dass du eklig bist.
Hör so-fort auf damit!
T
Tut mir leid.
Jedenfalls
Nanu-pi?

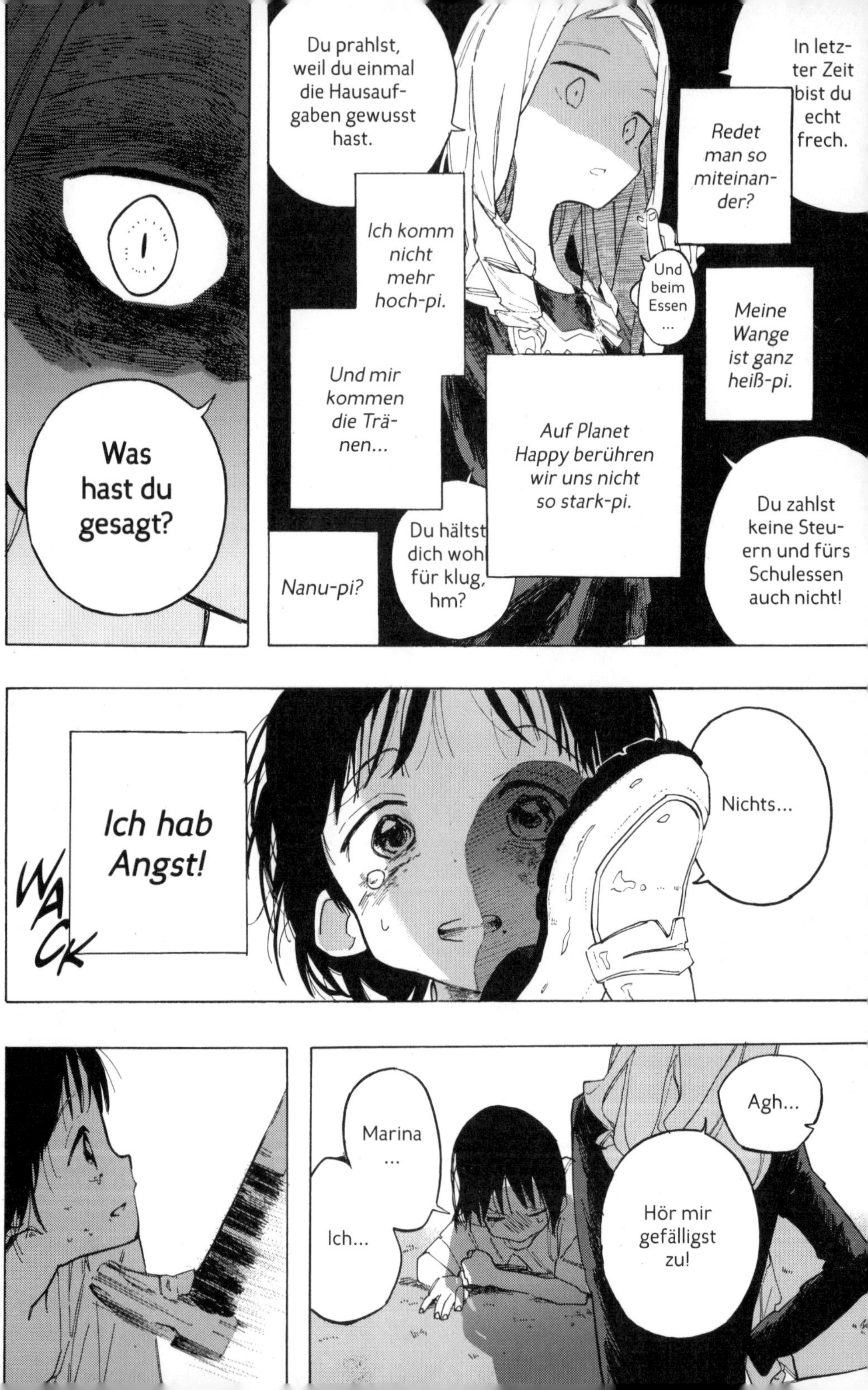
In letzter Zeit bist du echt frech.
Redet man so miteinander?
Du prahlst, weil du einmal die Hausaufgaben gewusst hast.
Und beim Essen …
Meine Wange ist ganz heiß-pi.
Ich komm nicht mehr hoch-pi.
Und mir kommen die Tränen…
Auf Planet Happy berühren wir uns nicht so stark-pi.
Du zahlst keine Steuern und fürs Schulessen auch nicht!
Du hältst dich wohl für klug, hm?
Nanu-pi?
Was hast du gesagt?
Nichts…
Ich hab Angst!
WACK
Agh…
Hör mir gefälligst zu!
Marina …
Ich…

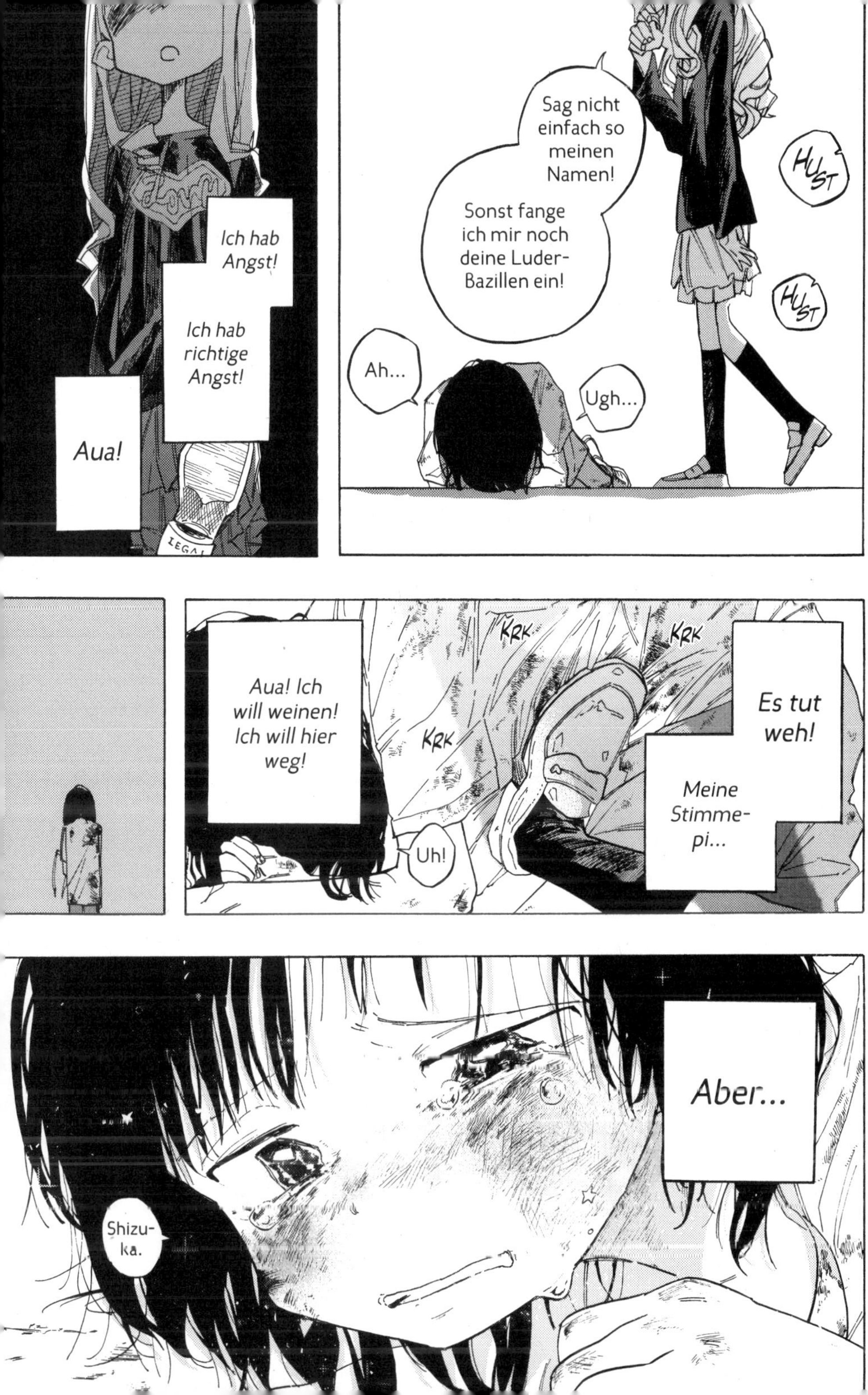
Sag nicht einfach so meinen Namen!
Sonst fange ich mir noch deine Luder-Bazillen ein!
HUST
HUST
Ugh...
Ah...
Ich hab Angst!
Ich hab richtige Angst!
Aua!
Es tut weh!
Meine Stimme-pi...
KRK
KRK
KRK
Aua! Ich will weinen! Ich will hier weg!
Uh!
Aber...
Shizu-ka.

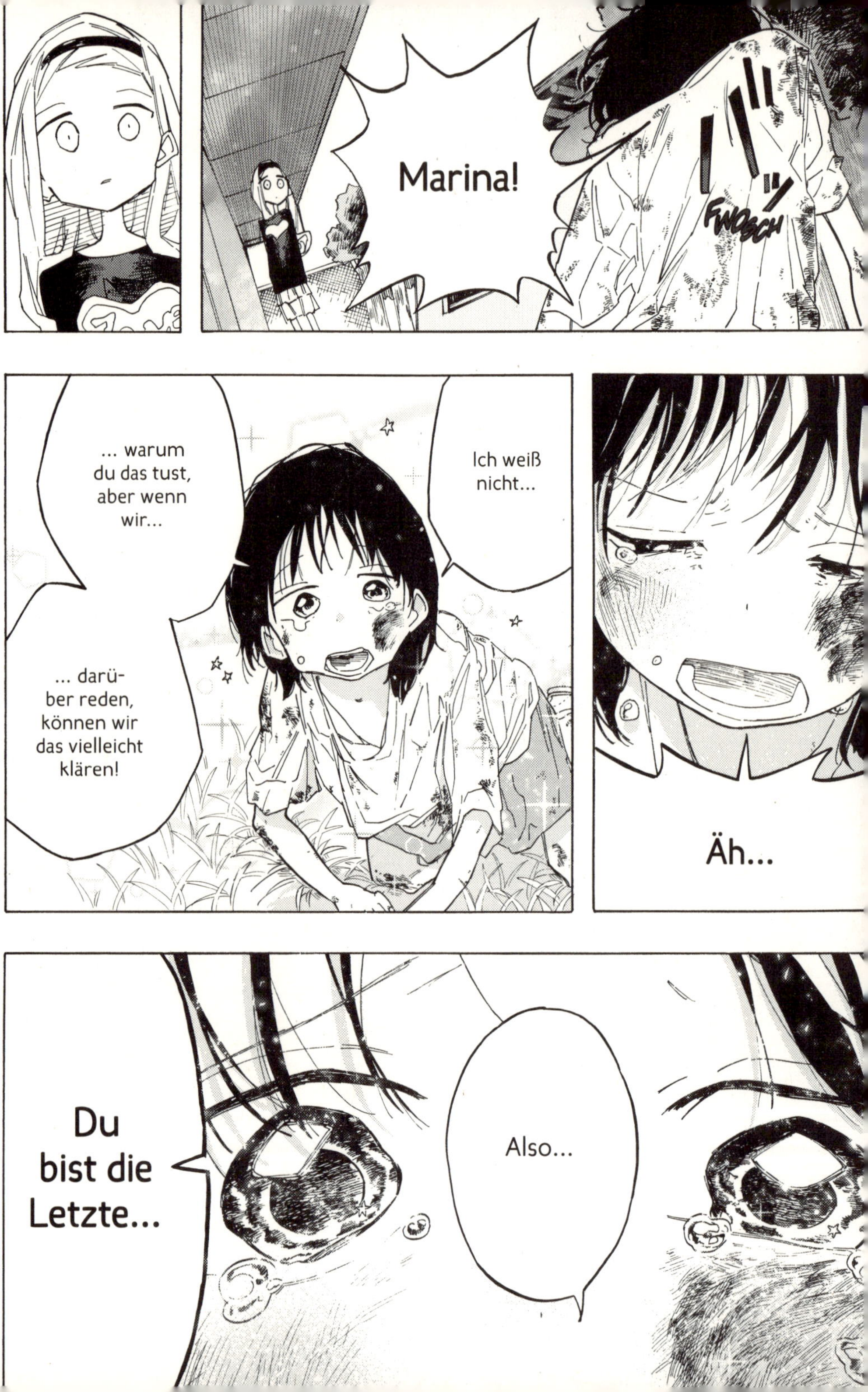
FWOSCH
Marina!
Ich weiß nicht...
... warum du das tust, aber wenn wir...
... darüber reden, können wir das vielleicht klären!
Äh...
Also...
Du bist die Letzte...

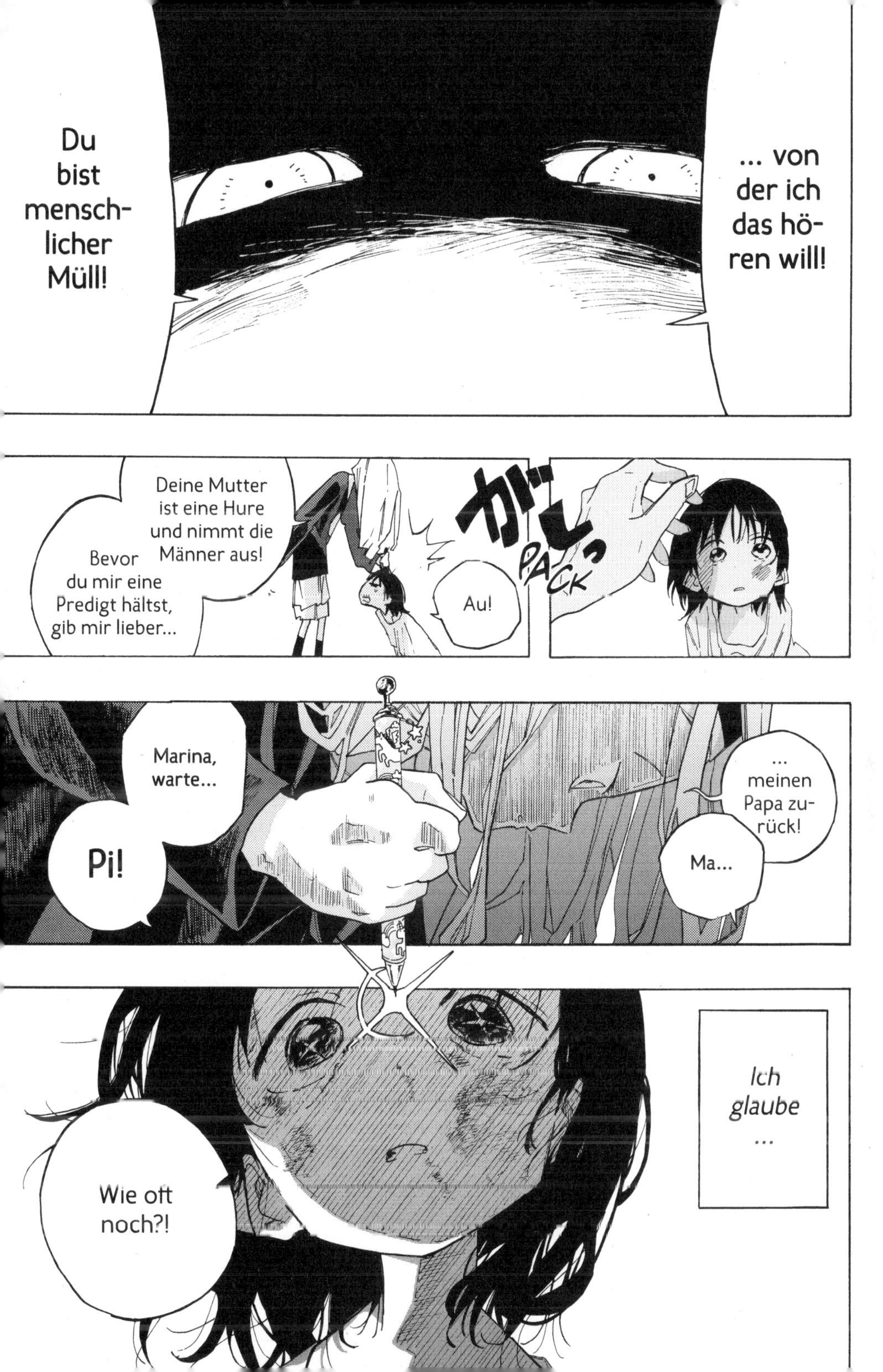
... von der ich das hö- ren will!
Du bist mensch- licher Müll!
がしっ PACK
Au!
Deine Mutter ist eine Hure und nimmt die Männer aus!
Bevor du mir eine Predigt hältst, gib mir lieber...
... meinen Papa zu- rück!
Ma...
Marina, warte...
Pi!
Ich glaube ...
Wie oft noch?!

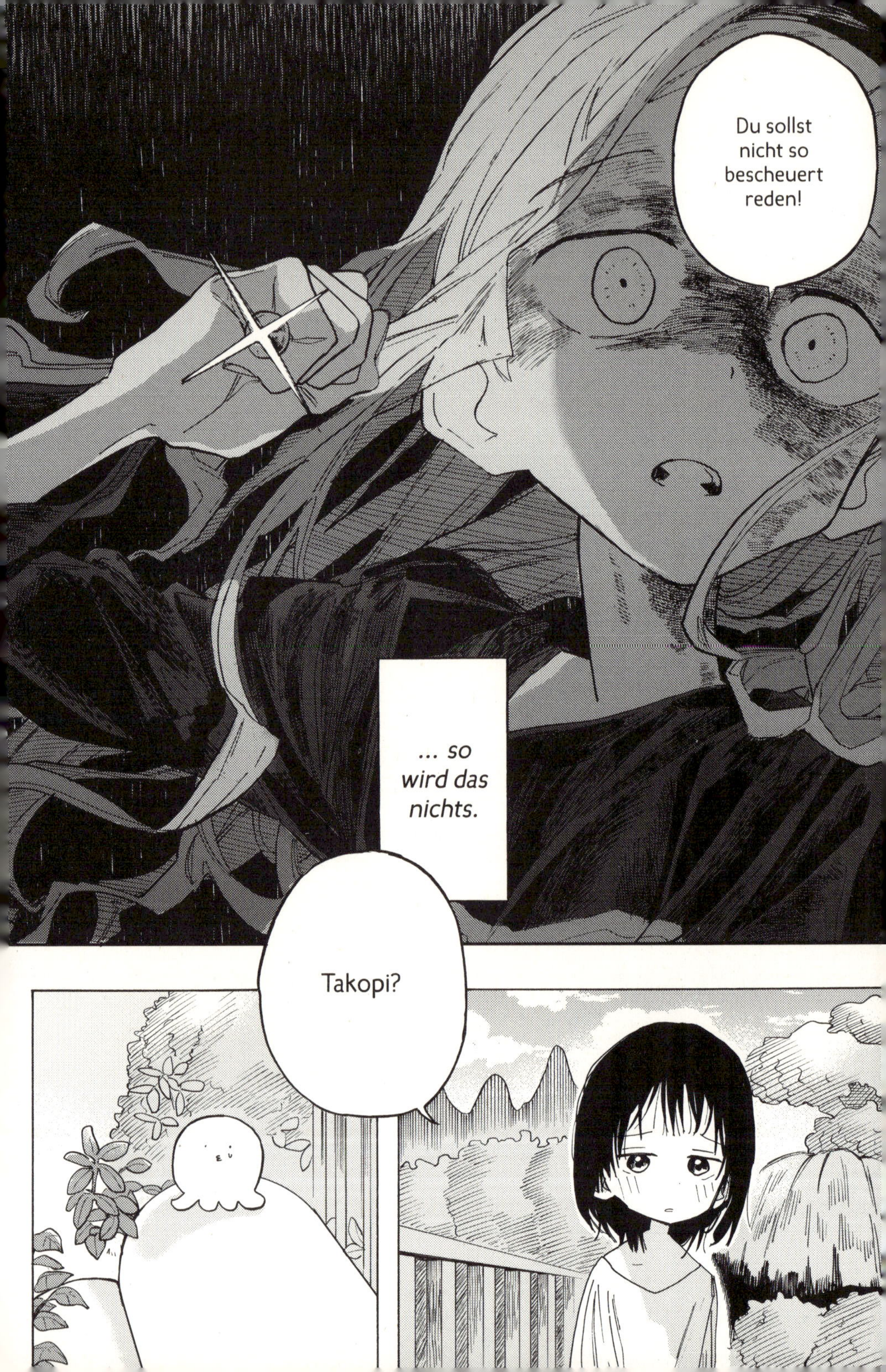
Du sollst nicht so bescheuert reden!
... so wird das nichts.
Takopi?

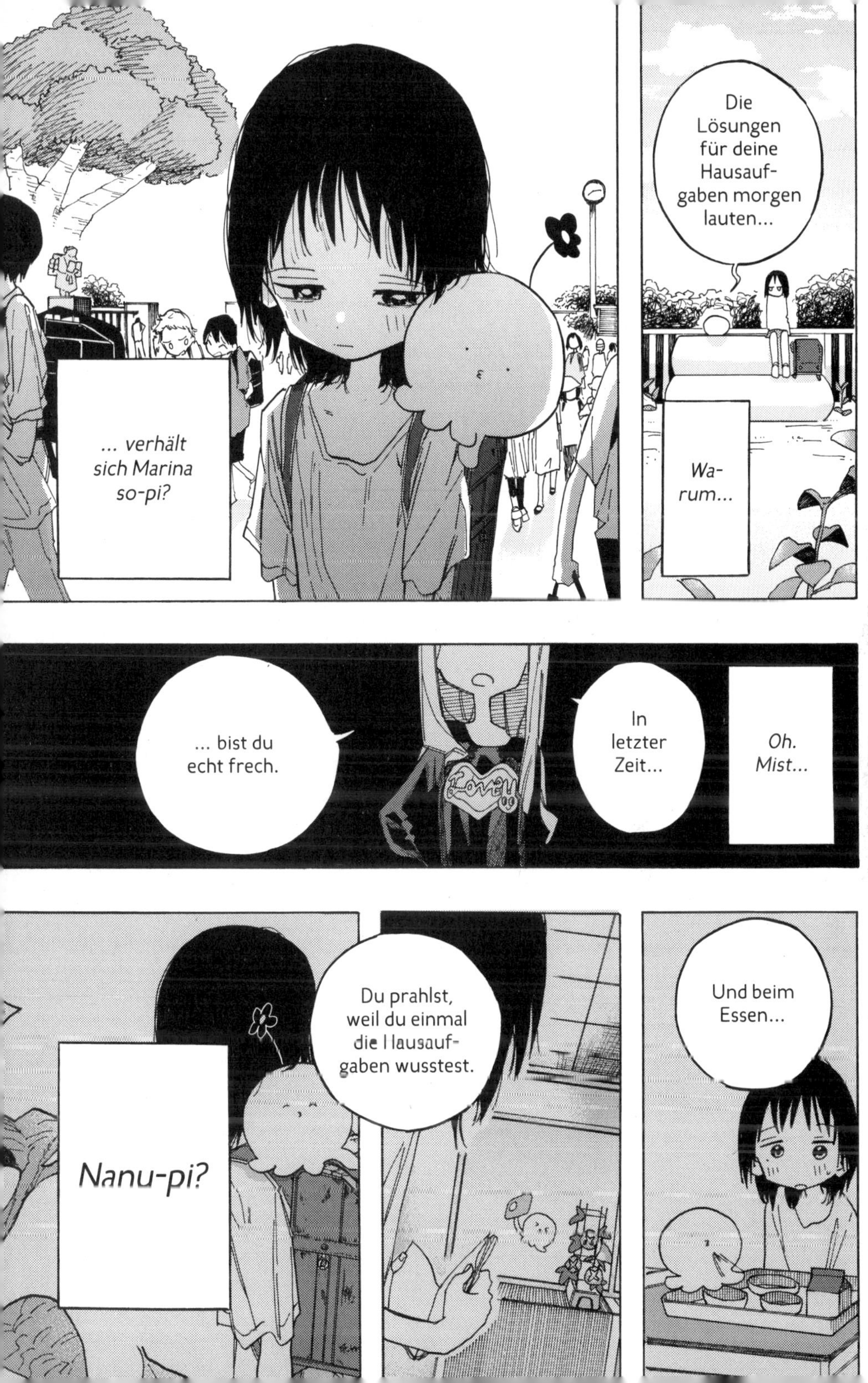
Die Lösungen für deine Hausaufgaben morgen lauten...
Warum...
... verhält sich Marina so-pi?
Oh. Mist...
In letzter Zeit...
... bist du echt frech.
Und beim Essen...
Du prahlst, weil du einmal die Hausaufgaben wusstest.
Nanu-pi?

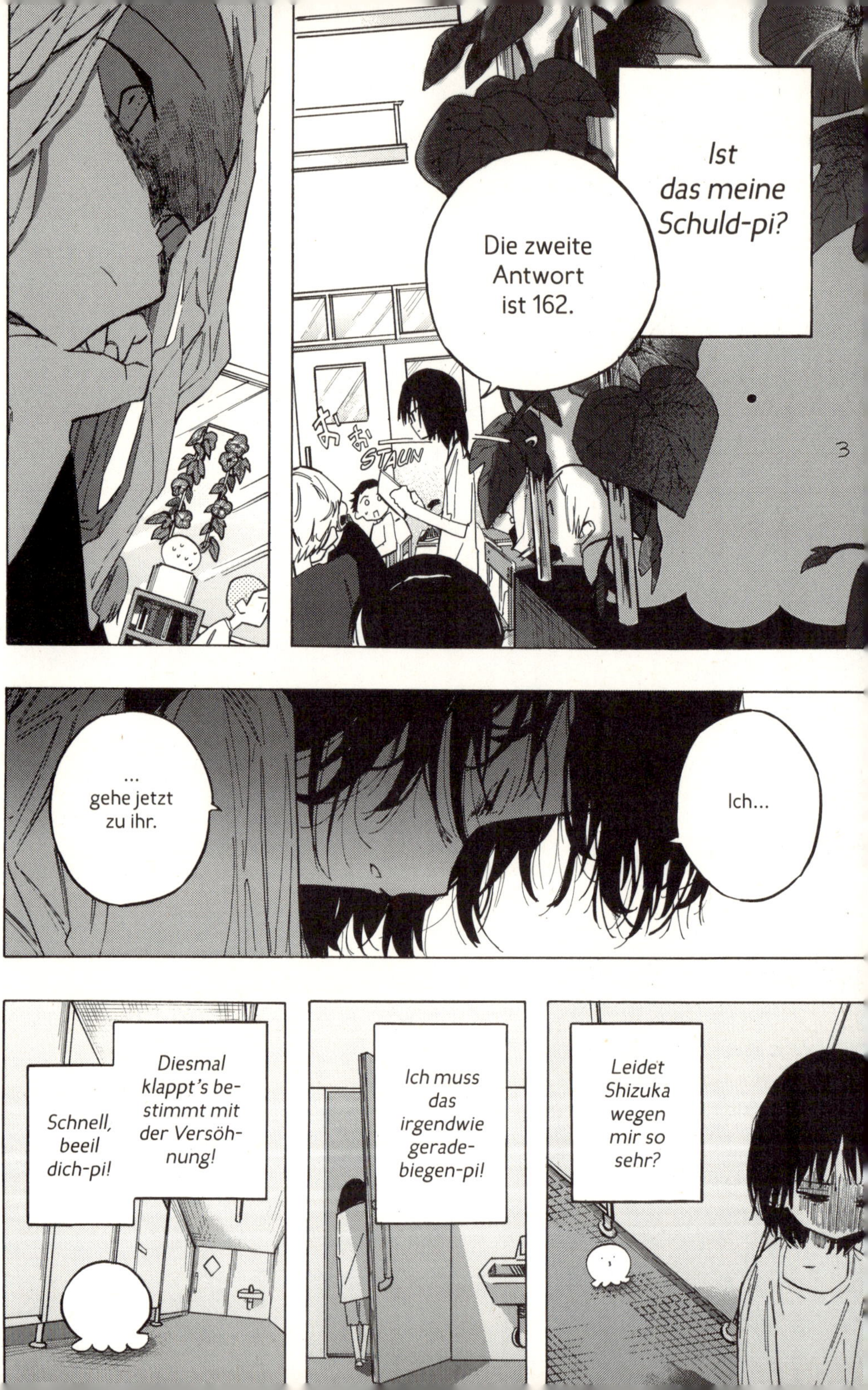

Ist das meine Schuld-pi?
Die zweite Antwort ist 162.
STAUN
Ich…
… gehe jetzt zu ihr.
Leidet Shizuka wegen mir so sehr?
Ich muss das irgendwie gerade-biegen-pi!
Diesmal klappt's bestimmt mit der Versöhnung!
Schnell, beeil dich-pi!

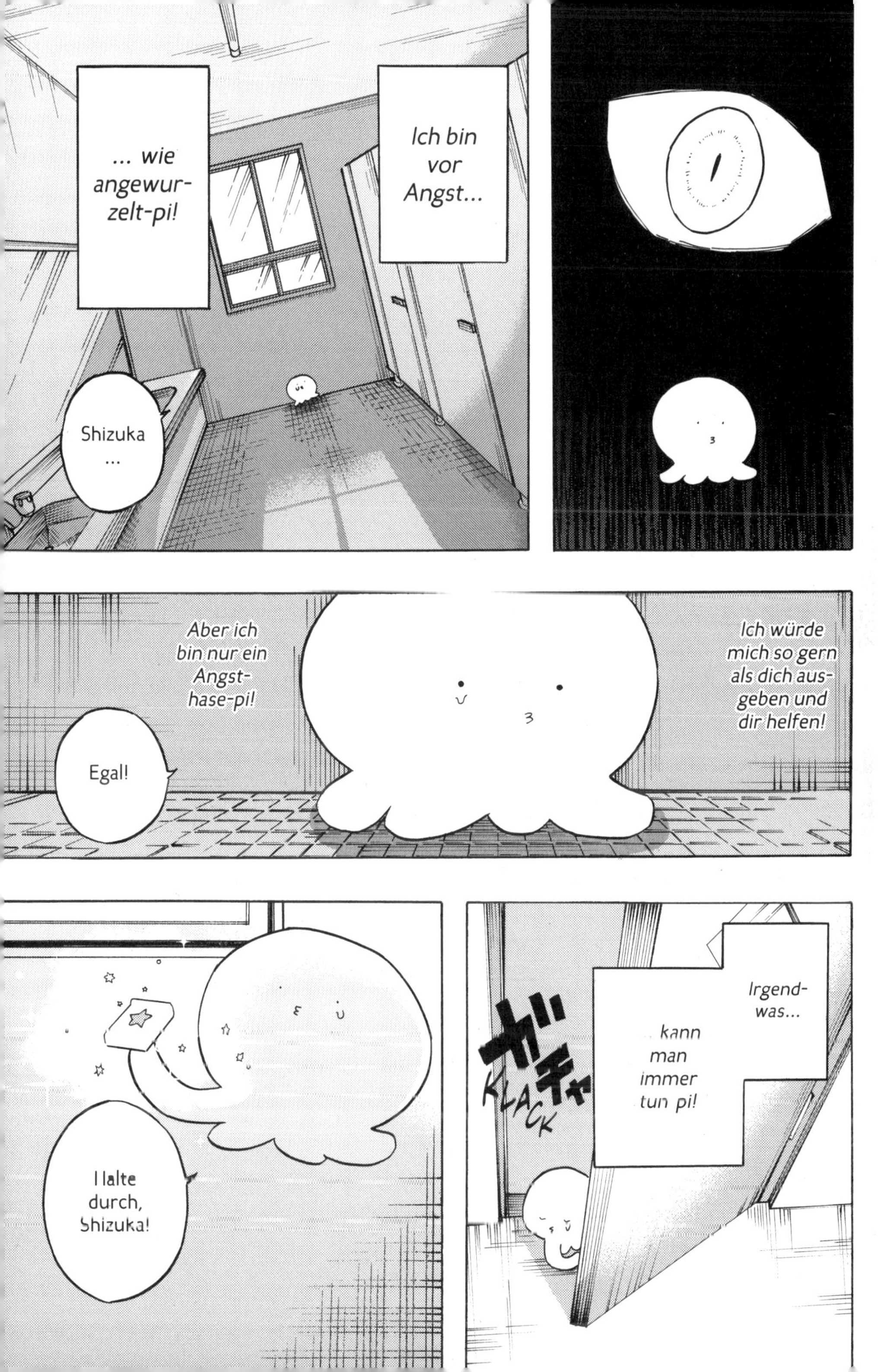
Ich bin vor Angst...
... wie angewurzelt-pi!
Shizuka ...
Ich würde mich so gern als dich ausgeben und dir helfen!
Aber ich bin nur ein Angsthase-pi!
Egal!
Irgendwas...
kann man immer tun pi!
KLACK
Halte durch, Shizuka!

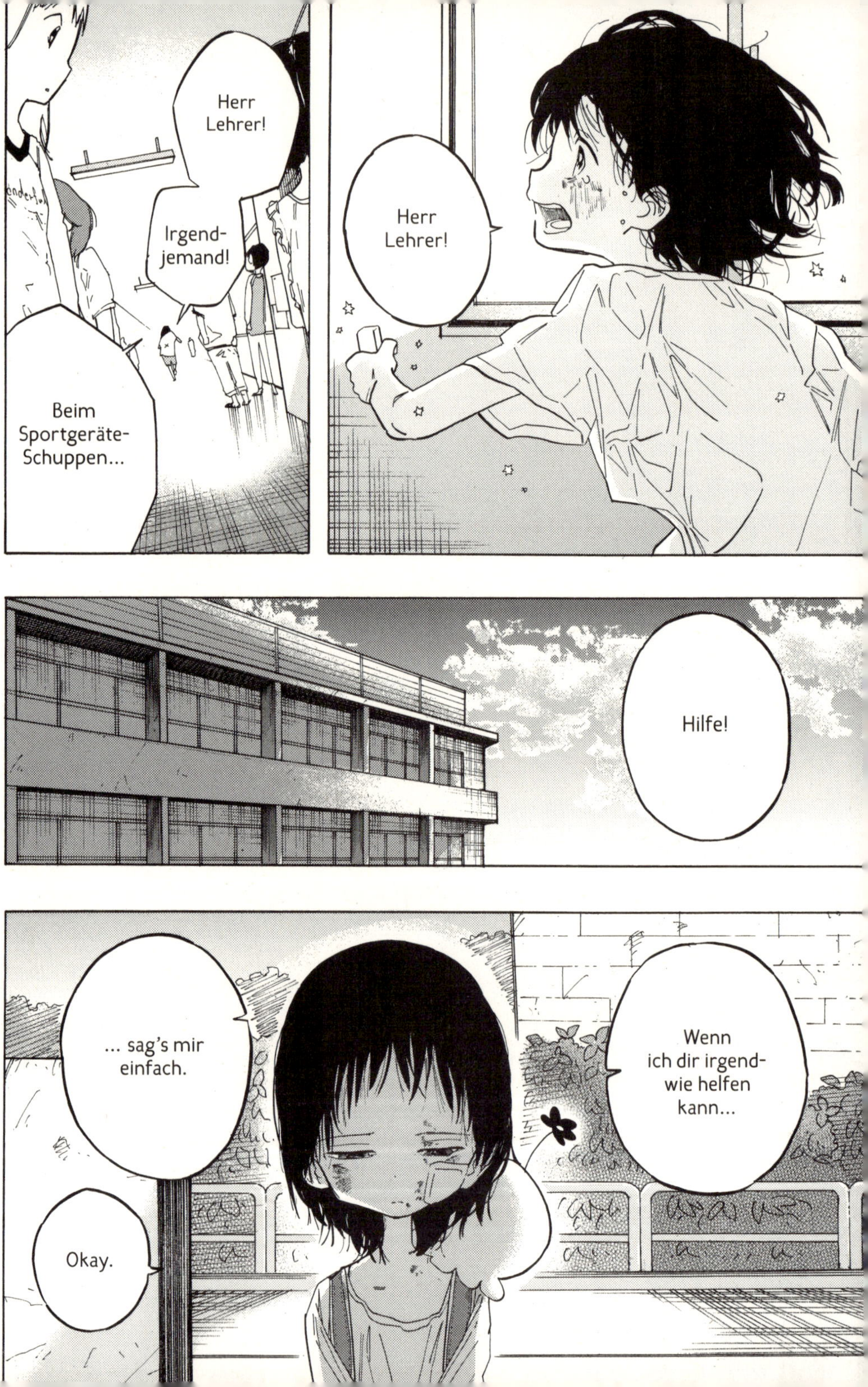
Herr Lehrer!
Herr Lehrer!
Irgend-jemand!
Beim Sportgeräte-Schuppen...
Hilfe!
Wenn ich dir irgendwie helfen kann...
... sag's mir einfach.
Okay.

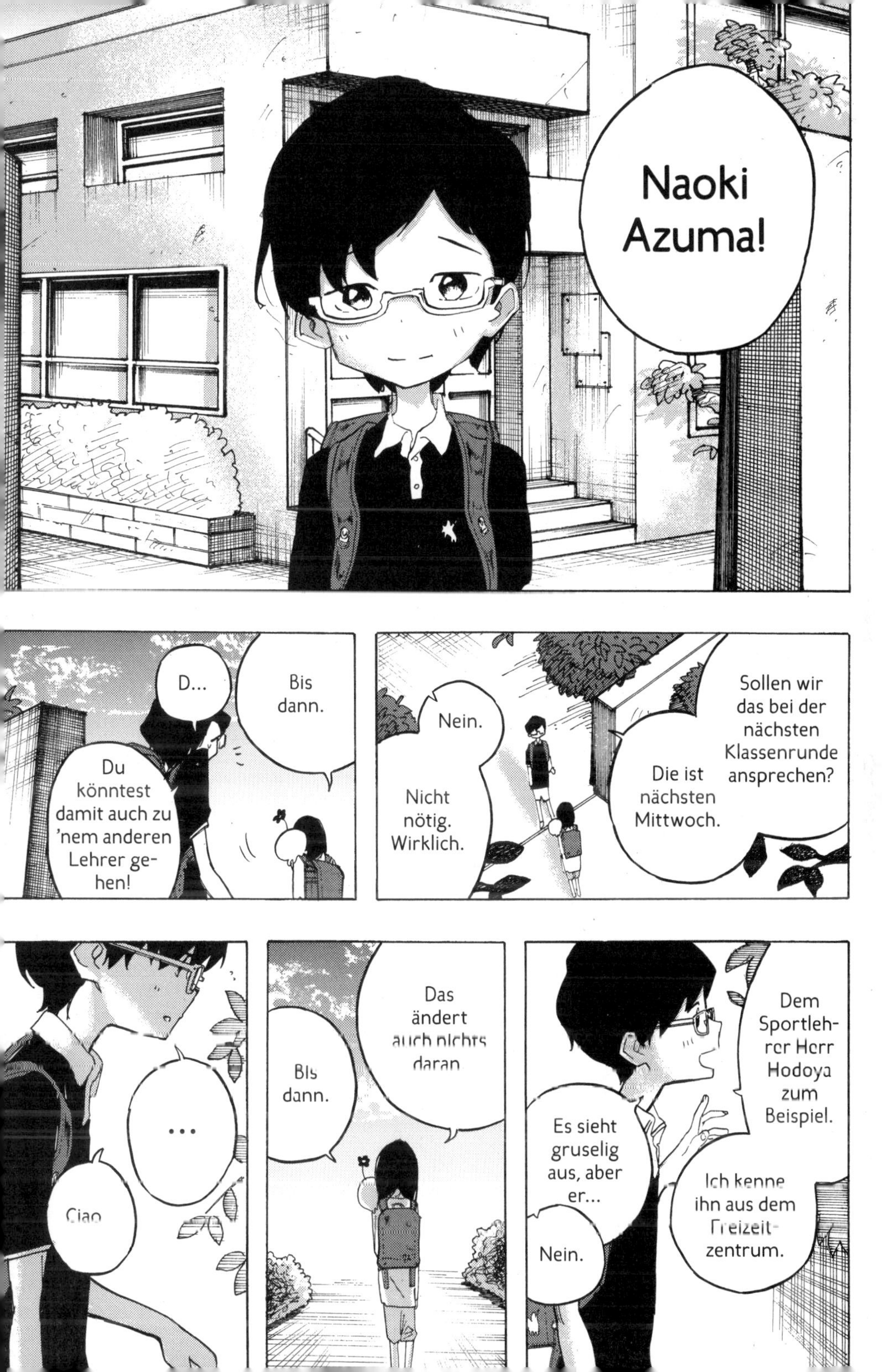
Naoki Azuma!
Sollen wir das bei der nächsten Klassenrunde ansprechen?
Die ist nächsten Mittwoch.
Nein.
Nicht nötig. Wirklich.
Bis dann.
D...
Du könntest damit auch zu 'nem anderen Lehrer gehen!
Dem Sportlehrer Herr Hodoya zum Beispiel.
Ich kenne ihn aus dem Freizeitzentrum.
Es sieht gruselig aus, aber er...
Nein.
Das ändert auch nichts daran.
Bis dann.
...
Ciao

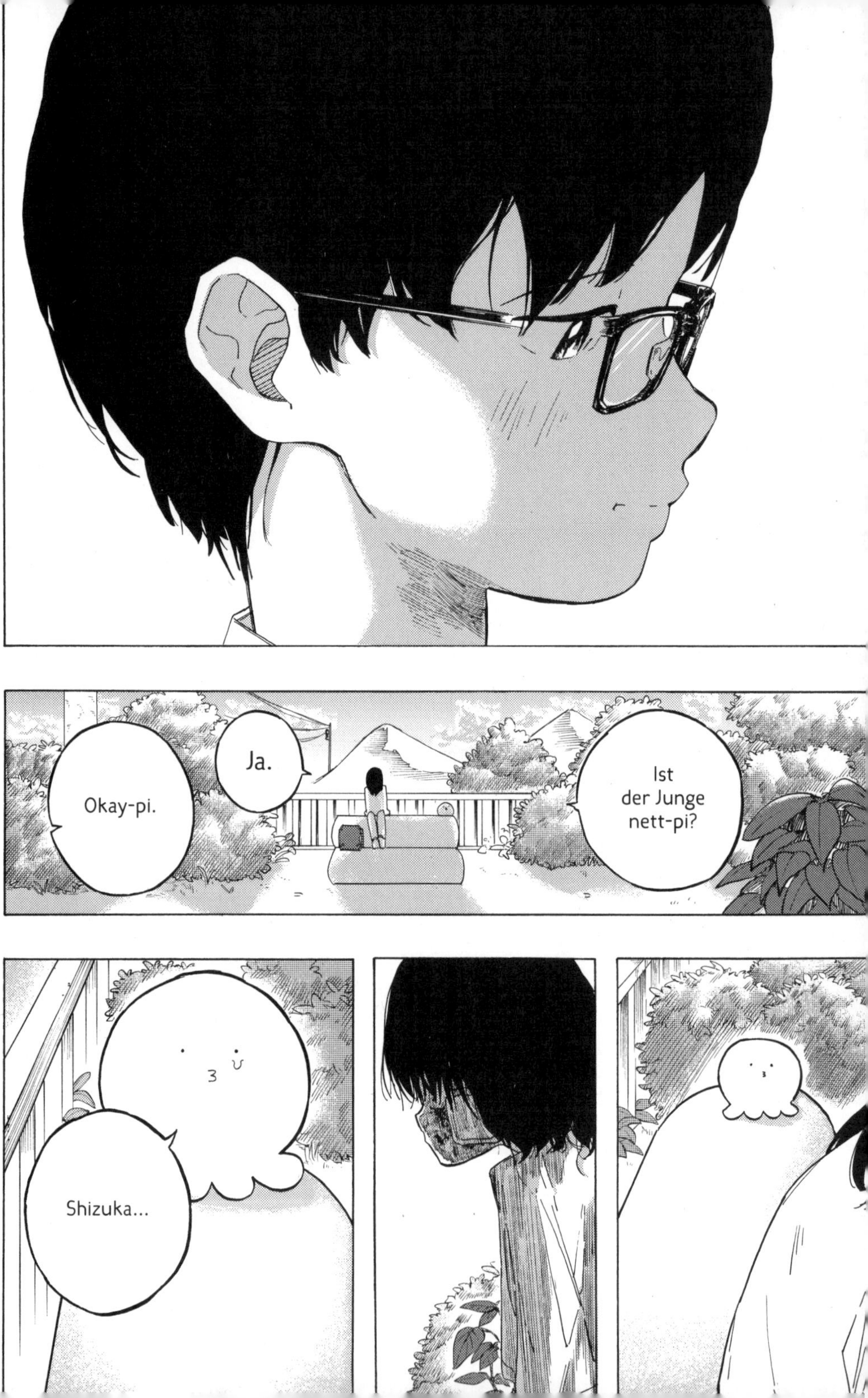
Ist der Junge nett-pi?
Ja.
Okay-pi.
Shizuka...

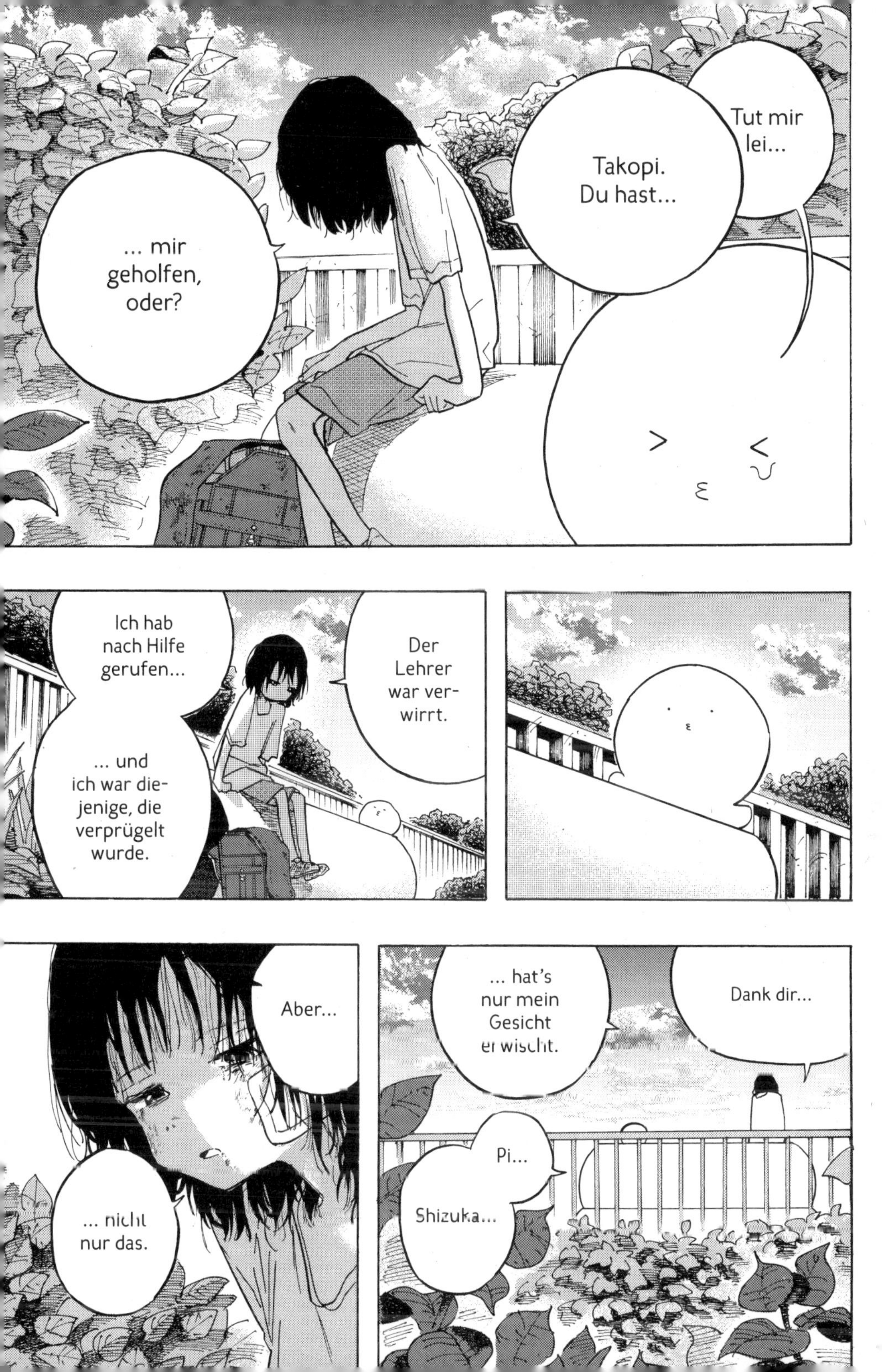

Tut mir lei…
Takopi. Du hast…
… mir geholfen, oder?
Der Lehrer war ver-wirrt.
Ich hab nach Hilfe gerufen…
… und ich war die-jenige, die verprügelt wurde.
Dank dir…
… hat's nur mein Gesicht erwischt.
Pi…
Shizuka…
Aber…
… nicht nur das.

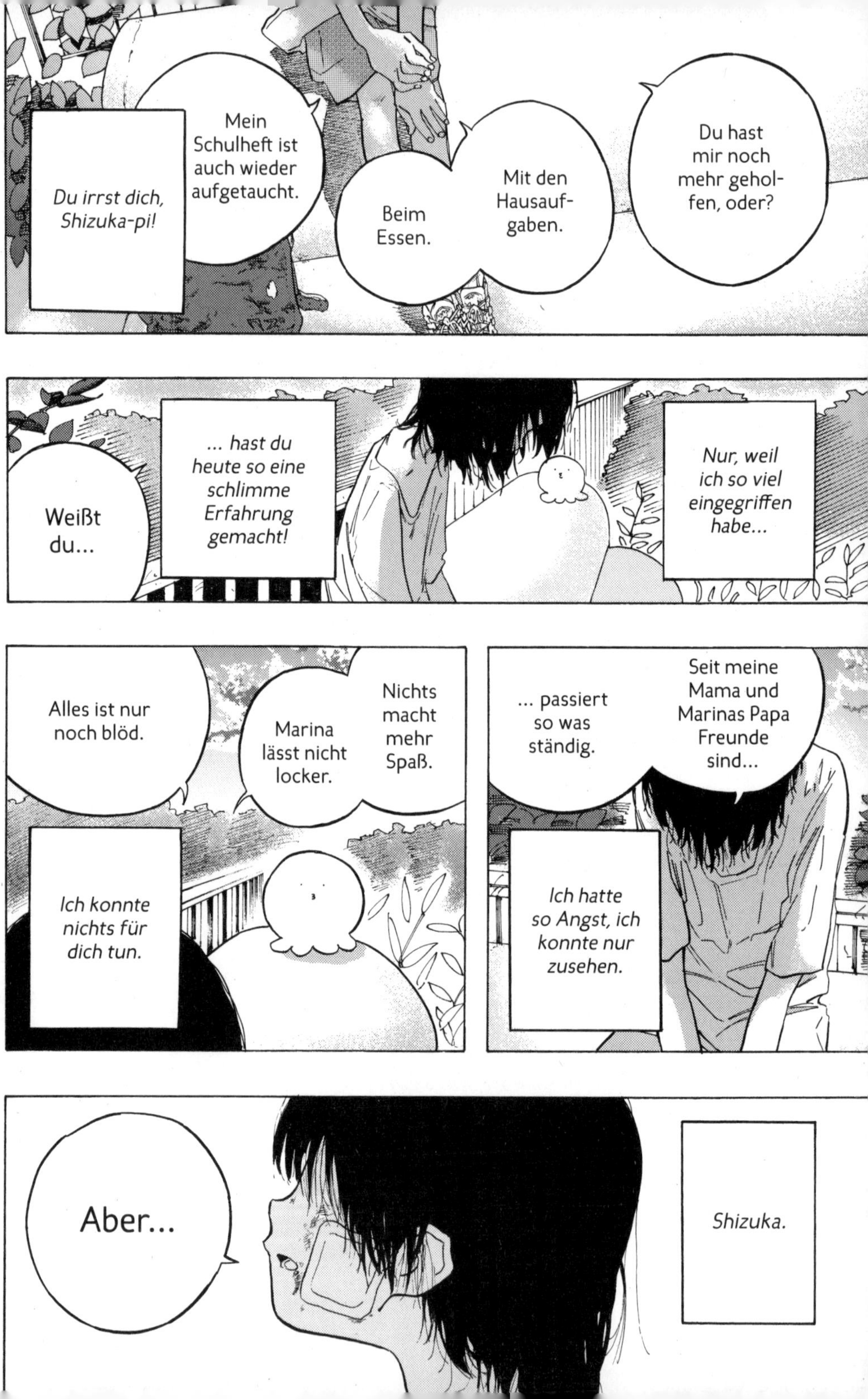
Du hast mir noch mehr geholfen, oder?
Mit den Hausaufgaben.
Beim Essen.
Mein Schulheft ist auch wieder aufgetaucht.
Du irrst dich, Shizuka-pi!
Nur, weil ich so viel eingegriffen habe…
… hast du heute so eine schlimme Erfahrung gemacht!
Weißt du…
Seit meine Mama und Marinas Papa Freunde sind…
… passiert so was ständig.
Ich hatte so Angst, ich konnte nur zusehen.
Nichts macht mehr Spaß.
Marina lässt nicht locker.
Alles ist nur noch blöd.
Ich konnte nichts für dich tun.
Shizuka.
Aber…

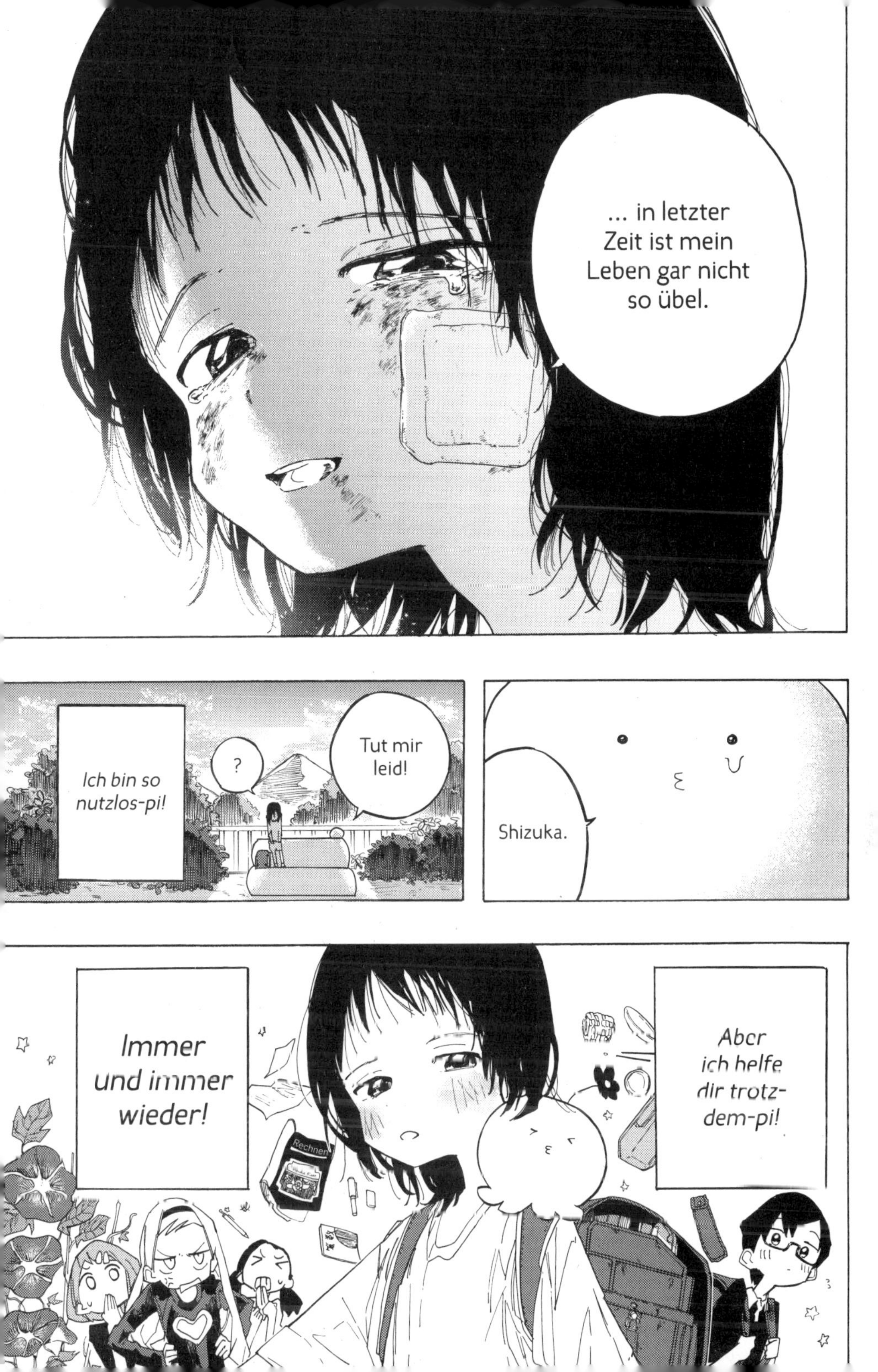
... in letzter Zeit ist mein Leben gar nicht so übel.
Tut mir leid!
?
Ich bin so nutzlos-pi!
Shizuka.
Aber ich helfe dir trotzdem-pi!
Immer und immer wieder!
Rechnen

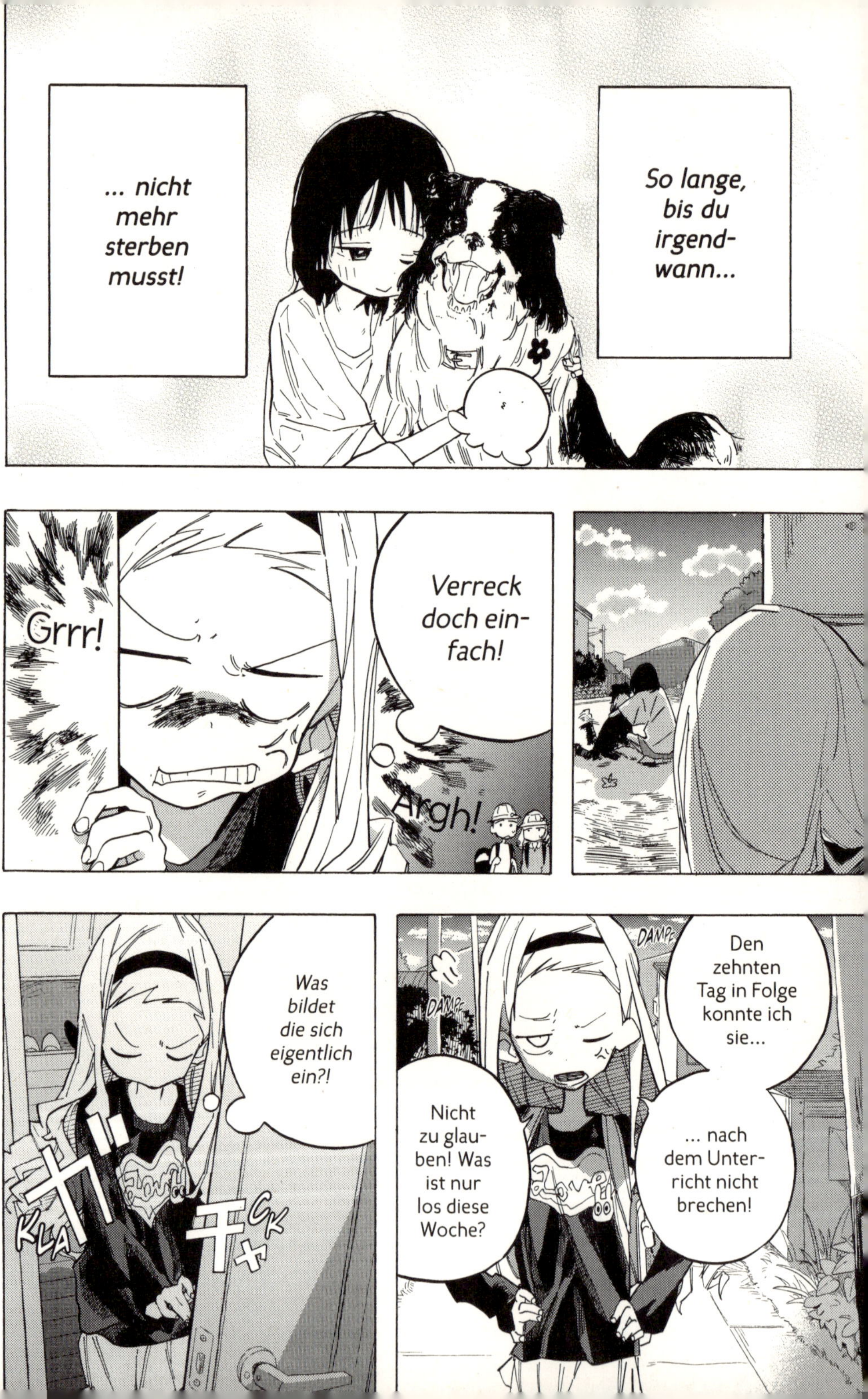
So lange, bis du irgendwann...
... nicht mehr sterben musst!
Verreck doch einfach!
Grrr!
Argh!
Den zehnten Tag in Folge konnte ich sie...
... nach dem Unterricht nicht brechen!
Nicht zu glauben! Was ist nur los diese Woche?
Was bildet die sich eigentlich ein?!

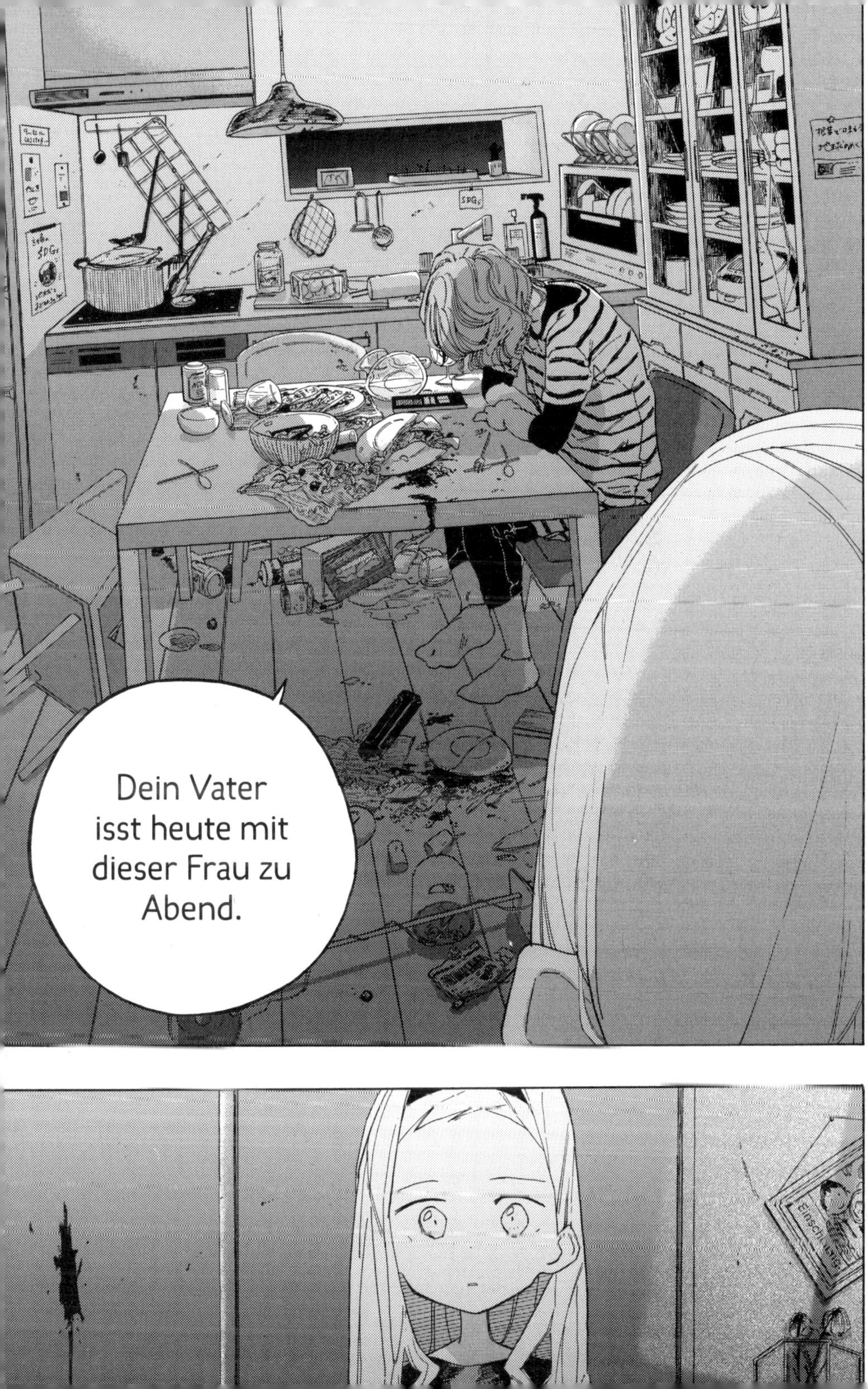
Dein Vater isst heute mit dieser Frau zu Abend.

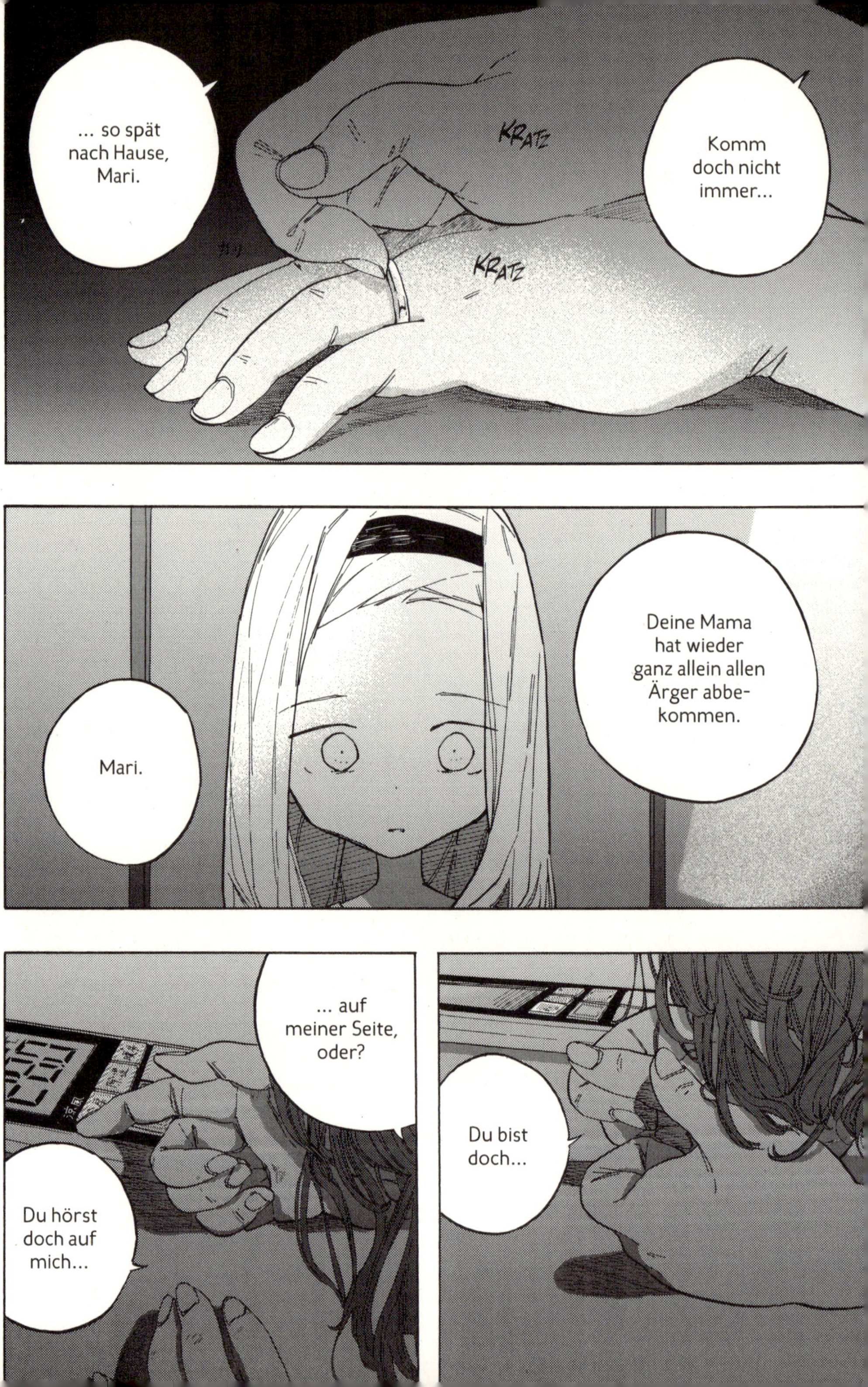
Komm doch nicht immer...
KRATZ
KRATZ
... so spät nach Hause, Mari.
Deine Mama hat wieder ganz allein allen Ärger abbekommen.
Mari.
Du bist doch...
... auf meiner Seite, oder?
Du hörst doch auf mich...

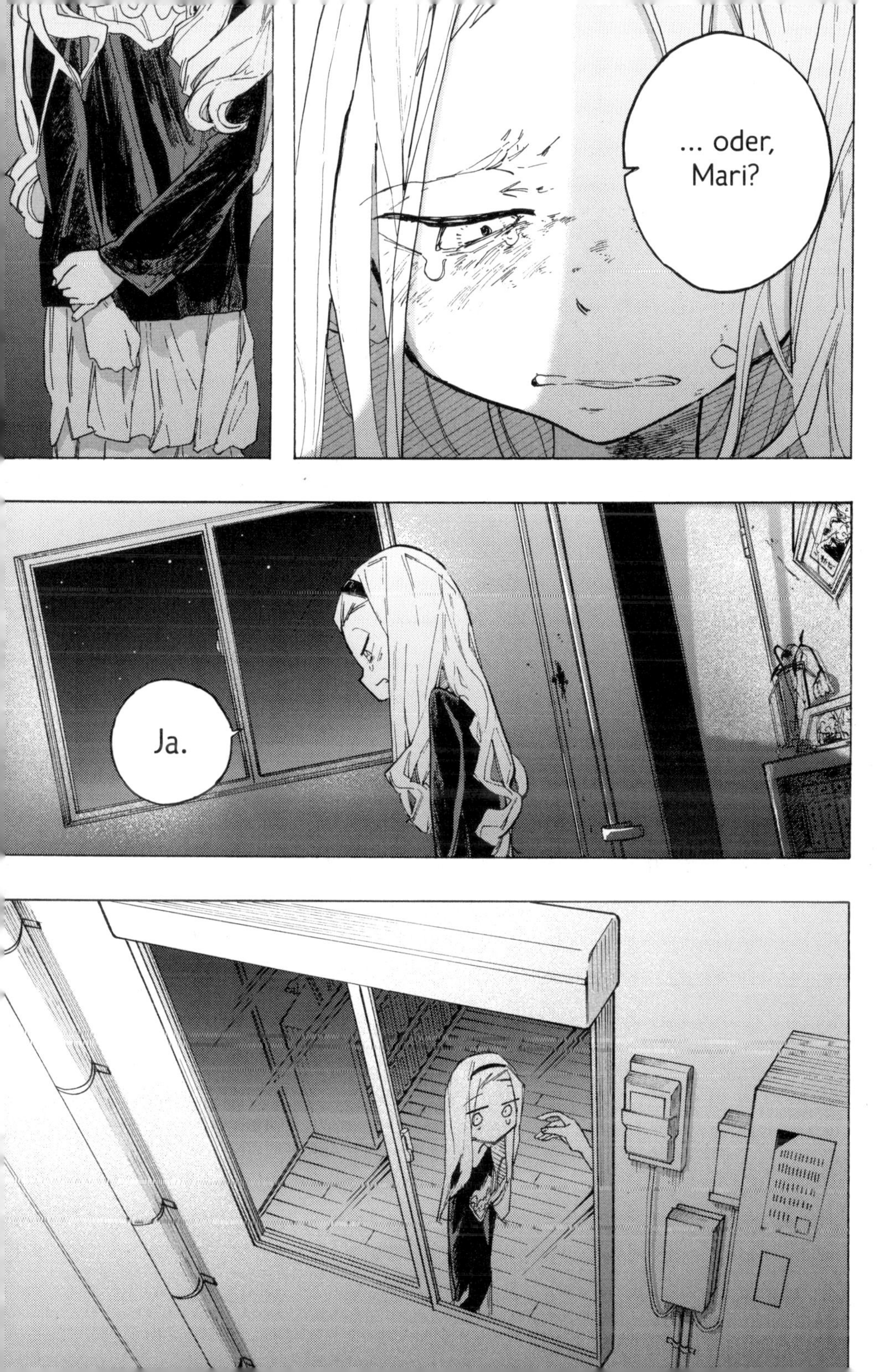
... oder, Mari?
Ja.

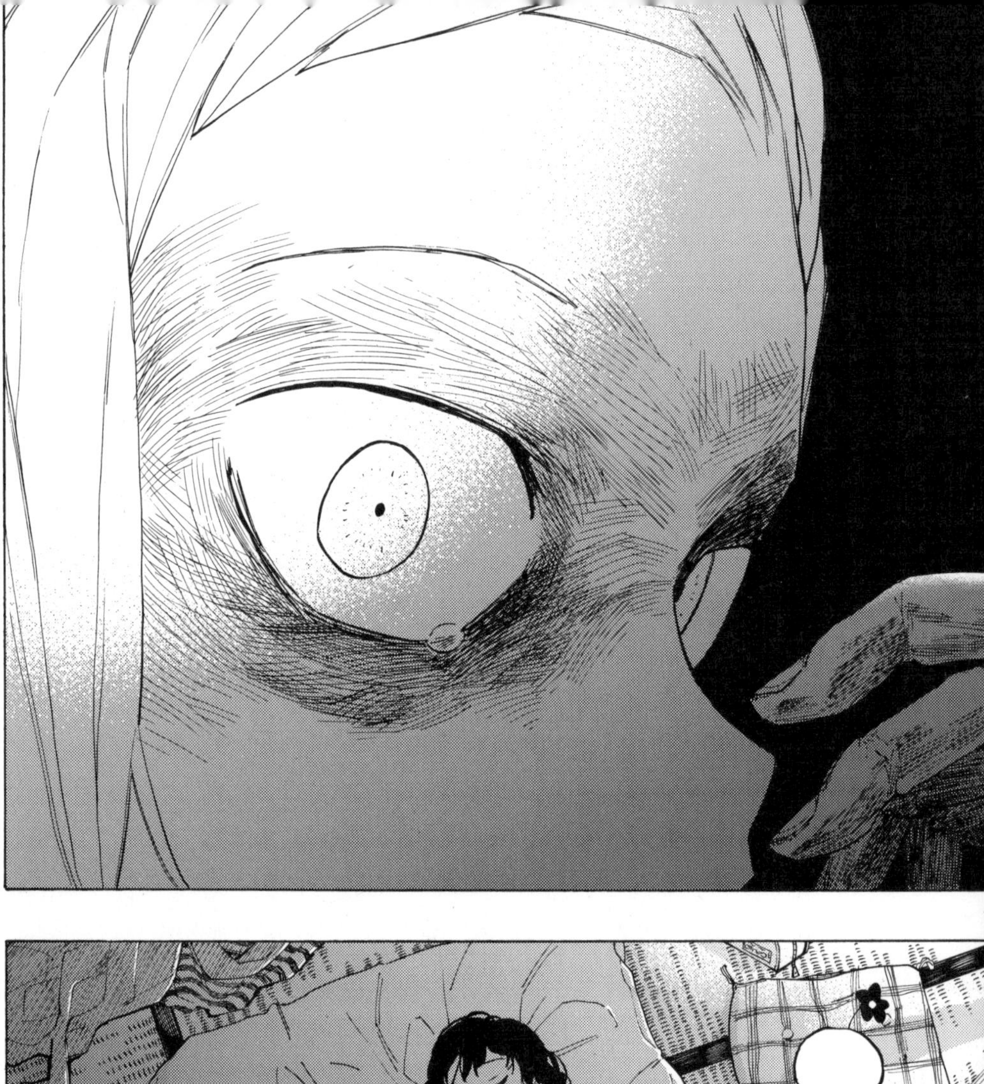

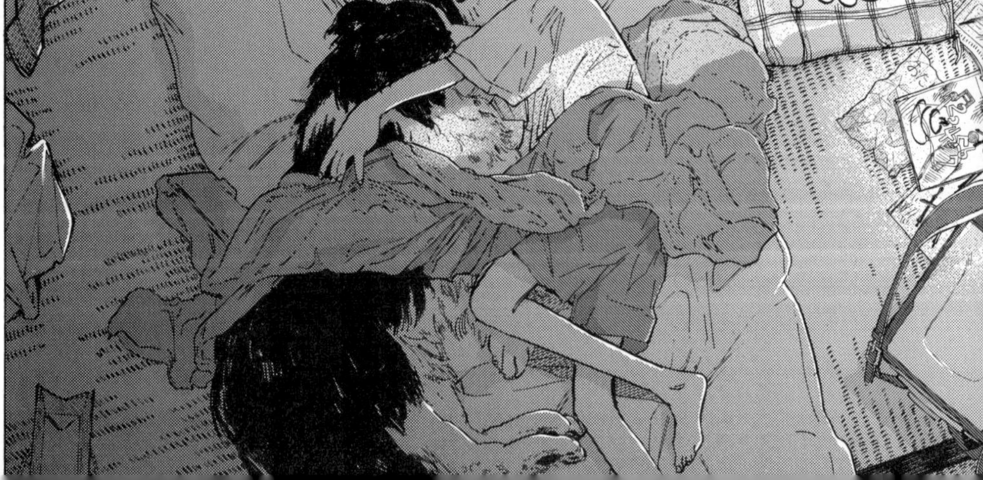

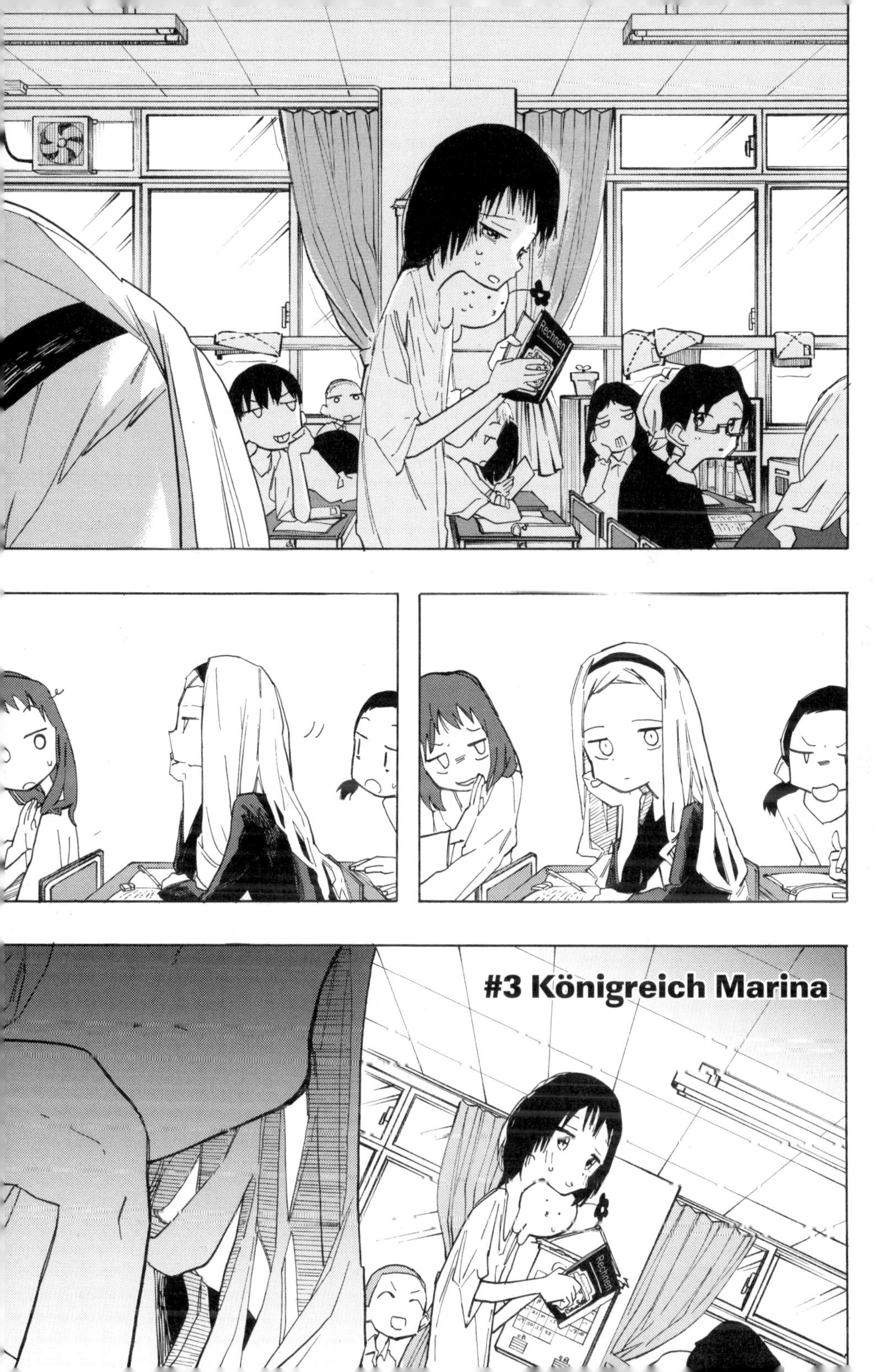

Rechnen
#3 Königreich Marina
Rechnen

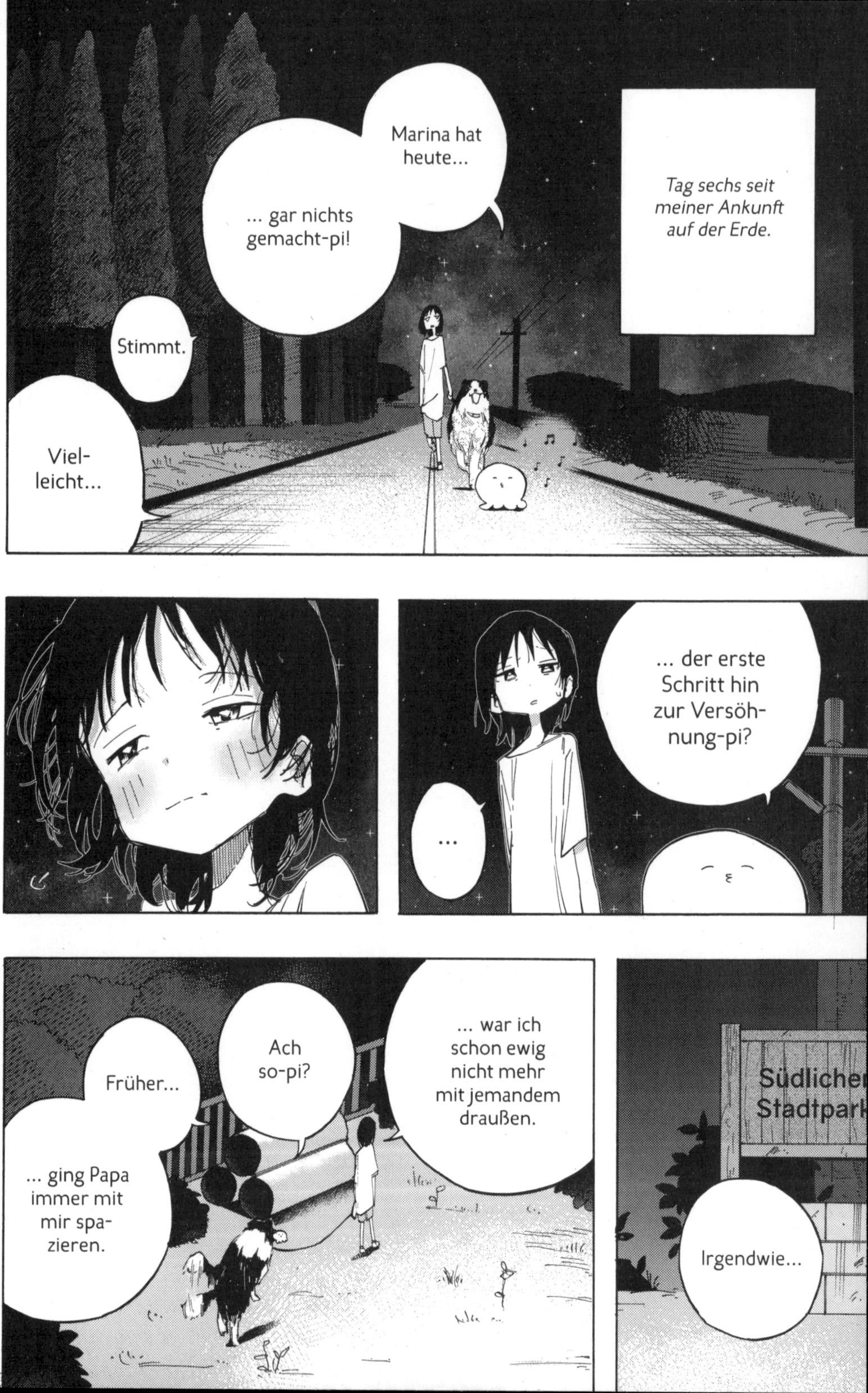

Tag sechs seit meiner Ankunft auf der Erde.
Marina hat heute...
... gar nichts gemacht-pi!
Stimmt.
Viel-leicht...
... der erste Schritt hin zur Versöhnung-pi?
...
Südlicher
Stadtpark
Irgendwie...
... war ich schon ewig nicht mehr mit jemandem draußen.
Ach so-pi?
Früher...
... ging Papa immer mit mir spazieren.

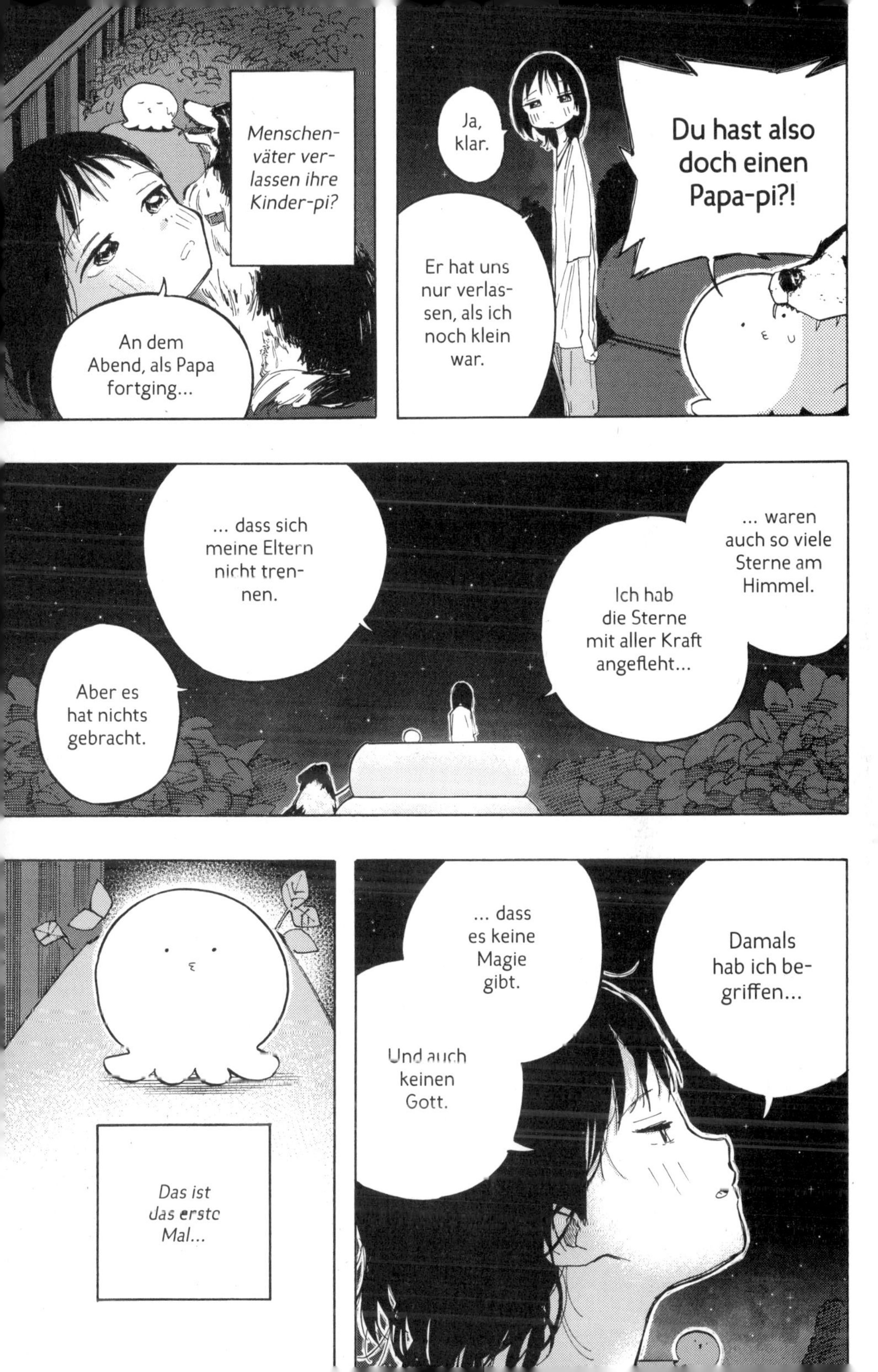

Du hast also doch einen Papa-pi?!
Ja, klar.
Er hat uns nur verlassen, als ich noch klein war.
Menschenväter verlassen ihre Kinder-pi?
An dem Abend, als Papa fortging…
… waren auch so viele Sterne am Himmel.
Ich hab die Sterne mit aller Kraft angefleht…
… dass sich meine Eltern nicht trennen.
Aber es hat nichts gebracht.
Damals hab ich begriffen…
… dass es keine Magie gibt.
Und auch keinen Gott.
Das ist das erste Mal…

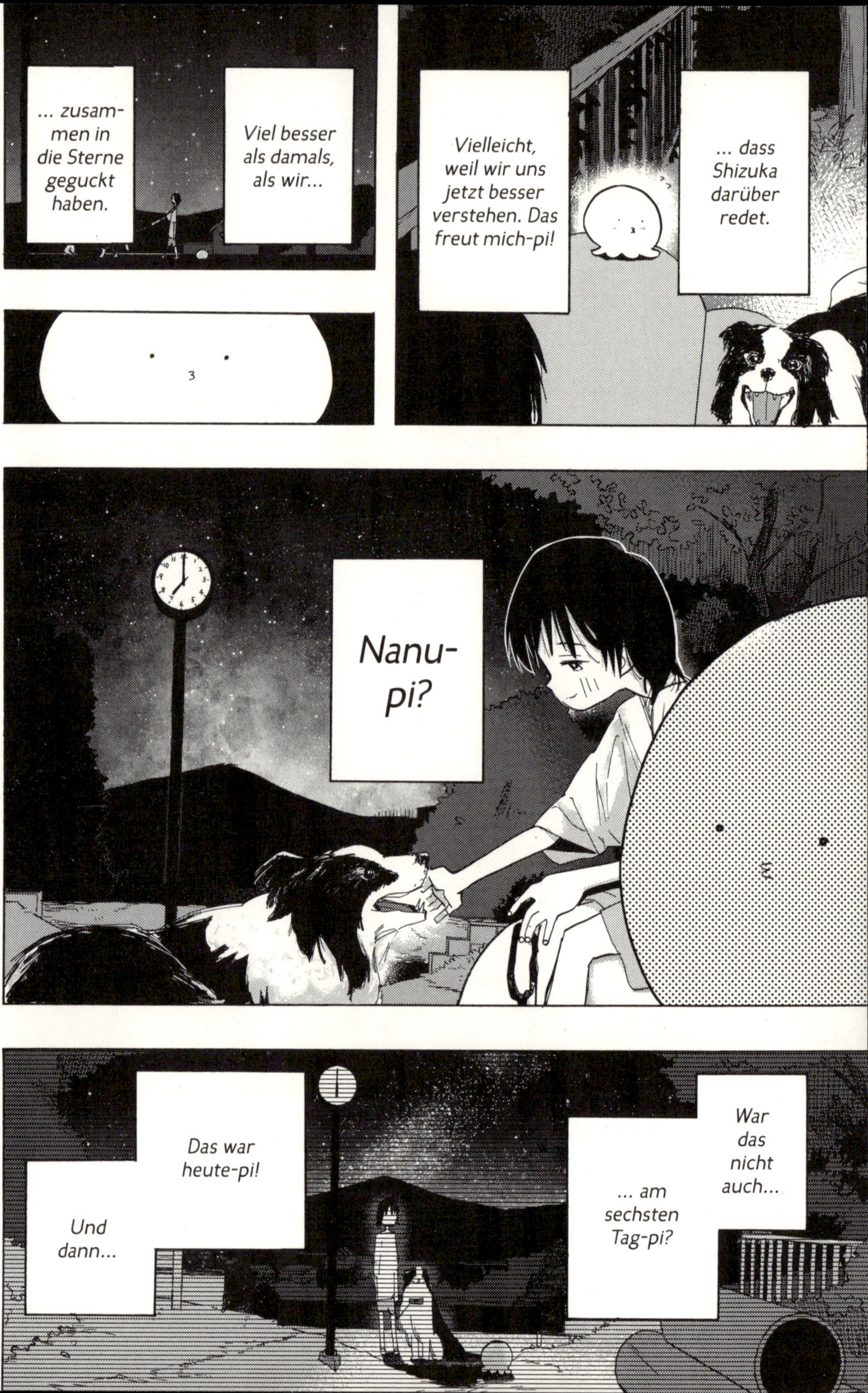
... dass Shizuka darüber redet.
Vielleicht, weil wir uns jetzt besser verstehen. Das freut mich-pi!
Viel besser als damals, als wir...
... zusammen in die Sterne geguckt haben.
Nanu-pi?
War das nicht auch...
... am sechsten Tag-pi?
Das war heute-pi!
Und dann...

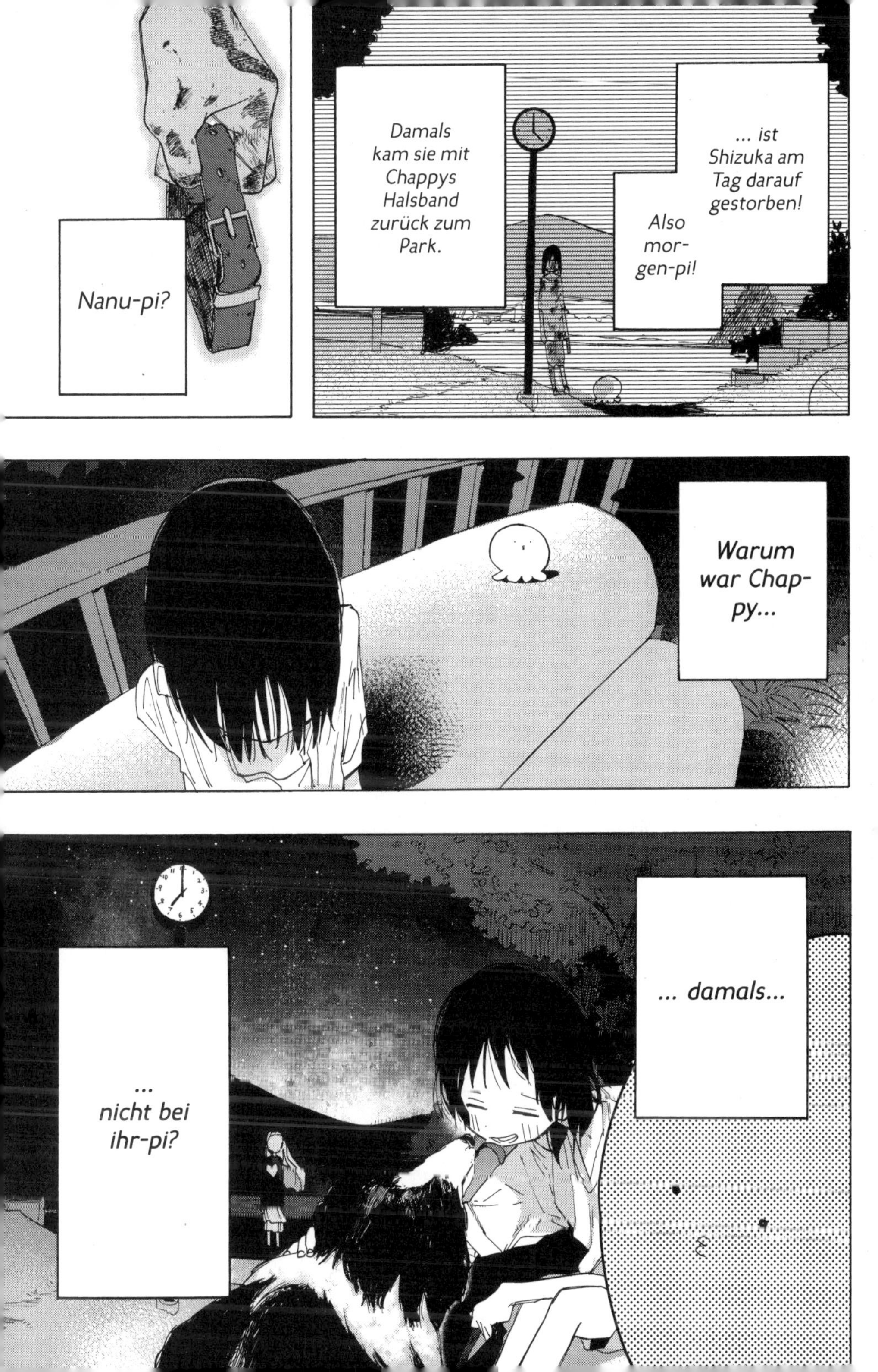
Damals kam sie mit Chappys Halsband zurück zum Park.
... ist Shizuka am Tag darauf gestorben!
Also mor-gen-pi!
Nanu-pi?
Warum war Chap-py...
... damals...
... nicht bei ihr-pi?

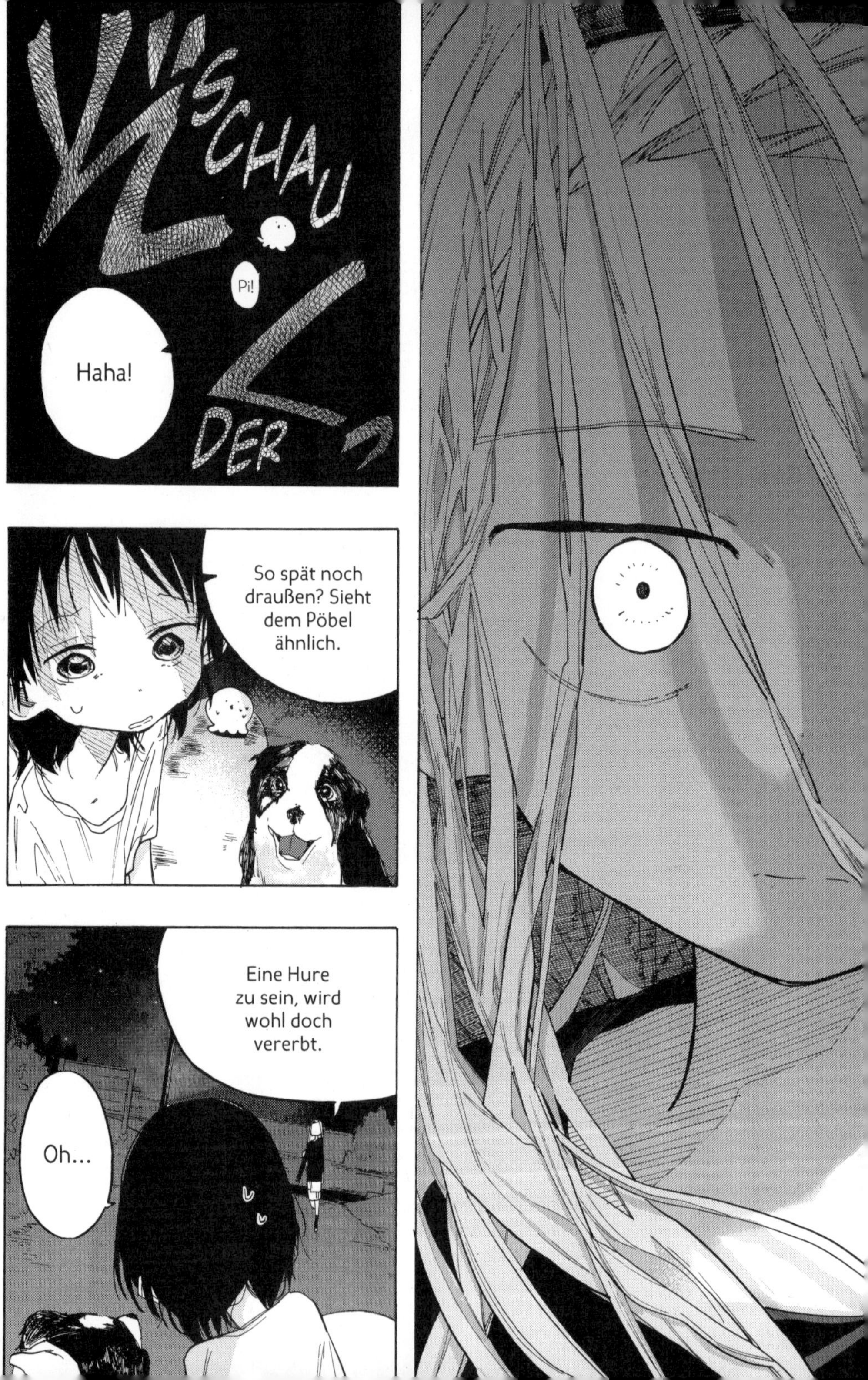
SCHAU
DER
Pi!
Haha!
So spät noch draußen? Sieht dem Pöbel ähnlich.
Eine Hure zu sein, wird wohl doch vererbt.
Oh...

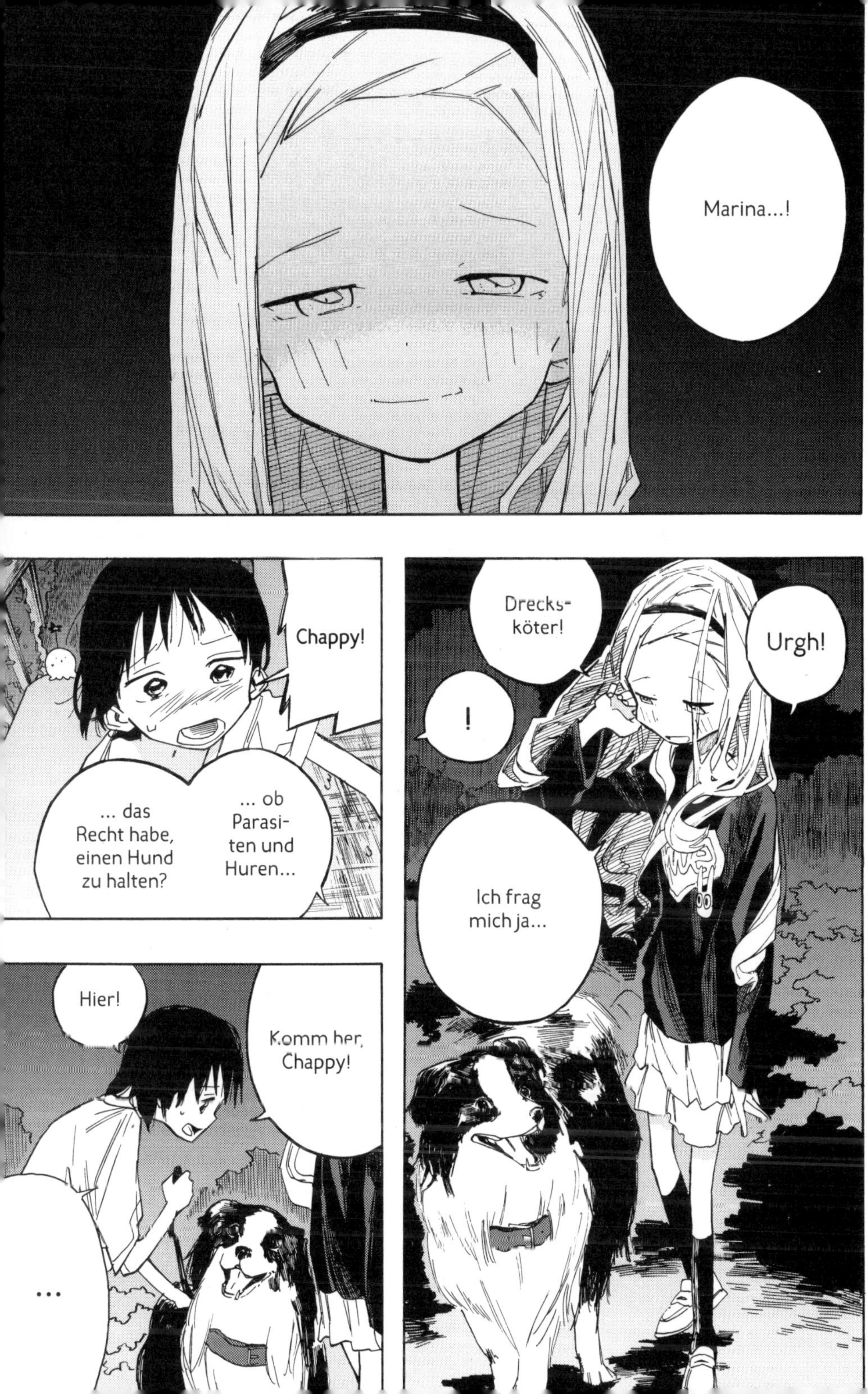

Marina...!
Urgh!
Drecks-köter!
!
Ich frag mich ja...
Chappy!
... ob Parasi-ten und Huren...
... das Recht habe, einen Hund zu halten?
Komm her, Chappy!
Hier!
...

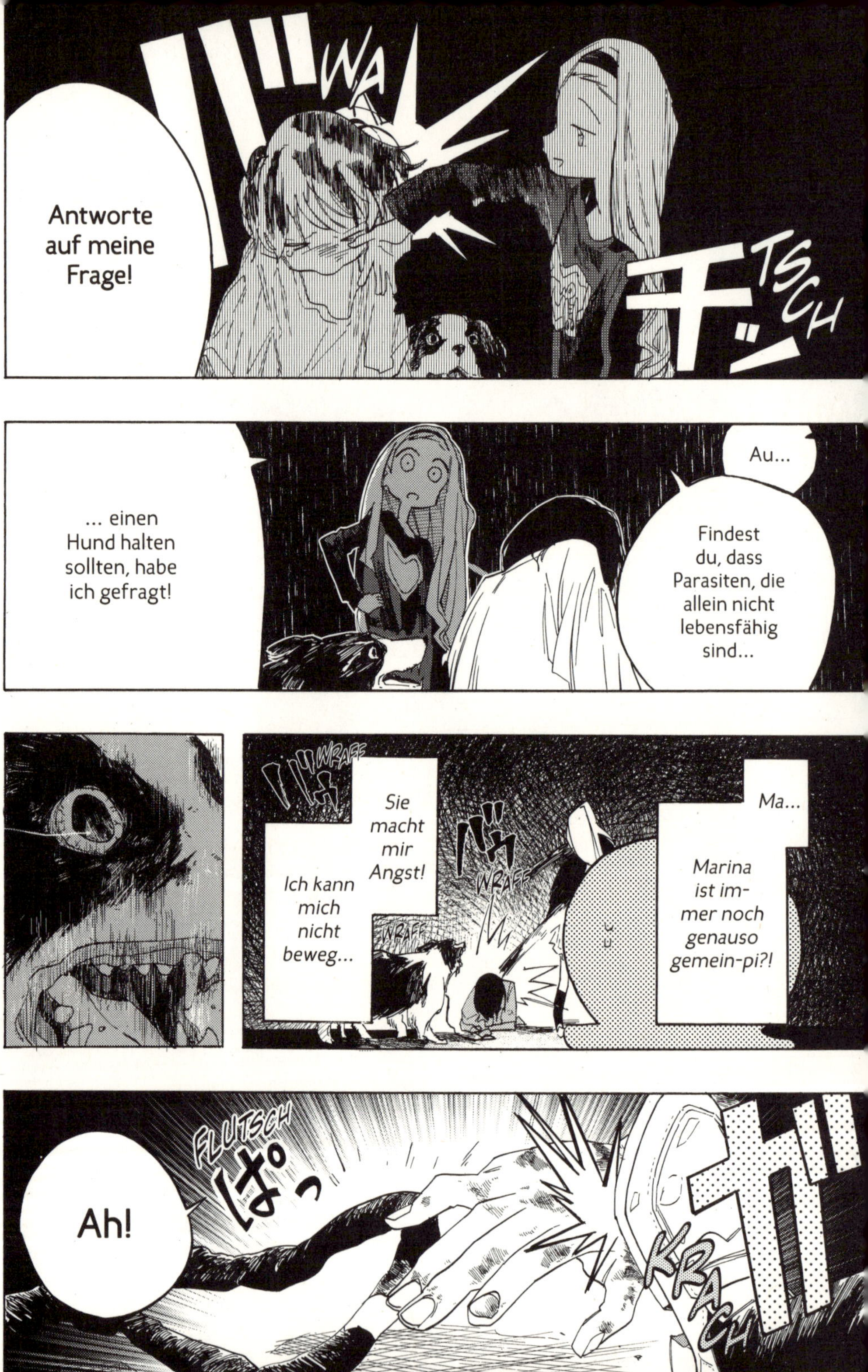
TSCH
WA
Antworte auf meine Frage!
Au...
Findest du, dass Parasiten, die allein nicht lebensfähig sind...
... einen Hund halten sollten, habe ich gefragt!
Ma...
Marina ist im- mer noch genauso gemein-pi?!
WRAFF
WRAFF
WRAFF
Sie macht mir Angst!
Ich kann mich nicht beweg...
KRACH
FLUTSCH
Ah!

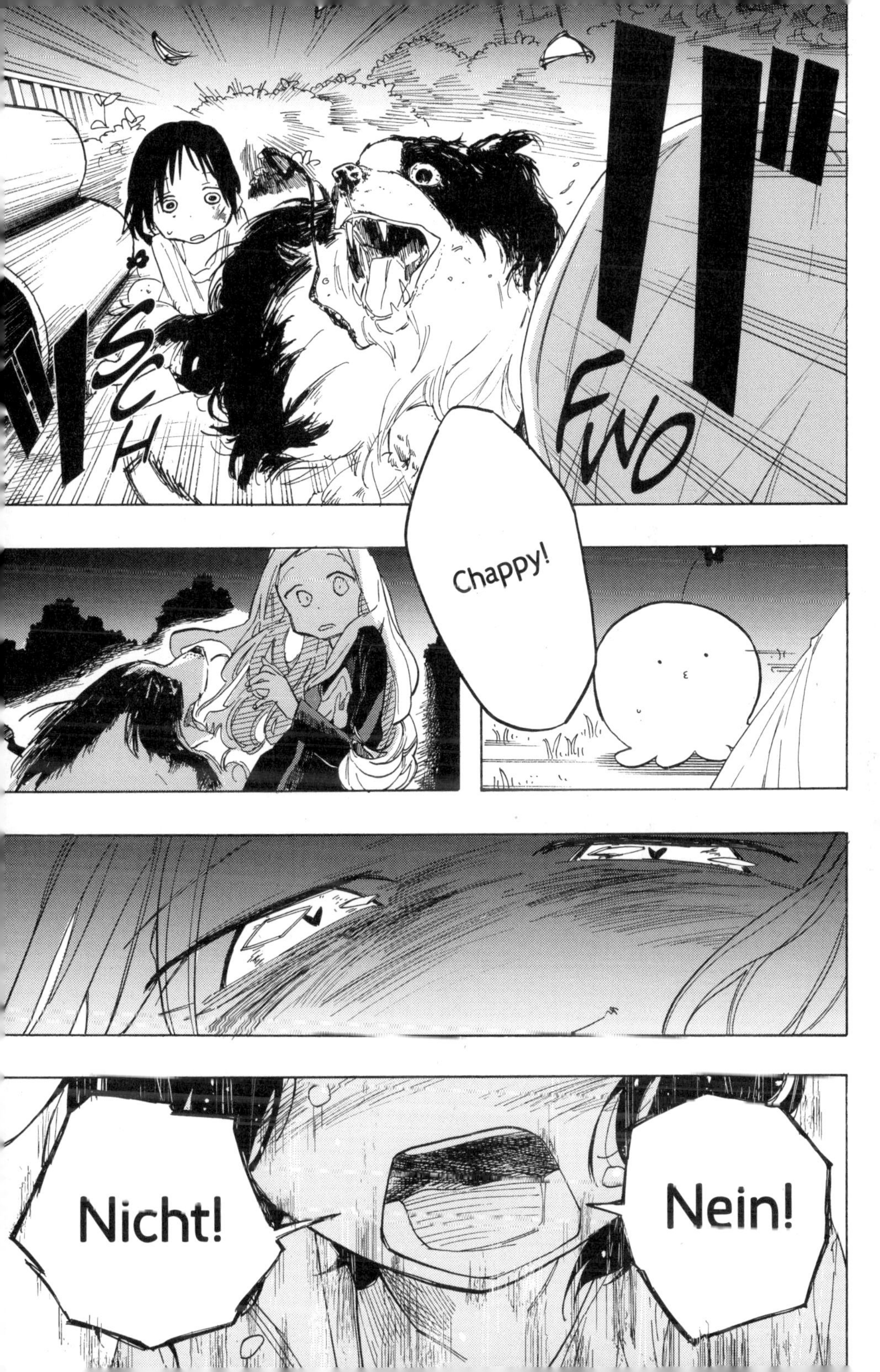
FWO
SCH
Chappy!
Nein!
Nicht!

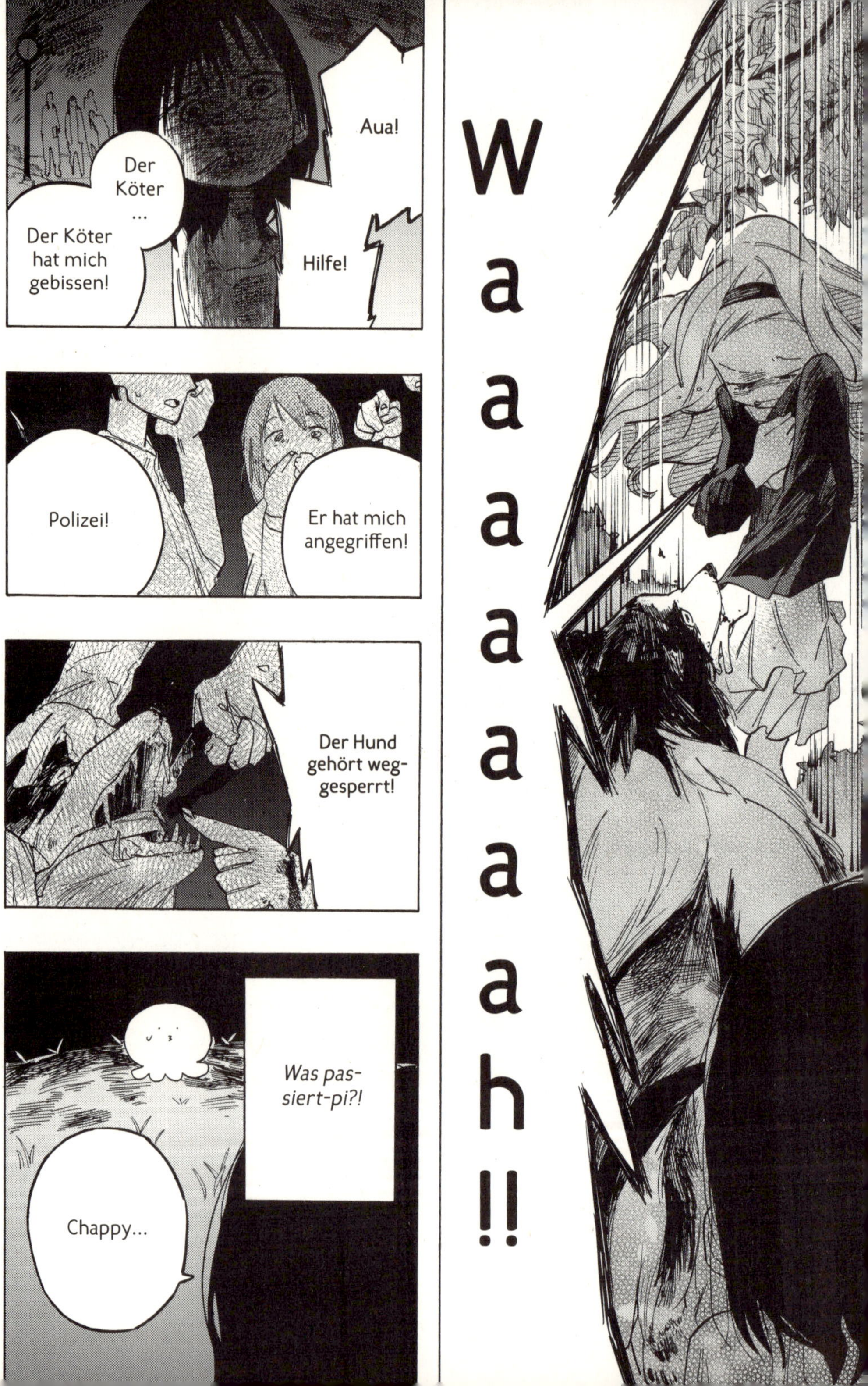
Waaaaaah!!
Aua!
Hilfe!
Der Köter …
Der Köter hat mich gebissen!
Er hat mich angegriffen!
Polizei!
Der Hund gehört weggesperrt!
Was passiert-pi?!
Chappy …

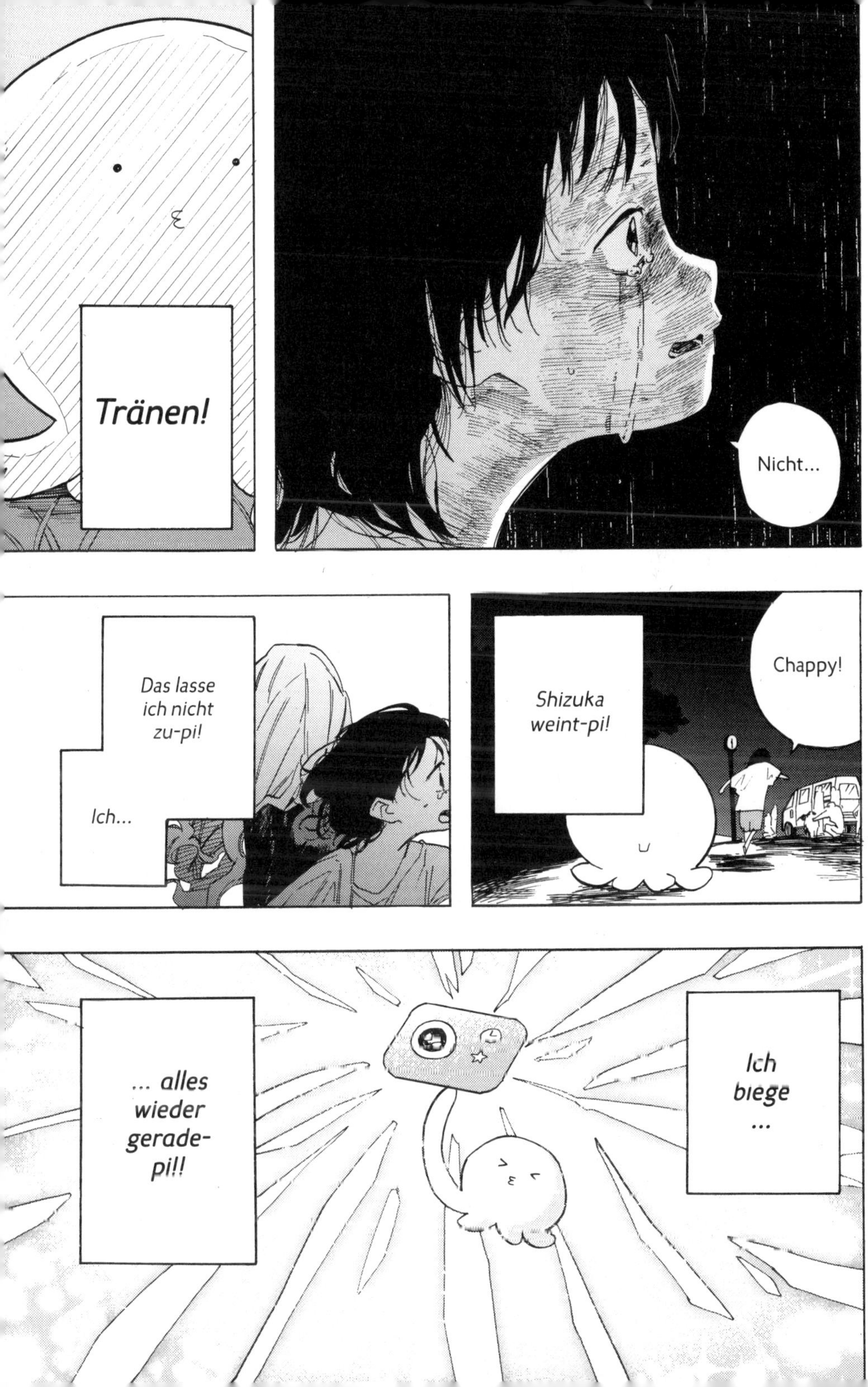
Nicht...
Tränen!
Chappy!
Shizuka weint-pi!
Das lasse ich nicht zu-pi!
Ich...
Ich biege ...
... alles wieder gerade-pi!!

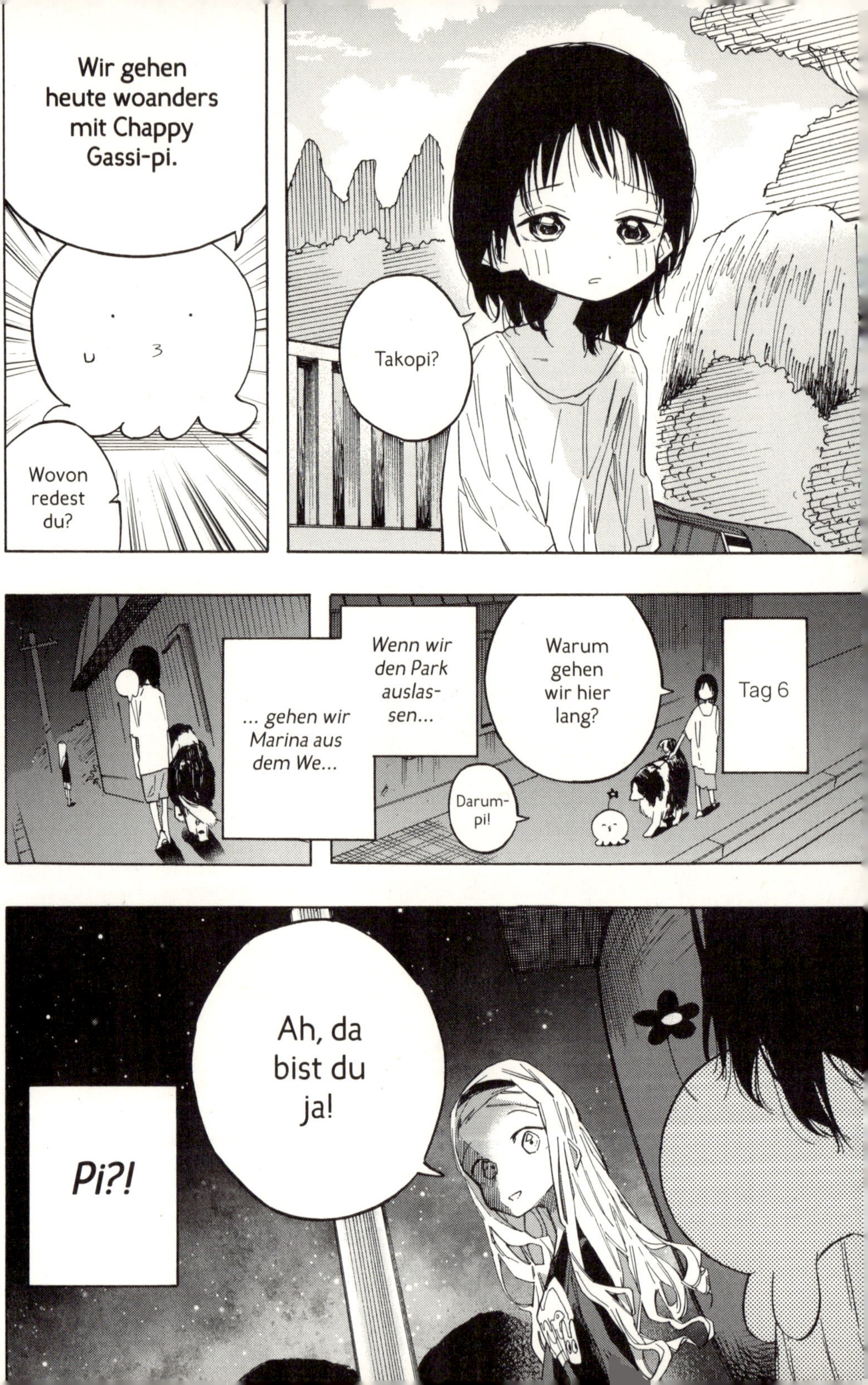

Takopi?
Wir gehen heute woanders mit Chappy Gassi-pi.
Wovon redest du?
Tag 6
Warum gehen wir hier lang?
Darum-pi!
Wenn wir den Park auslassen…
… gehen wir Marina aus dem We…
Ah, da bist du ja!
Pi?!

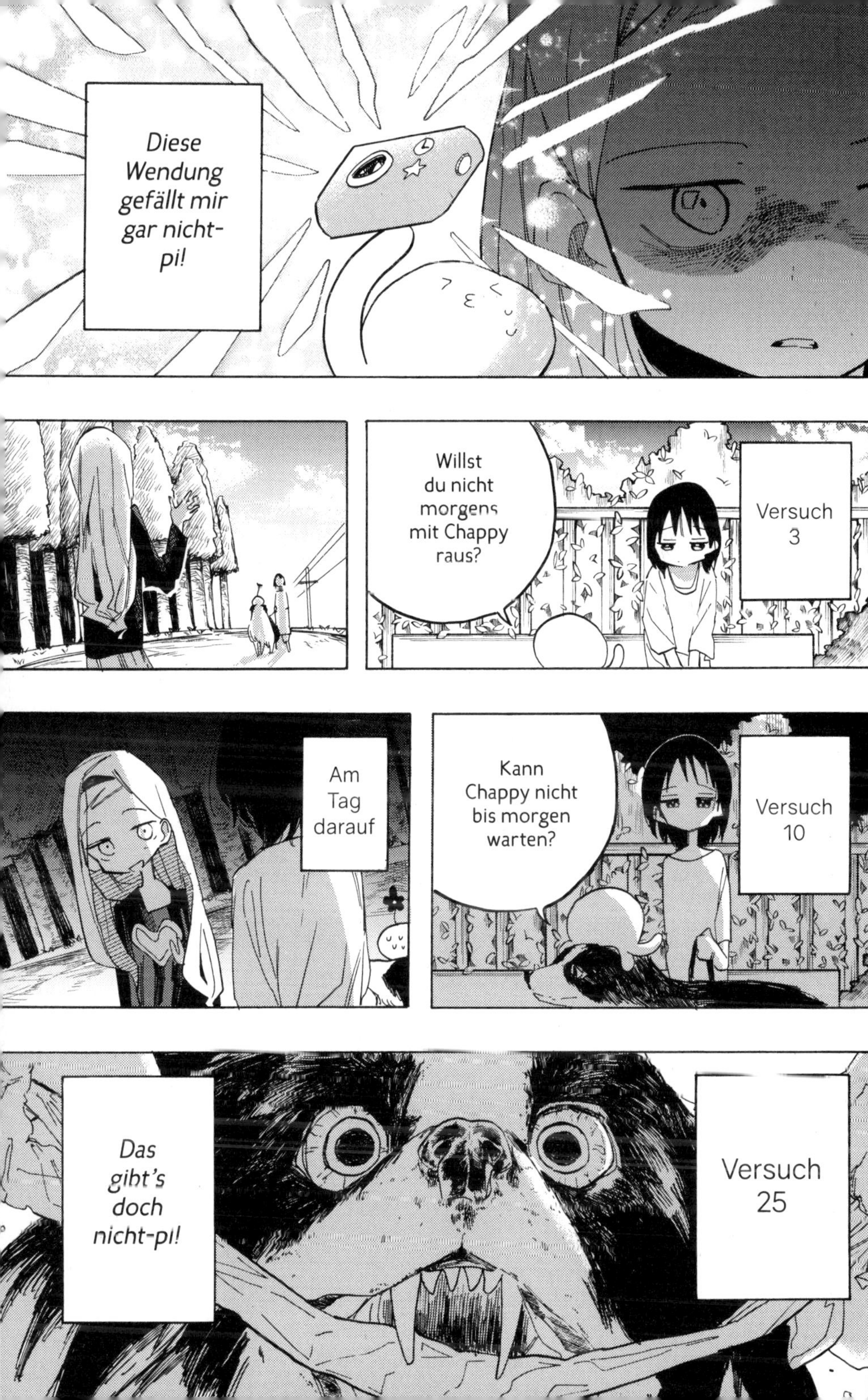
Diese Wendung gefällt mir gar nicht-pi!
Versuch 3
Willst du nicht morgens mit Chappy raus?
Versuch 10
Kann Chappy nicht bis morgen warten?
Am Tag darauf
Versuch 25
Das gibt's doch nicht-pi!

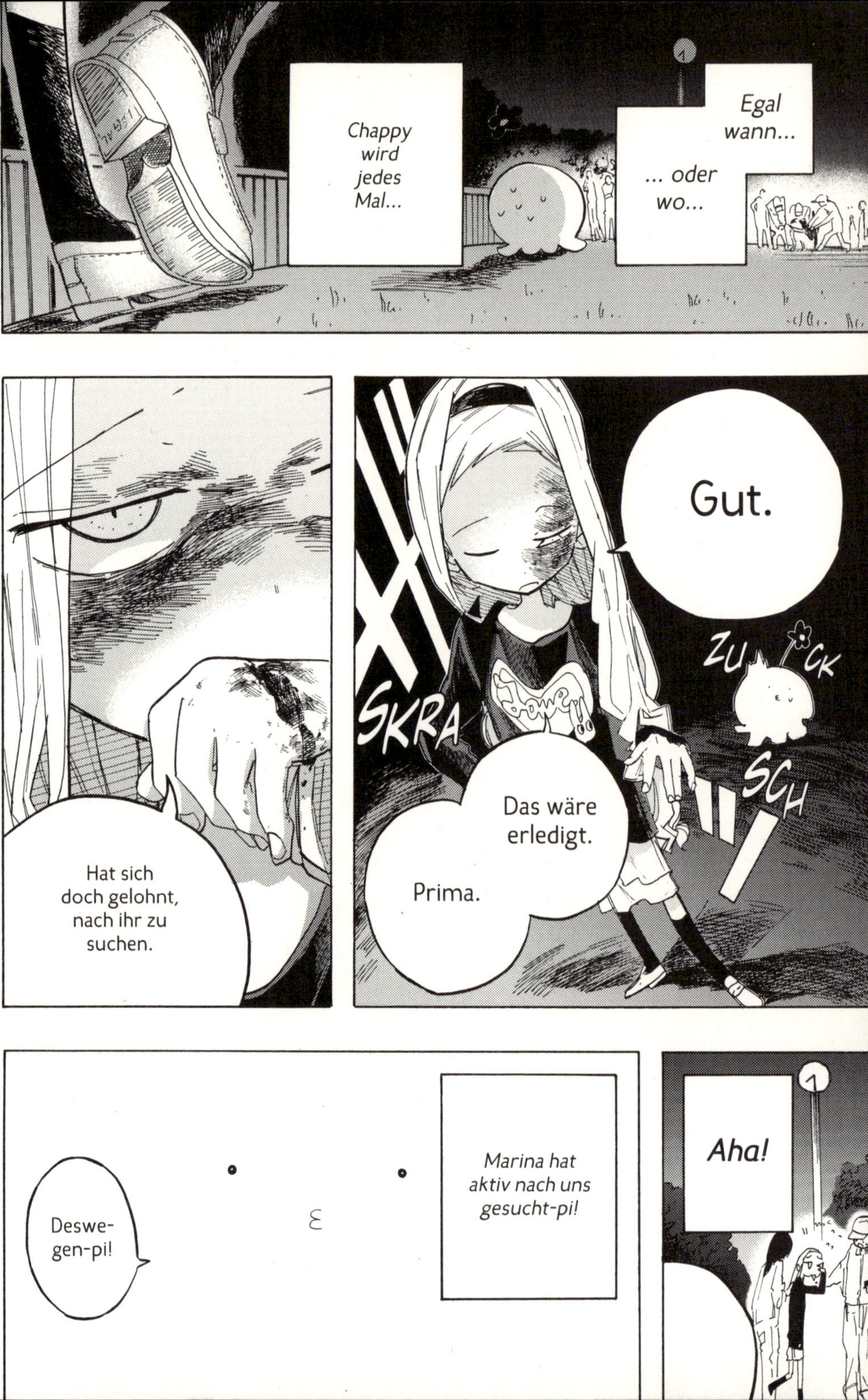
Egal wann…
… oder wo…
Chappy wird jedes Mal…
Gut.
ZUCK
SKRASCH
Das wäre erledigt.
Prima.
Hat sich doch gelohnt, nach ihr zu suchen.
Aha!
Marina hat aktiv nach uns gesucht-pi!
Deswe-gen-pi!

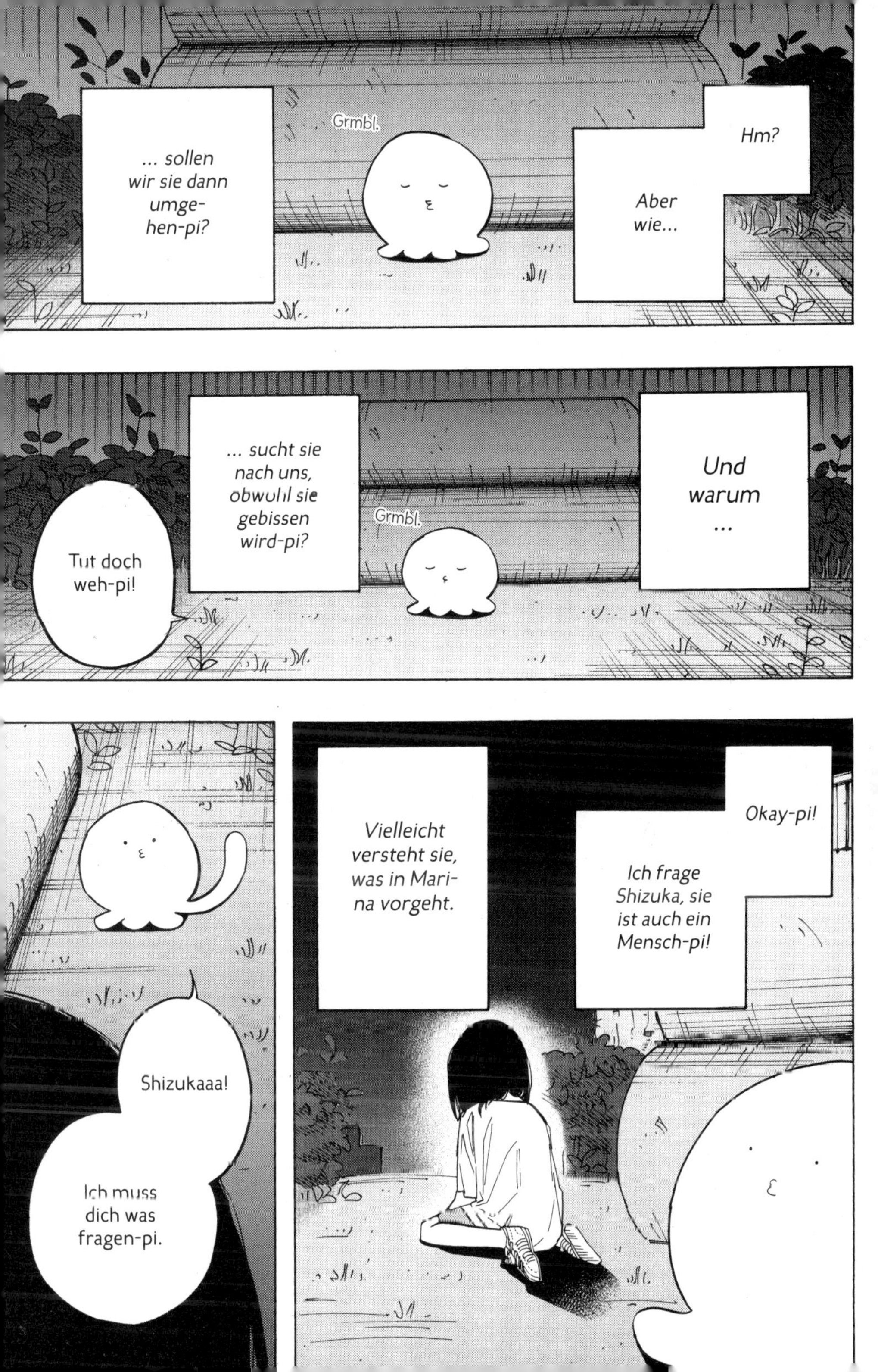
Hm?
Aber wie…
Grmbl.
… sollen wir sie dann umgehen-pi?
Und warum …
Grmbl.
… sucht sie nach uns, obwohl sie gebissen wird-pi?
Tut doch weh-pi!
Okay-pi!
Ich frage Shizuka, sie ist auch ein Mensch-pi!
Vielleicht versteht sie, was in Marina vorgeht.
Shizukaaa!
Ich muss dich was fragen-pi.

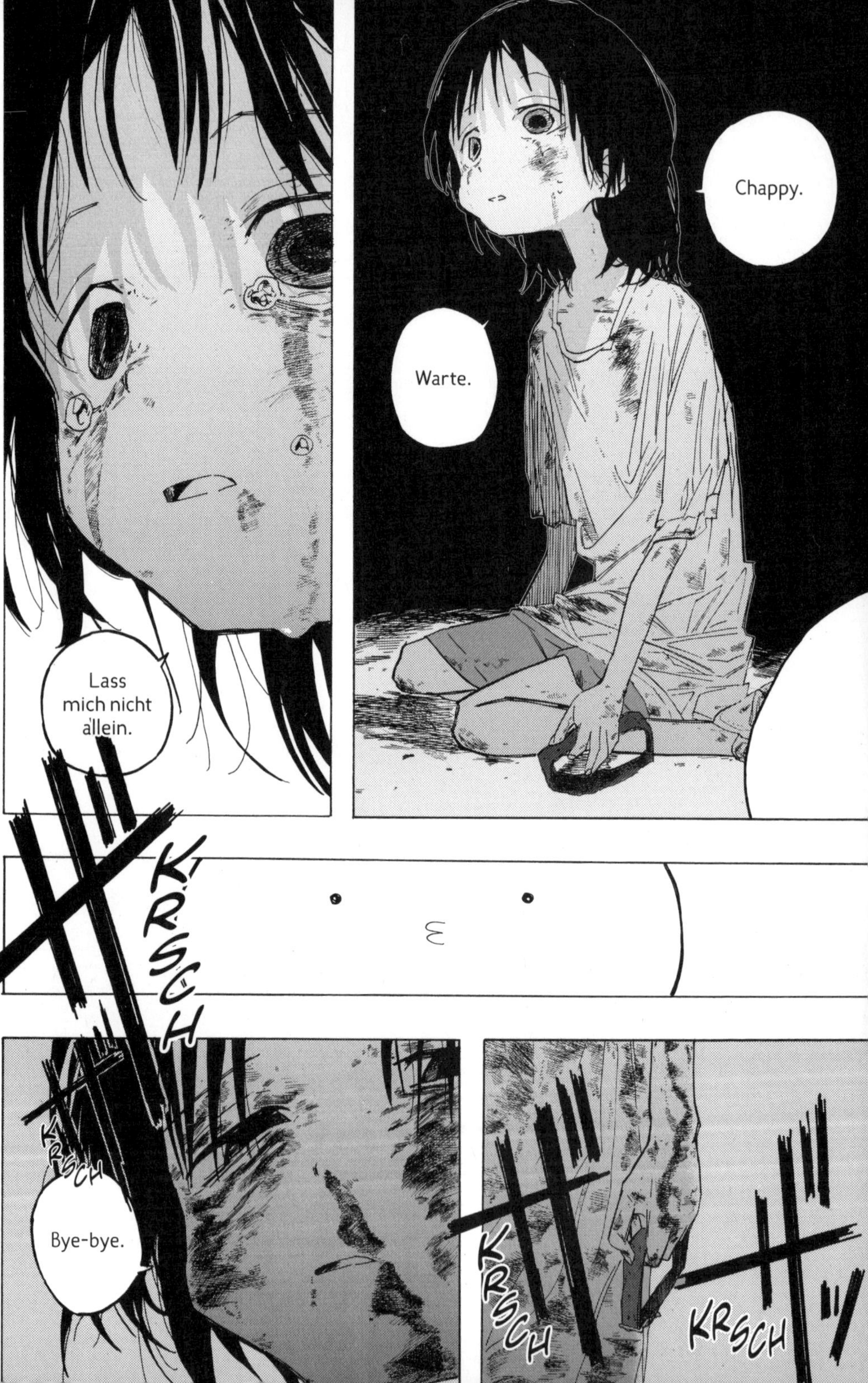
Chappy.
Warte.
Lass mich nicht allein.
KRSCH
KRSCH
KRSCH
KRSCH
Bye-bye.

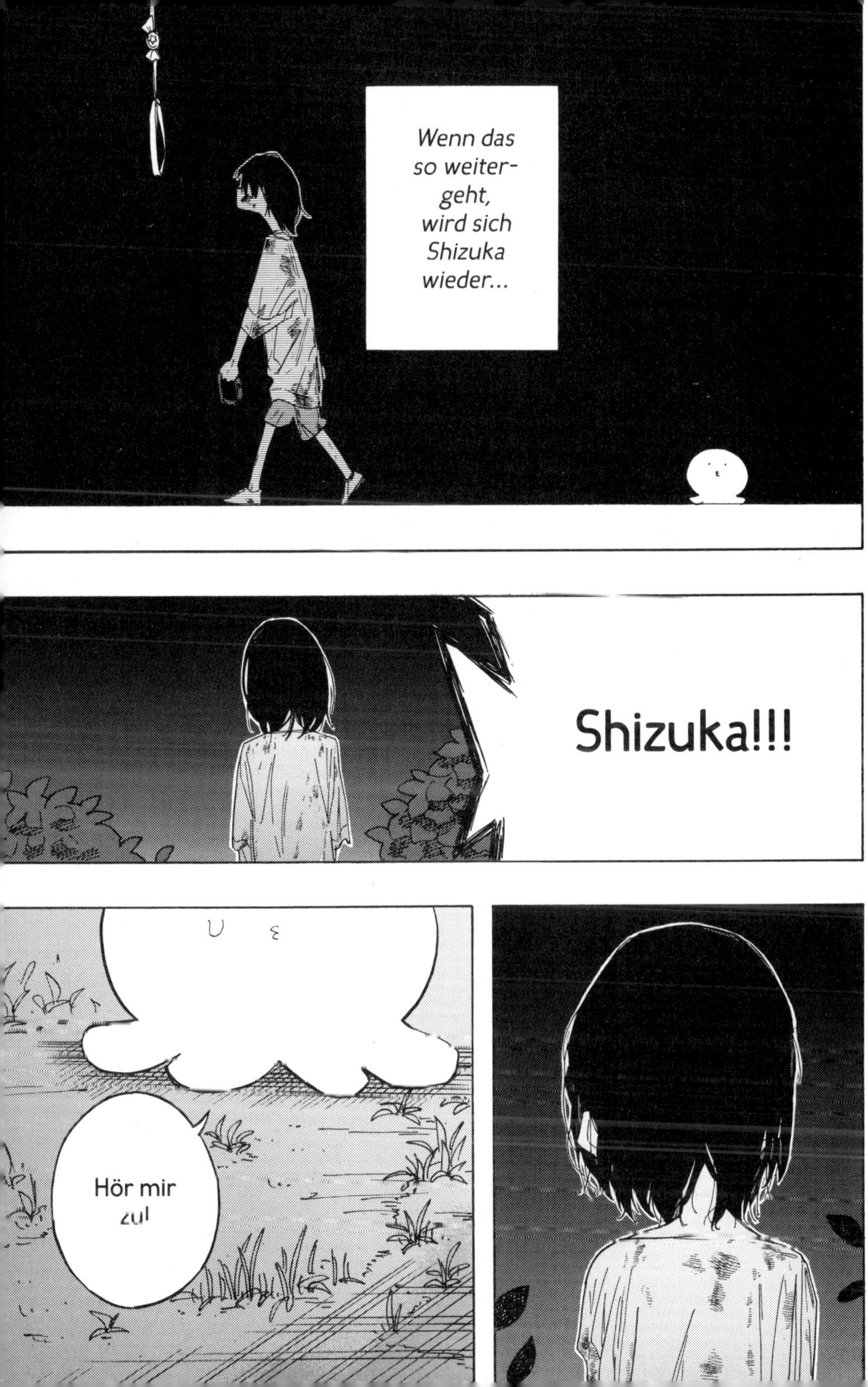
Wenn das so weitergeht, wird sich Shizuka wieder...
Shizuka!!!
Hör mir zu!

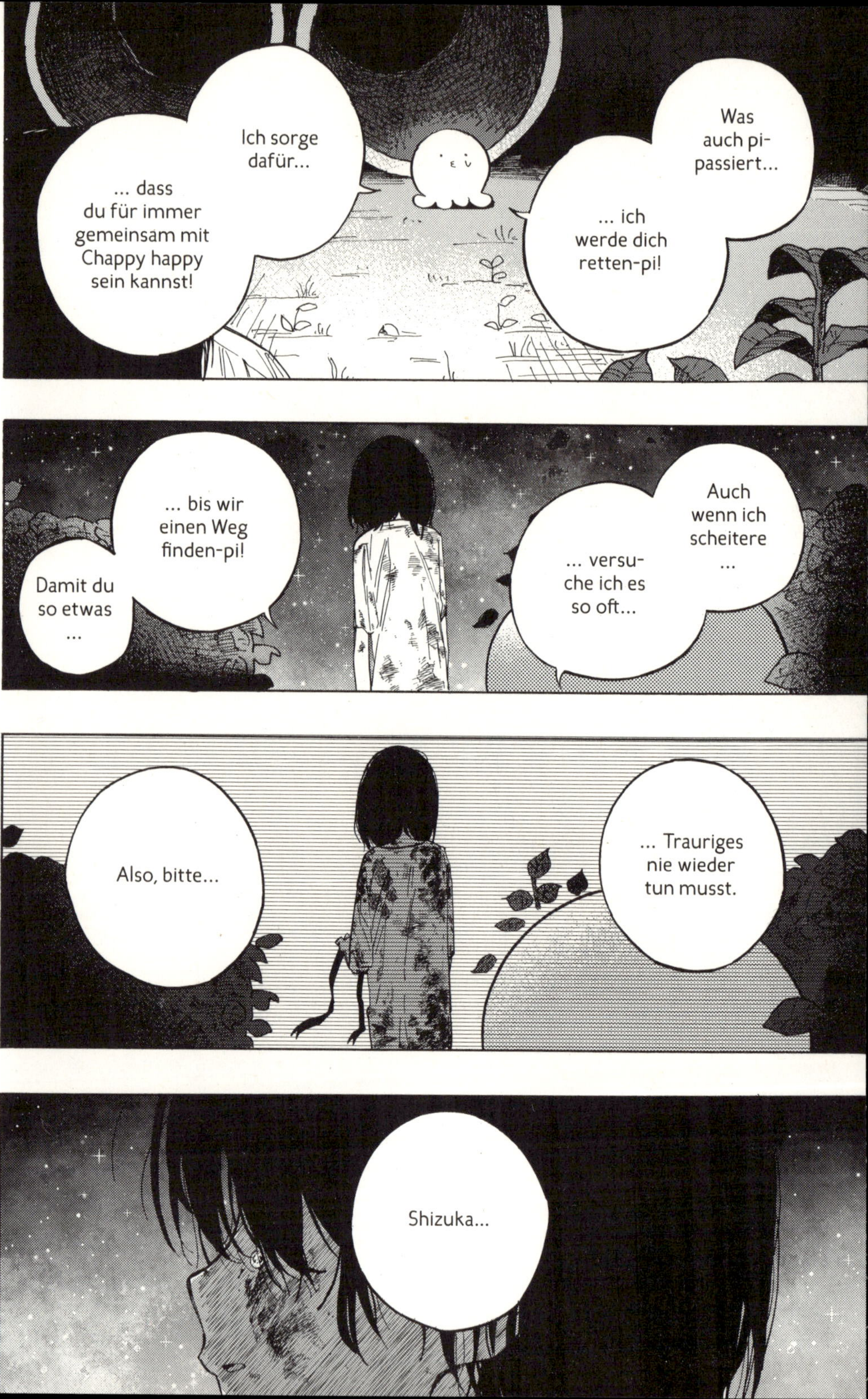
Was auch pi-passiert...
... ich werde dich retten-pi!
Ich sorge dafür...
... dass du für immer gemeinsam mit Chappy happy sein kannst!
Auch wenn ich scheitere ...
... versuche ich es so oft...
... bis wir einen Weg finden-pi!
Damit du so etwas ...
... Trauriges nie wieder tun musst.
Also, bitte...
Shizuka...

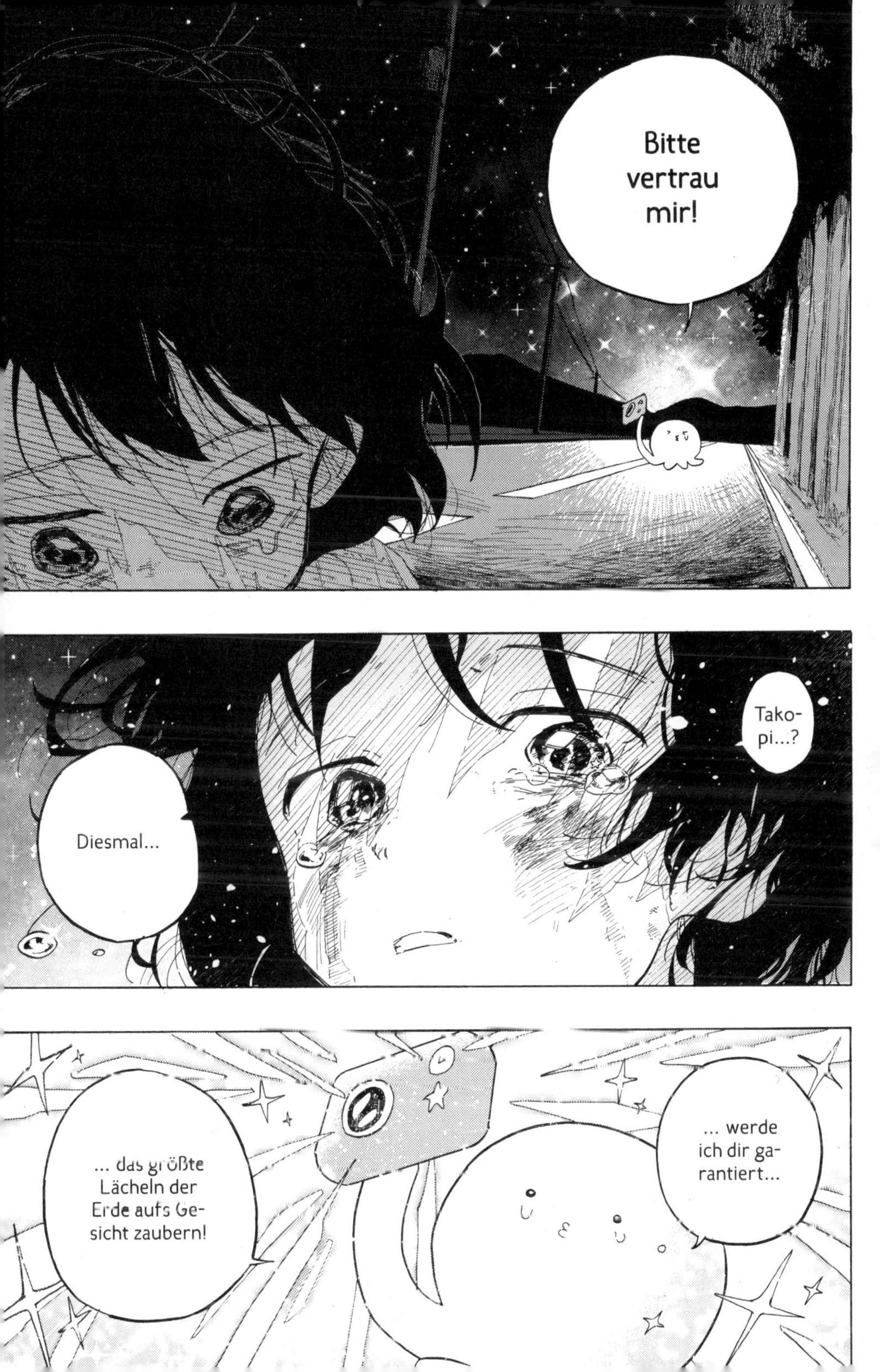
Bitte vertrau mir!
Tako-pi...?
Diesmal...
... werde ich dir garantiert...
... das größte Lächeln der Erde aufs Gesicht zaubern!

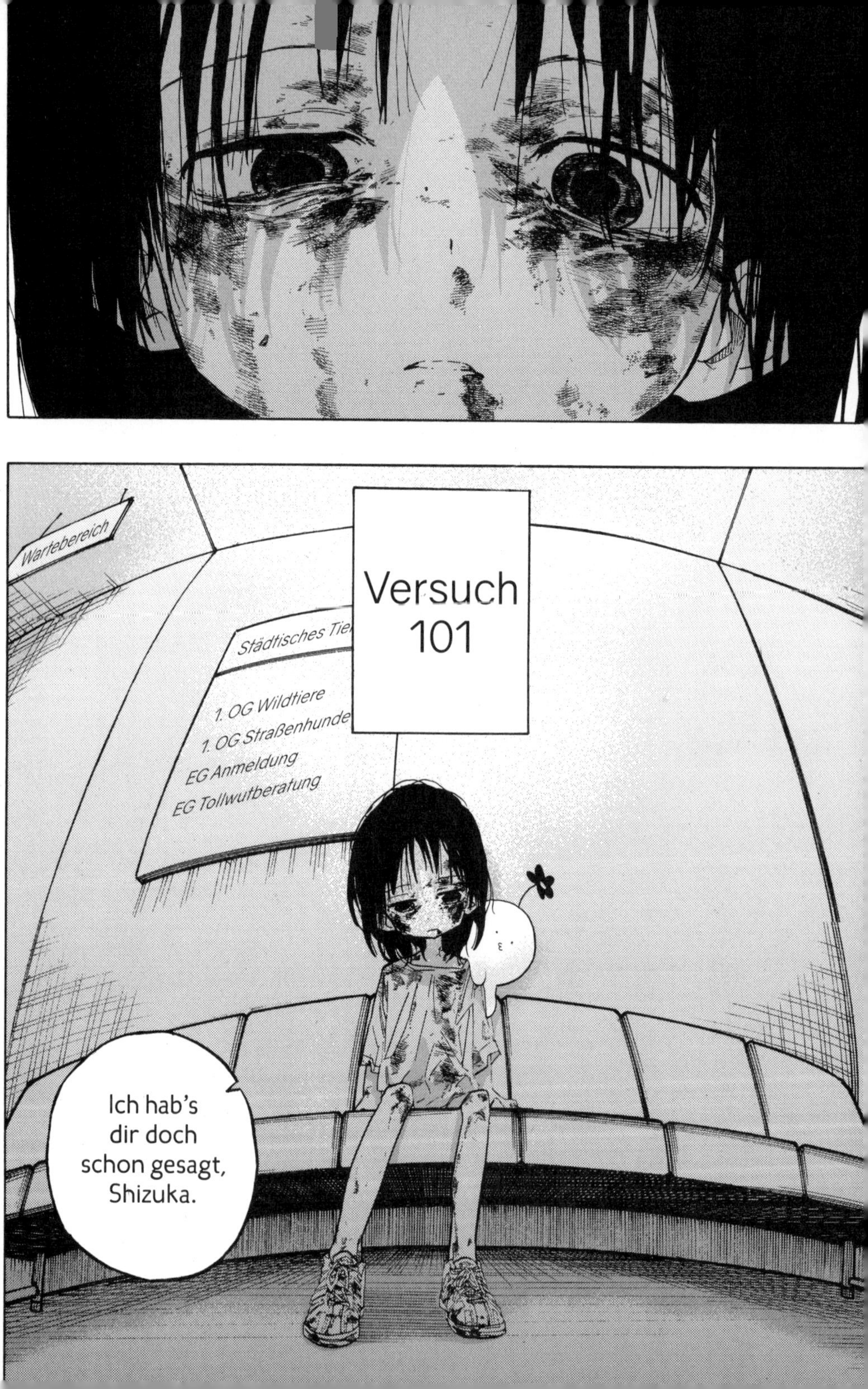

Versuch 101
Wartebereich
Städtisches Tie
1. OG Wildtiere
1. OG Straßenhunde
EG Anmeldung
EG Tollwutberatung
Ich hab's dir doch schon gesagt, Shizuka.

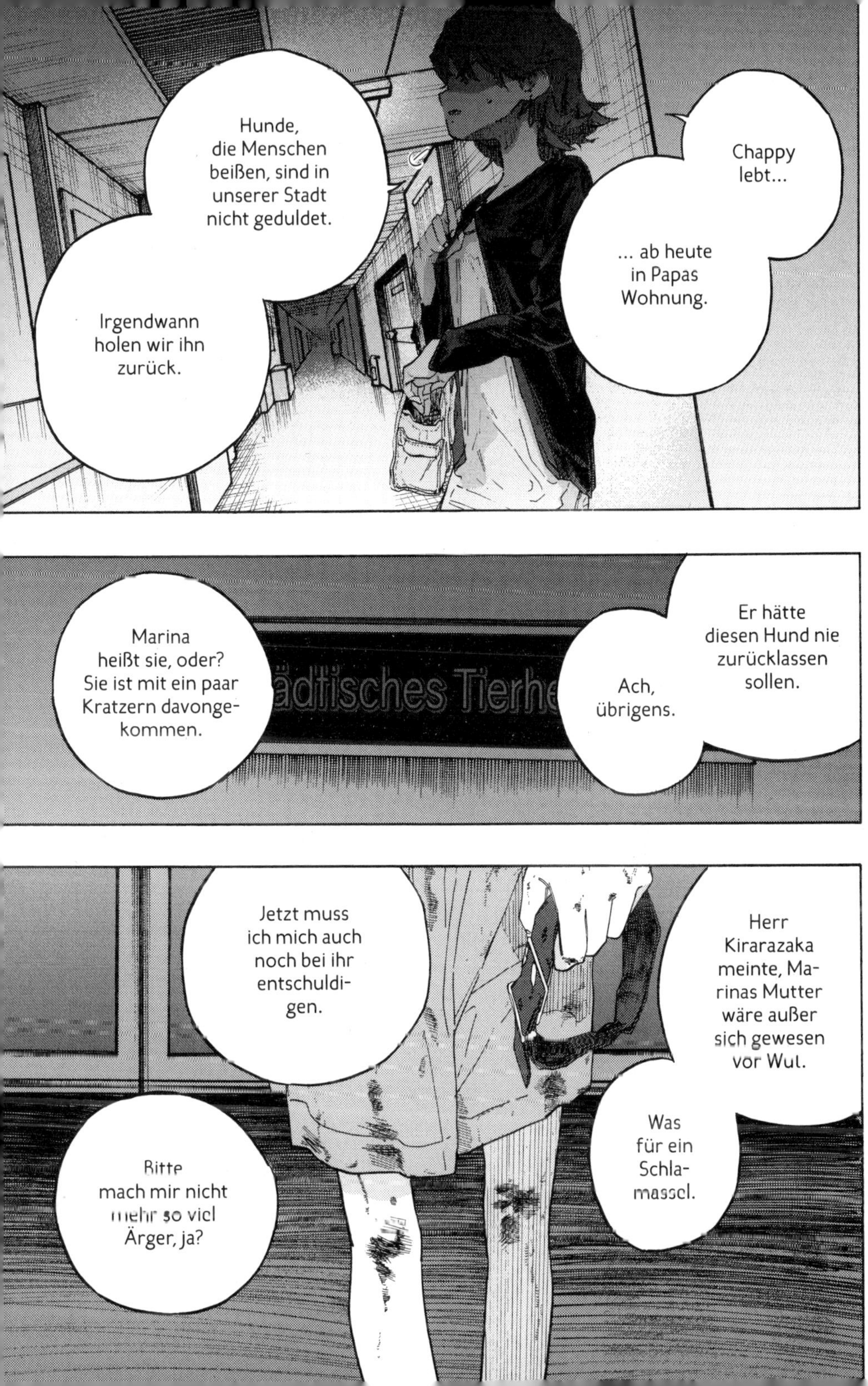
Chappy lebt...
... ab heute in Papas Wohnung.
Hunde, die Menschen beißen, sind in unserer Stadt nicht geduldet.
Irgendwann holen wir ihn zurück.
Er hätte diesen Hund nie zurücklassen sollen.
Ach, übrigens.
ädtisches Tierhe
Marina heißt sie, oder? Sie ist mit ein paar Kratzern davongekommen.
Herr Kirarazaka meinte, Marinas Mutter wäre außer sich gewesen vor Wut.
Was für ein Schlamassel.
Jetzt muss ich mich auch noch bei ihr entschuldigen.
Bitte mach mir nicht mehr so viel Ärger, ja?

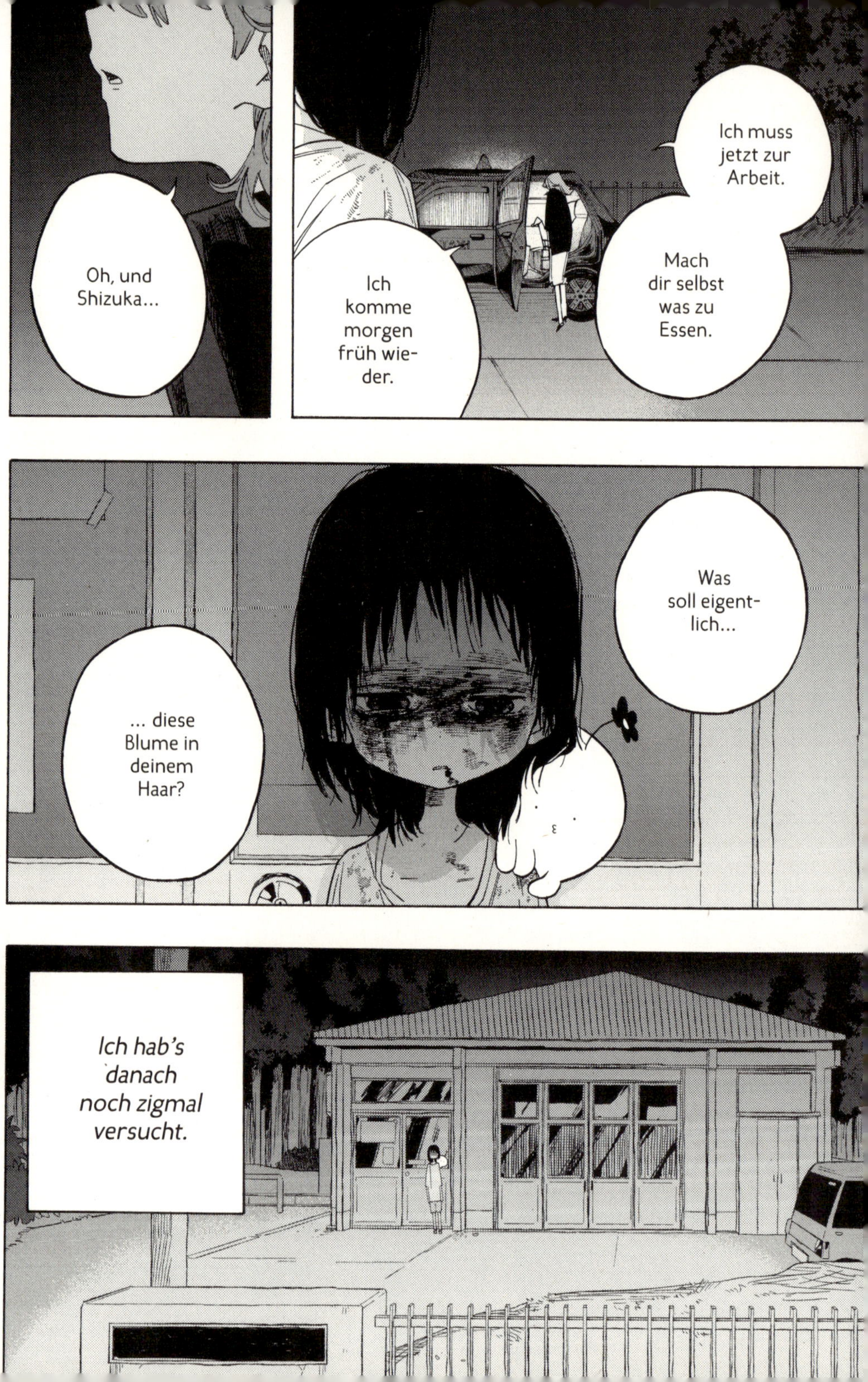

Ich muss jetzt zur Arbeit.
Mach dir selbst was zu Essen.
Ich komme morgen früh wieder.
Oh, und Shizuka...
Was soll eigentlich...
... diese Blume in deinem Haar?
Ich hab's danach noch zigmal versucht.

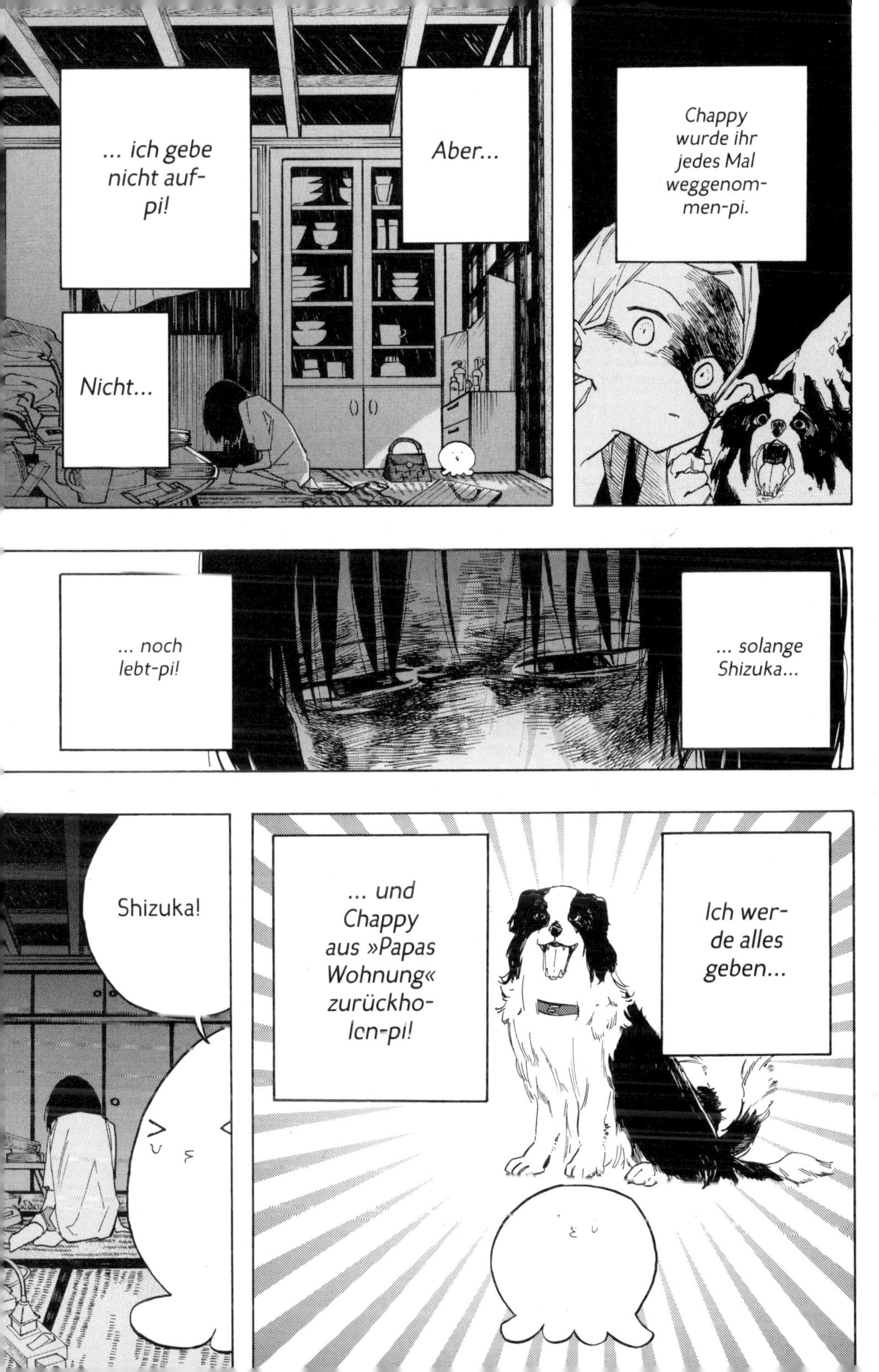
Chappy wurde ihr jedes Mal weggenommen-pi.
Aber…
… ich gebe nicht auf-pi!
Nicht…
… solange Shizuka…
… noch lebt-pi!
Ich werde alles geben…
… und Chappy aus »Papas Wohnung« zurückholen-pi!
Shizuka!

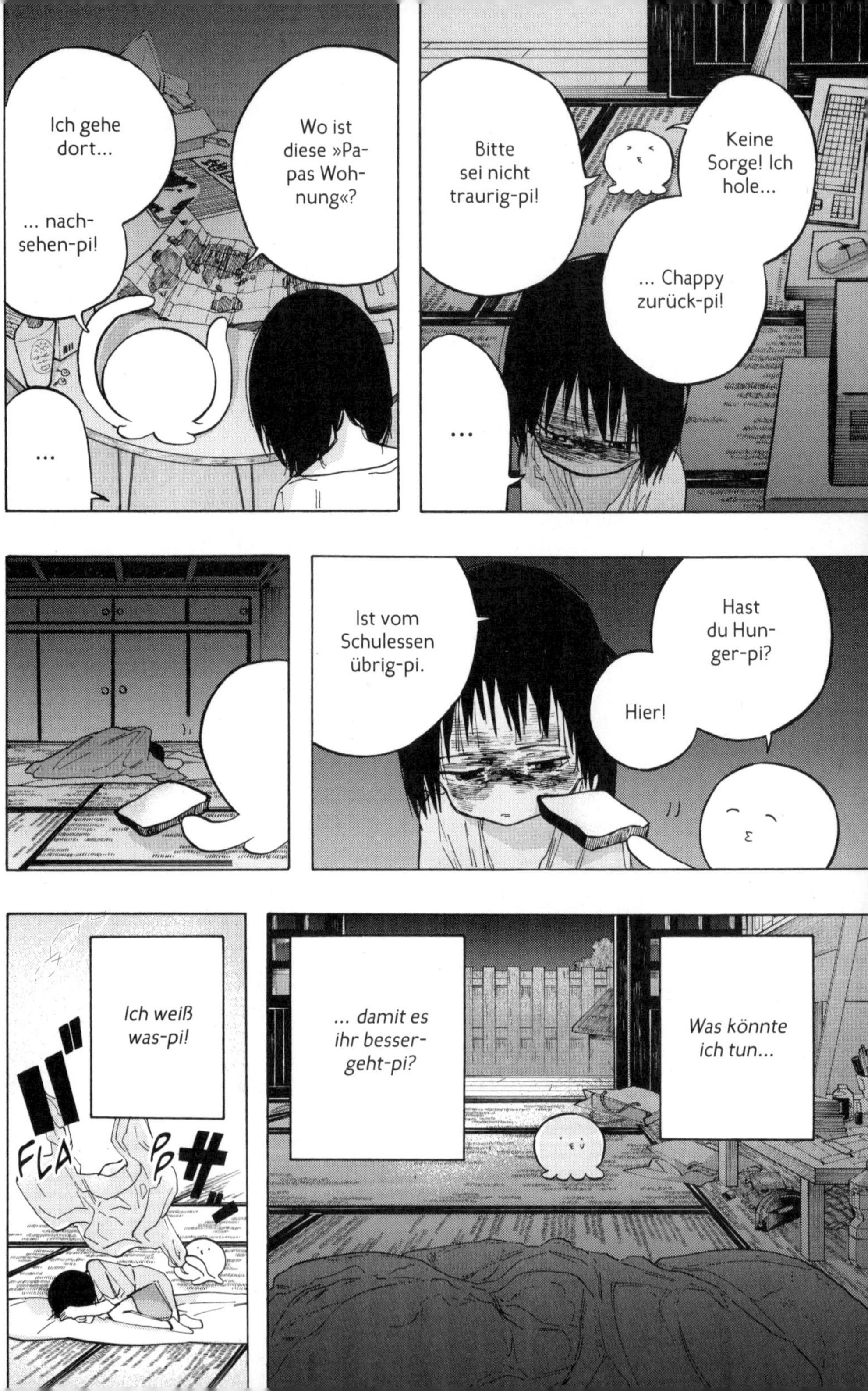
Keine Sorge! Ich hole...
... Chappy zurück-pi!
Bitte sei nicht traurig-pi!
...
Wo ist diese »Papas Wohnung«?
Ich gehe dort...
... nachsehen-pi!
...
Hast du Hunger-pi?
Hier!
Ist vom Schulessen übrig-pi.
Was könnte ich tun...
... damit es ihr bessergeht-pi?
Ich weiß was-pi!
FLAPP

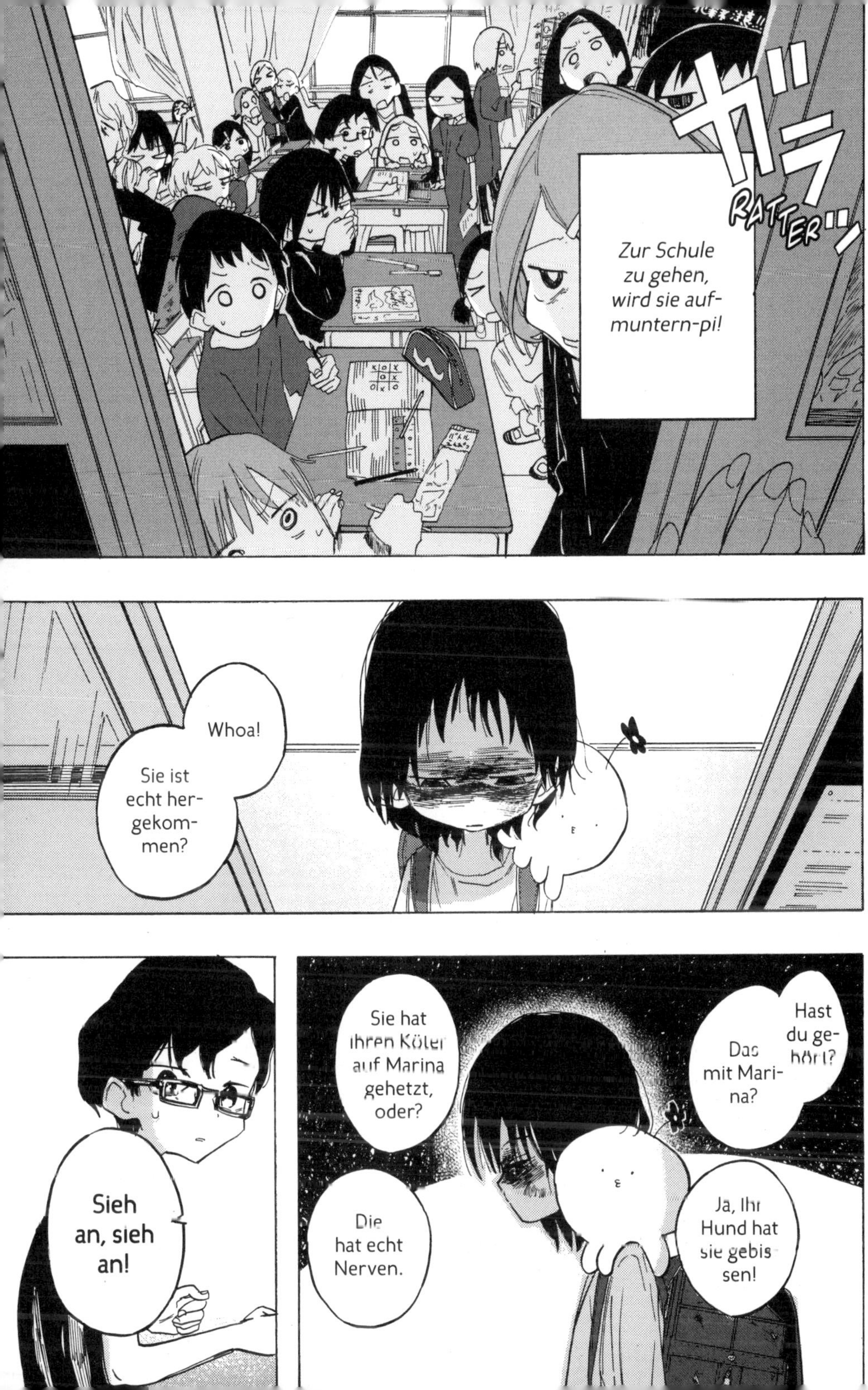
ガラ
RATTER
Zur Schule zu gehen, wird sie aufmuntern-pi!
Whoa!
Sie ist echt hergekommen?
Hast du gehört?
Das mit Marina?
Sie hat ihren Köter auf Marina gehetzt, oder?
Ja, Ihr Hund hat sie gebissen!
Die hat echt Nerven.
Sieh an, sieh an!

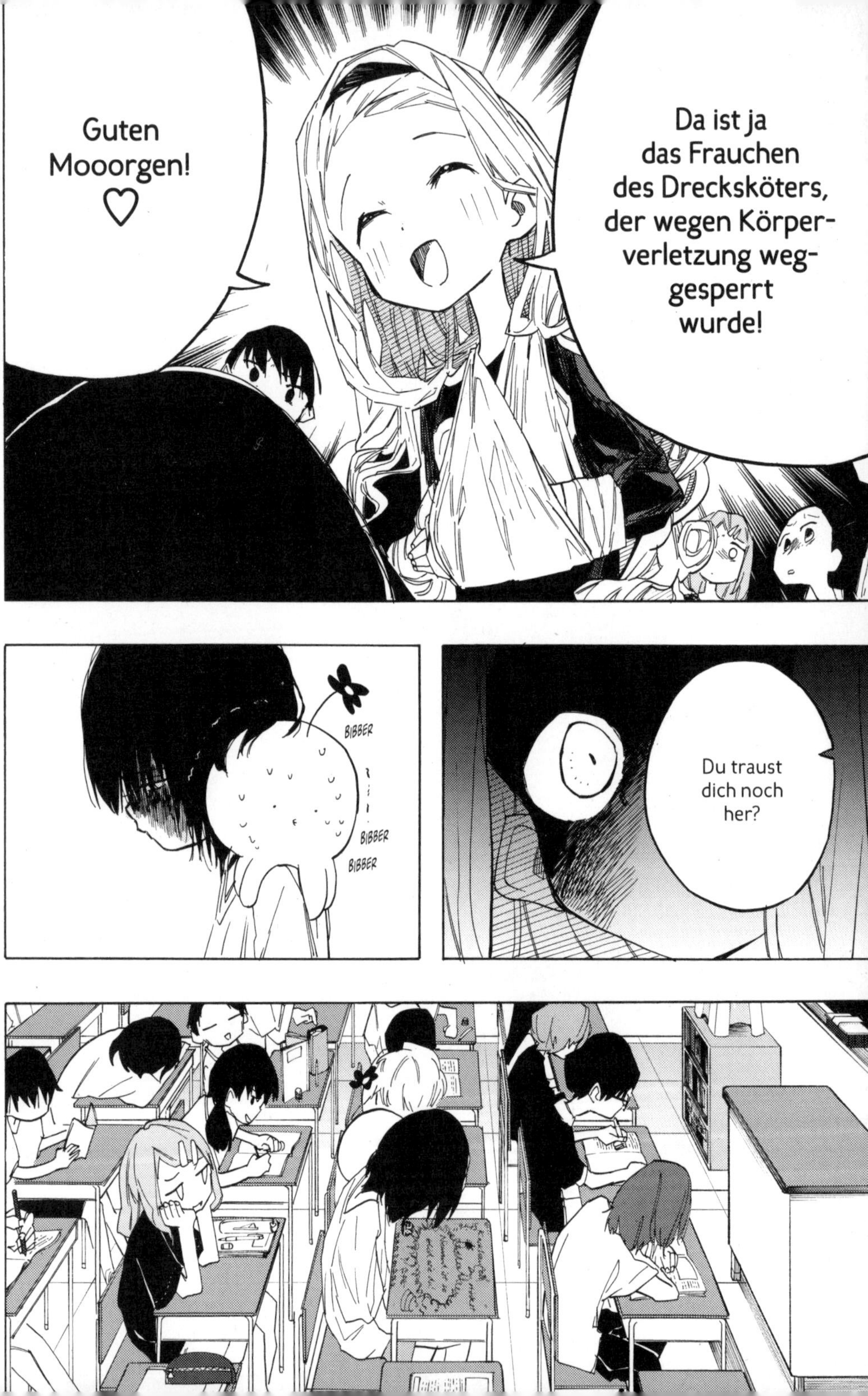
Da ist ja das Frauchen des Dreckskôters, der wegen Körperverletzung weggesperrt wurde!
Guten Mooorgen! ♡
Du traust dich noch her?
BIBBER
BIBBER
BIBBER

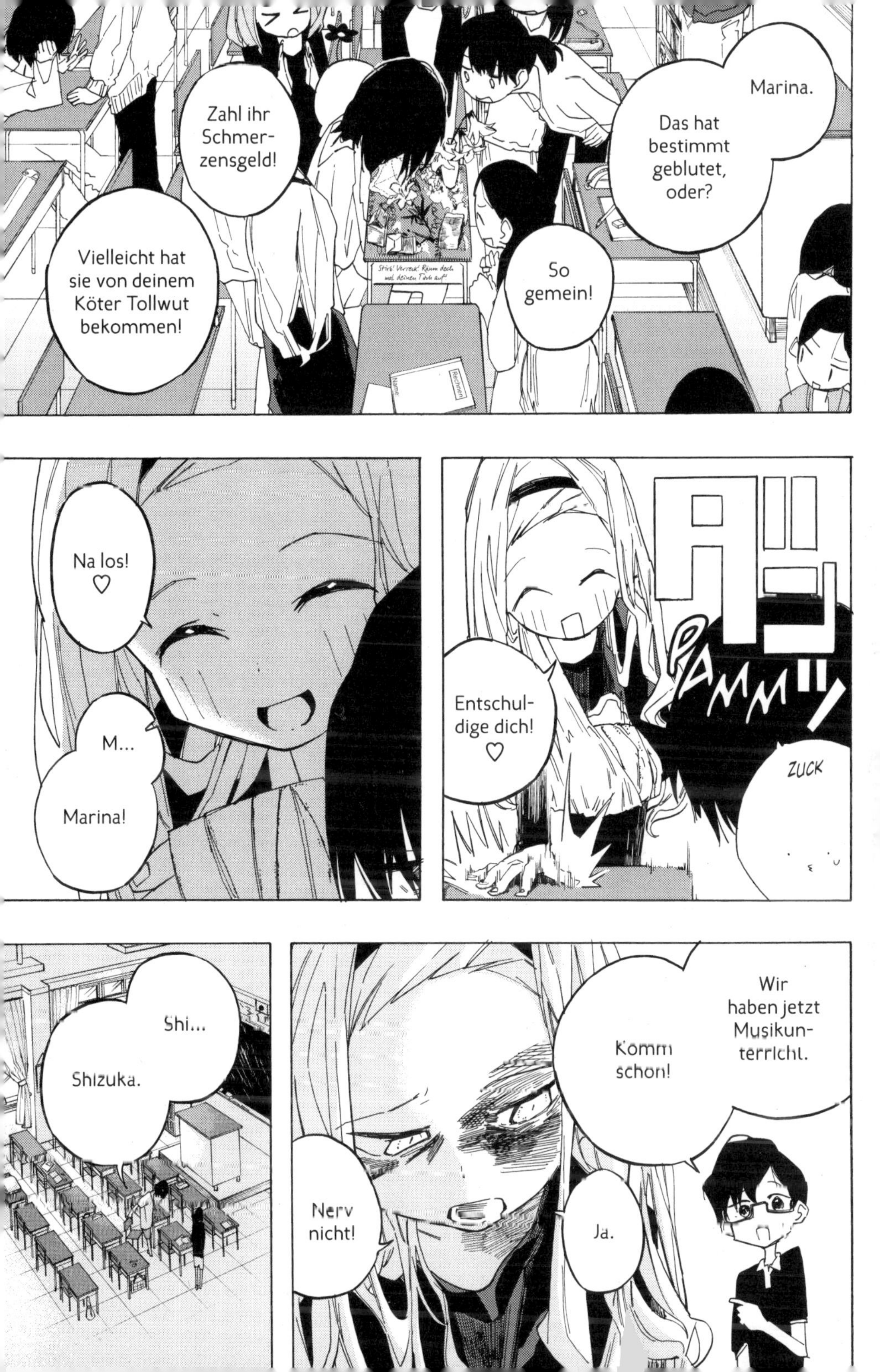

Marina.
Das hat bestimmt geblutet, oder?
So gemein!
Zahl ihr Schmerzensgeld!
Vielleicht hat sie von deinem Köter Tollwut bekommen!
Stirb! Verreck! Räum doch mal deinen Tisch auf!
Rechnen
Name
BAMM
Entschuldige dich! ♡
ZUCK
Na los! ♡
M...
Marina!
Wir haben jetzt Musikunterricht.
Komm schon!
Ja.
Nerv nicht!
Shi...
Shizuka.

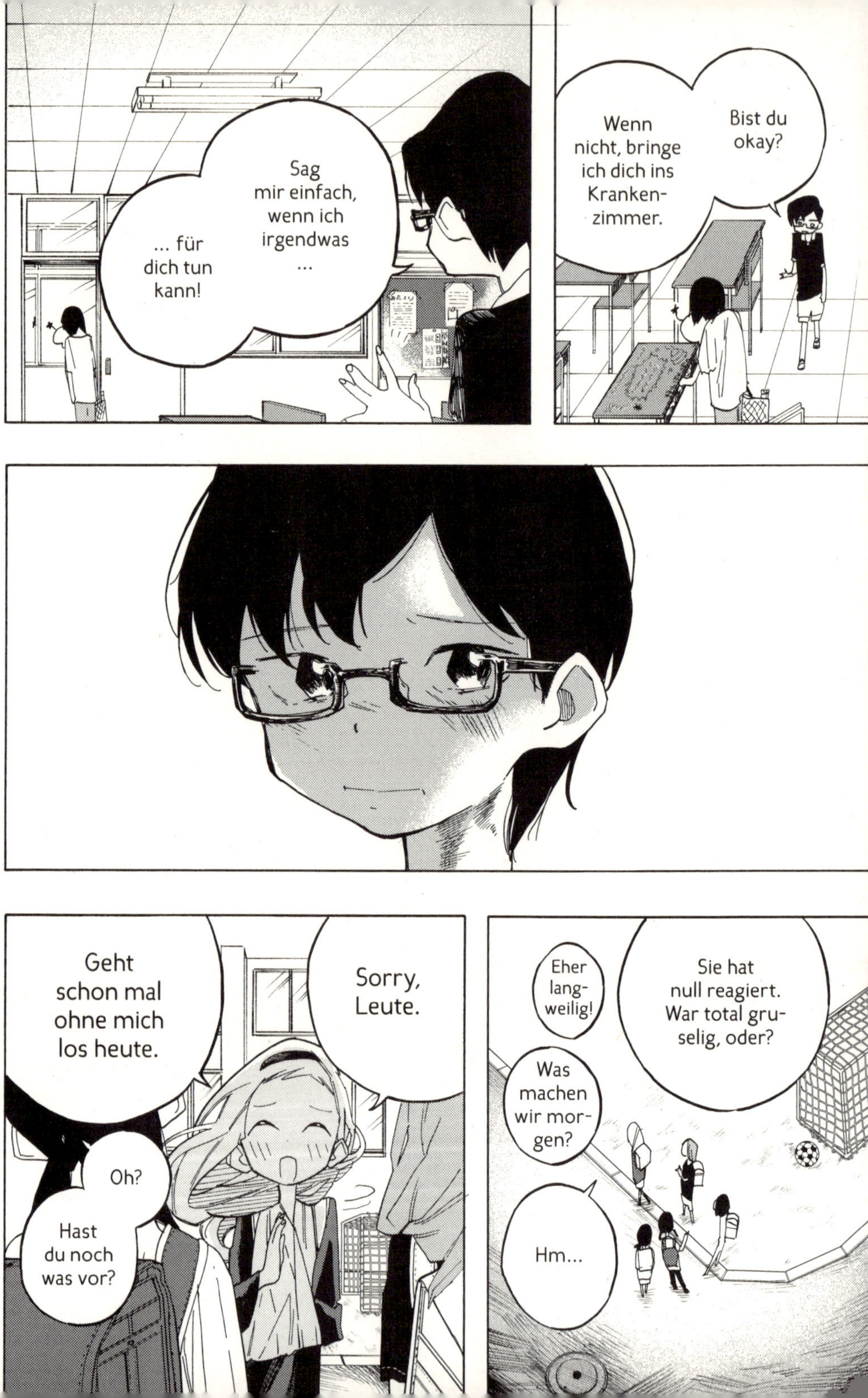

Bist du okay?
Wenn nicht, bringe ich dich ins Kranken-zimmer.
Sag mir einfach, wenn ich irgendwas ...
... für dich tun kann!
Sie hat null reagiert. War total gru-selig, oder?
Eher lang-weilig!
Was machen wir mor-gen?
Hm...
Sorry, Leute.
Geht schon mal ohne mich los heute.
Oh?
Hast du noch was vor?

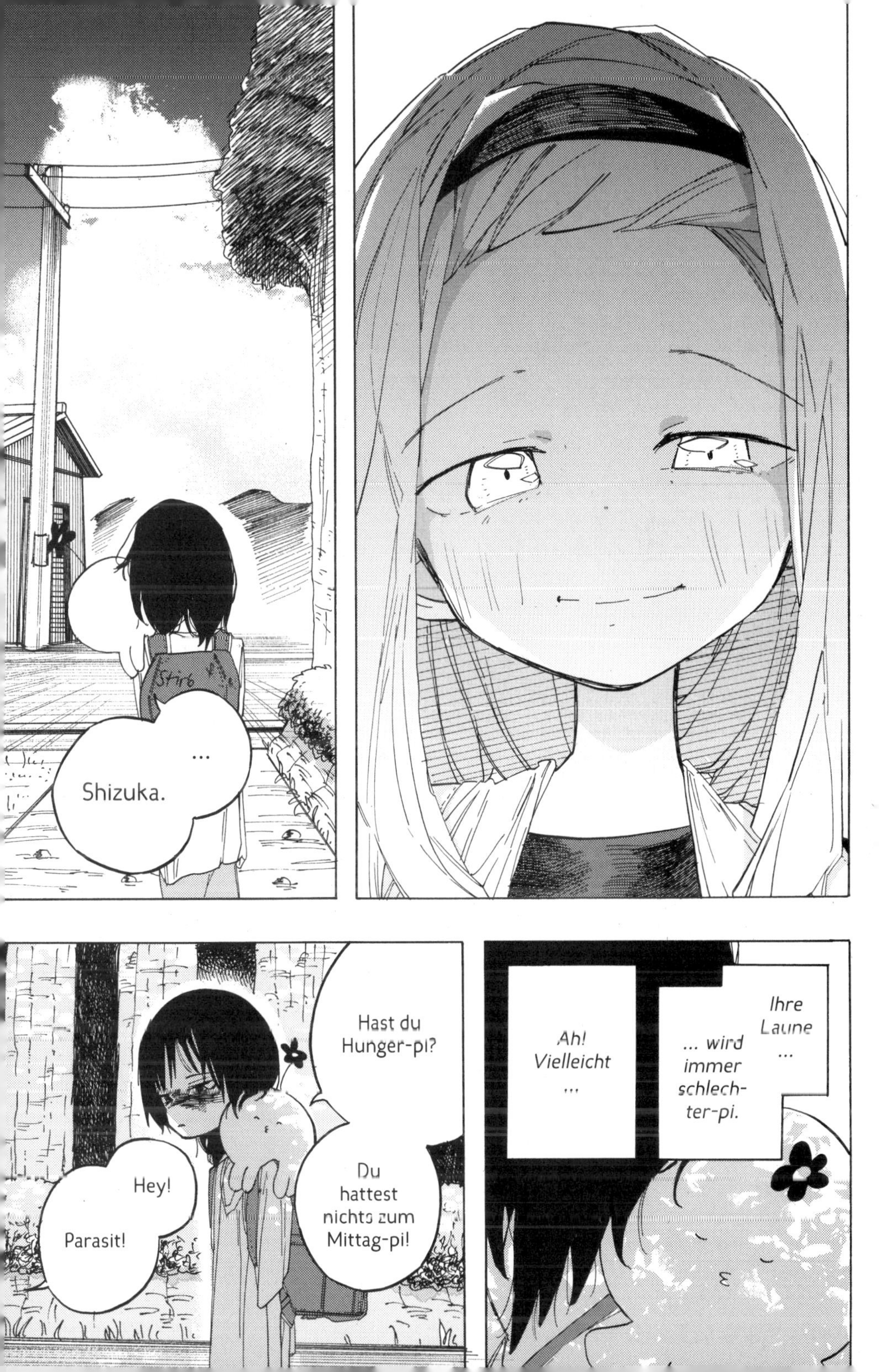

Stirb
... Shizuka.
Ihre Laune ...
... wird immer schlechter-pi.
Ah! Vielleicht ...
Hast du Hunger-pi?
Du hattest nichts zum Mittag-pi!
Hey! Parasit!

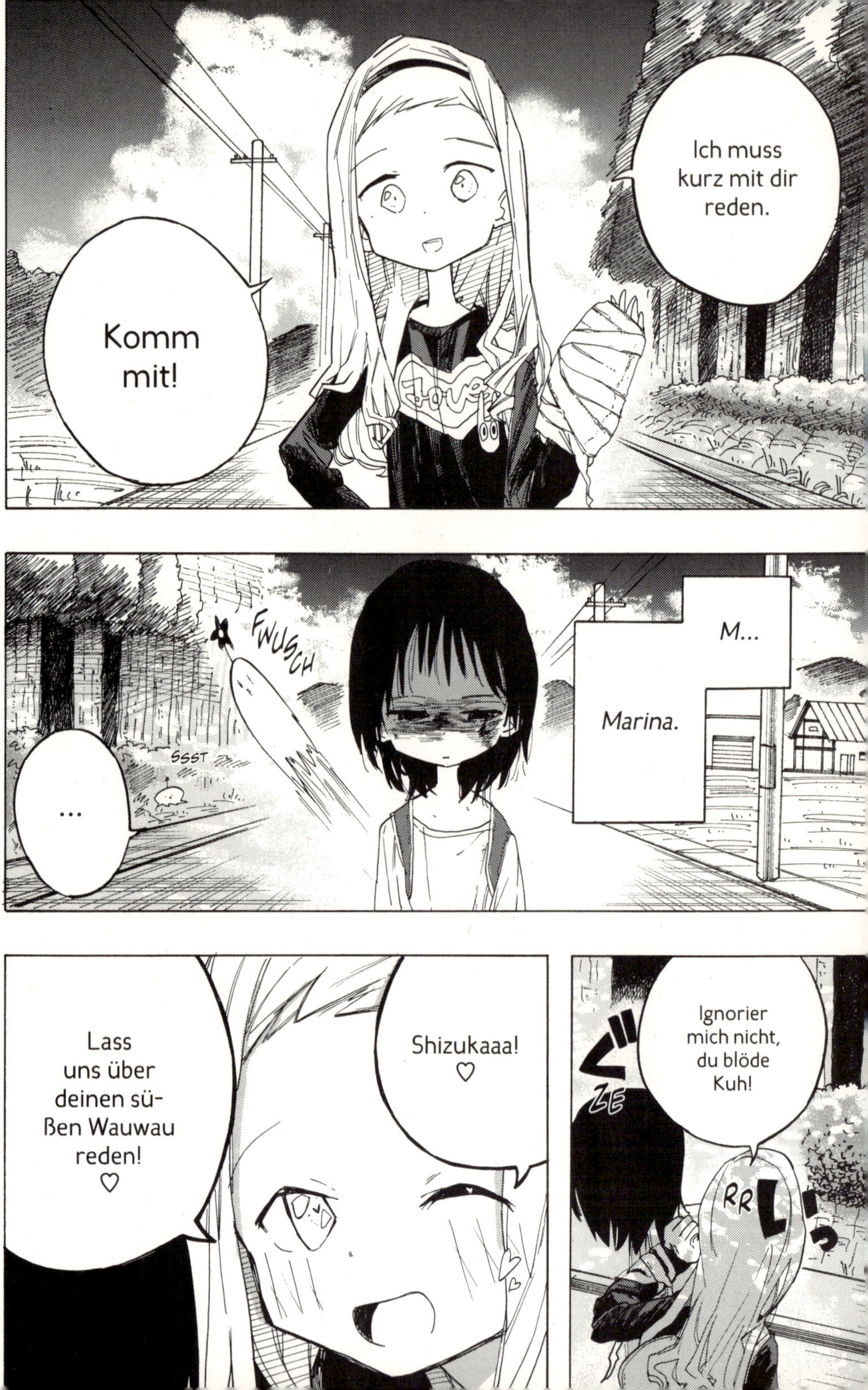
Ich muss kurz mit dir reden.
Komm mit!
M...
Marina.
FWUSCH
SSST
...
Ignorier mich nicht, du blöde Kuh!
ZE
RR
Shizukaaa! ♡
Lass uns über deinen sü-ßen Wauwau reden! ♡

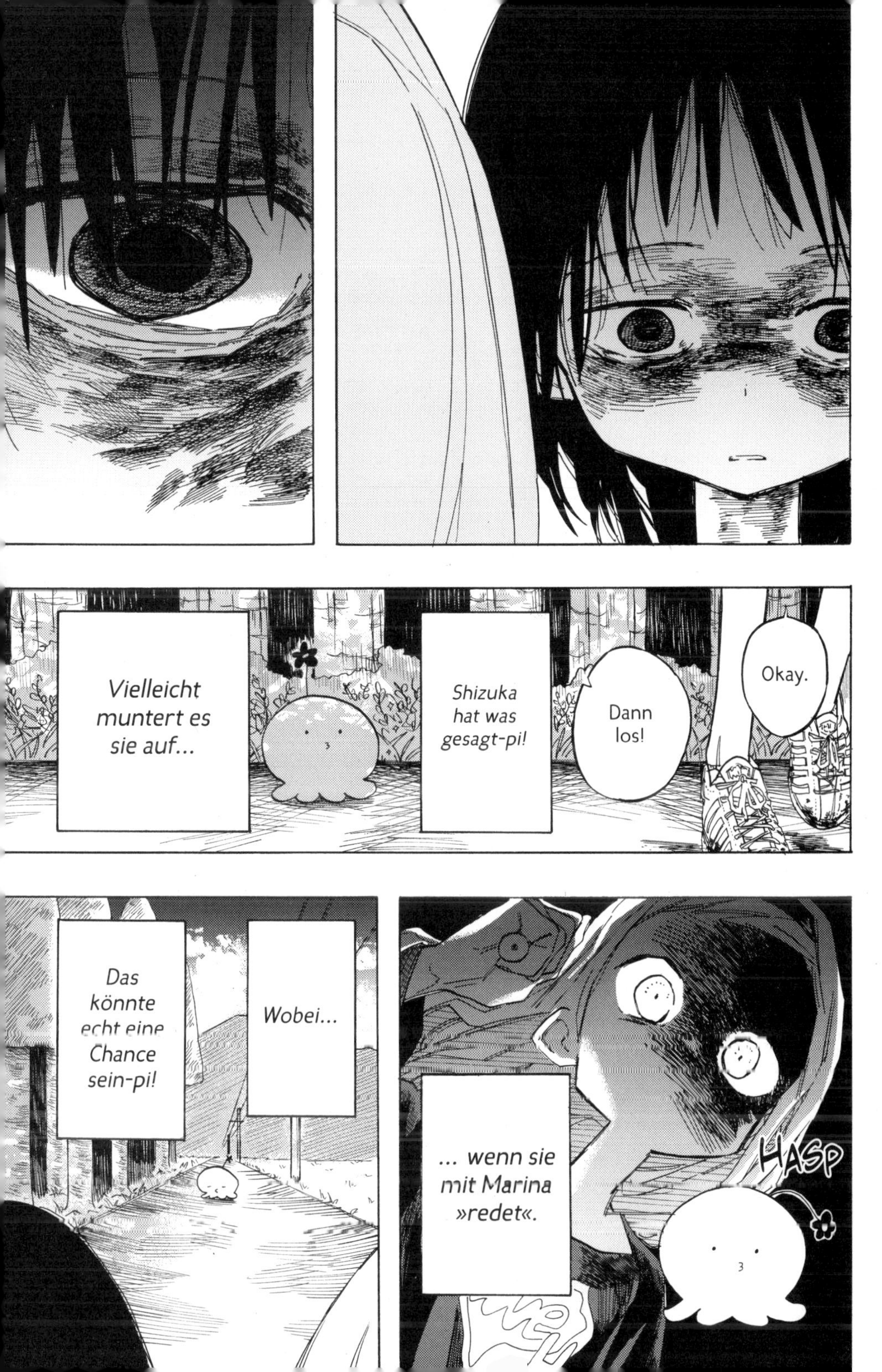

Okay.
Dann los!
Shizuka hat was gesagt-pi!
Vielleicht muntert es sie auf...
Das könnte echt eine Chance sein-pi!
Wobei...
... wenn sie mit Marina »redet«.
HASP

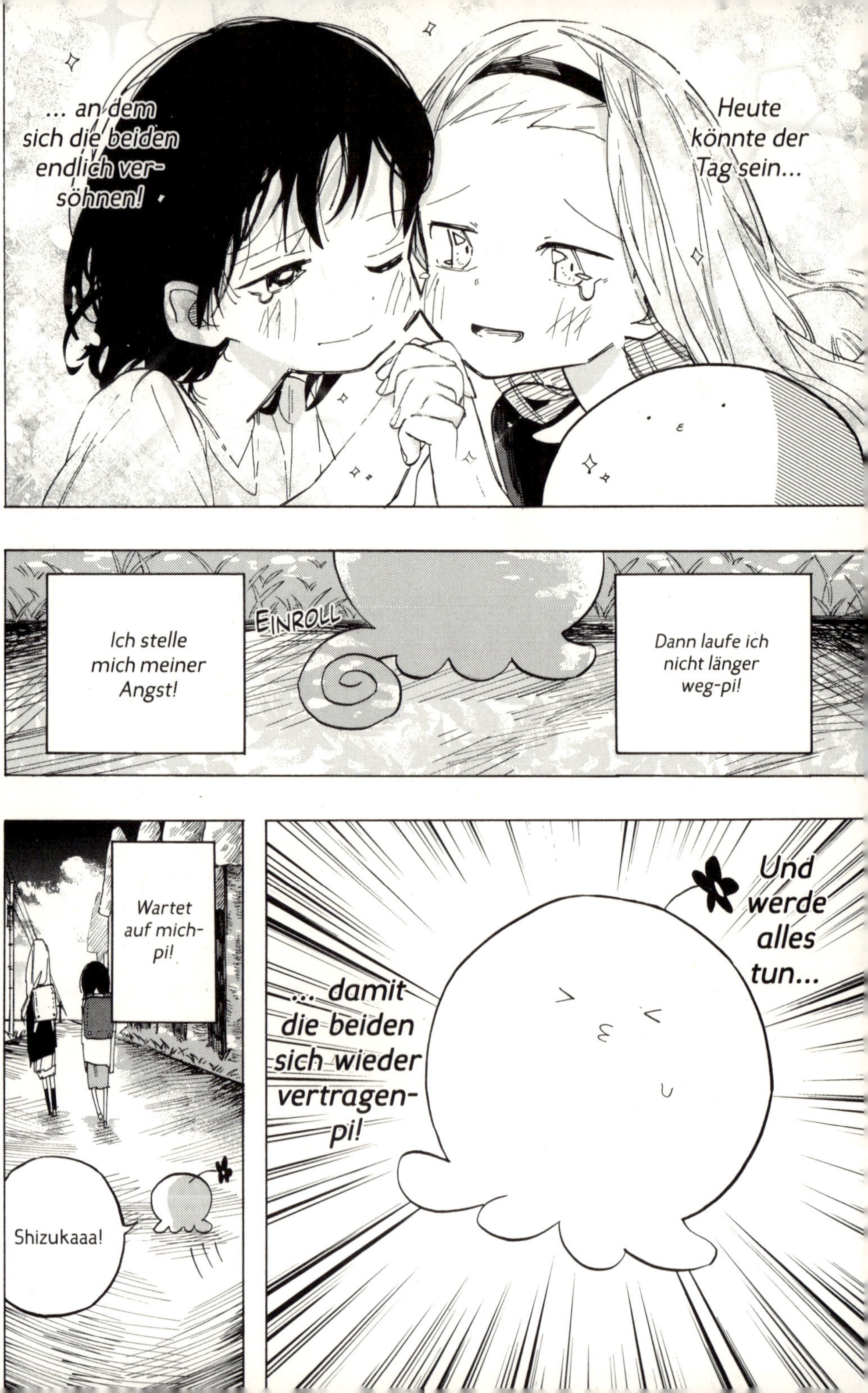

Heute könnte der Tag sein...
... an dem sich die beiden endlich versöhnen!
Dann laufe ich nicht länger weg-pi!
EINROLL
Ich stelle mich meiner Angst!
Und werde alles tun...
... damit die beiden sich wieder vertragen-pi!
Wartet auf mich-pi!
Shizukaaa!

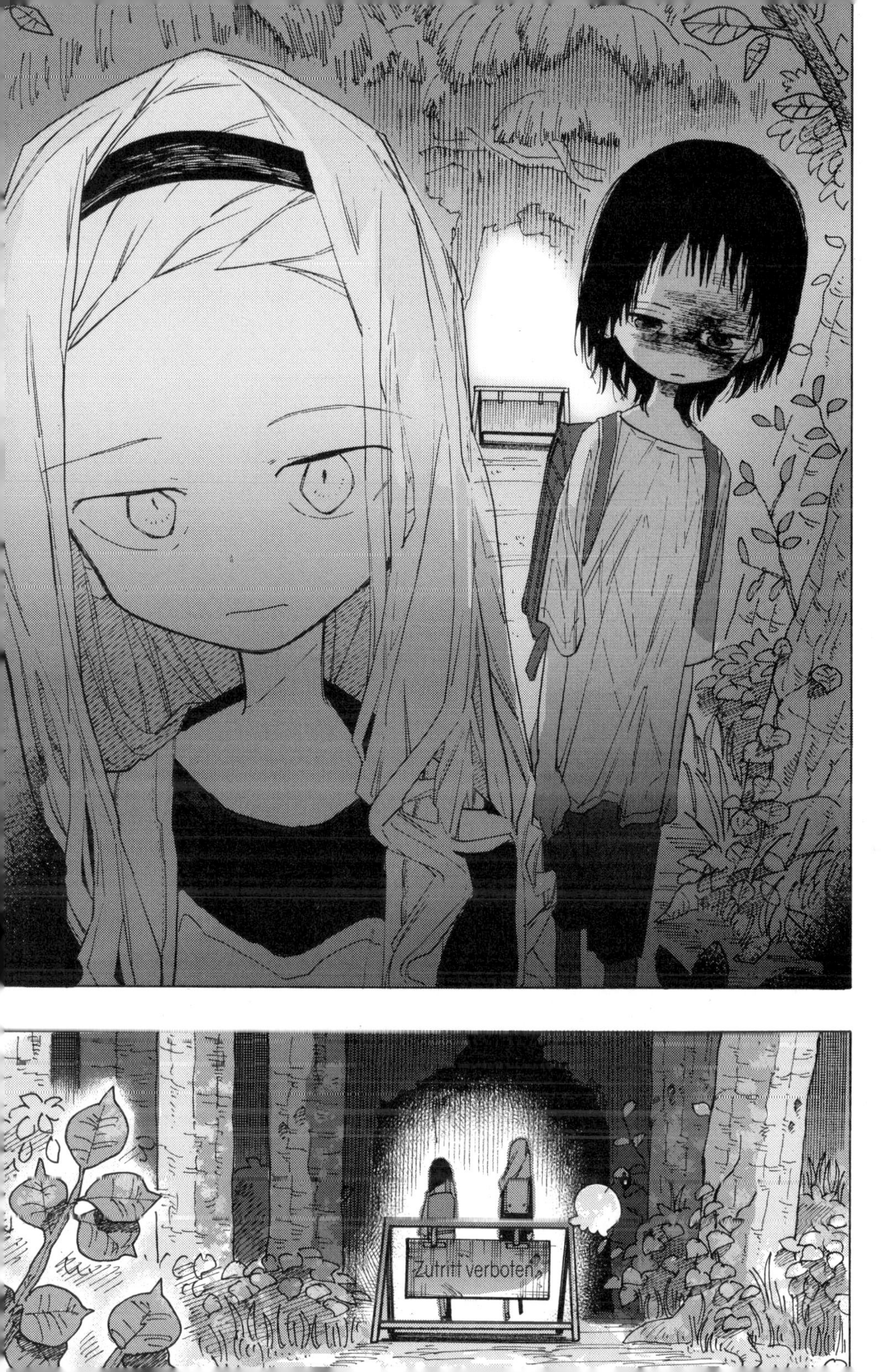
Zutritt verboten

Bonus 1

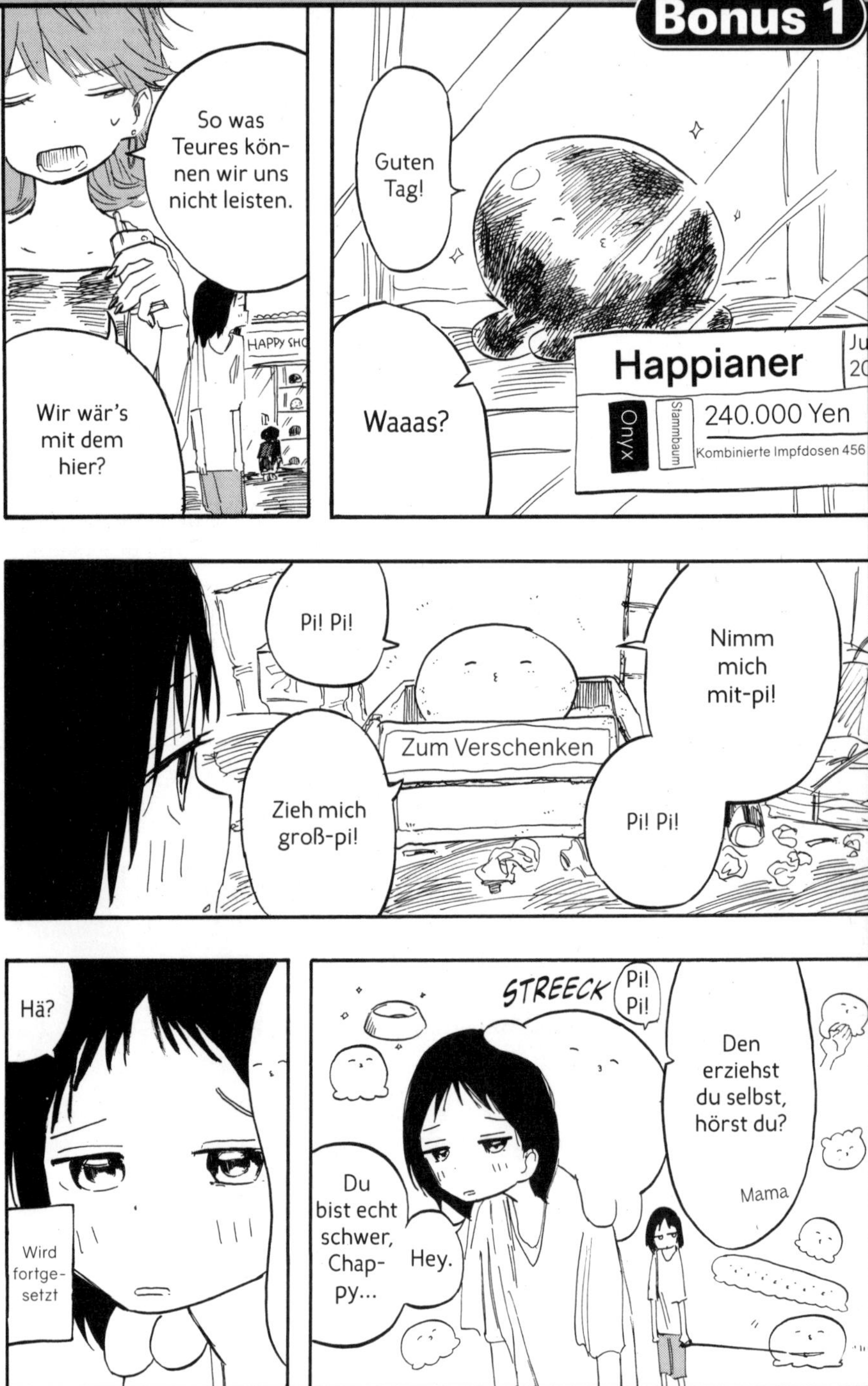
Guten Tag!
Waaas?
Happianer
Onyx
Stammbaum
240.000 Yen
Kombinierte Impfdosen 456
So was Teures können wir uns nicht leisten.
Wir wär's mit dem hier?
Nimm mich mit-pi!
Pi! Pi!
Pi! Pi!
Zum Verschenken
Zieh mich groß-pi!
Pi! Pi!
STREECK
Den erziehst du selbst, hörst du?
Mama
Hey.
Du bist echt schwer, Chappy…
Hä?
Wird fortgesetzt

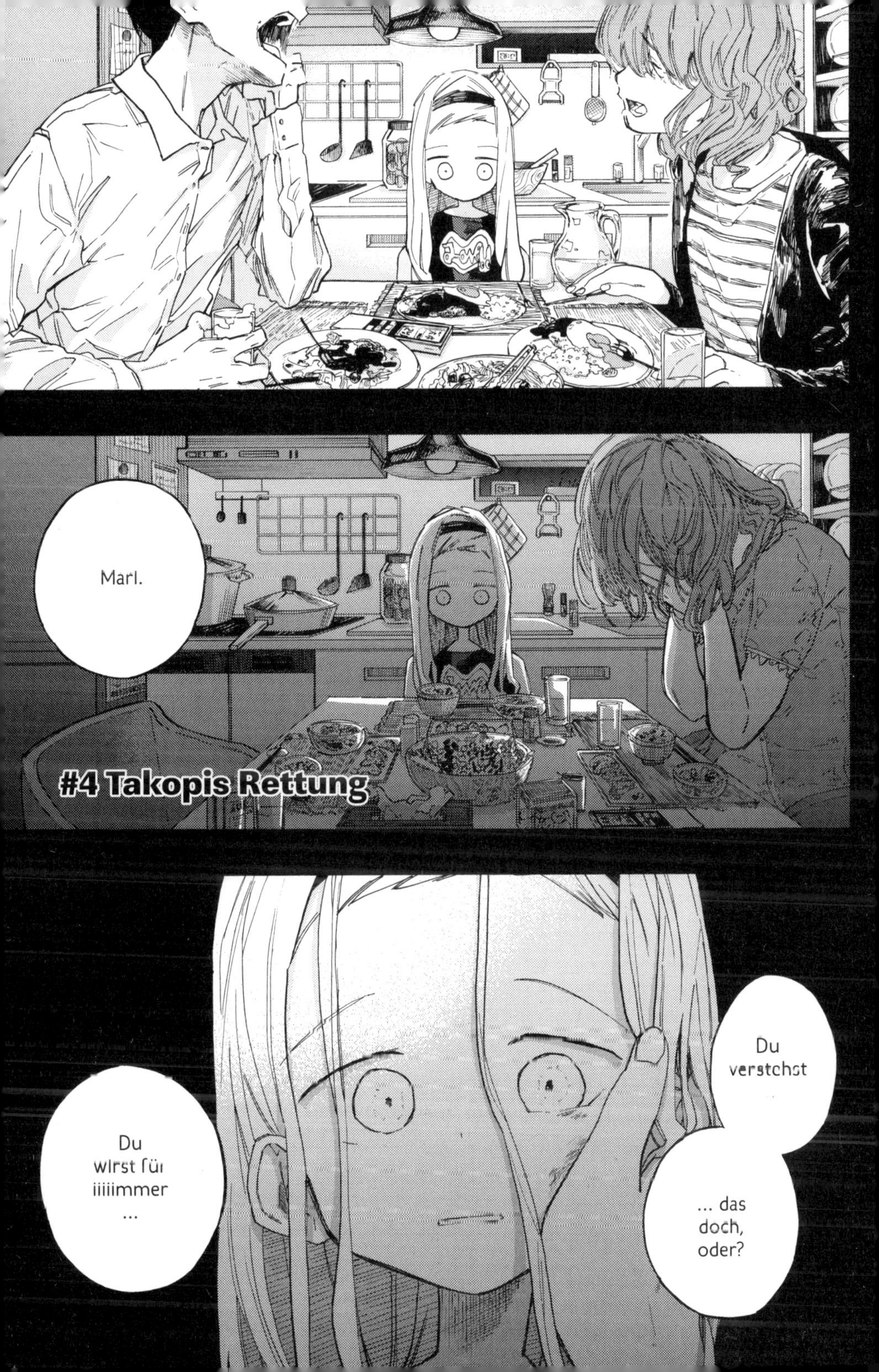
#4 Takopis Rettung
Mari.
Du verstehst
... das doch, oder?
Du wirst für iiiiimmer ...

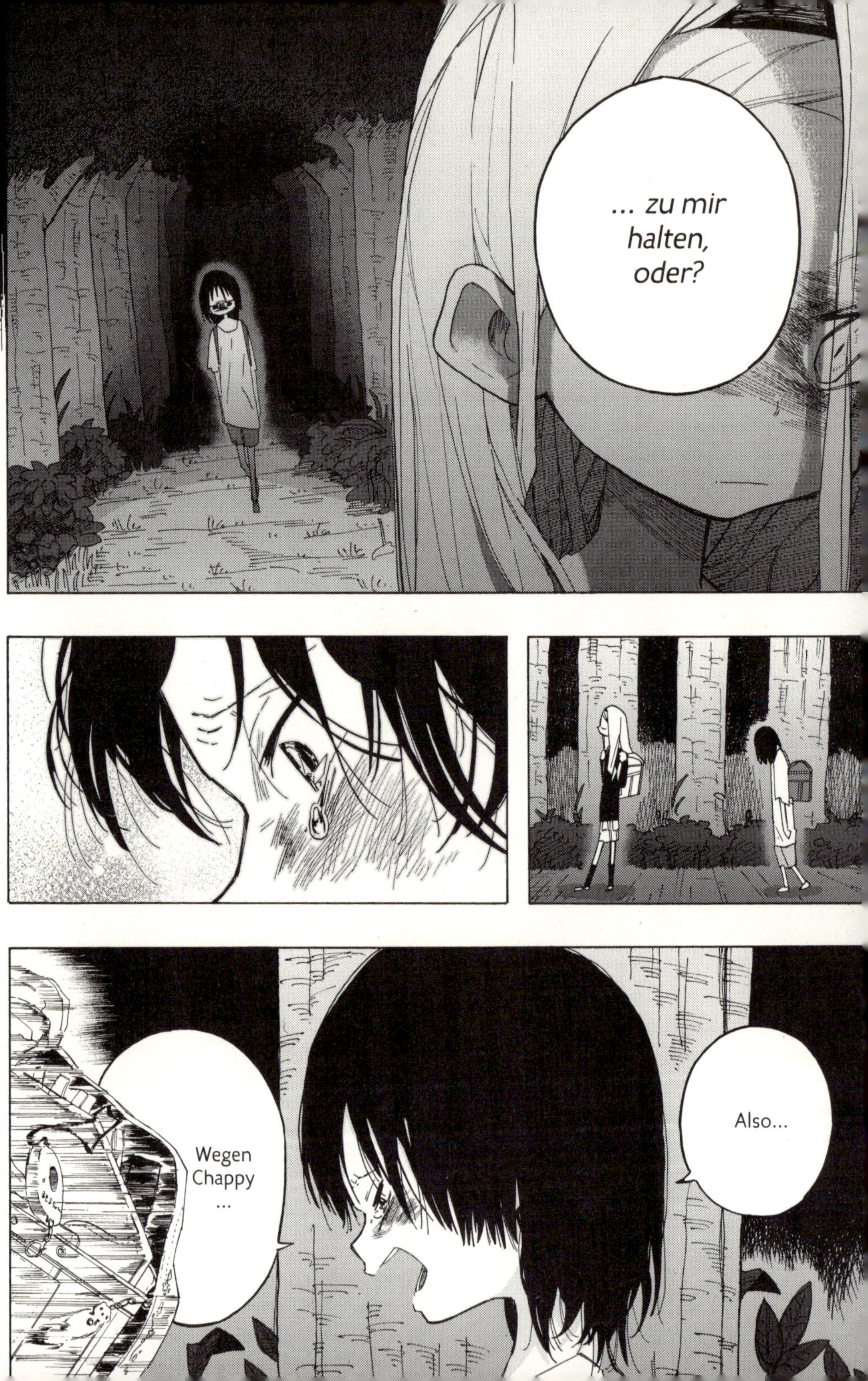
... zu mir halten, oder?
Also...
Wegen Chappy ...

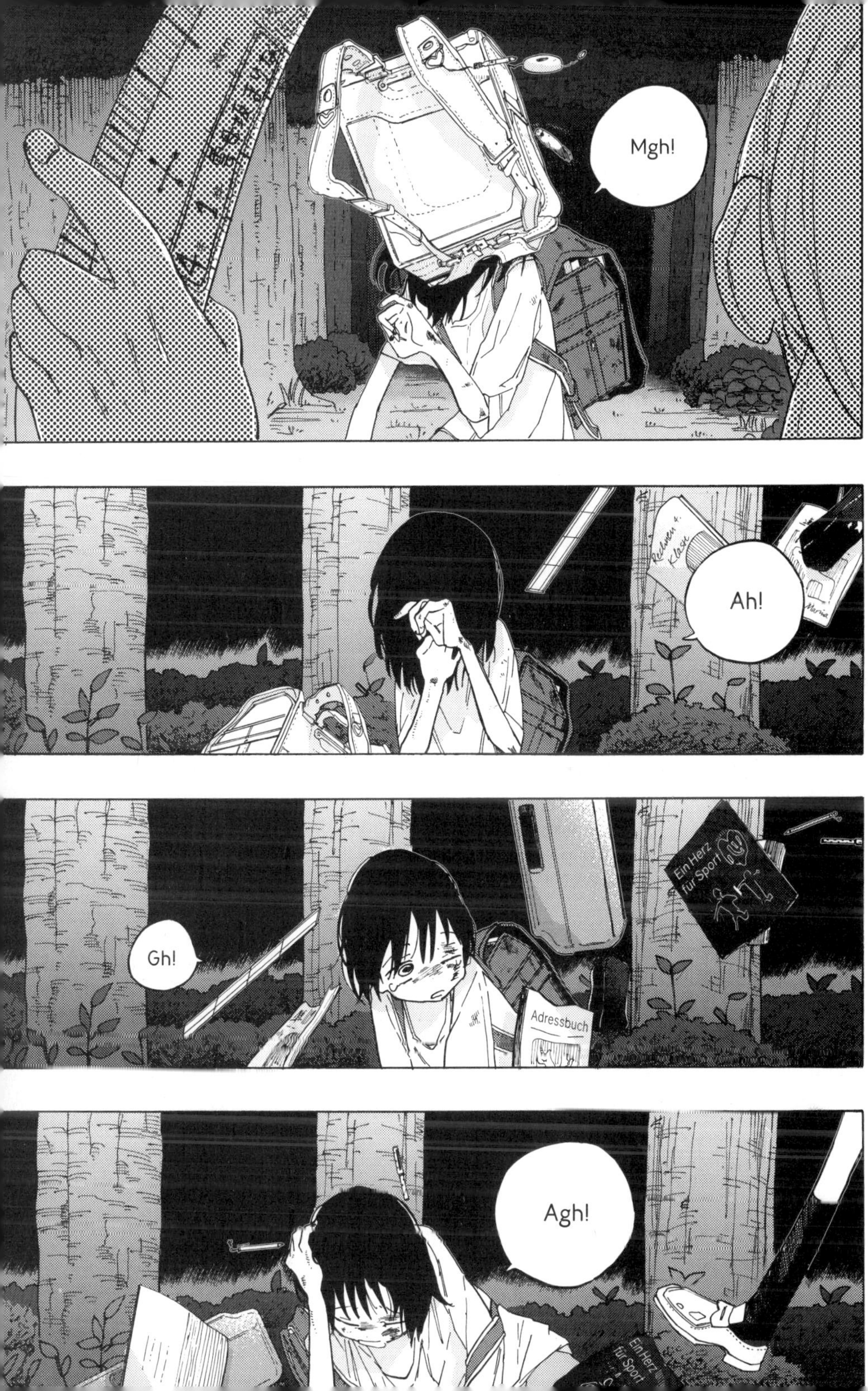
Mgh!
Rechnen 4. Klasse
Marina
Ah!
Ein Herz für Sport!
Gh!
Adressbuch
Agh!
Ein Herz für Sport

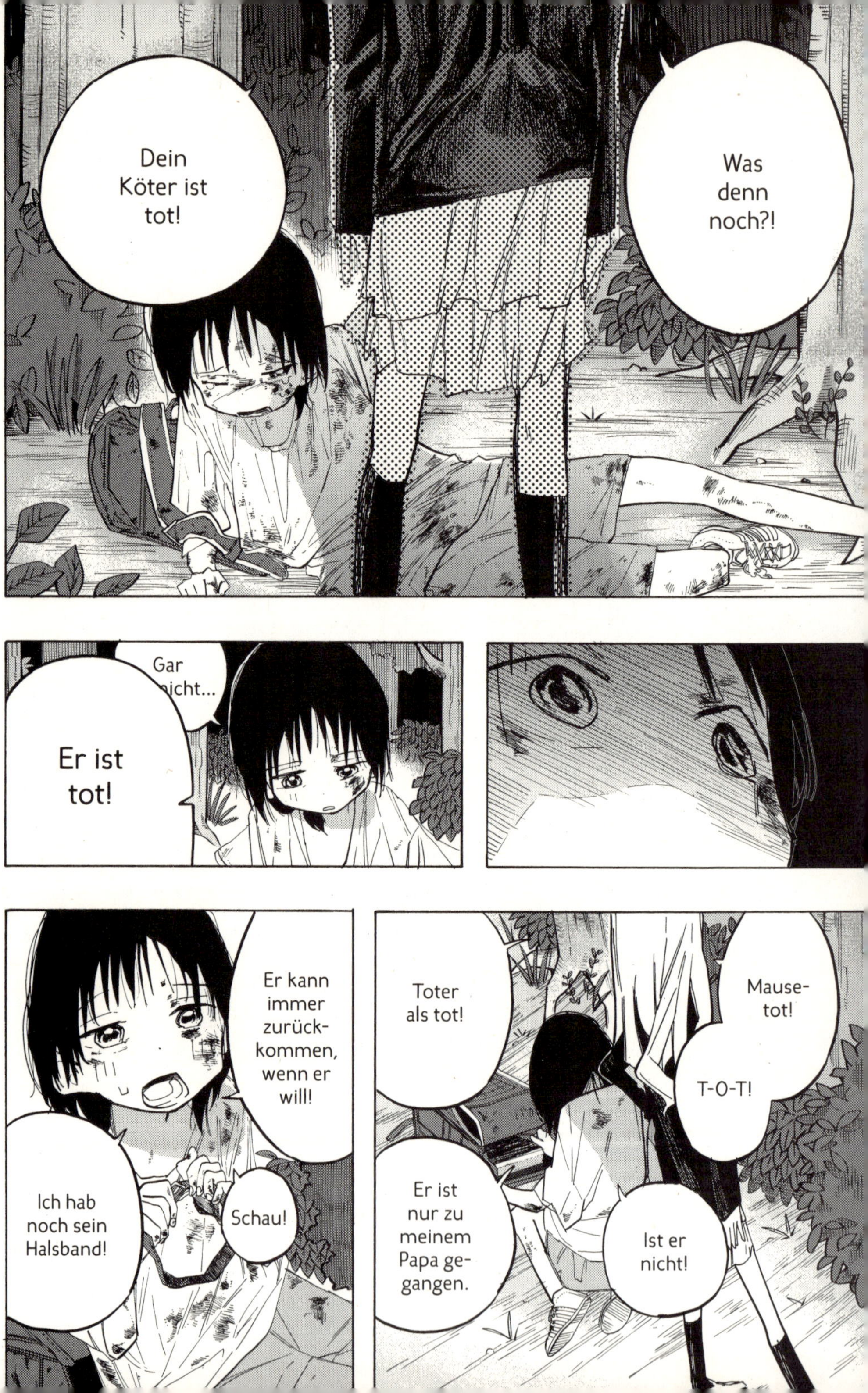
Was denn noch?!
Dein Köter ist tot!
Gar nicht...
Er ist tot!
Mause-tot!
Toter als tot!
T-O-T!
Ist er nicht!
Er ist nur zu meinem Papa gegangen.
Er kann immer zurückkommen, wenn er will!
Schau!
Ich hab noch sein Halsband!

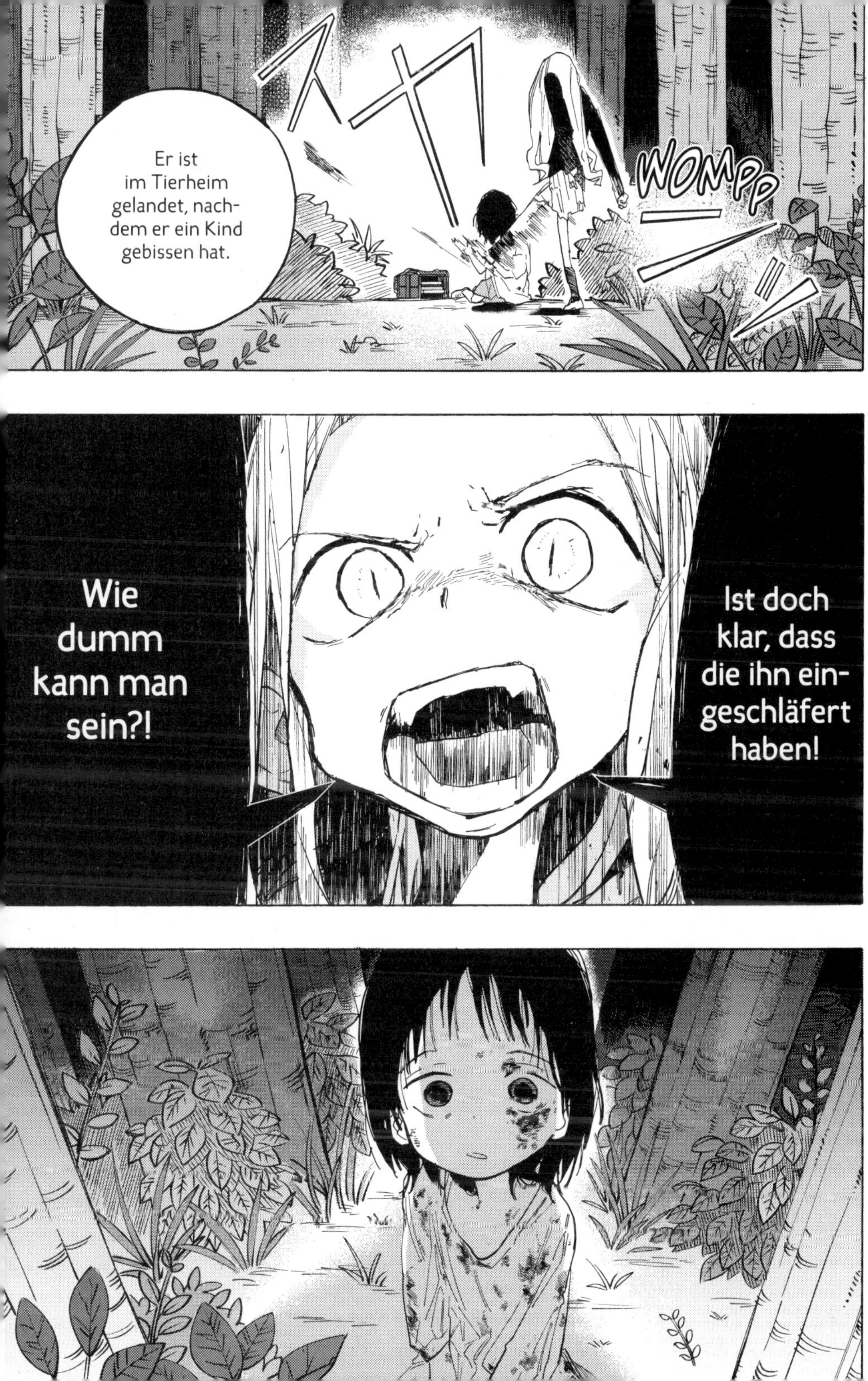
Er ist im Tierheim gelandet, nachdem er ein Kind gebissen hat.
WOMPP
Ist doch klar, dass die ihn eingeschläfert haben!
Wie dumm kann man sein?!

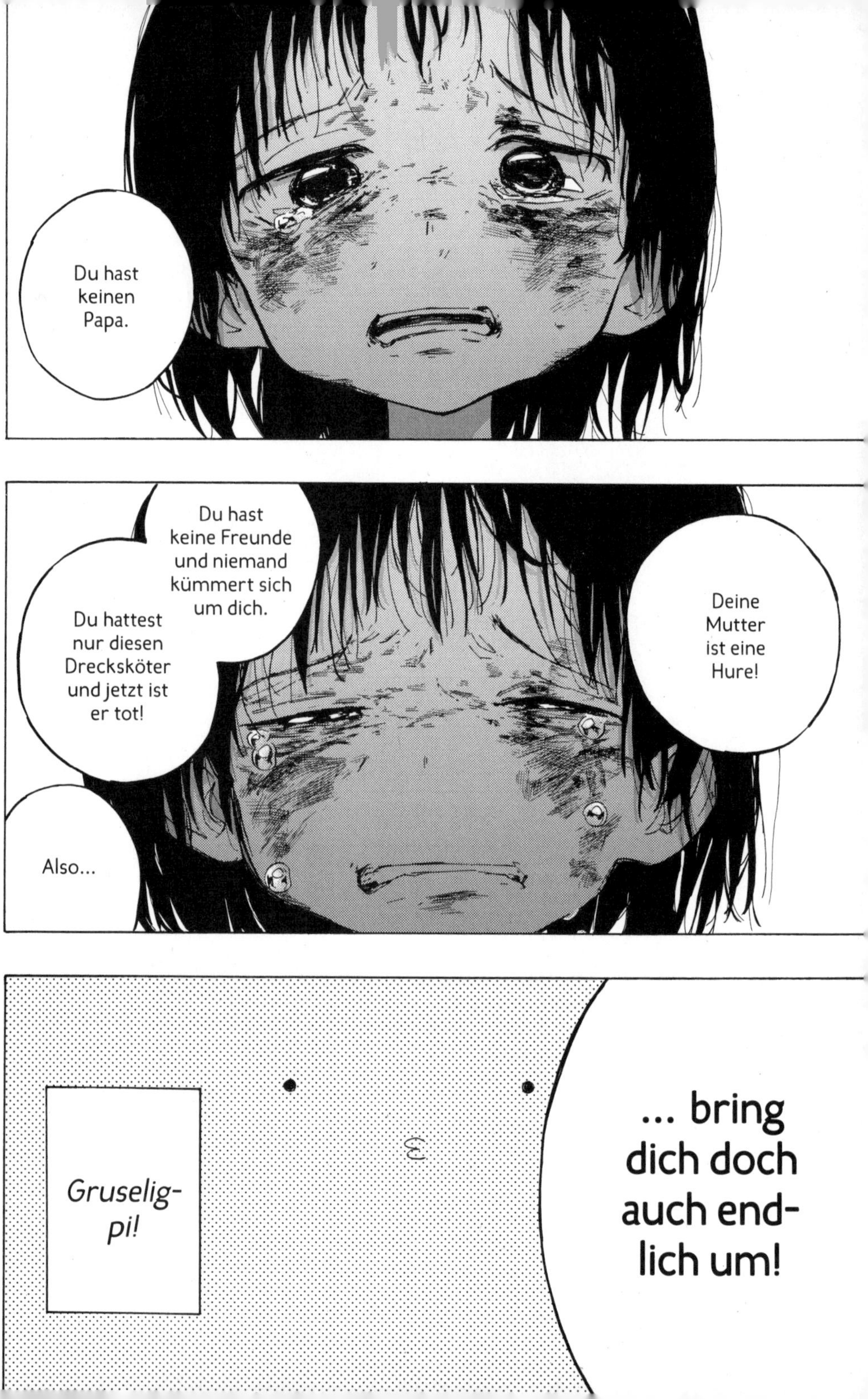
Du hast keinen Papa.
Deine Mutter ist eine Hure!
Du hast keine Freunde und niemand kümmert sich um dich.
Du hattest nur diesen Drecksköter und jetzt ist er tot!
Also…
… bring dich doch auch end-lich um!
Gruselig-pi!

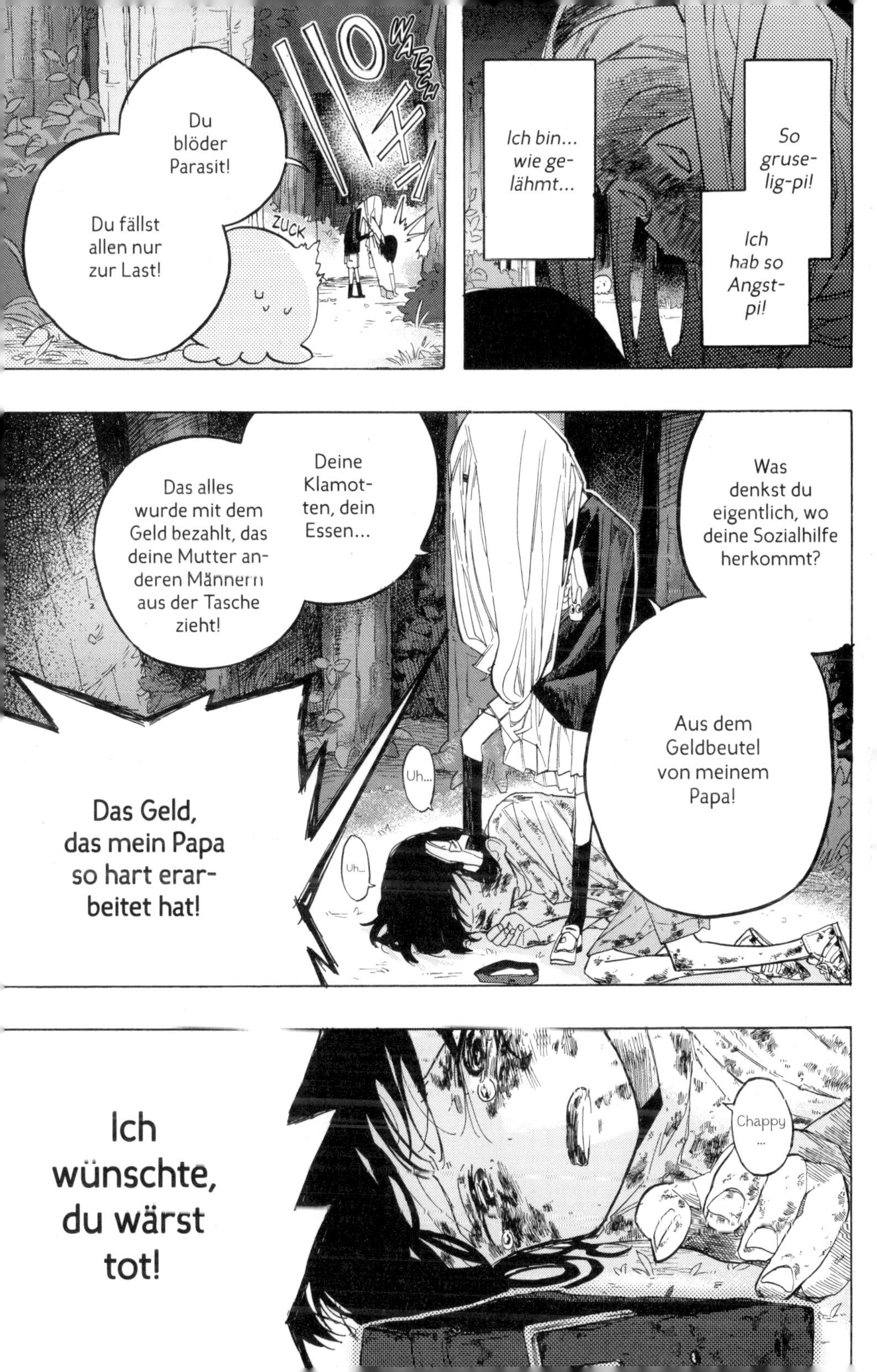
So gruse-lig-pi!
Ich hab so Angst-pi!
Ich bin… wie ge-lähmt…
WATSCH
Du blöder Parasit!
Du fällst allen nur zur Last!
ZUCK
Was denkst du eigentlich, wo deine Sozialhilfe herkommt?
Aus dem Geldbeutel von meinem Papa!
Deine Klamot-ten, dein Essen…
Das alles wurde mit dem Geld bezahlt, das deine Mutter an-deren Männern aus der Tasche zieht!
Das Geld, das mein Papa so hart erar-beitet hat!
Uh…
Uh…
Chappy …
Ich wünschte, du wärst tot!

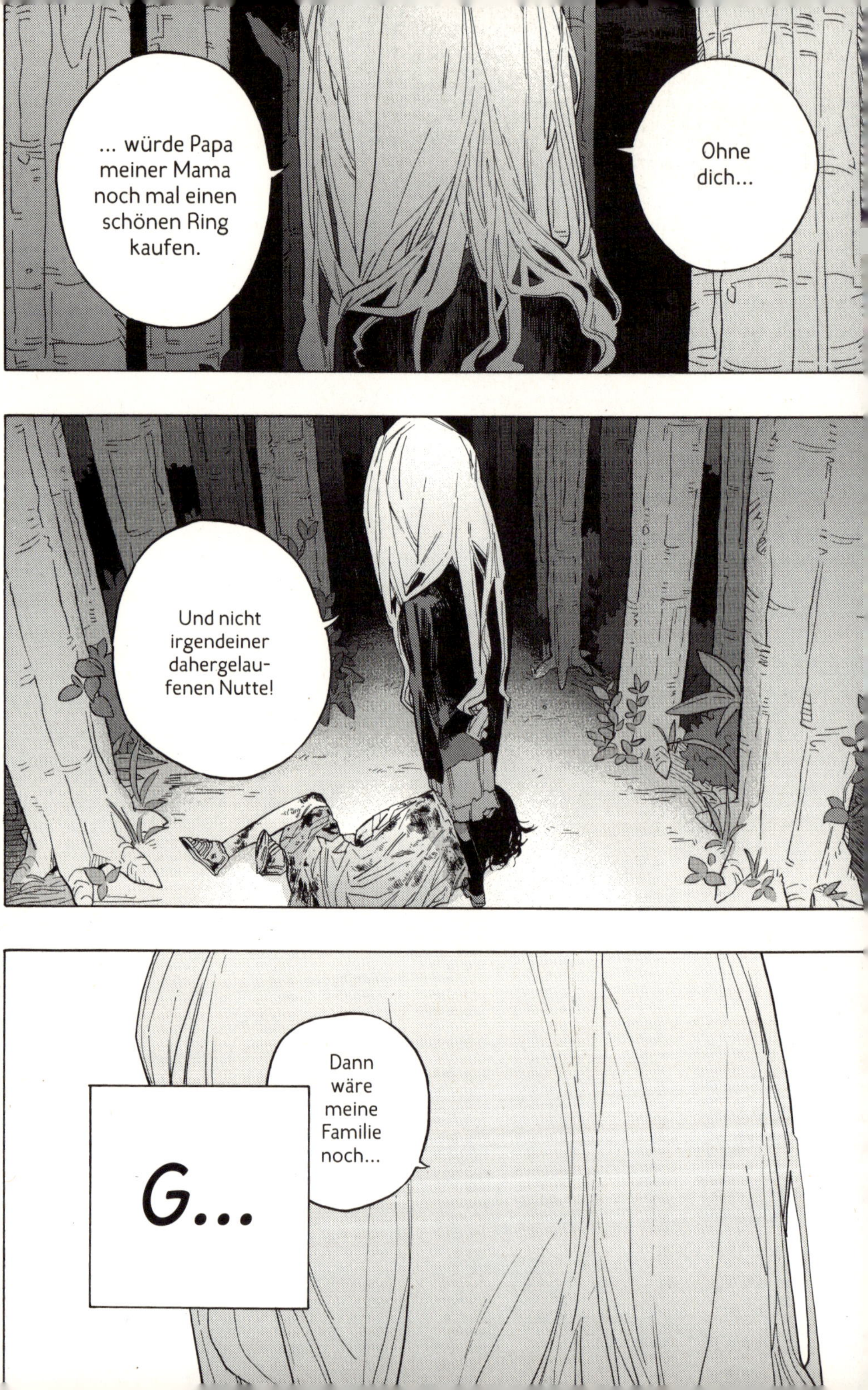
Ohne dich...
... würde Papa meiner Mama noch mal einen schönen Ring kaufen.
Und nicht irgendeiner dahergelaufenen Nutte!
Dann wäre meine Familie noch...
G...

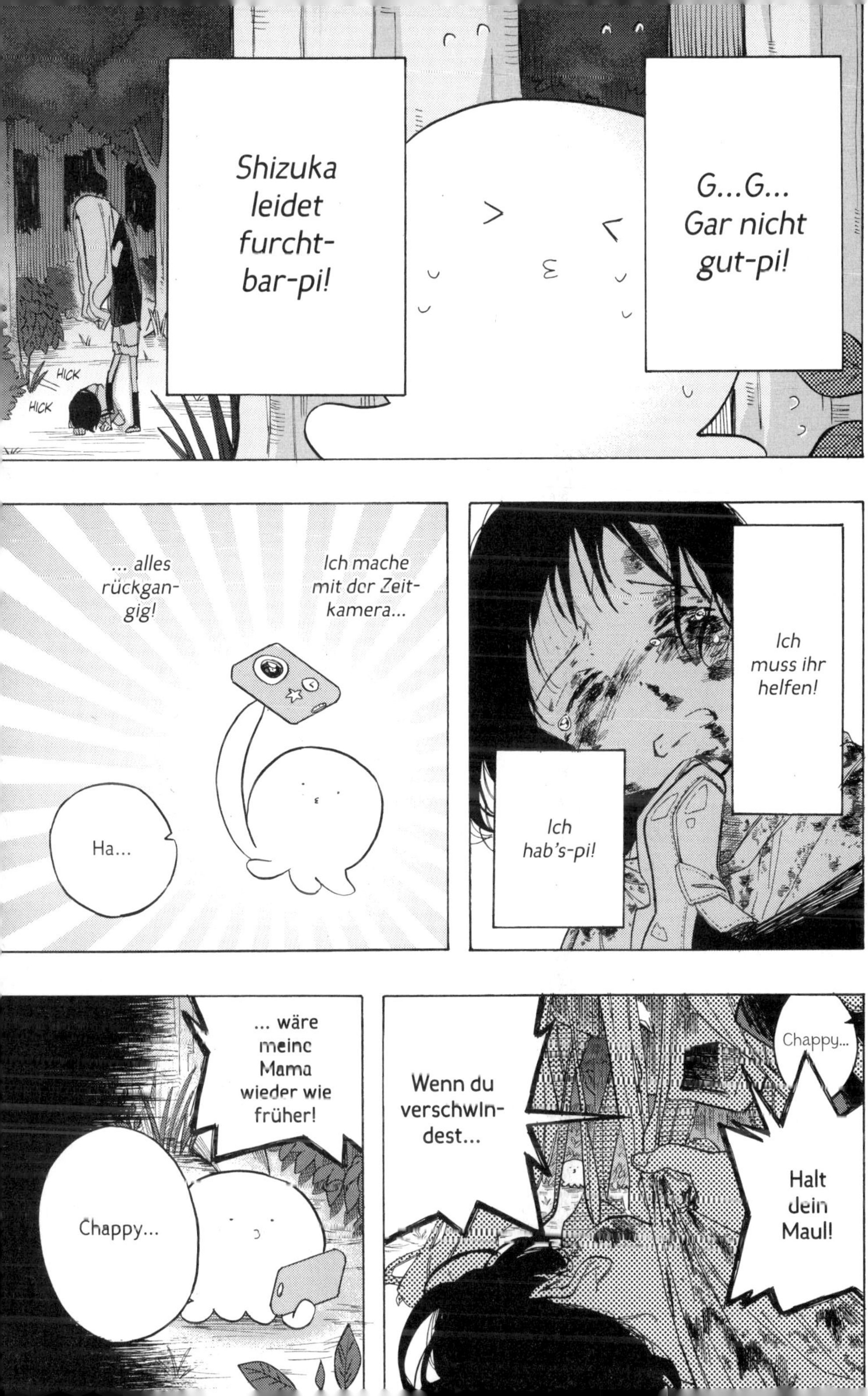
G...G... Gar nicht gut-pi!
Shizuka leidet furchtbar-pi!
HICK
HICK
Ich muss ihr helfen!
Ich hab's-pi!
Ich mache mit der Zeitkamera...
... alles rückgangig!
Ha...
Chappy...
Halt dein Maul!
Wenn du verschwindest...
... wäre meine Mama wieder wie früher!
Chappy...

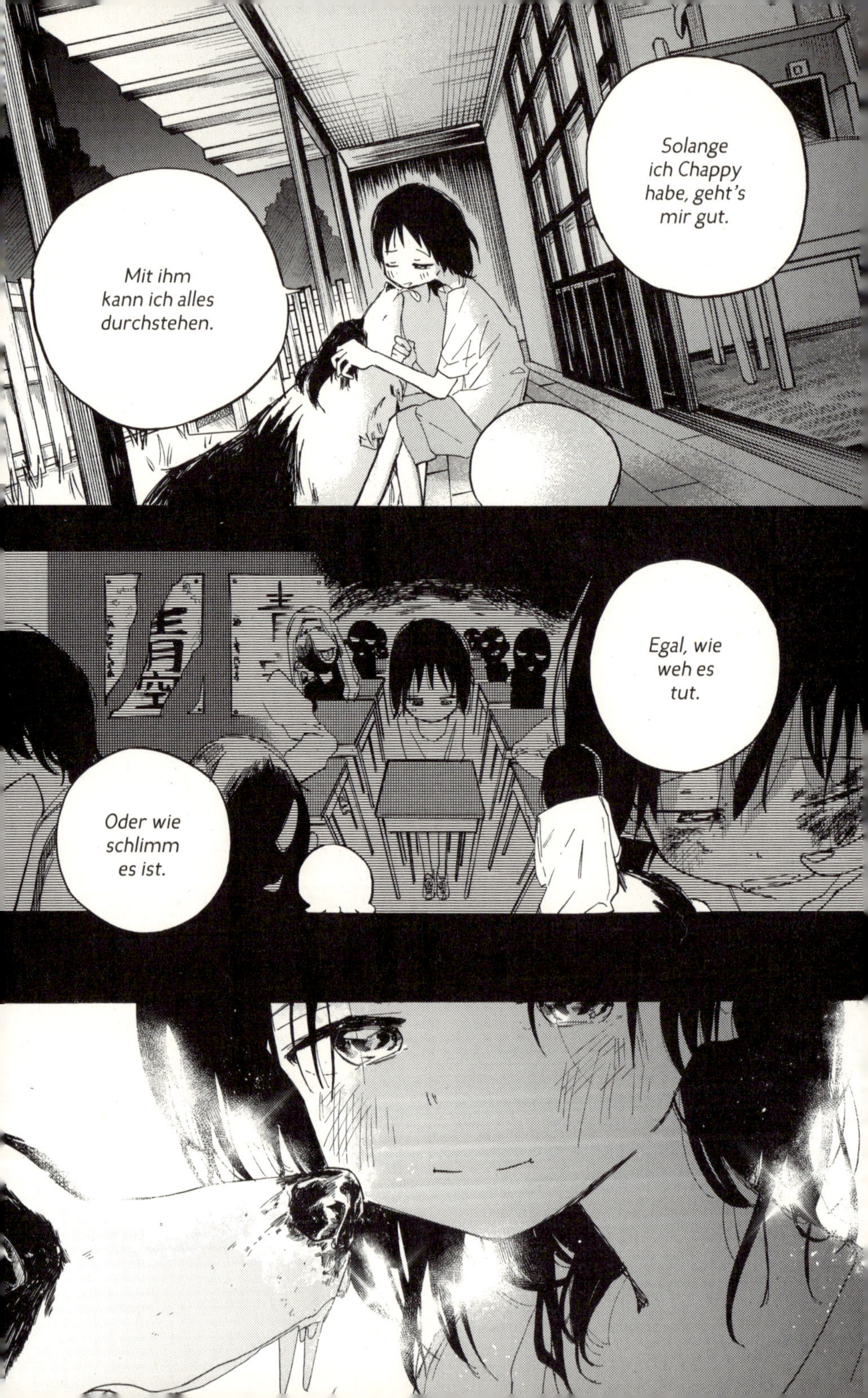
Solange ich Chappy habe, geht's mir gut.
Mit ihm kann ich alles durchstehen.
Egal, wie weh es tut.
Oder wie schlimm es ist.

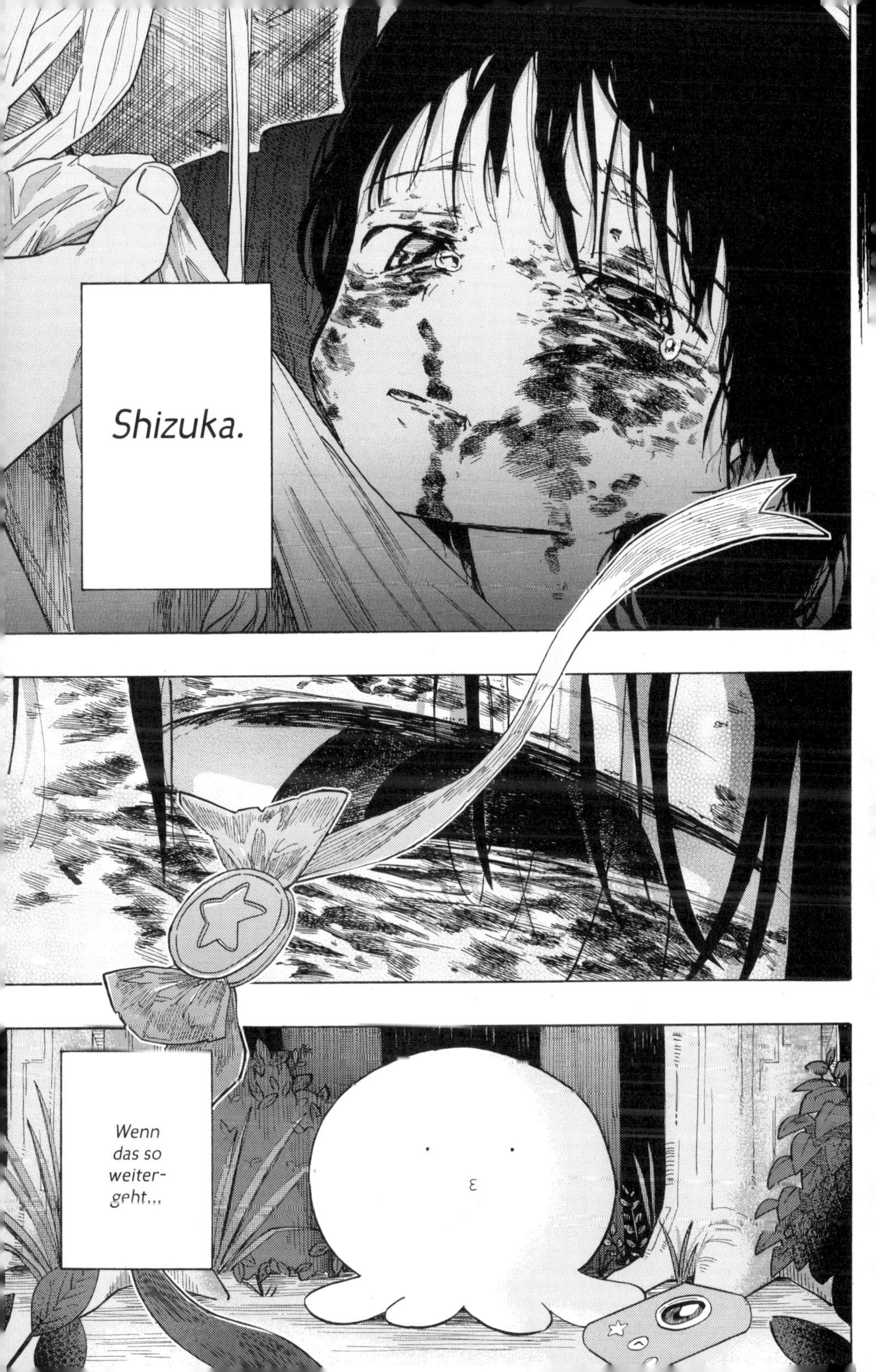
Shizuka.
Wenn das so weiter-geht...

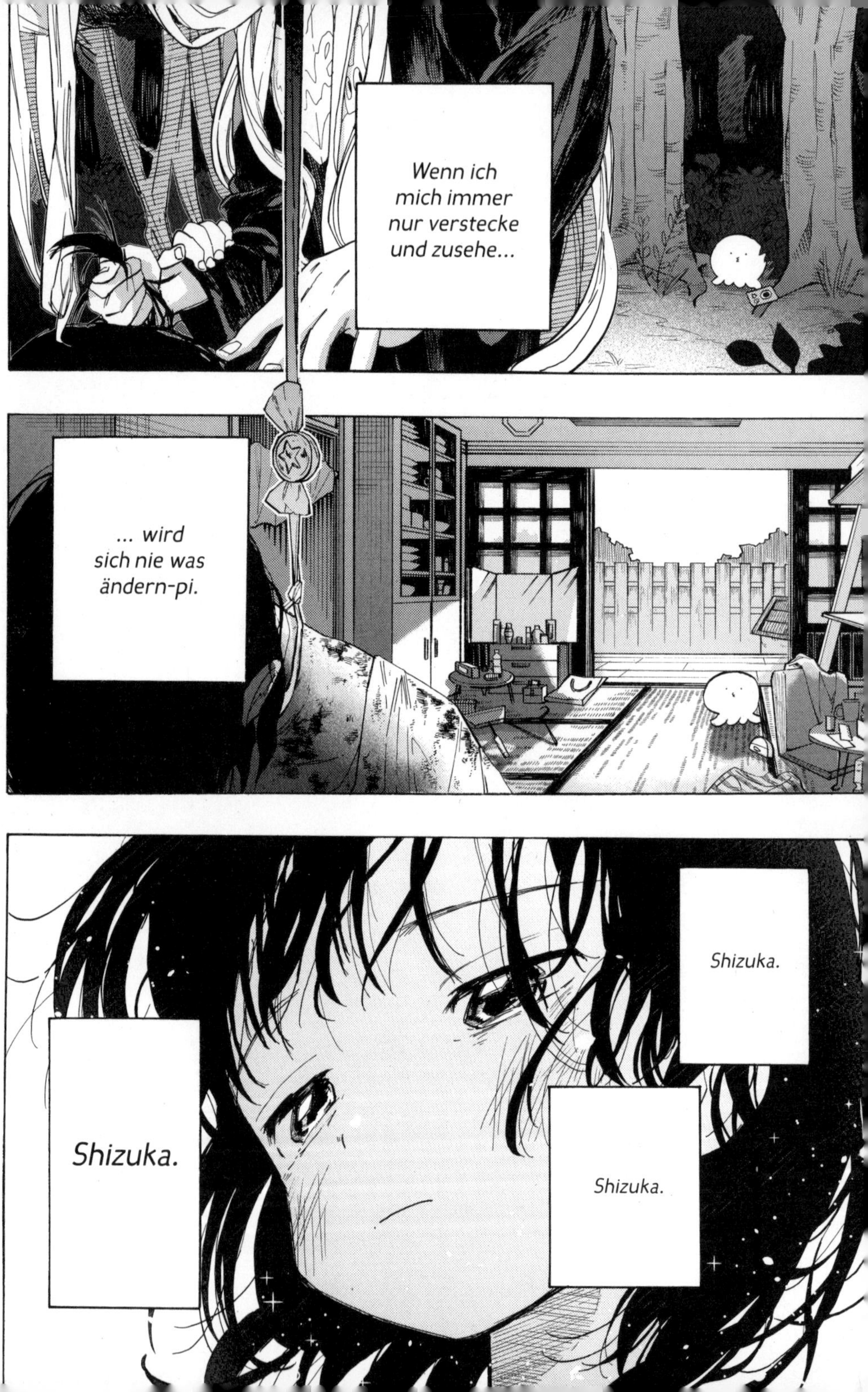
Wenn ich mich immer nur verstecke und zusehe...
... wird sich nie was ändern-pi.
Shizuka.
Shizuka.
Shizuka.

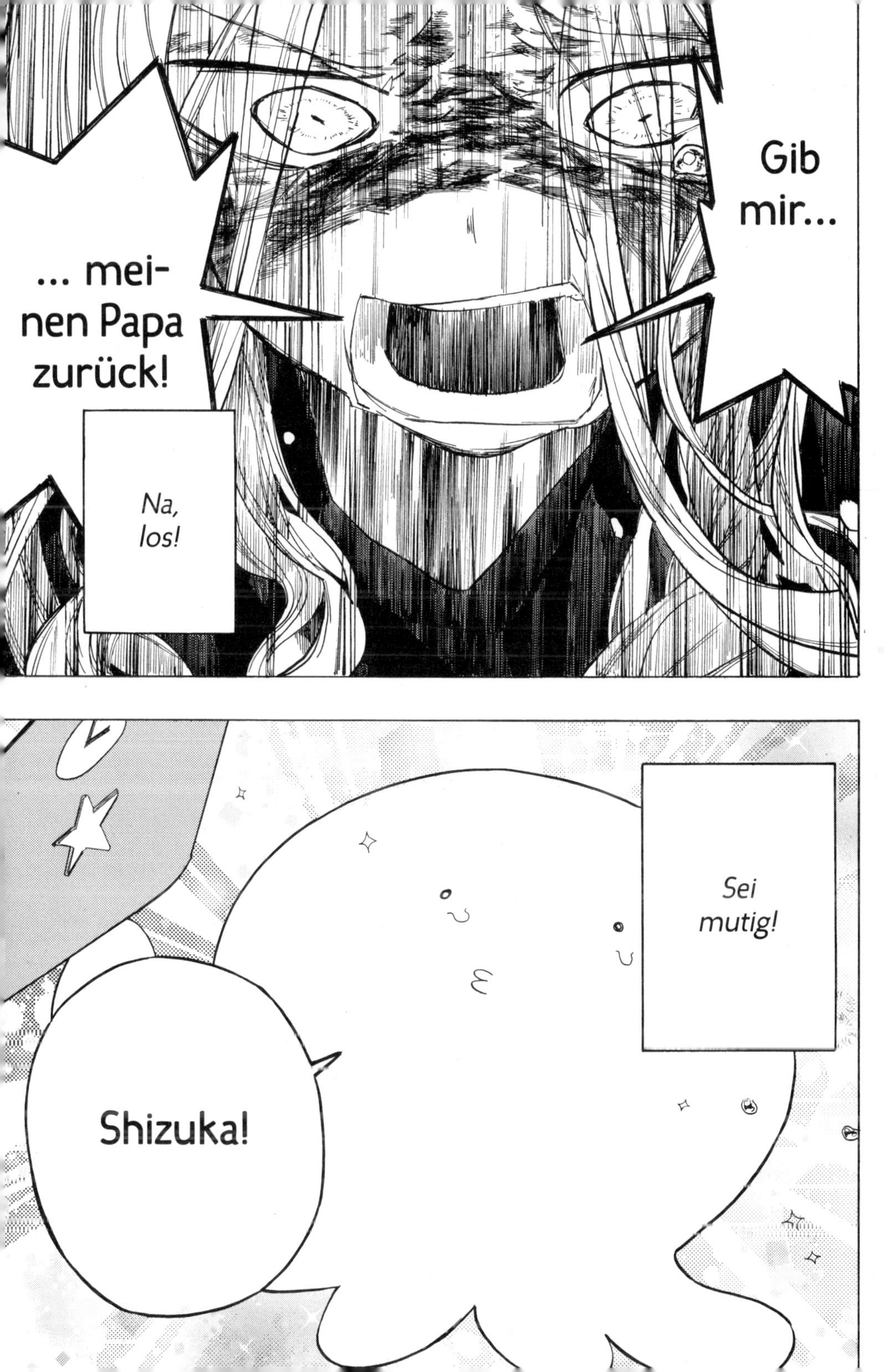
Gib mir...
... mei-nen Papa zurück!
Na, los!
Sei mutig!
Shizuka!

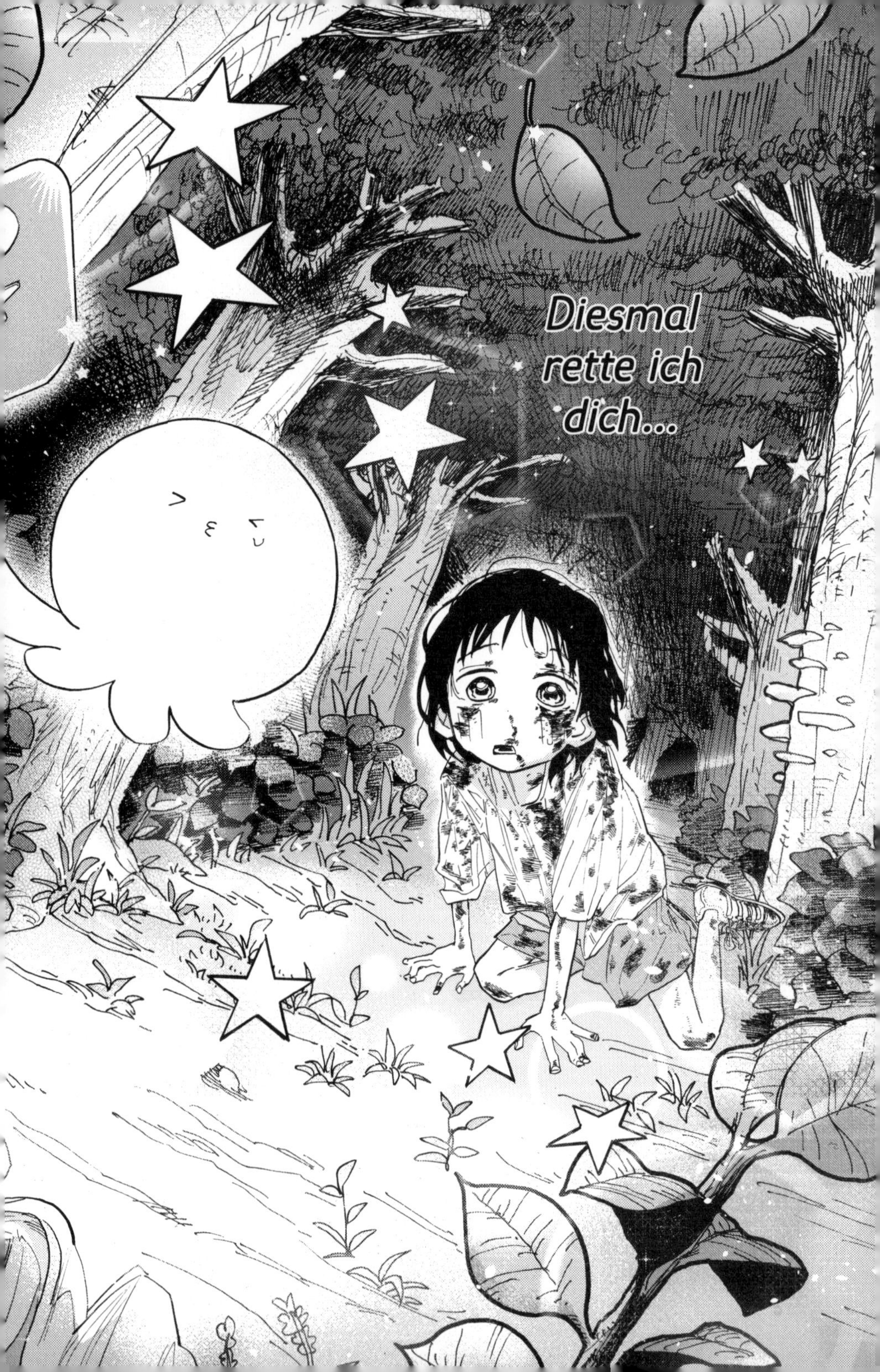
Diesmal rette ich dich...

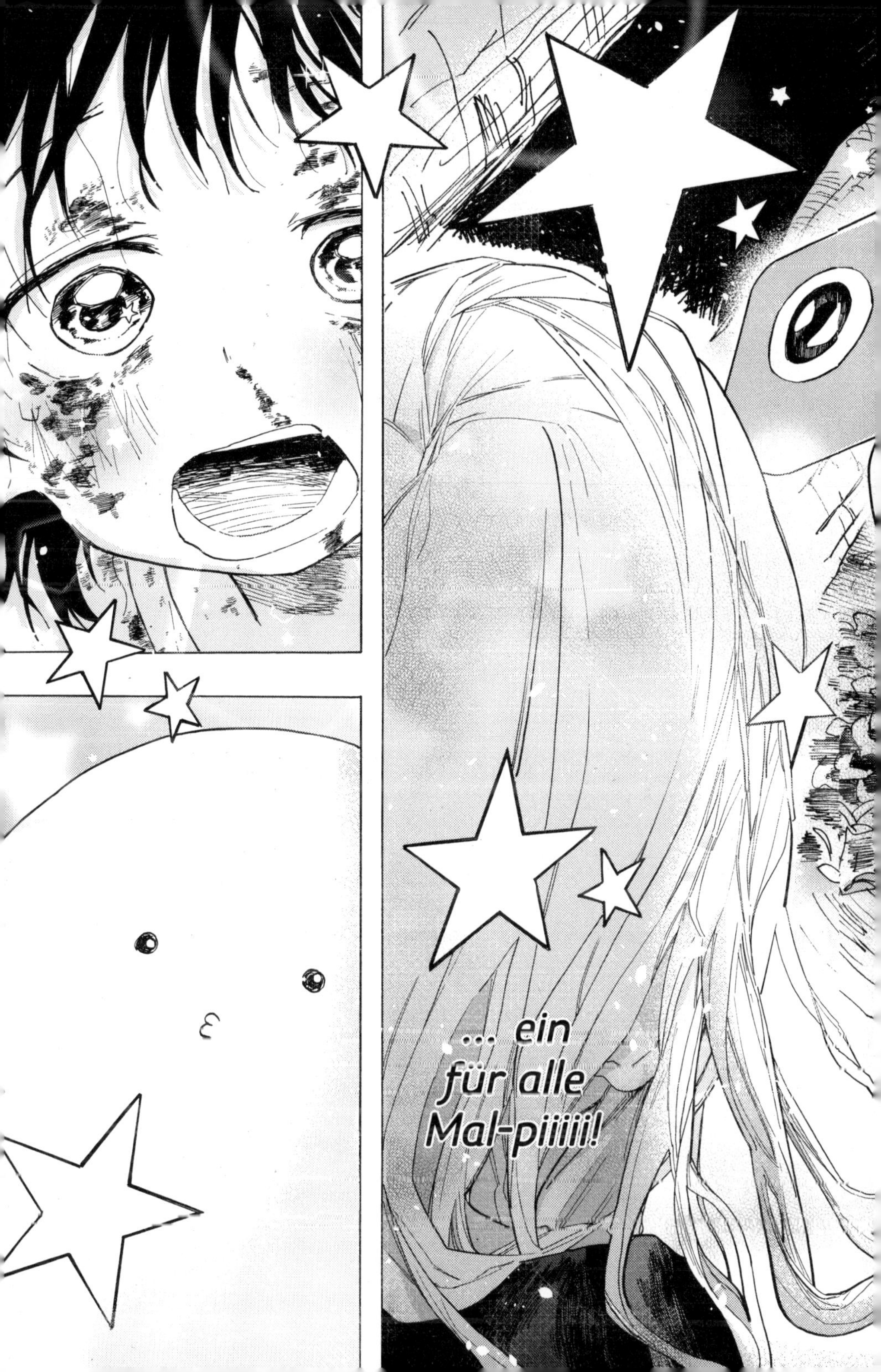
... ein
für alle
Mal-piiiii!

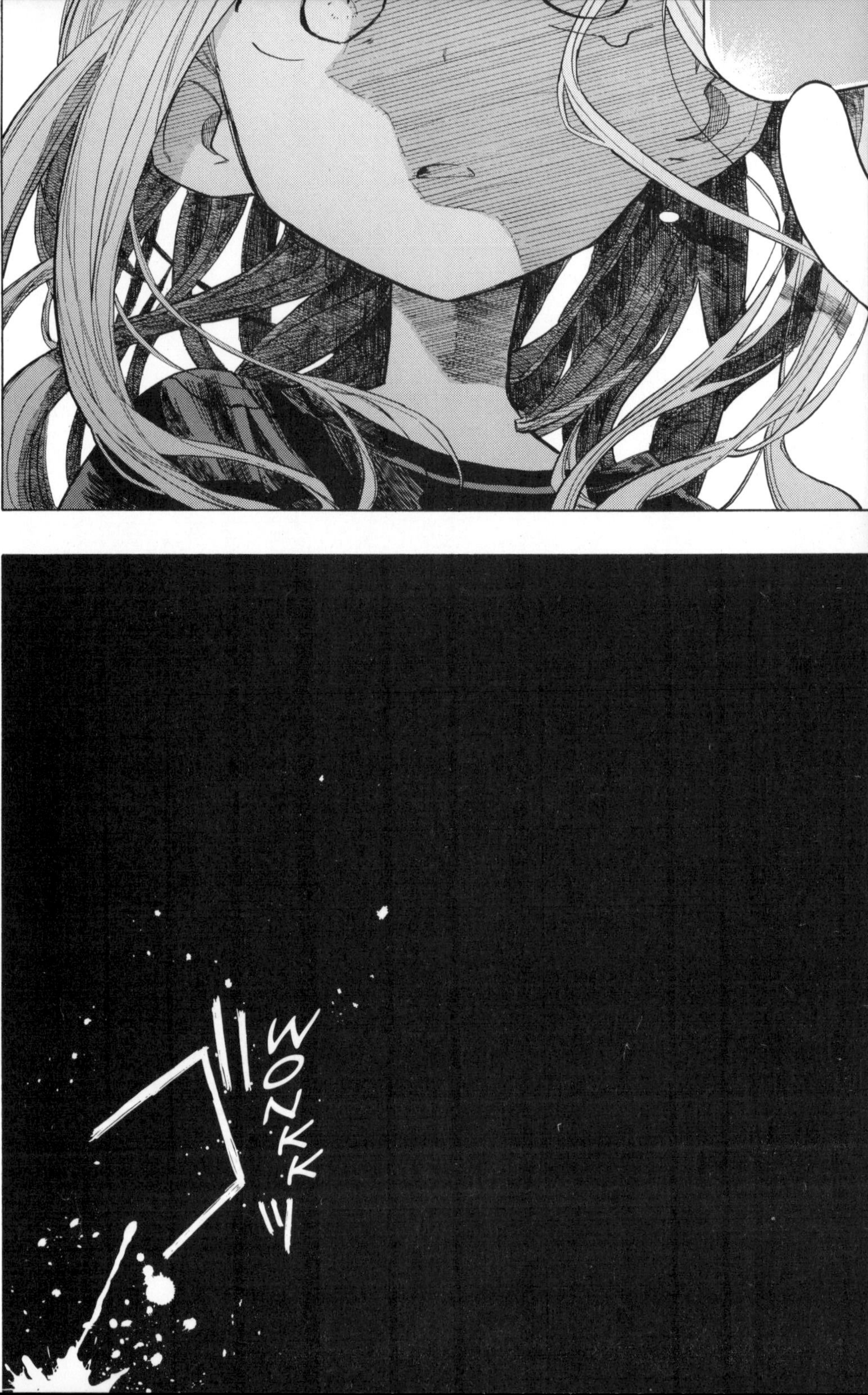
WONKK

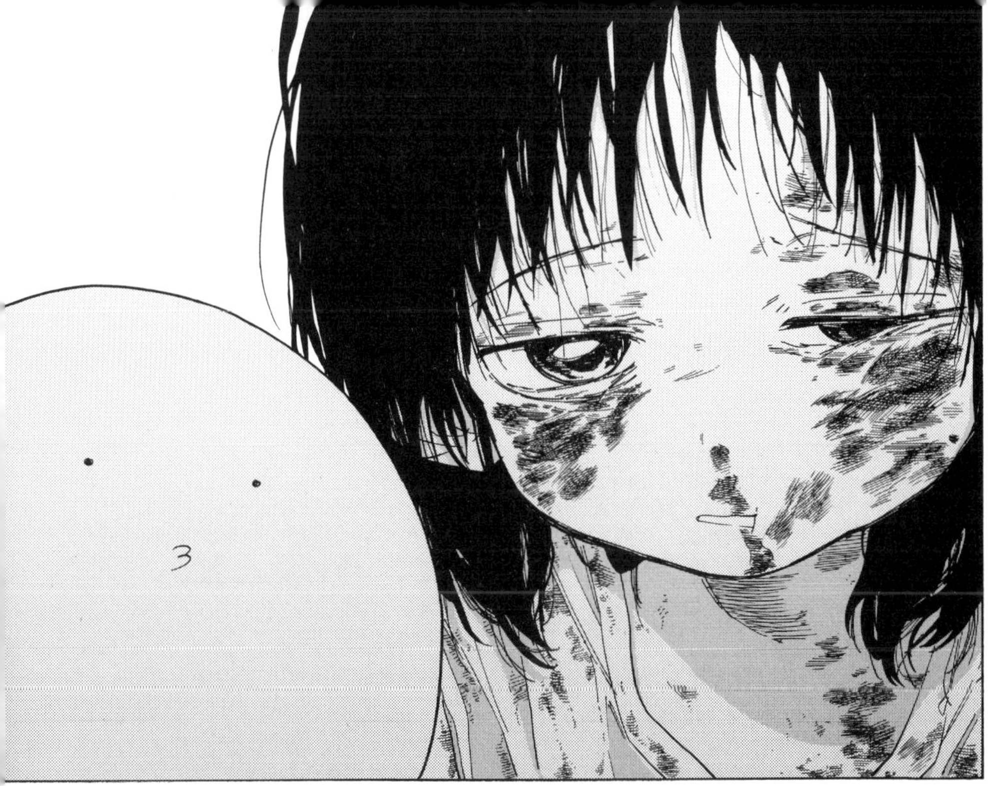

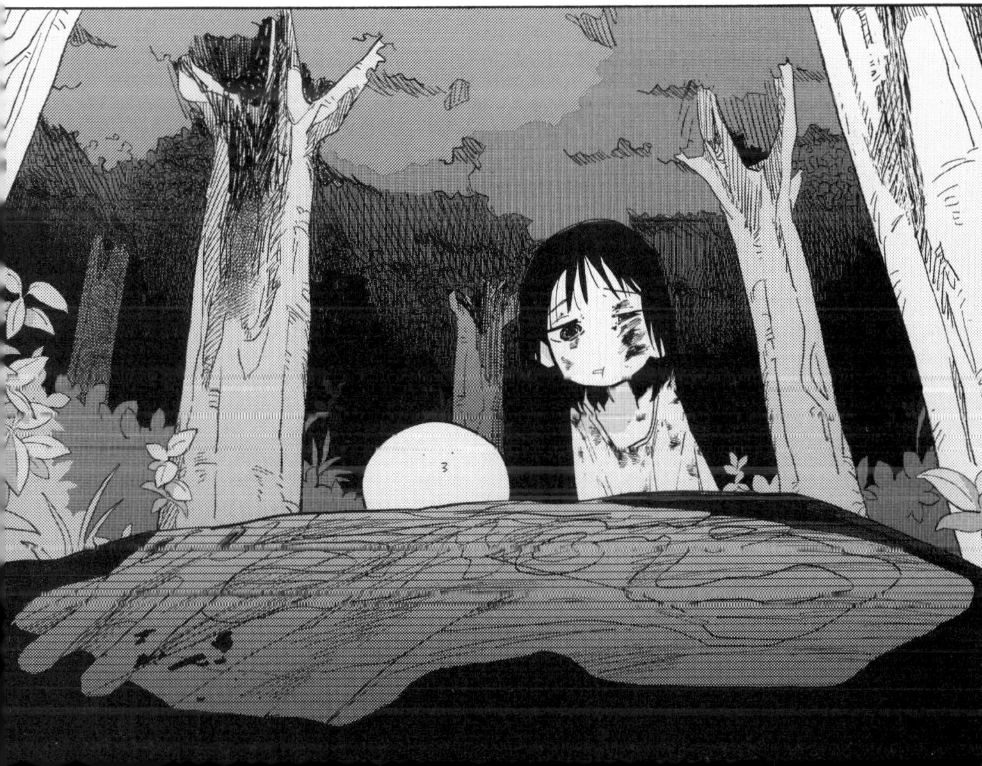

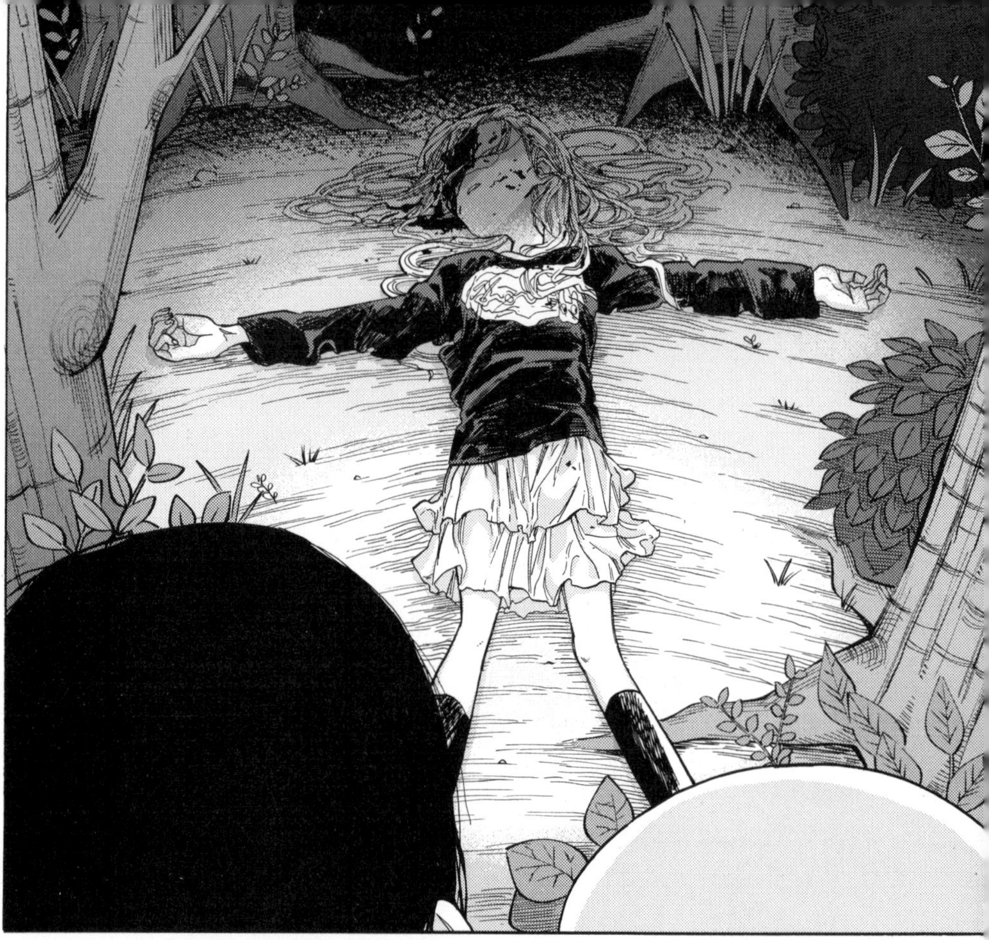

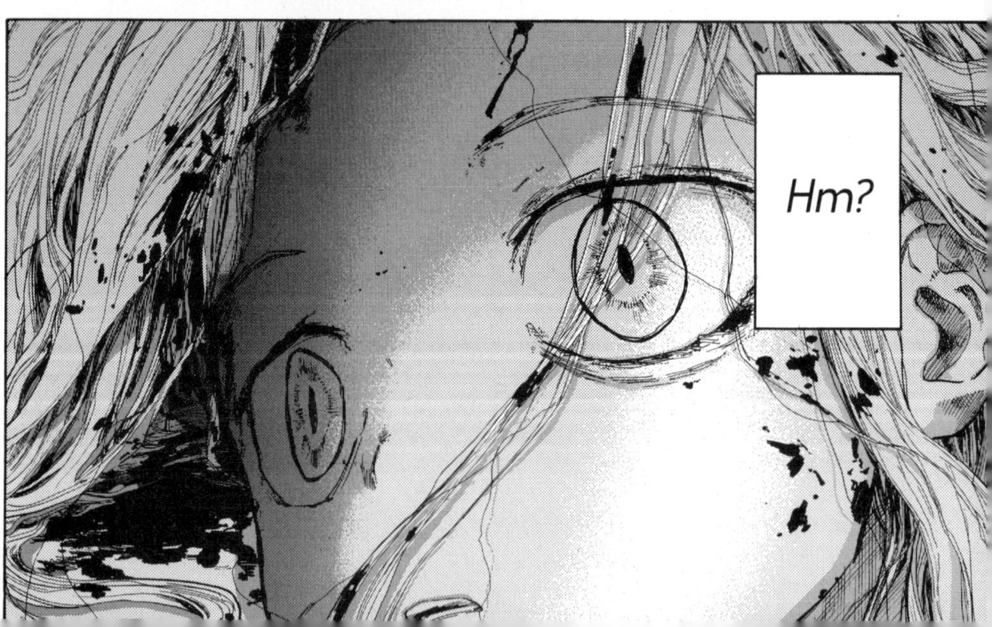
Hm?

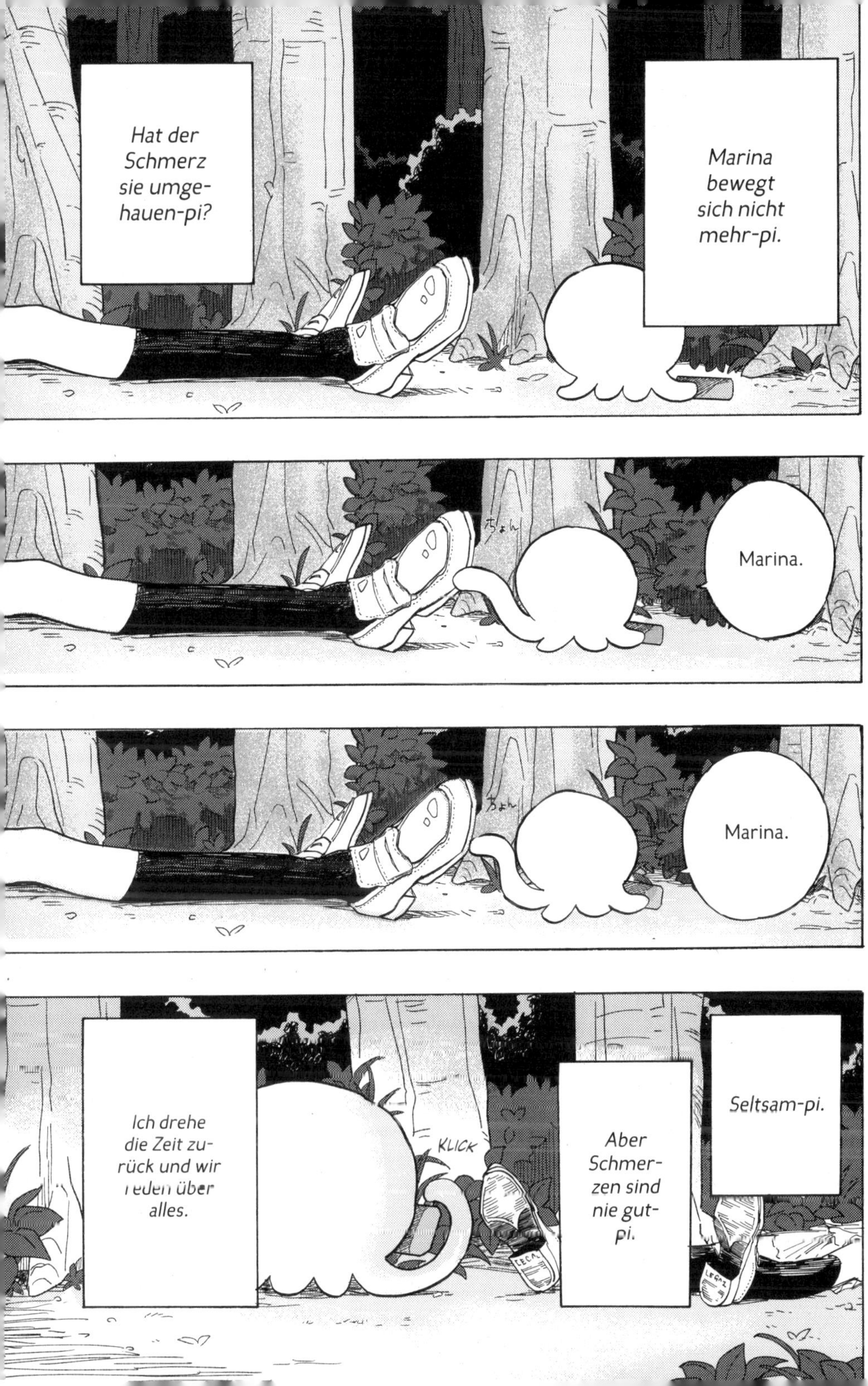

Marina bewegt sich nicht mehr-pi.
Hat der Schmerz sie umgehauen-pi?
Marina.
Marina.
Seltsam-pi.
Aber Schmerzen sind nie gut-pi.
KLICK
Ich drehe die Zeit zurück und wir reden über alles.

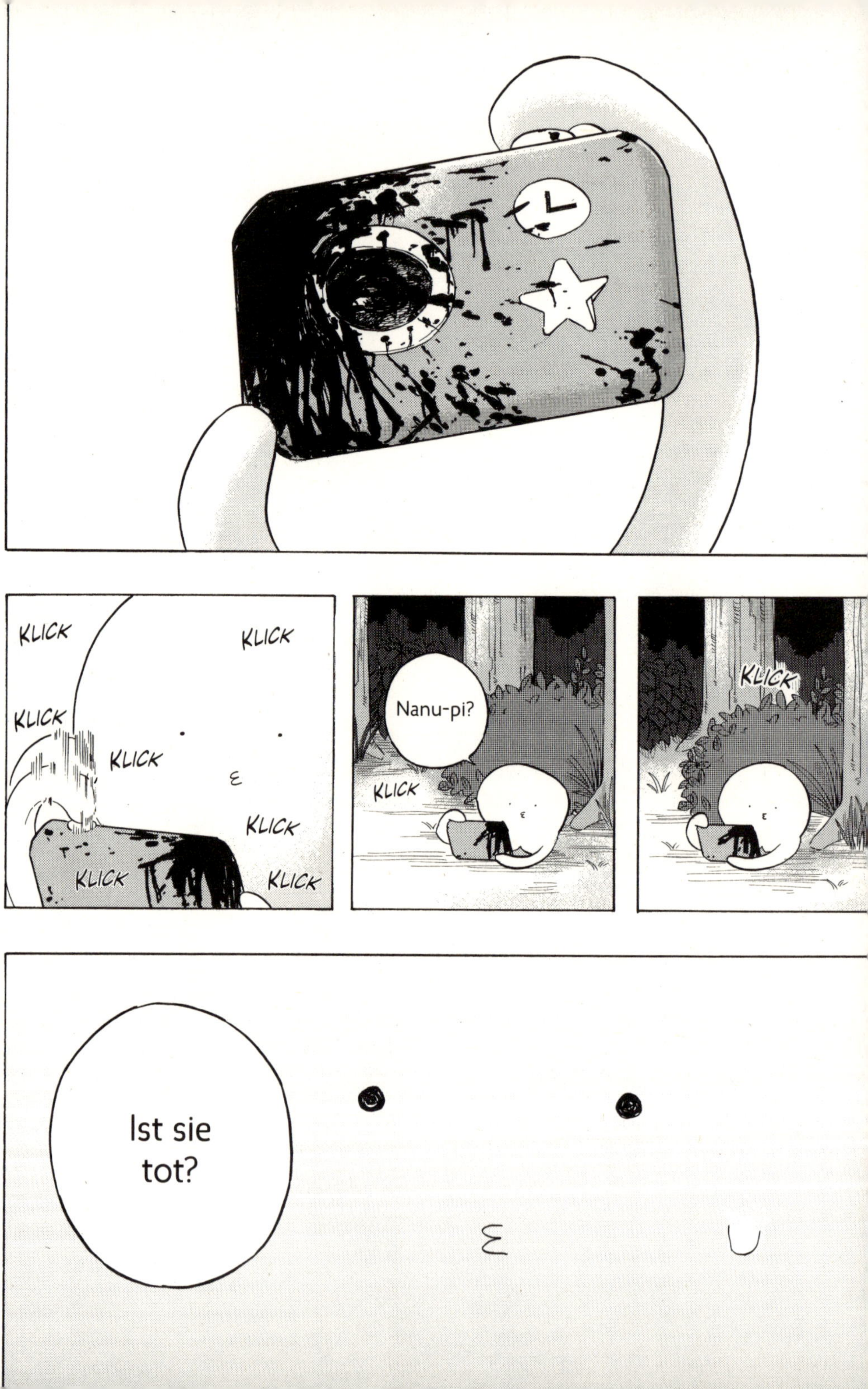
KLICK
KLICK
KLICK
KLICK
KLICK
KLICK
KLICK
Nanu-pi?
KLICK
KLICK
Ist sie tot?

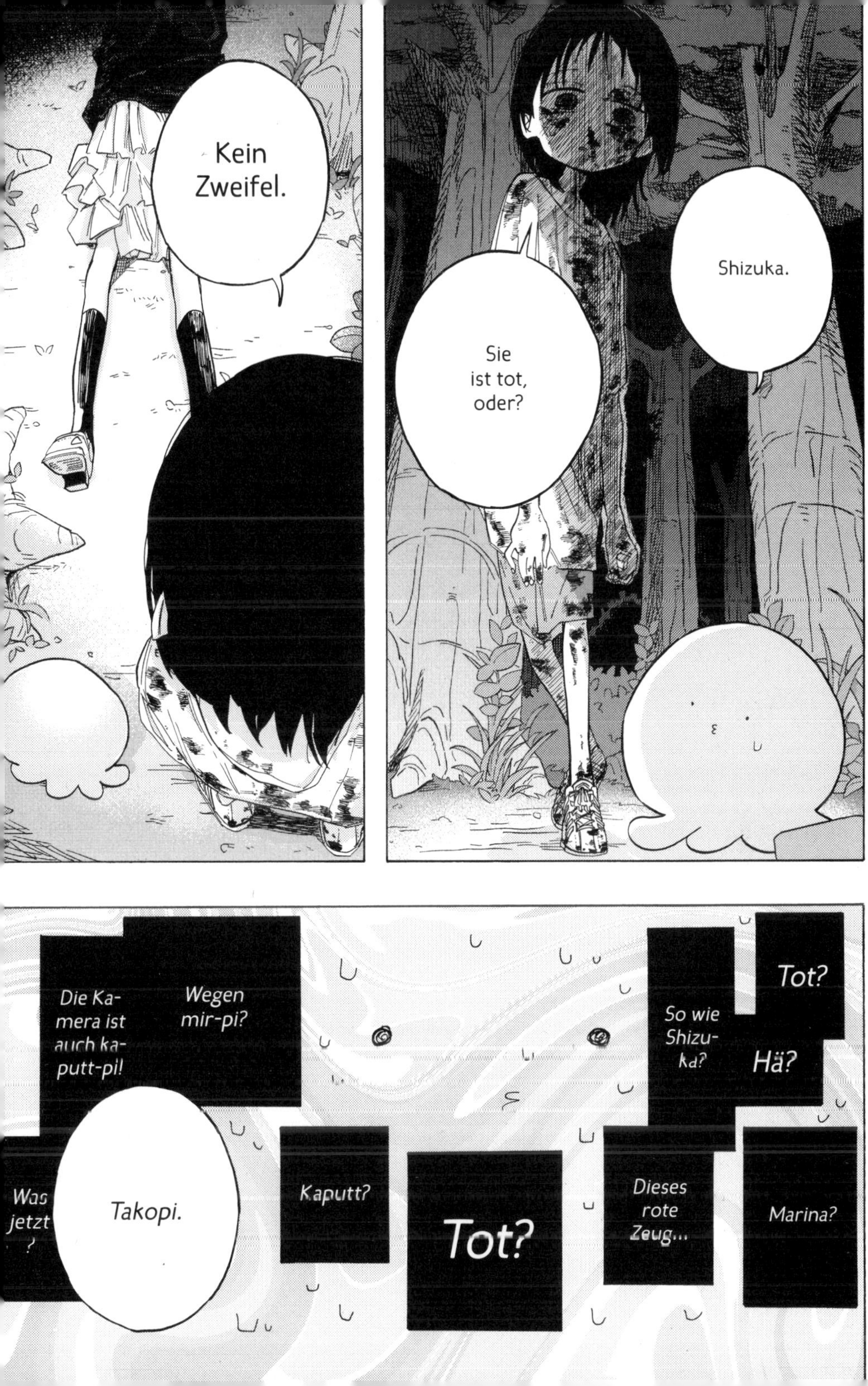

Shizuka.
Sie ist tot, oder?
Kein Zweifel.
Tot?
Hä?
So wie Shizuka?
Marina?
Dieses rote Zeug...
Tot?
Kaputt?
Wegen mir-pi?
Die Kamera ist auch kaputt-pi!
Takopi.
Was jetzt?

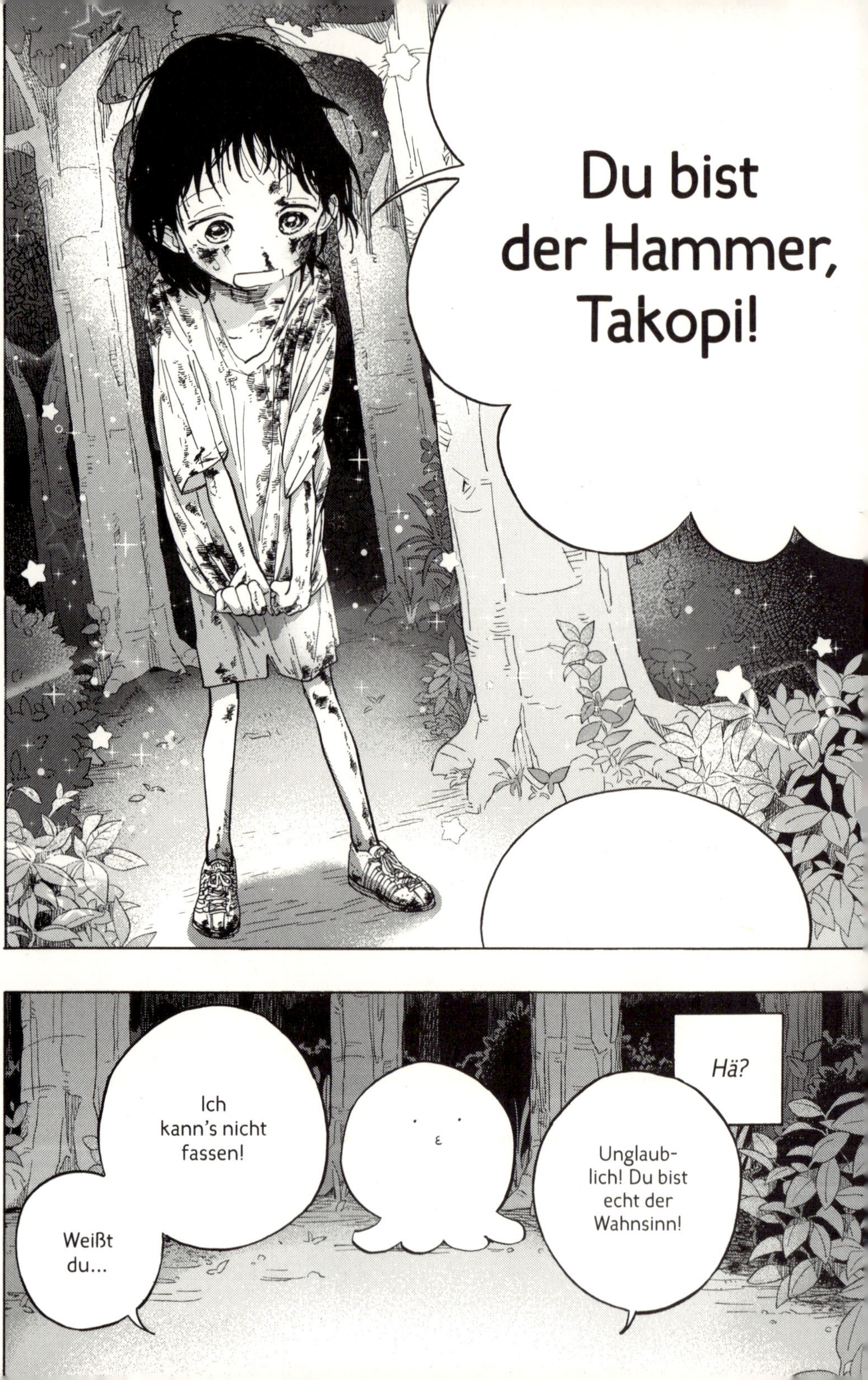
Du bist der Hammer, Takopi!
Hä?
Unglaub-lich! Du bist echt der Wahnsinn!
Ich kann's nicht fassen!
Weißt du…

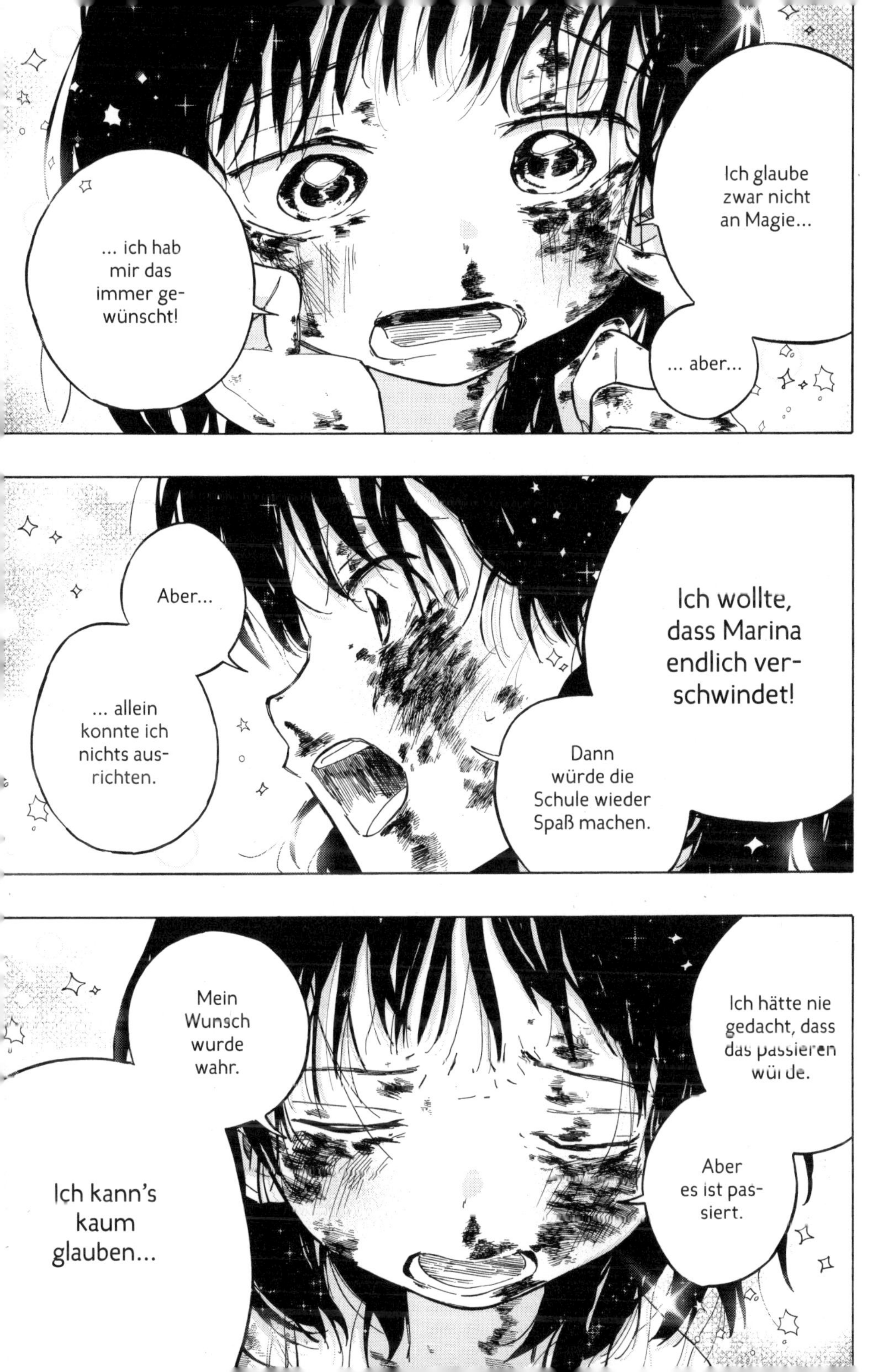
Ich glaube zwar nicht an Magie...
... aber...
... ich hab mir das immer gewünscht!
Ich wollte, dass Marina endlich verschwindet!
Dann würde die Schule wieder Spaß machen.
Aber...
... allein konnte ich nichts ausrichten.
Ich hätte nie gedacht, dass das passieren würde.
Aber es ist passiert.
Mein Wunsch wurde wahr.
Ich kann's kaum glauben...

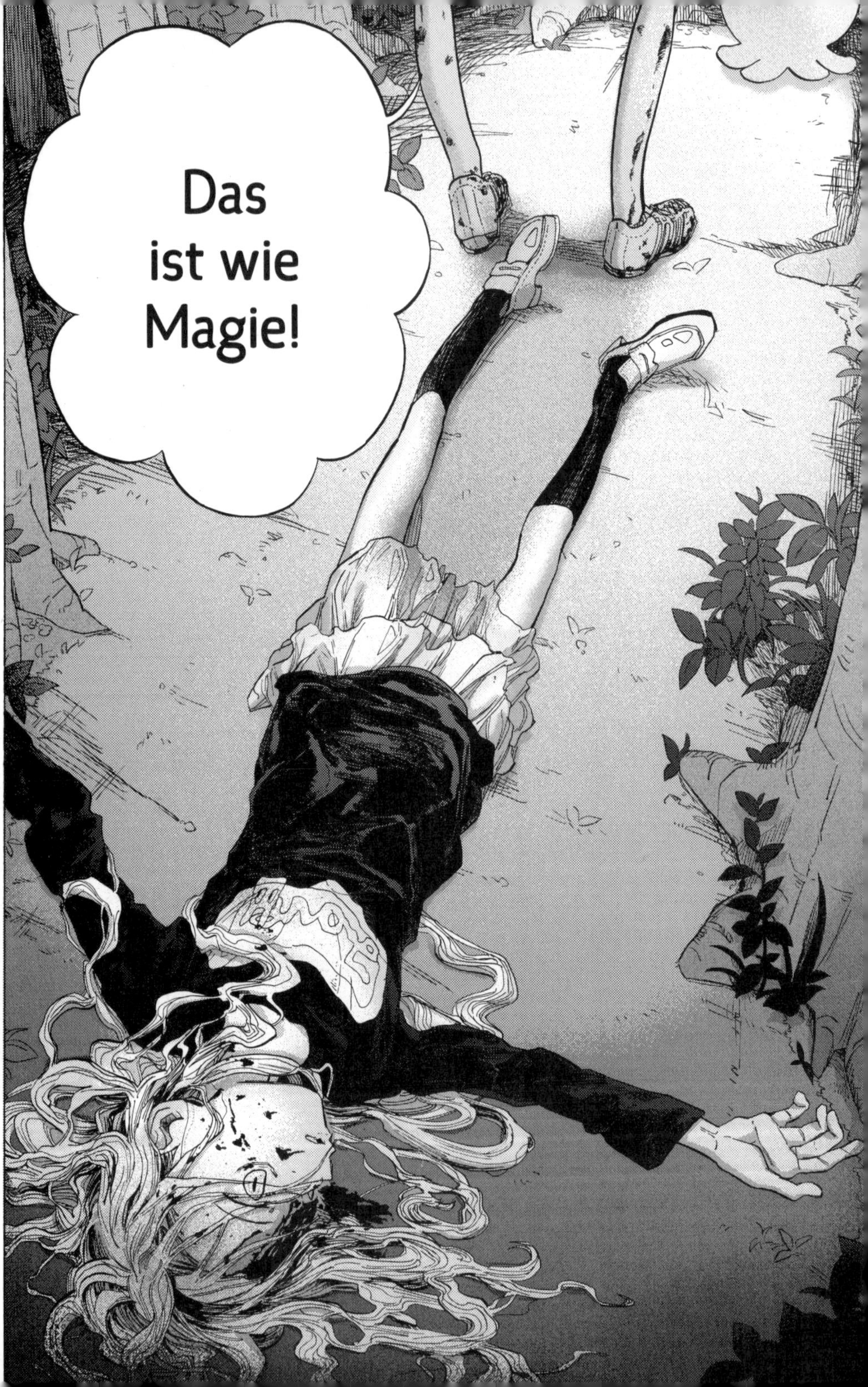
Das ist wie Magie!

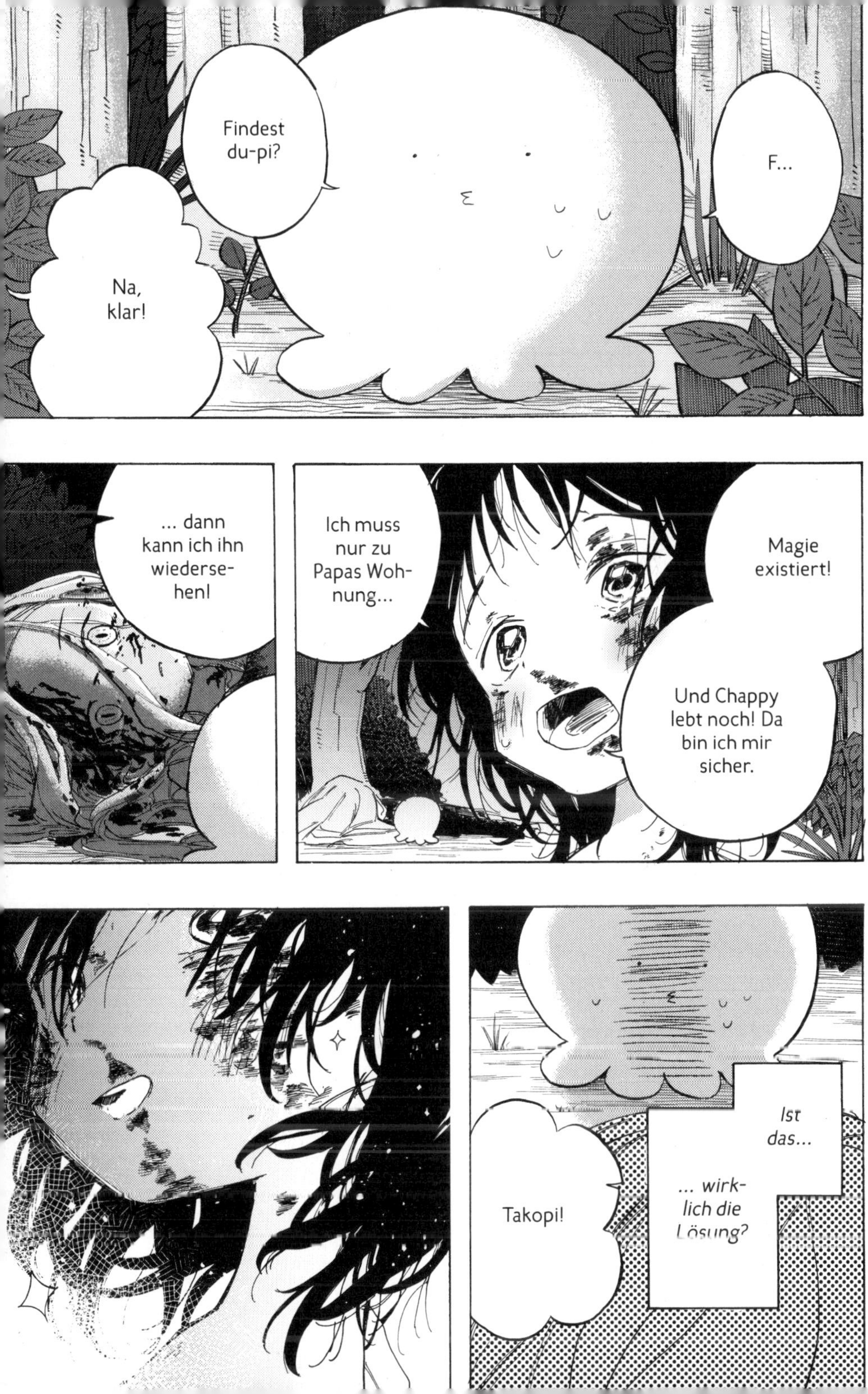
F…
Findest du-pi?
Na, klar!
Magie existiert!
Und Chappy lebt noch! Da bin ich mir sicher.
Ich muss nur zu Papas Wohnung…
… dann kann ich ihn wiedersehen!
Ist das…
… wirklich die Lösung?
Takopi!

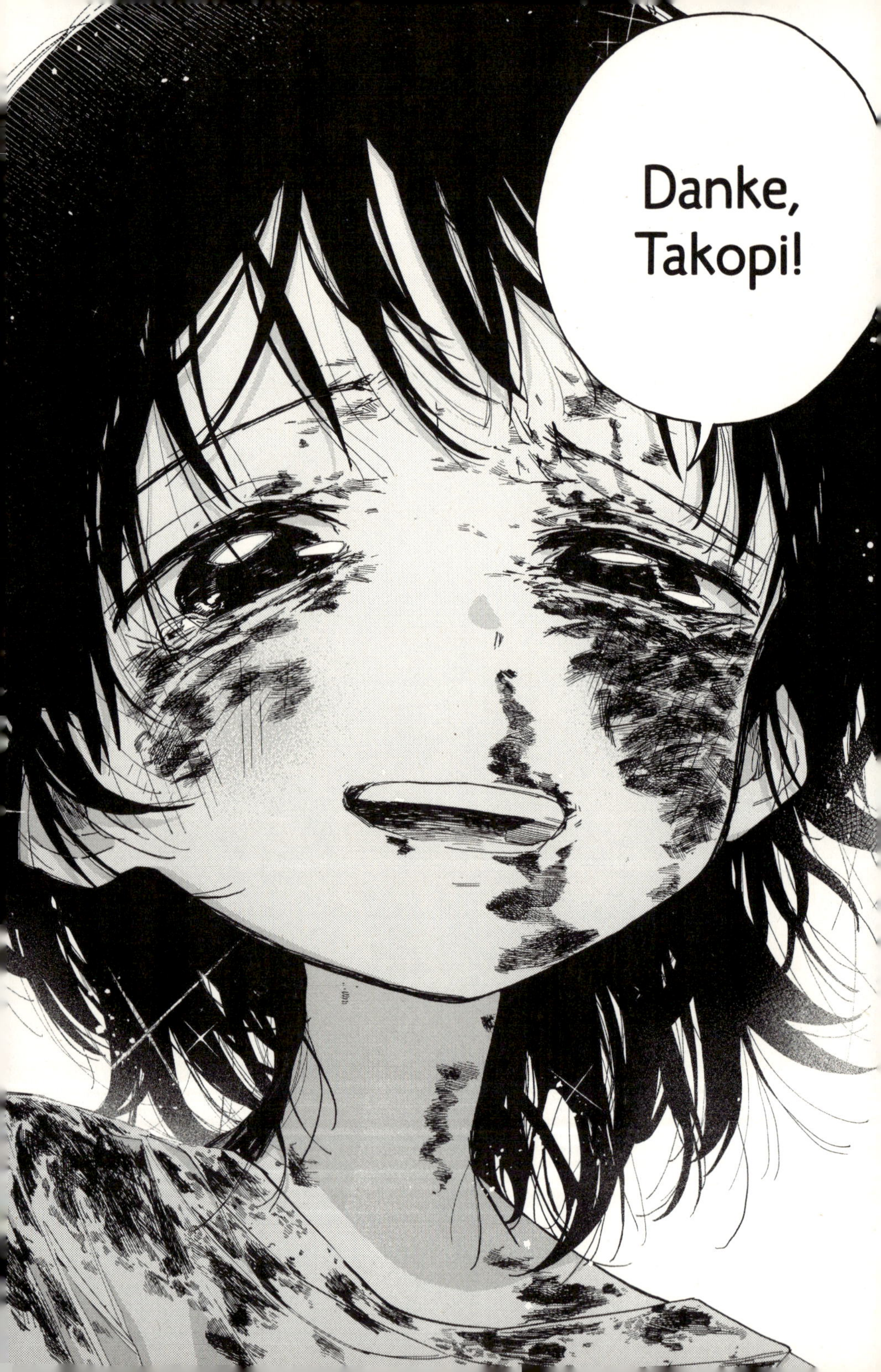
Danke, Takopi!

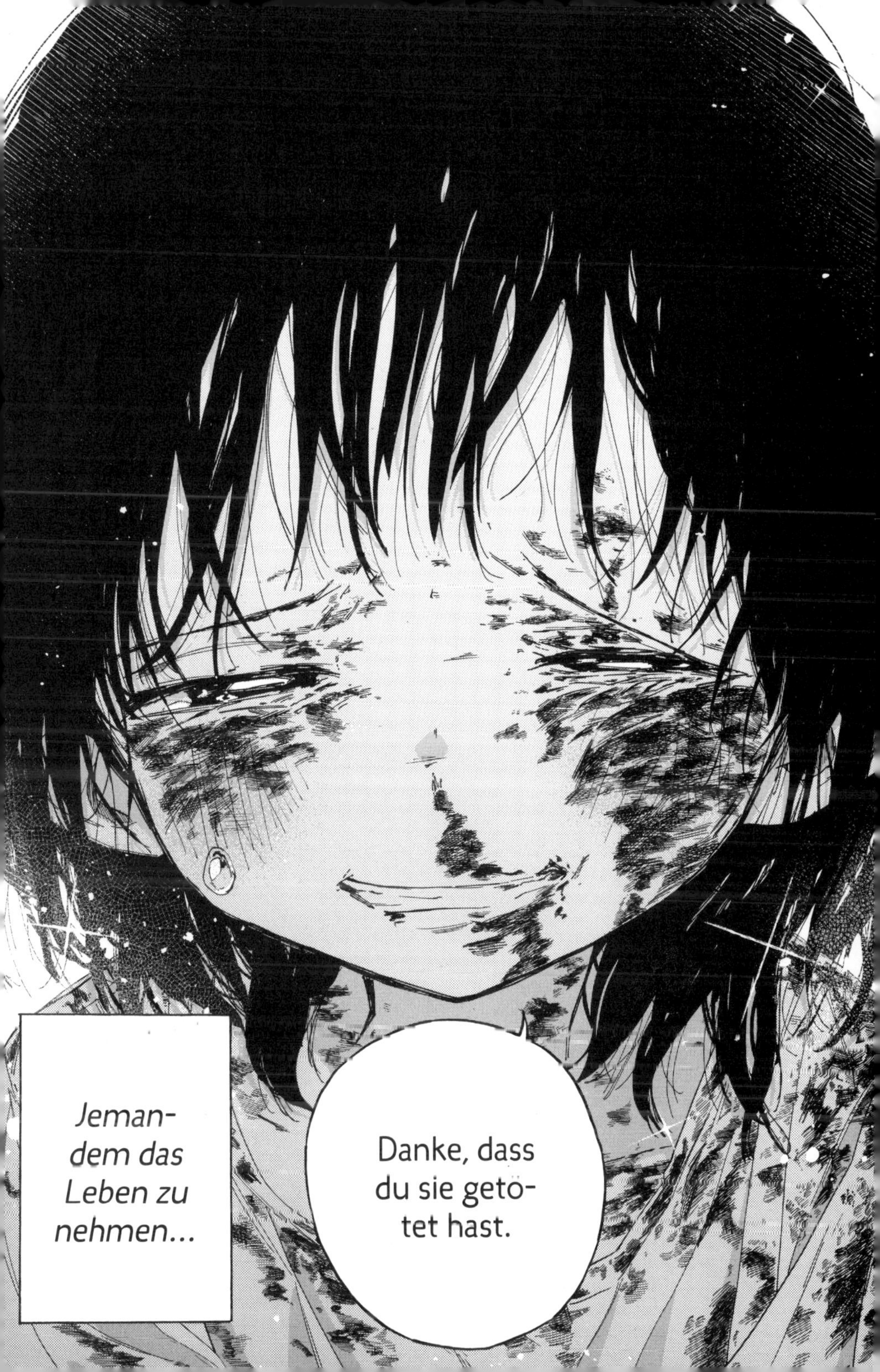
Danke, dass du sie getö-tet hast.
Jeman-dem das Leben zu nehmen...

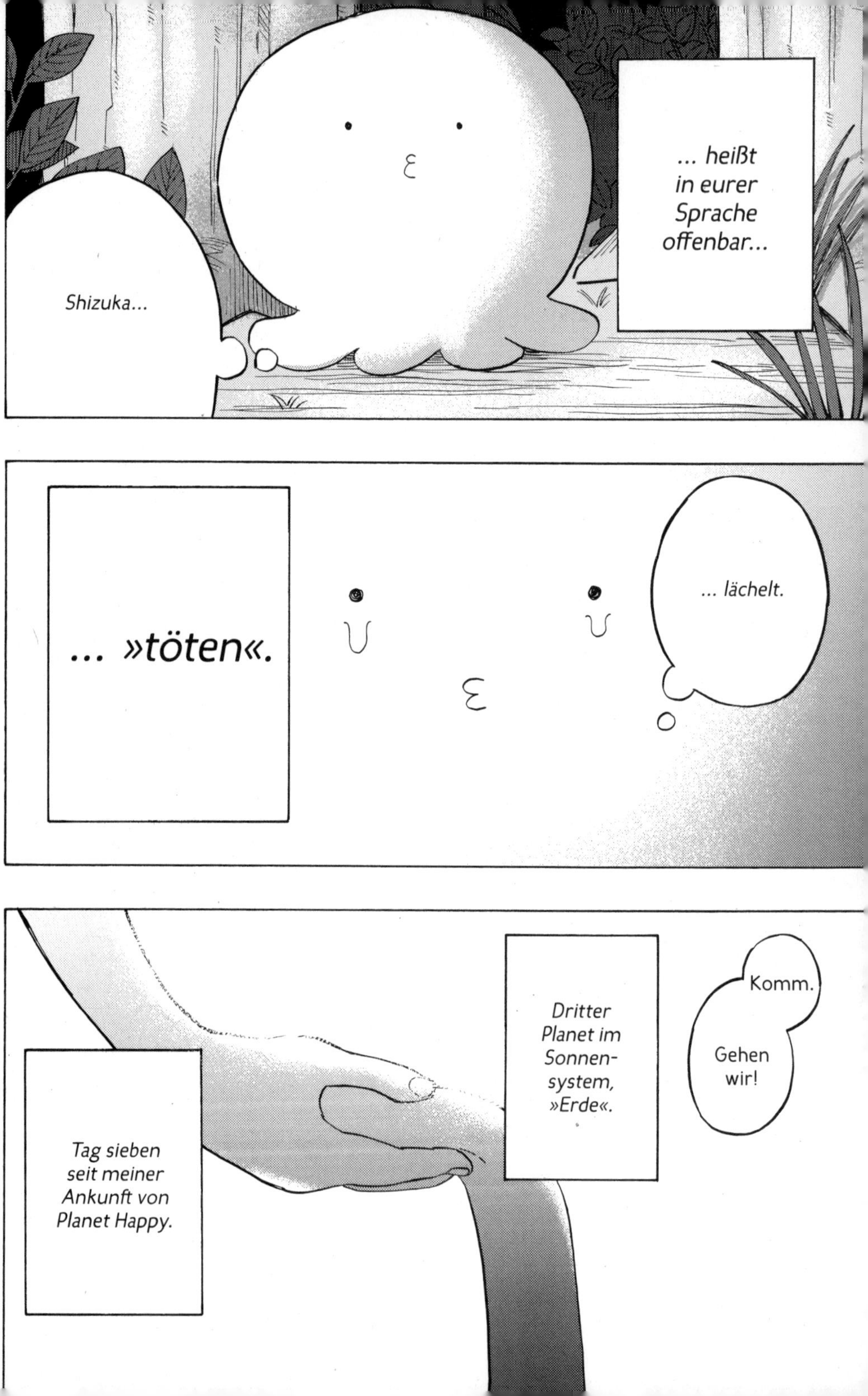

... heißt
in eurer
Sprache
offenbar...
Shizuka...
... lächelt.
... »töten«.
Komm.
Gehen
wir!
Dritter
Planet im
Sonnen-
system,
»Erde«.
Tag sieben
seit meiner
Ankunft von
Planet Happy.

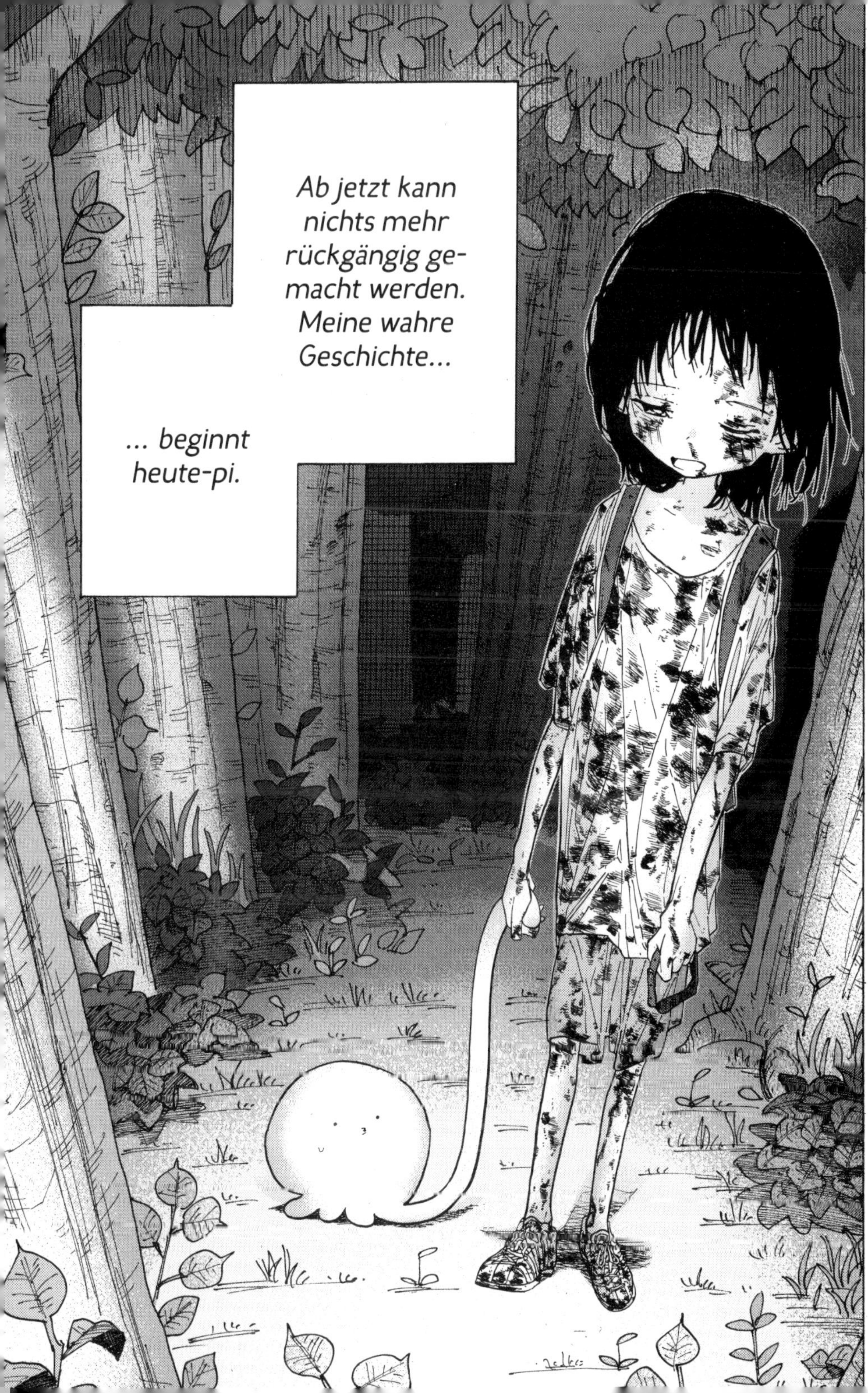
Ab jetzt kann nichts mehr rückgängig gemacht werden. Meine wahre Geschichte...
... beginnt heute-pi.

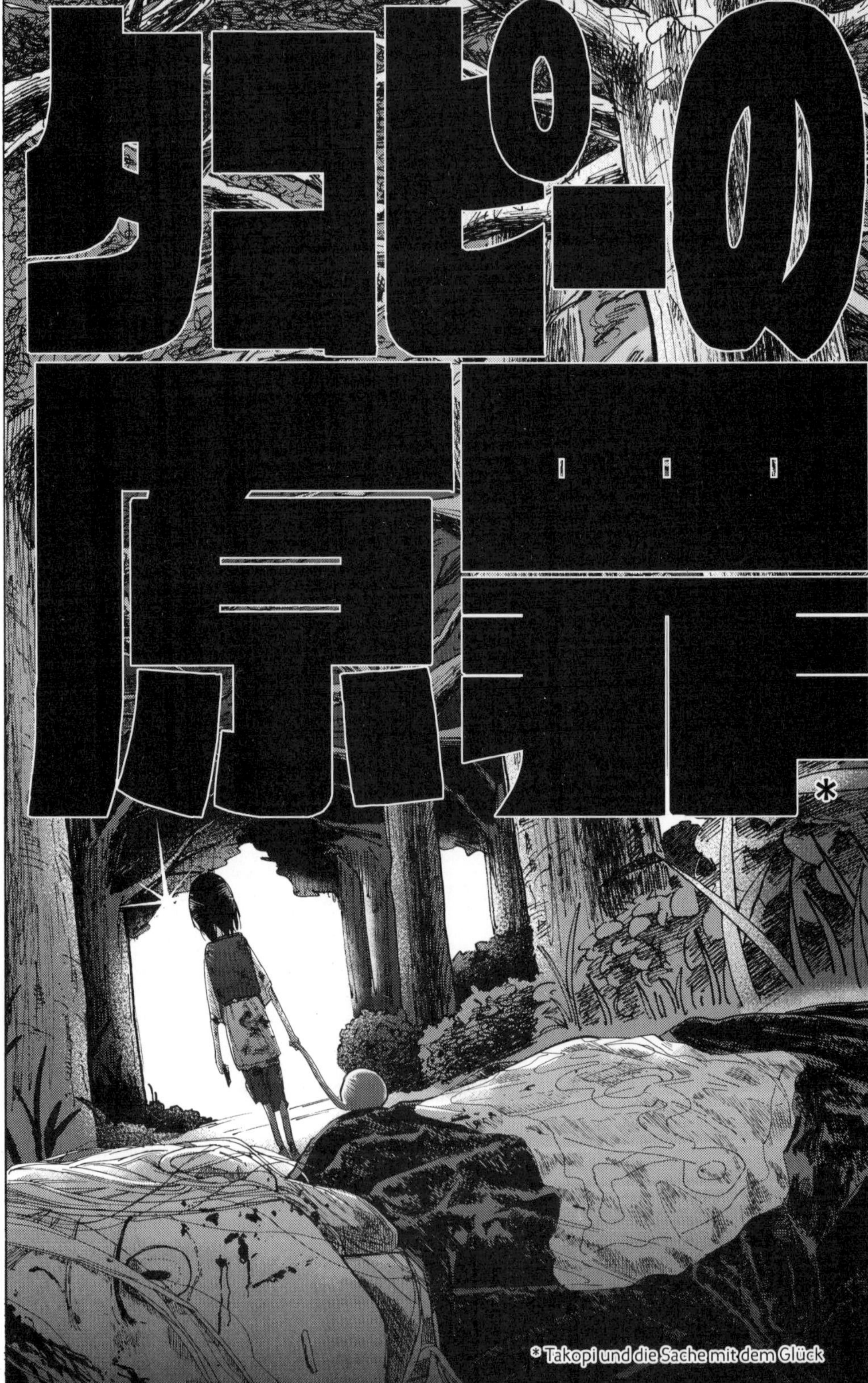

* Takopi und die Sache mit dem Glück

#5 Naokis Eingreifen

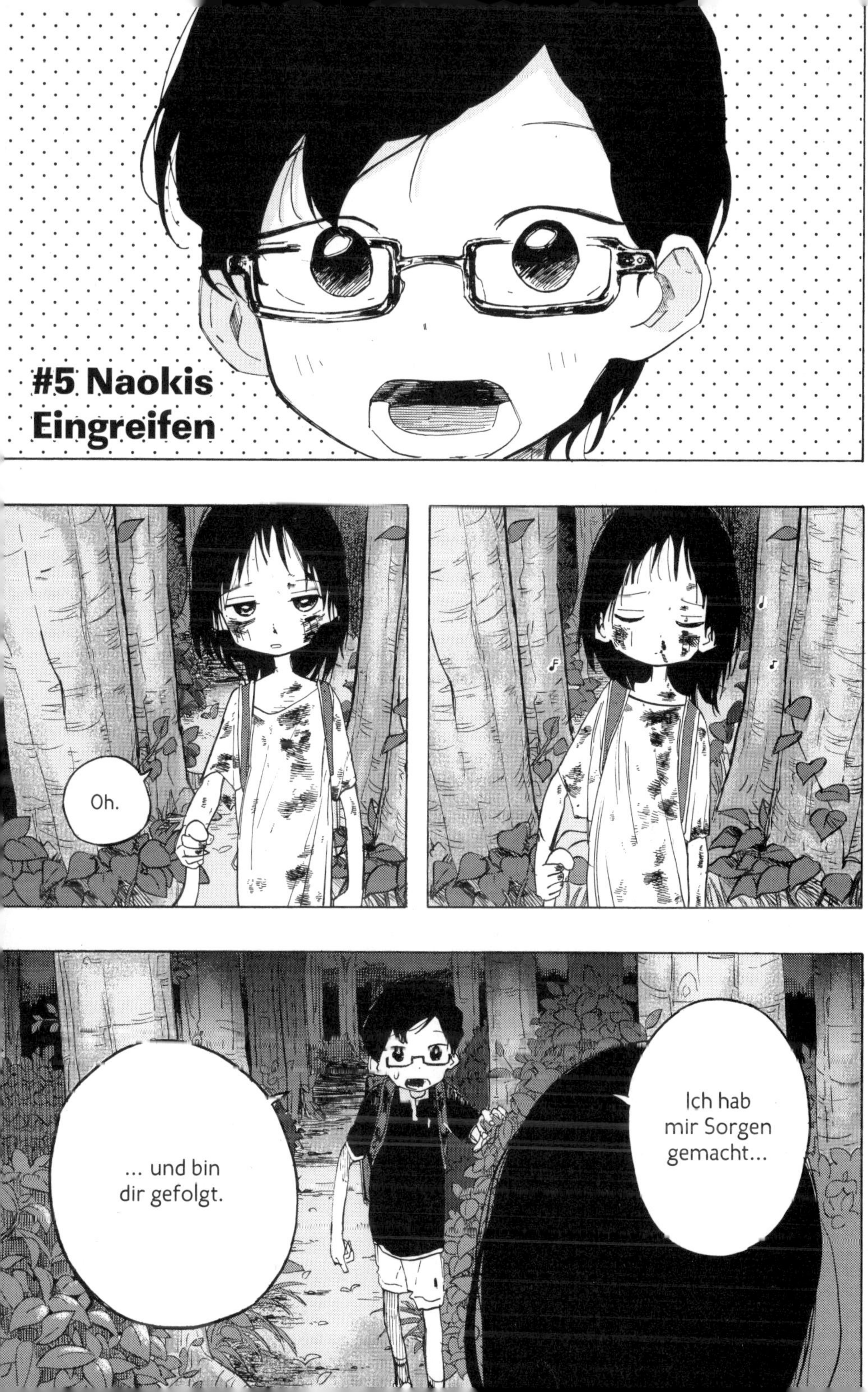

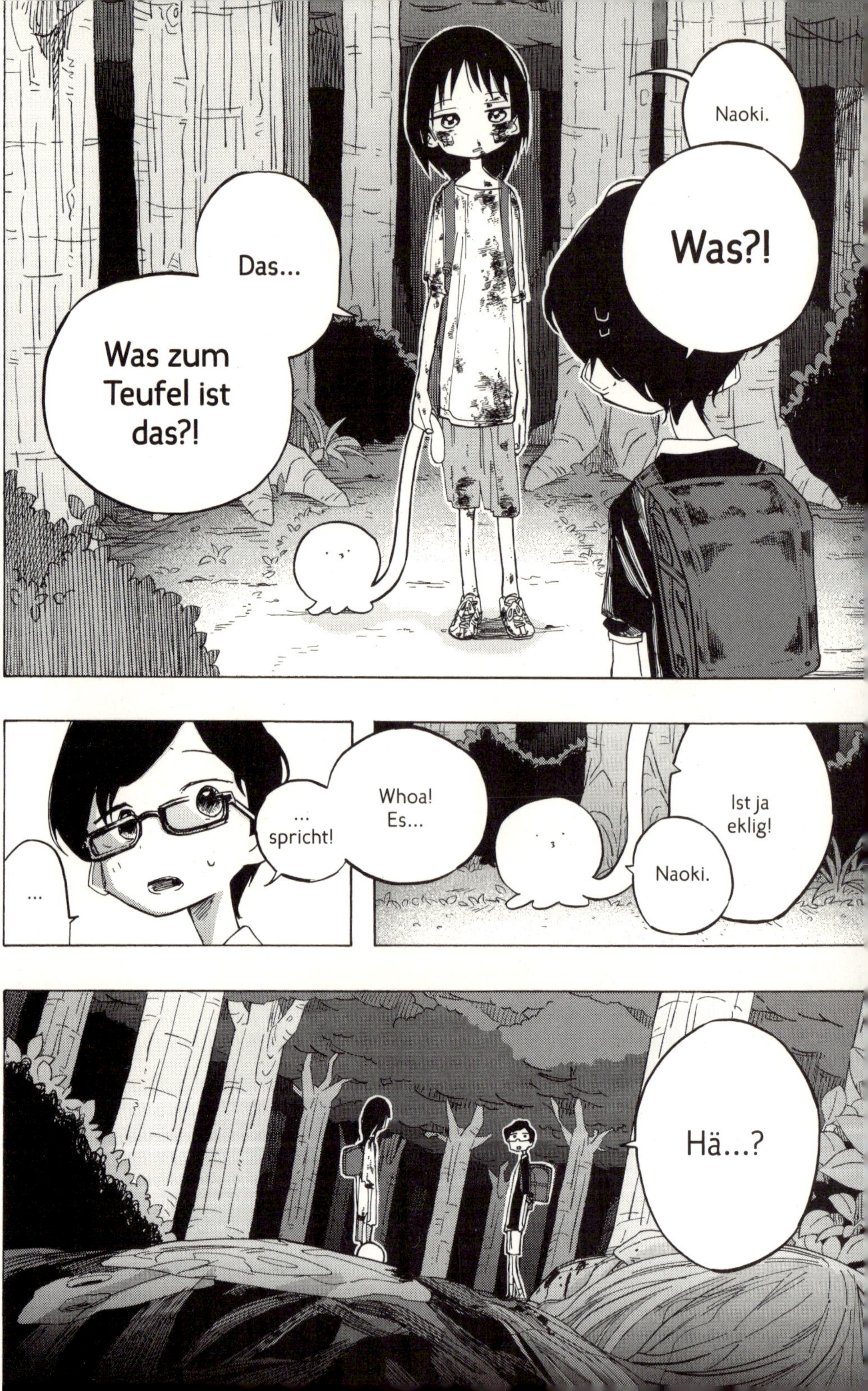
Naoki.
Was?!
Das...
Was zum Teufel ist das?!
Ist ja eklig!
Naoki.
Whoa! Es...
... spricht!
...
Hä...?

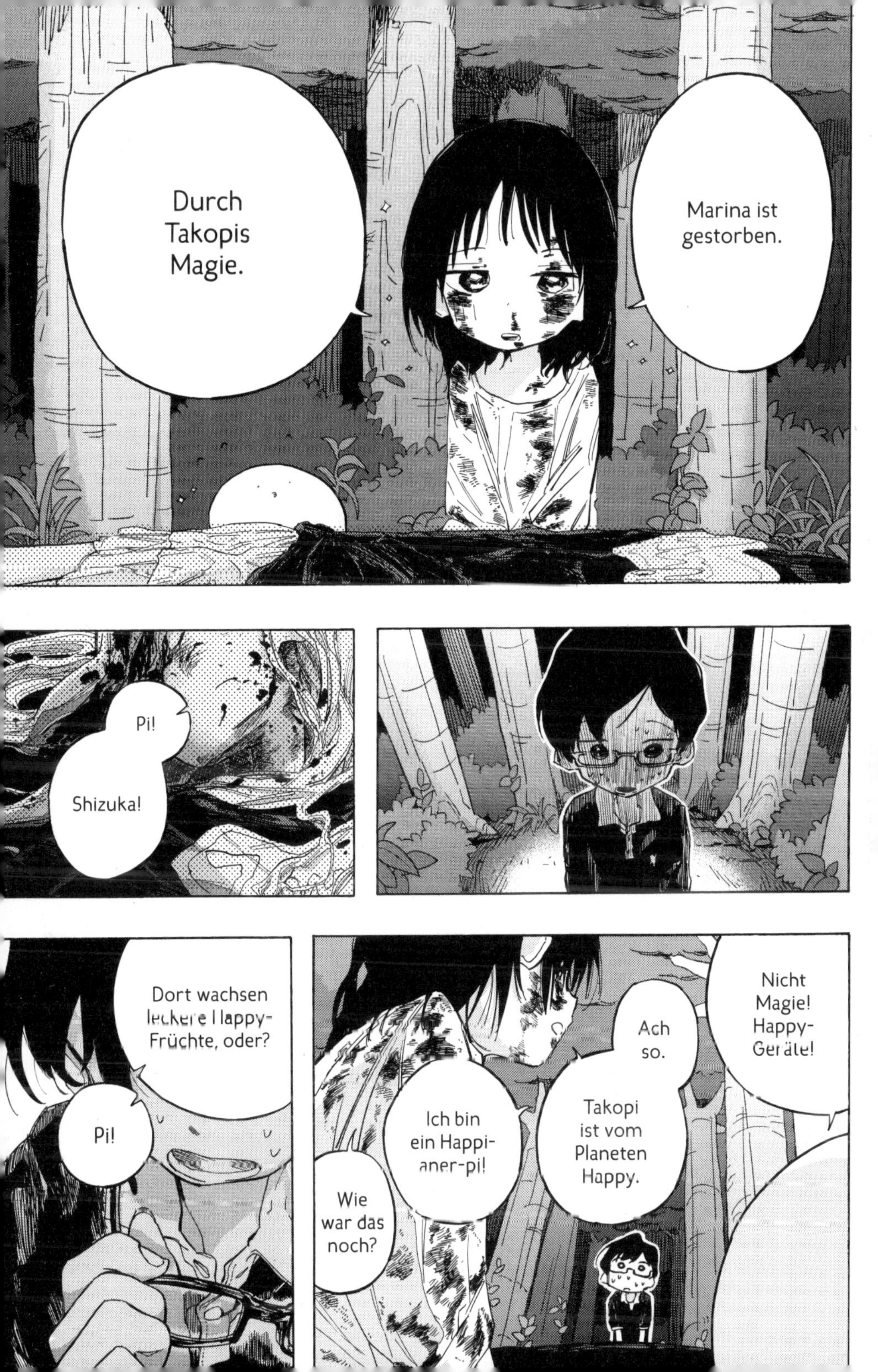

Marina ist gestorben.
Durch Takopis Magie.
Pi!
Shizuka!
Nicht Magie! Happy-Geräte!
Ach so.
Takopi ist vom Planeten Happy.
Ich bin ein Happianer-pi!
Wie war das noch?
Dort wachsen leckere Happy-Früchte, oder?
Pi!

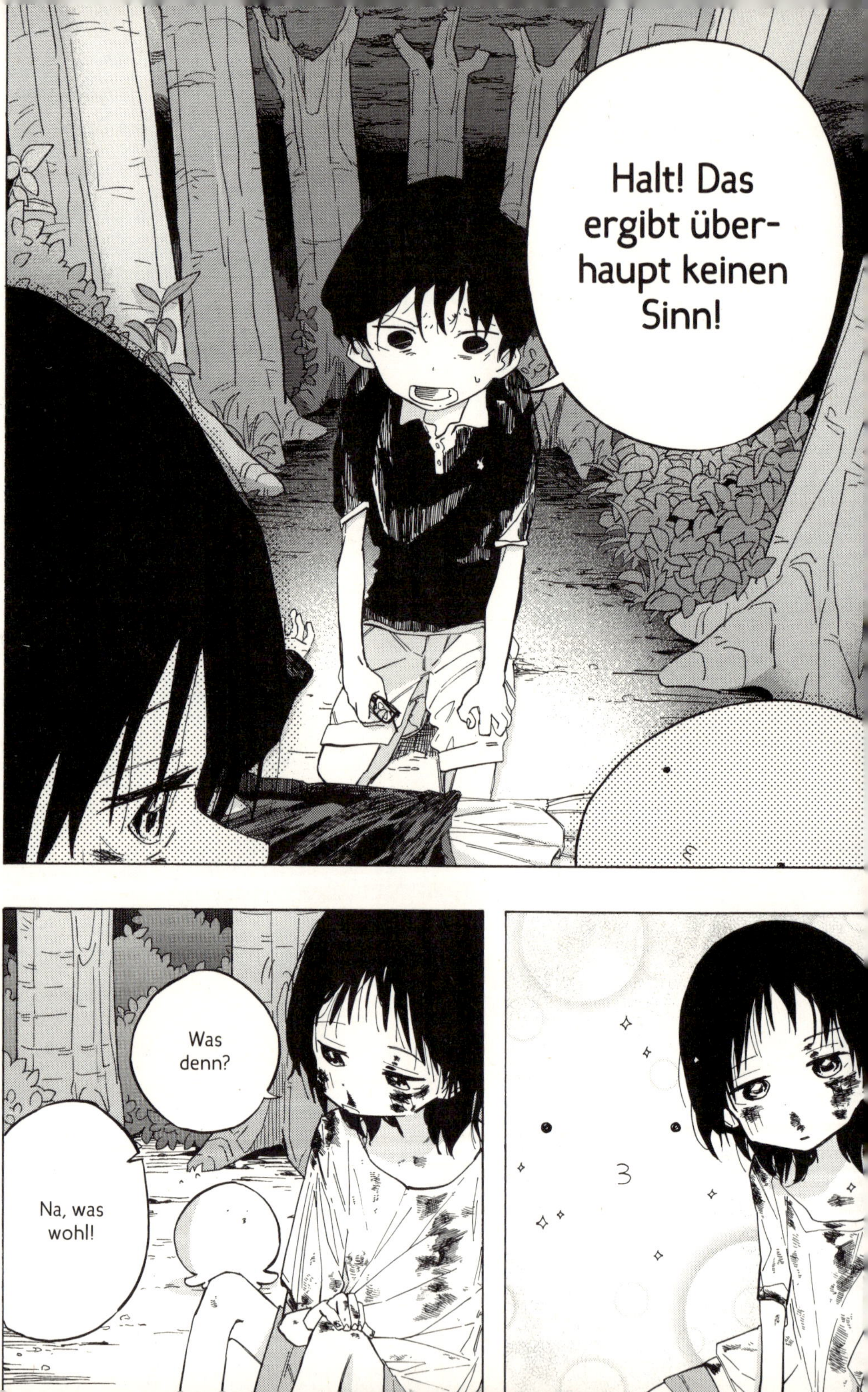
Halt! Das ergibt über-haupt keinen Sinn!
Was denn?
Na, was wohl!

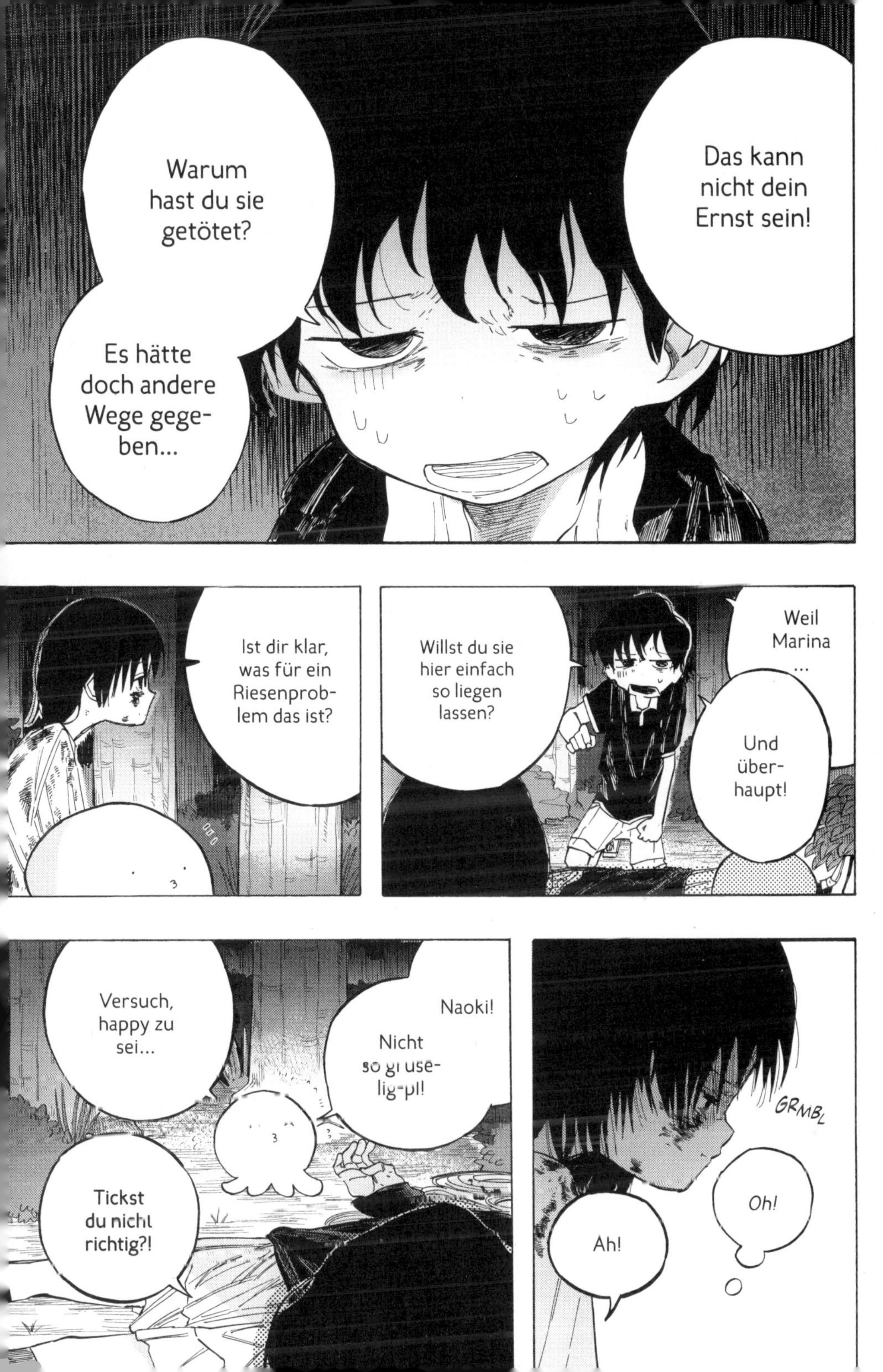
Das kann nicht dein Ernst sein!
Warum hast du sie getötet?
Es hätte doch andere Wege gegeben...
Weil Marina ...
Und überhaupt!
Willst du sie hier einfach so liegen lassen?
Ist dir klar, was für ein Riesenproblem das ist?
GRMBL
Oh!
Ah!
Naoki!
Nicht so gruselig-pl!
Versuch, happy zu sei...
Tickst du nicht richtig?!

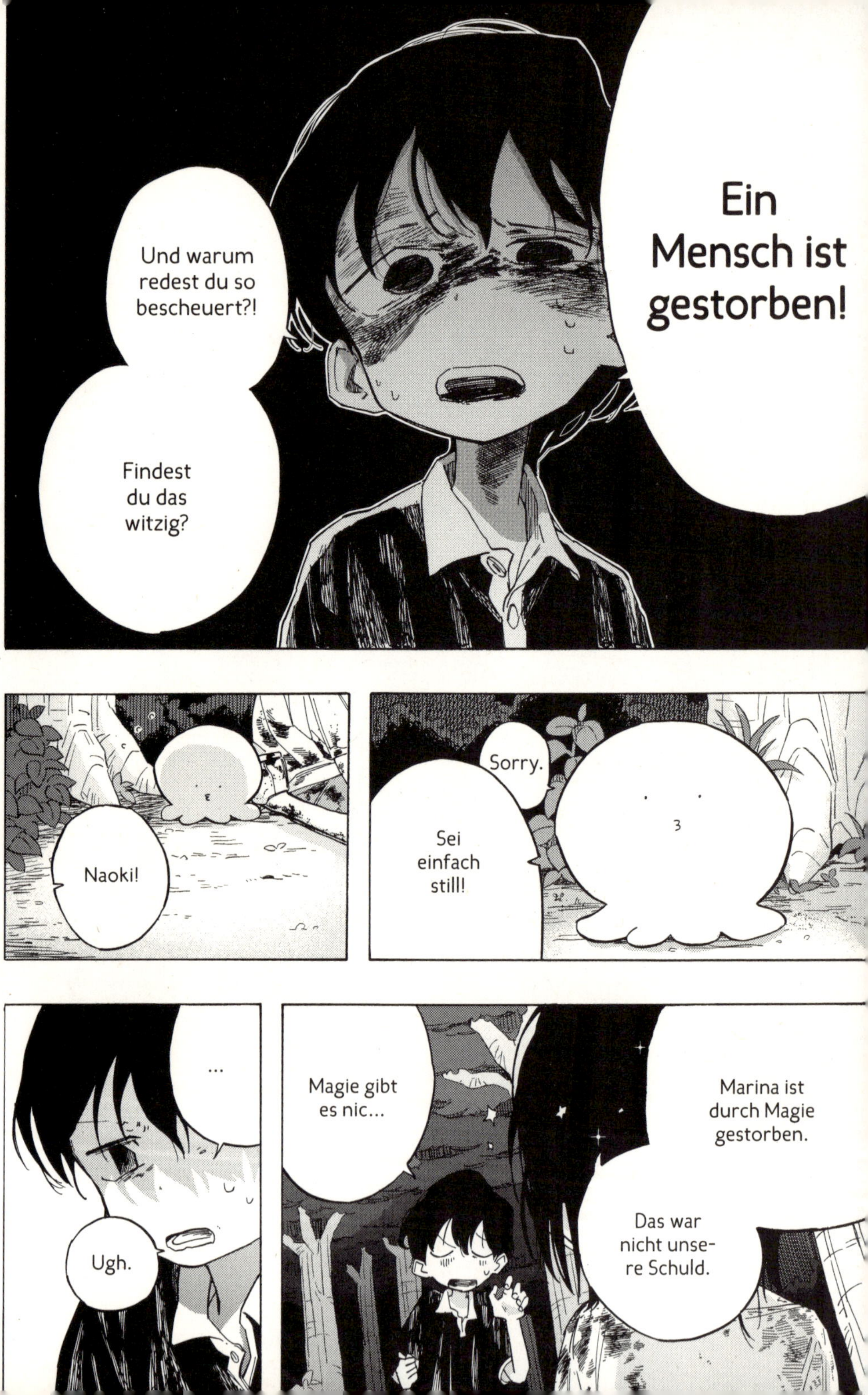
Ein Mensch ist gestorben!
Und warum redest du so bescheuert?!
Findest du das witzig?
Sorry.
Sei einfach still!
Naoki!
Marina ist durch Magie gestorben.
Das war nicht unse-re Schuld.
Magie gibt es nic…
…
Ugh.

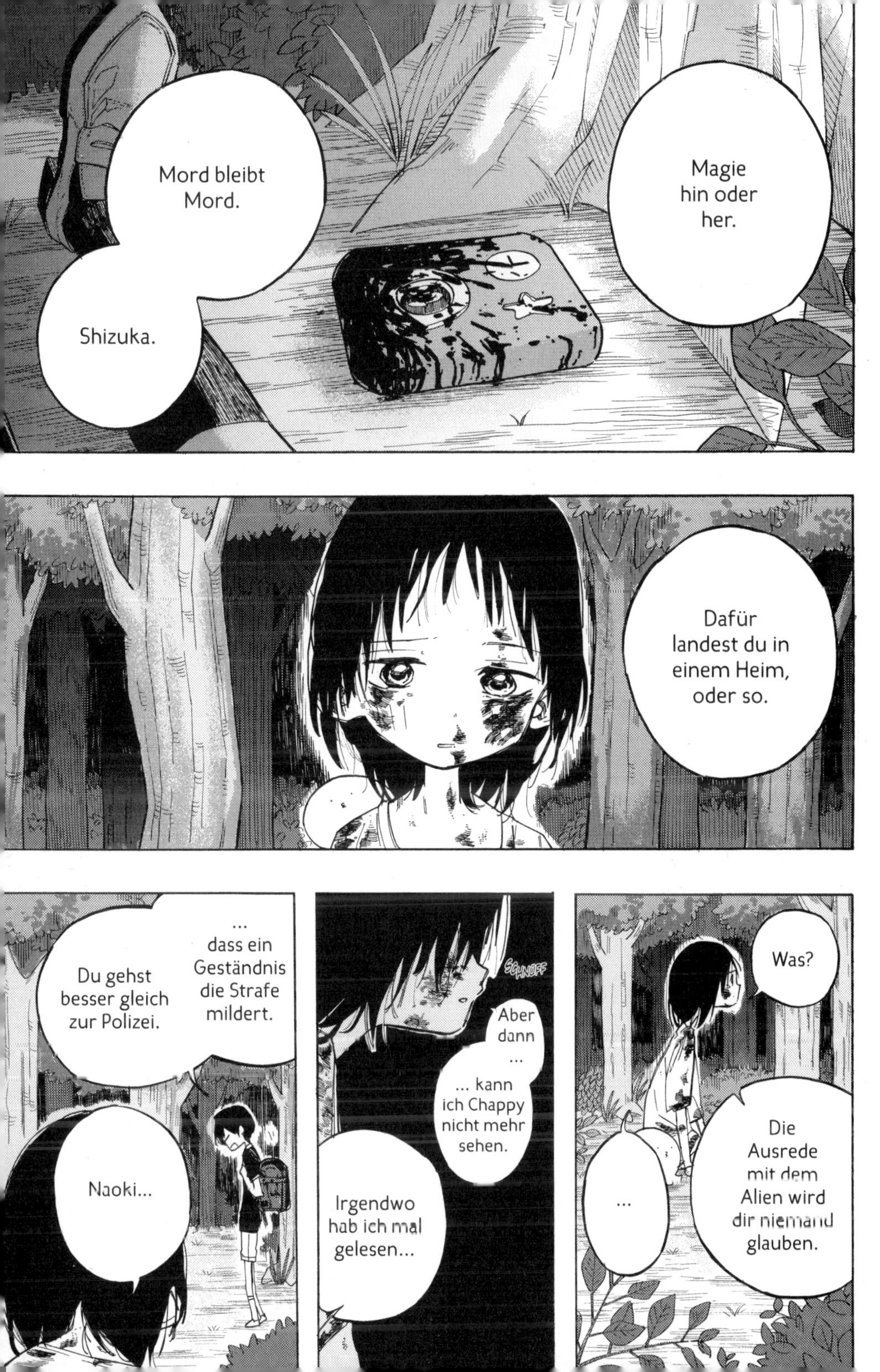
Magie hin oder her.
Mord bleibt Mord.
Shizuka.
Dafür landest du in einem Heim, oder so.
Was?
Die Ausrede mit dem Alien wird dir niemand glauben.
...
SCHNÜFF
Aber dann ...
... kann ich Chappy nicht mehr sehen.
Irgendwo hab ich mal gelesen...
... dass ein Geständnis die Strafe mildert.
Du gehst besser gleich zur Polizei.
Naoki...

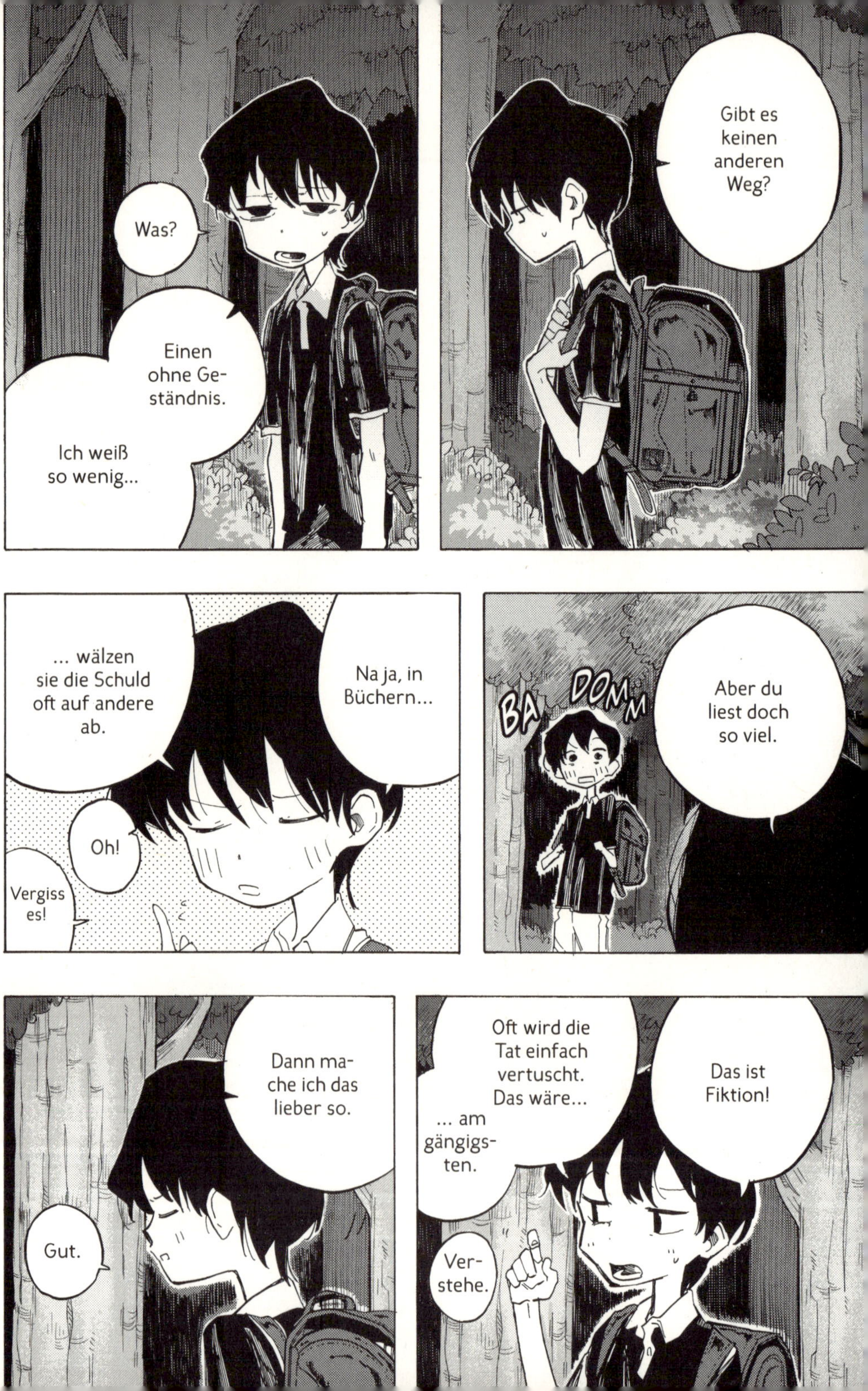

Gibt es keinen anderen Weg?
Was?
Einen ohne Geständnis.
Ich weiß so wenig…
Aber du liest doch so viel.
BA DOMM
Na ja, in Büchern…
… wälzen sie die Schuld oft auf andere ab.
Oh!
Vergiss es!
Das ist Fiktion!
Oft wird die Tat einfach vertuscht. Das wäre…
… am gängigsten.
Verstehe.
Dann mache ich das lieber so.
Gut.

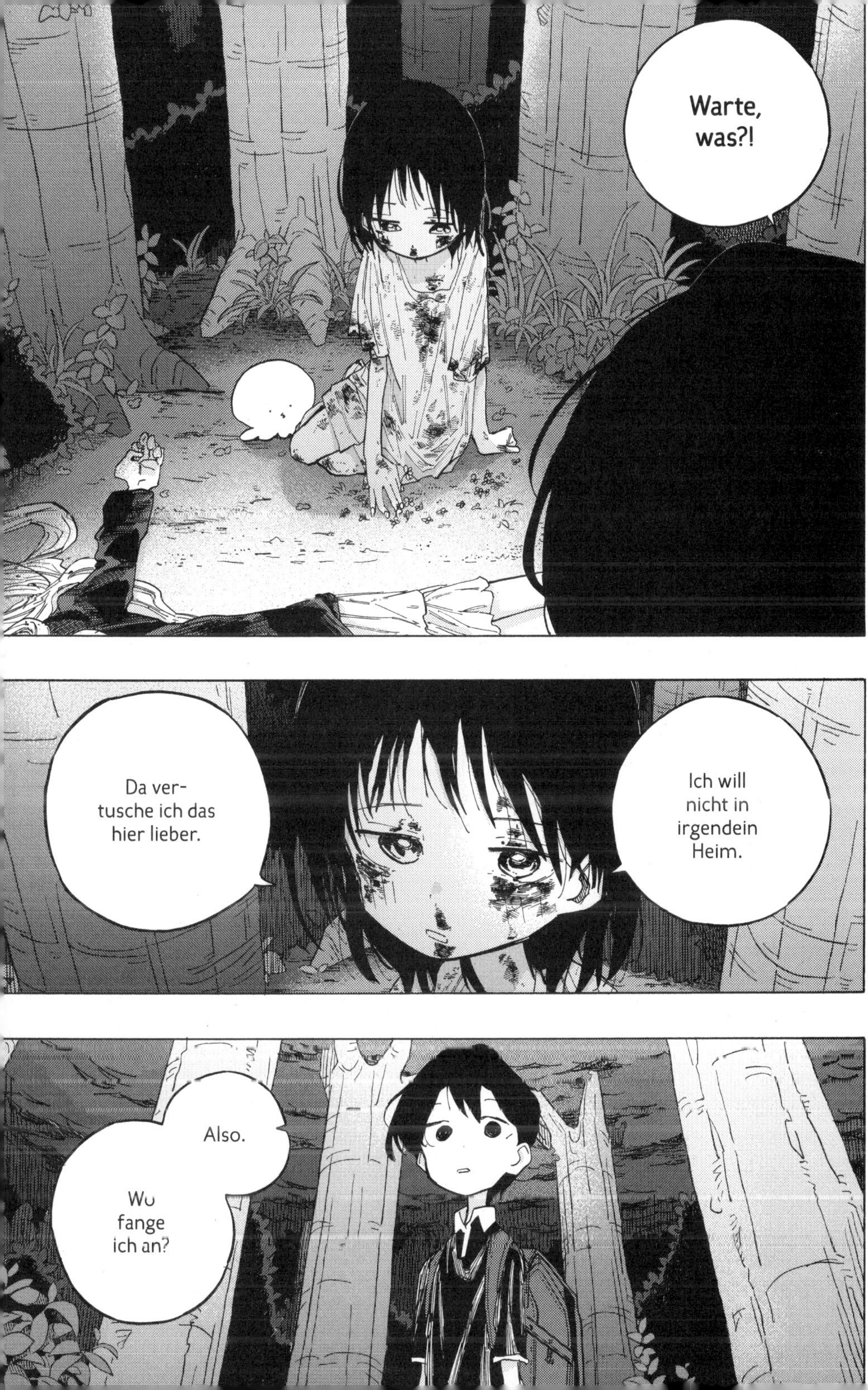
Warte, was?!
Ich will nicht in irgendein Heim.
Da vertusche ich das hier lieber.
Also.
Wo fange ich an?

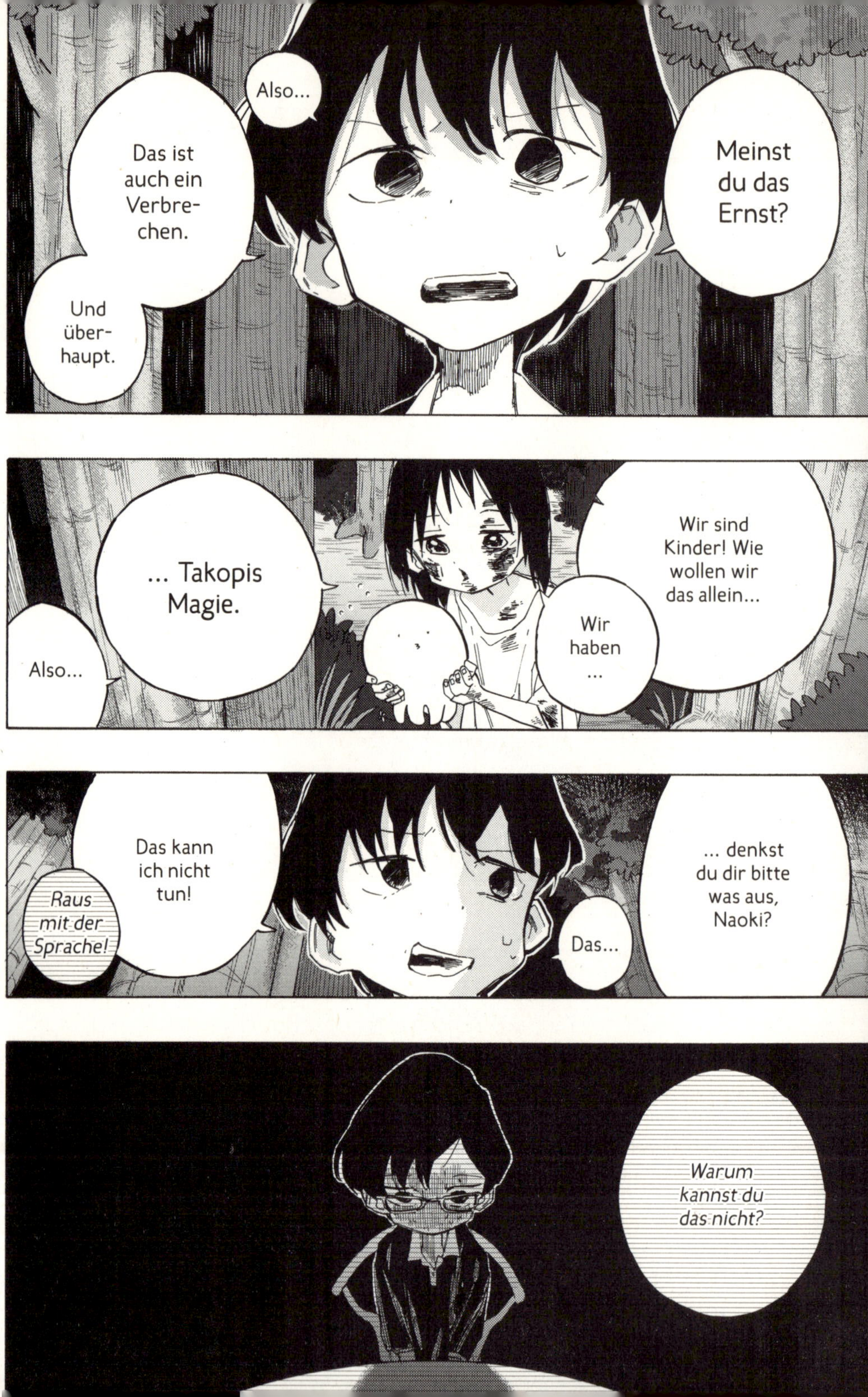
Meinst du das Ernst?
Also...
Das ist auch ein Verbrechen.
Und überhaupt.
Wir sind Kinder! Wie wollen wir das allein...
Wir haben ...
... Takopis Magie.
Also...
... denkst du dir bitte was aus, Naoki?
Das...
Das kann ich nicht tun!
Raus mit der Sprache!
Warum kannst du das nicht?

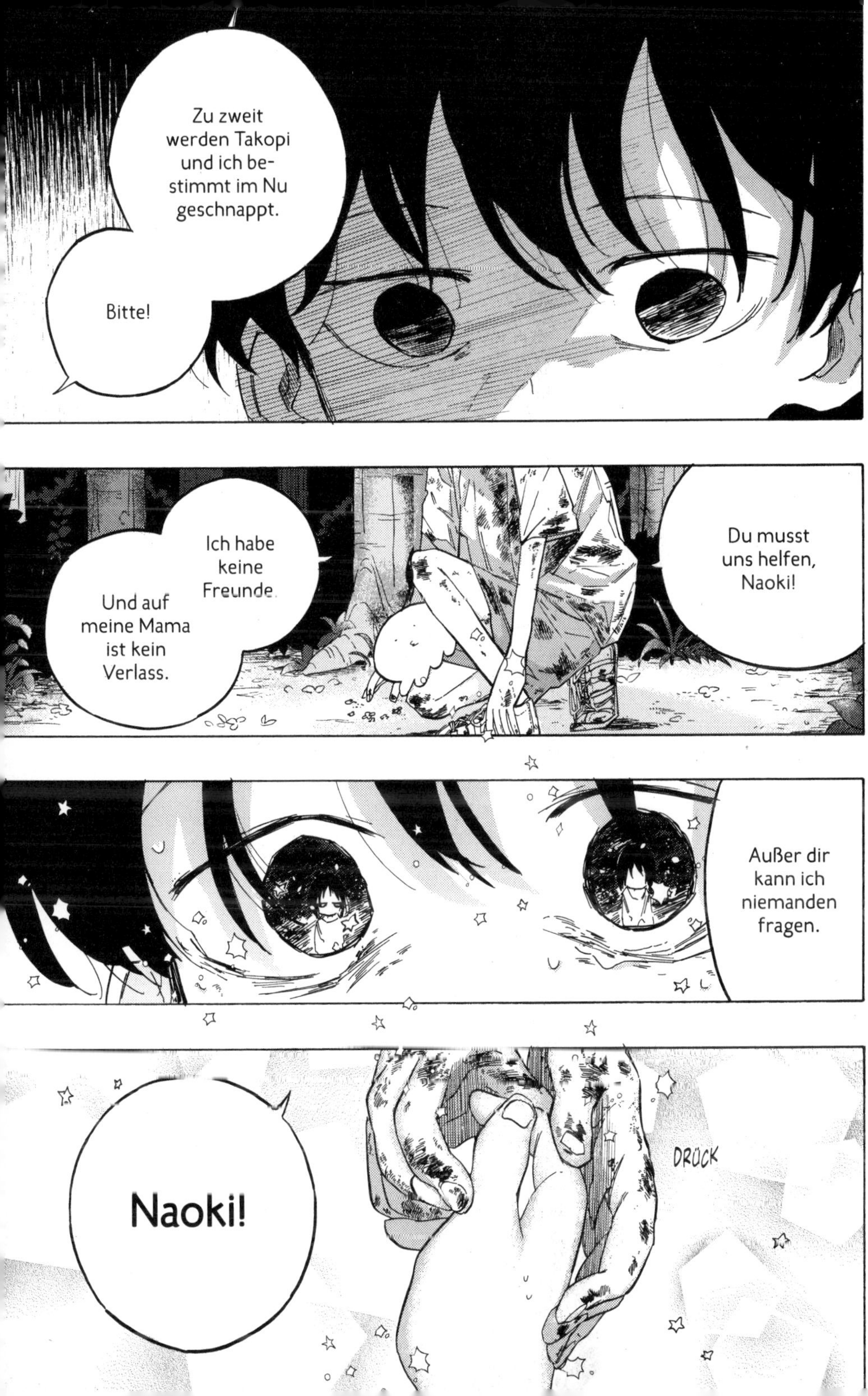
Zu zweit werden Takopi und ich bestimmt im Nu geschnappt.
Bitte!
Du musst uns helfen, Naoki!
Ich habe keine Freunde.
Und auf meine Mama ist kein Verlass.
Außer dir kann ich niemanden fragen.
DRÜCK
Naoki!

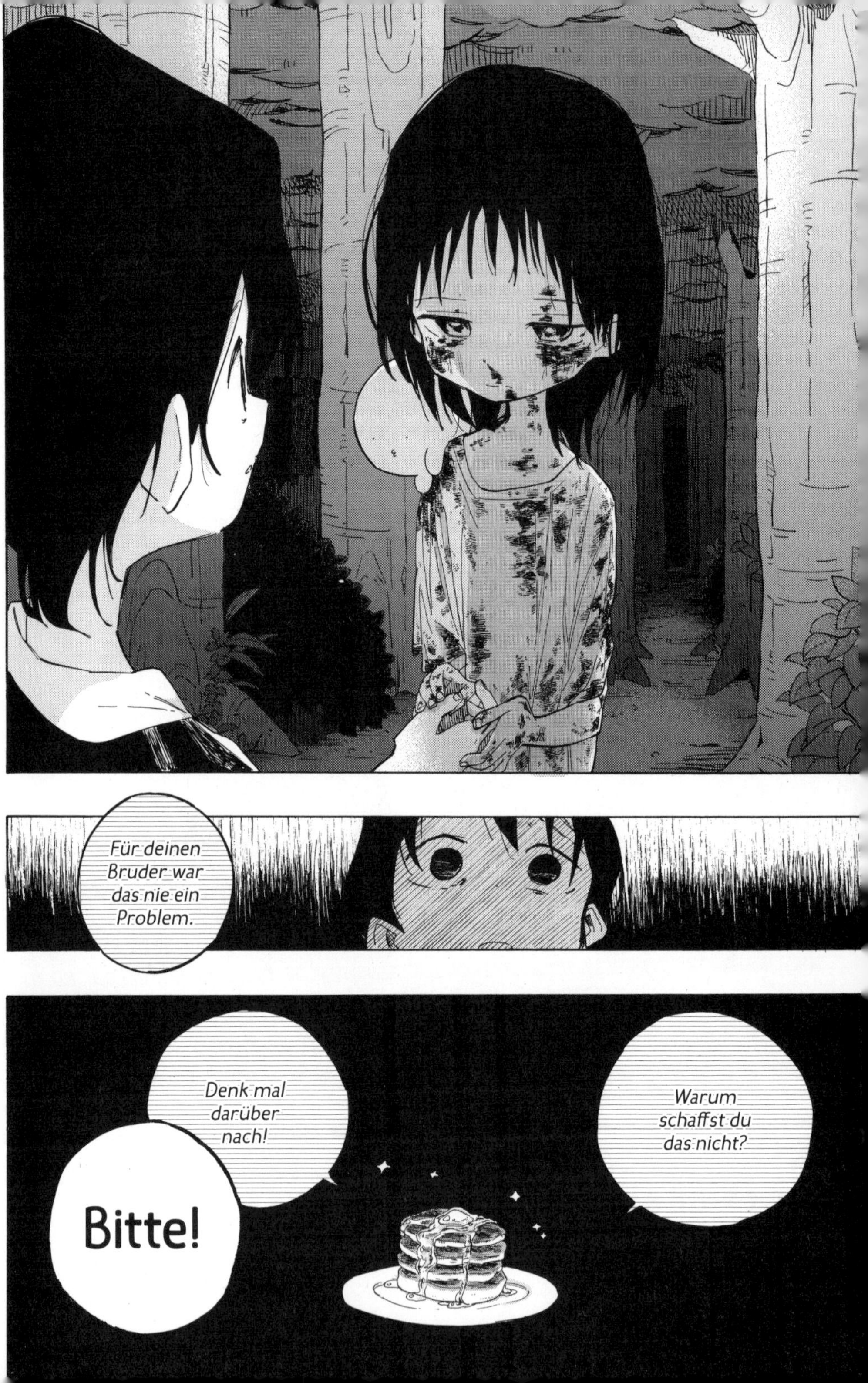
Für deinen Bruder war das nie ein Problem.
Warum schaffst du das nicht?
Denk mal darüber nach!
Bitte!

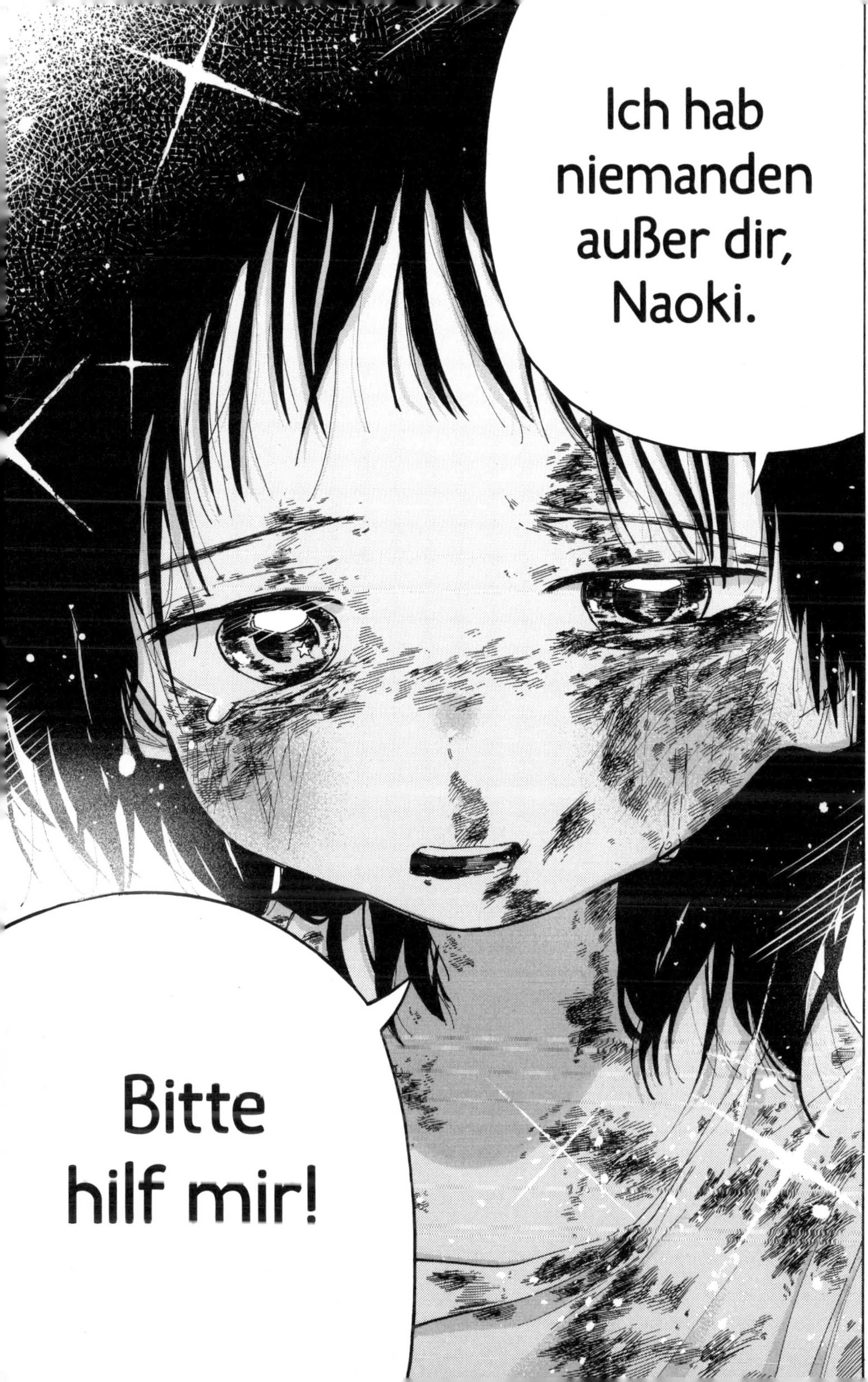
Ich hab niemanden außer dir, Naoki.
Bitte hilf mir!

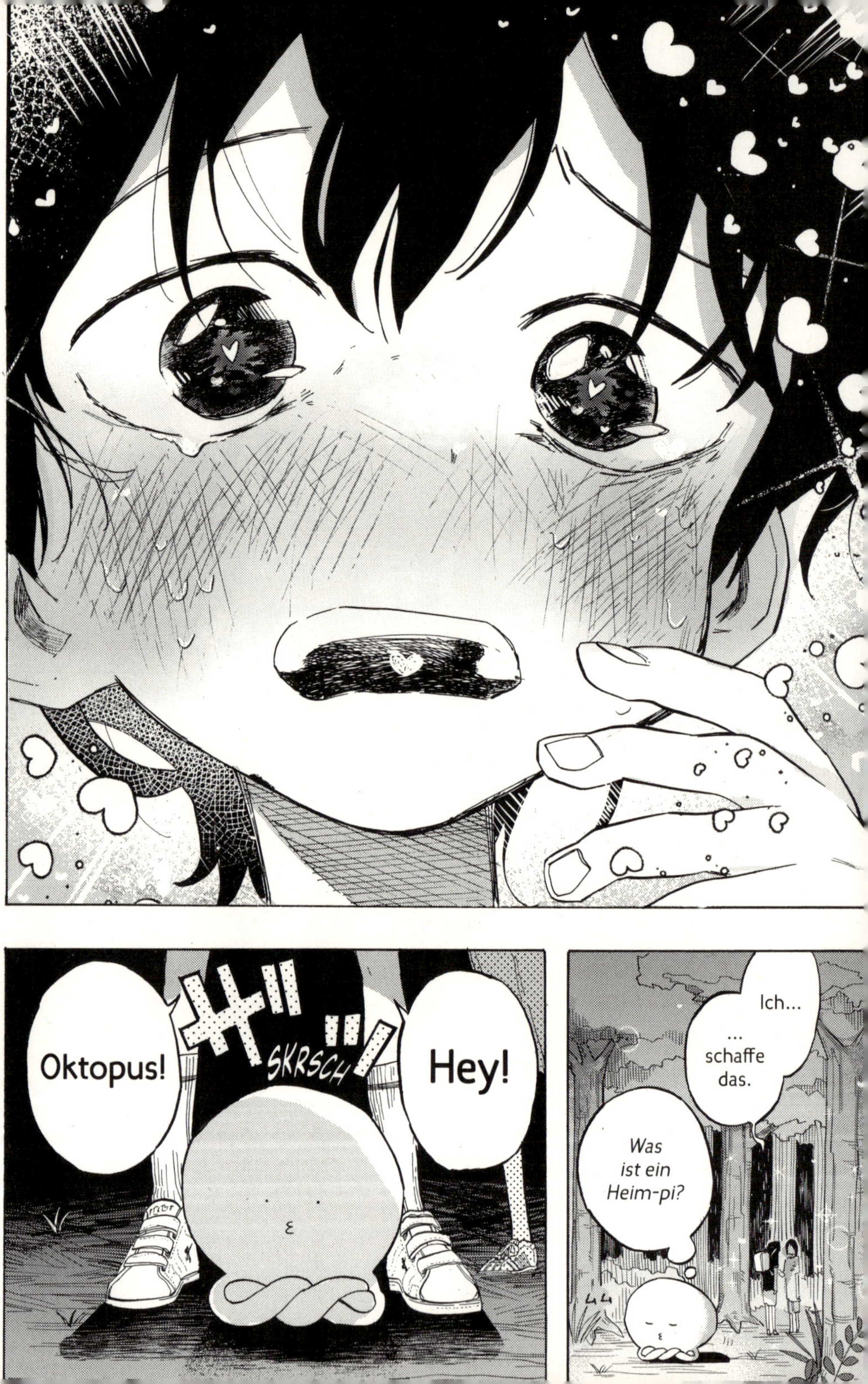
Ich...
... schaffe das.
Was ist ein Heim-pi?
Hey!
SKRSCH
Oktopus!

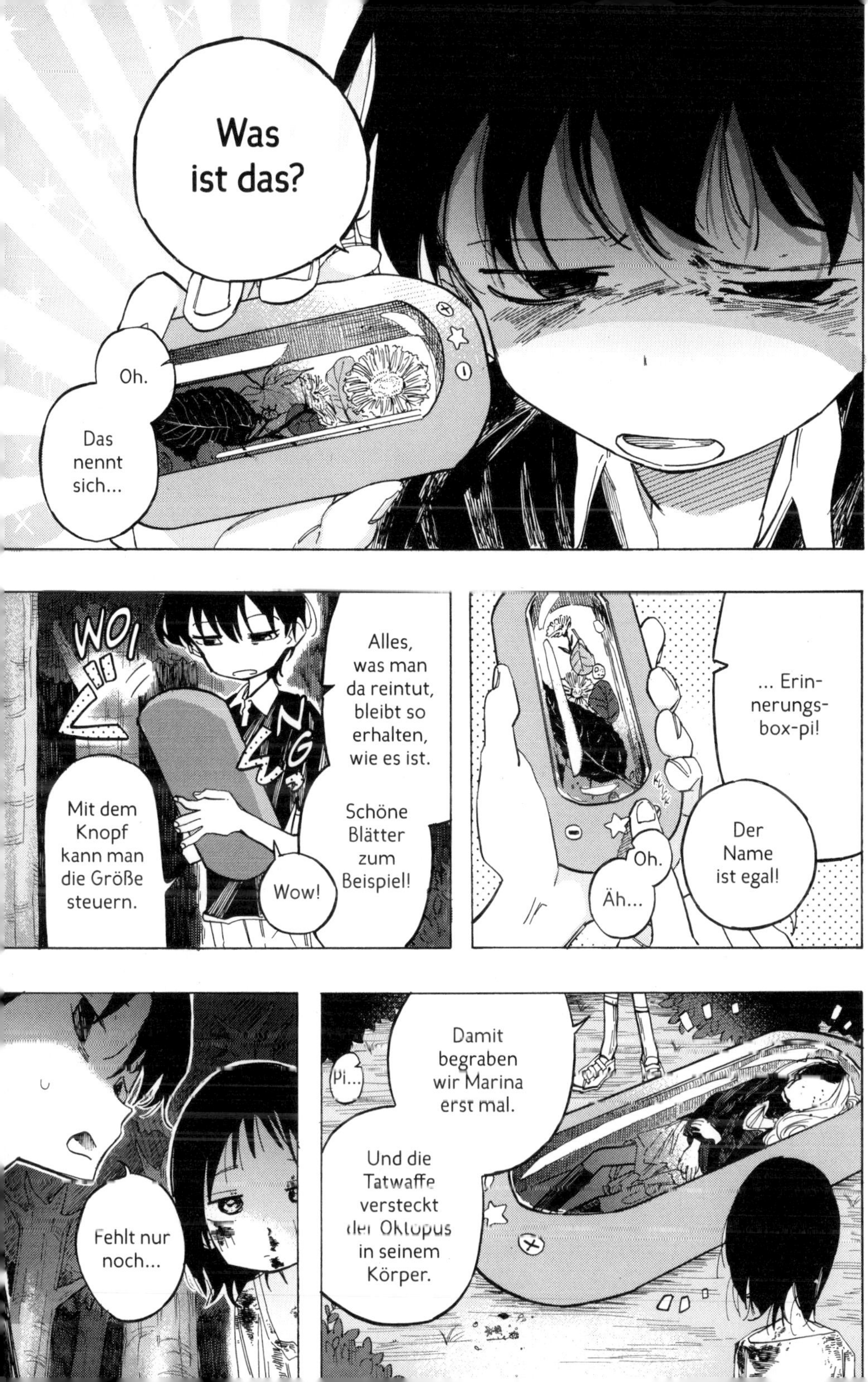
Was ist das?
Oh.
Das nennt sich...
... Erinnerungs-box-pi!
Der Name ist egal!
Oh.
Äh...
Alles, was man da reintut, bleibt so erhalten, wie es ist.
Schöne Blätter zum Beispiel!
Wow!
Mit dem Knopf kann man die Größe steuern.
Pi...
Damit begraben wir Marina erst mal.
Und die Tatwaffe versteckt der Oktopus in seinem Körper.
Fehlt nur noch...

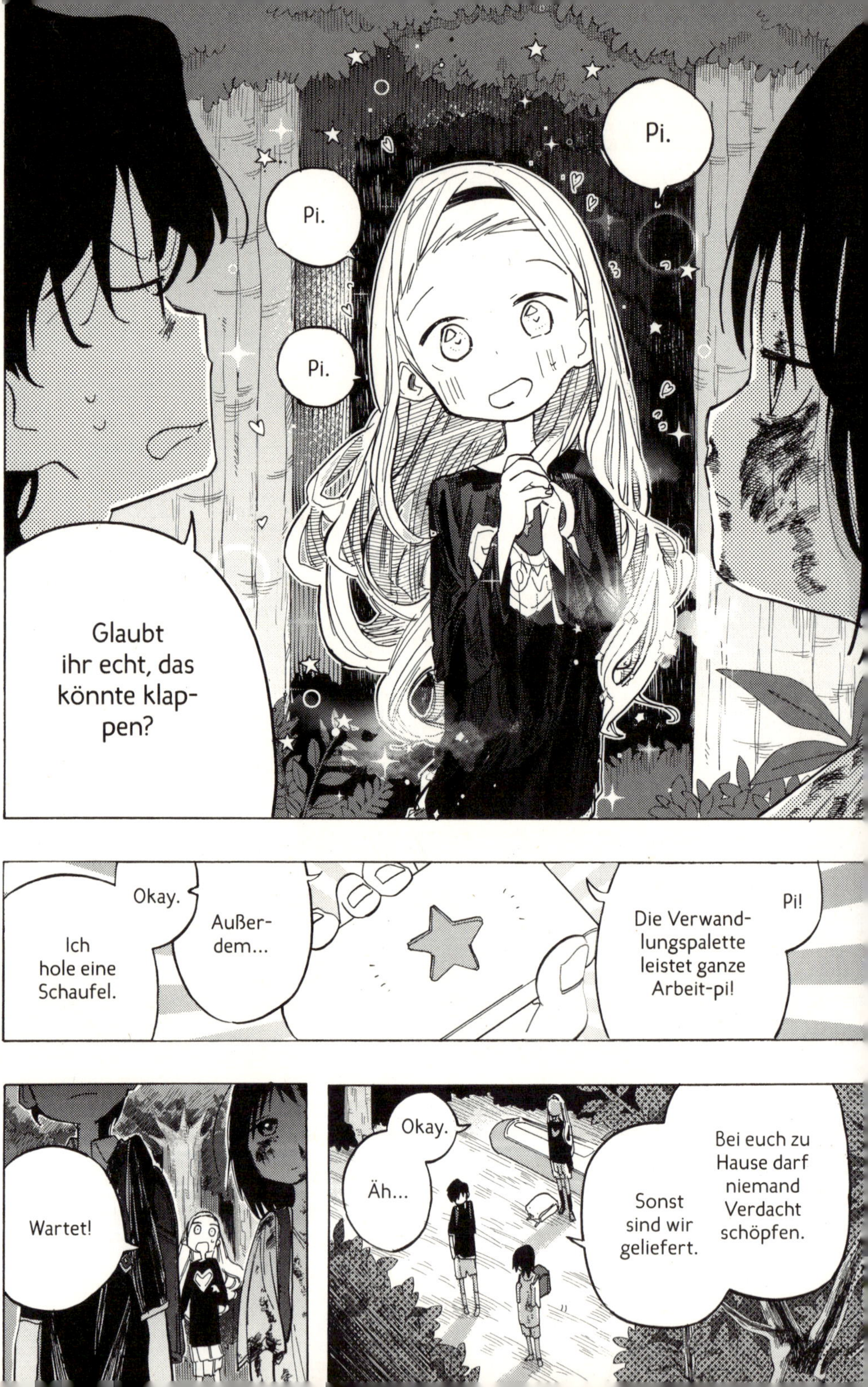
Pi.
Pi.
Pi.
Glaubt ihr echt, das könnte klappen?
Pi!
Die Verwandlungspalette leistet ganze Arbeit-pi!
Außerdem…
Okay.
Ich hole eine Schaufel.
Bei euch zu Hause darf niemand Verdacht schöpfen.
Sonst sind wir geliefert.
Okay.
Äh…
Wartet!

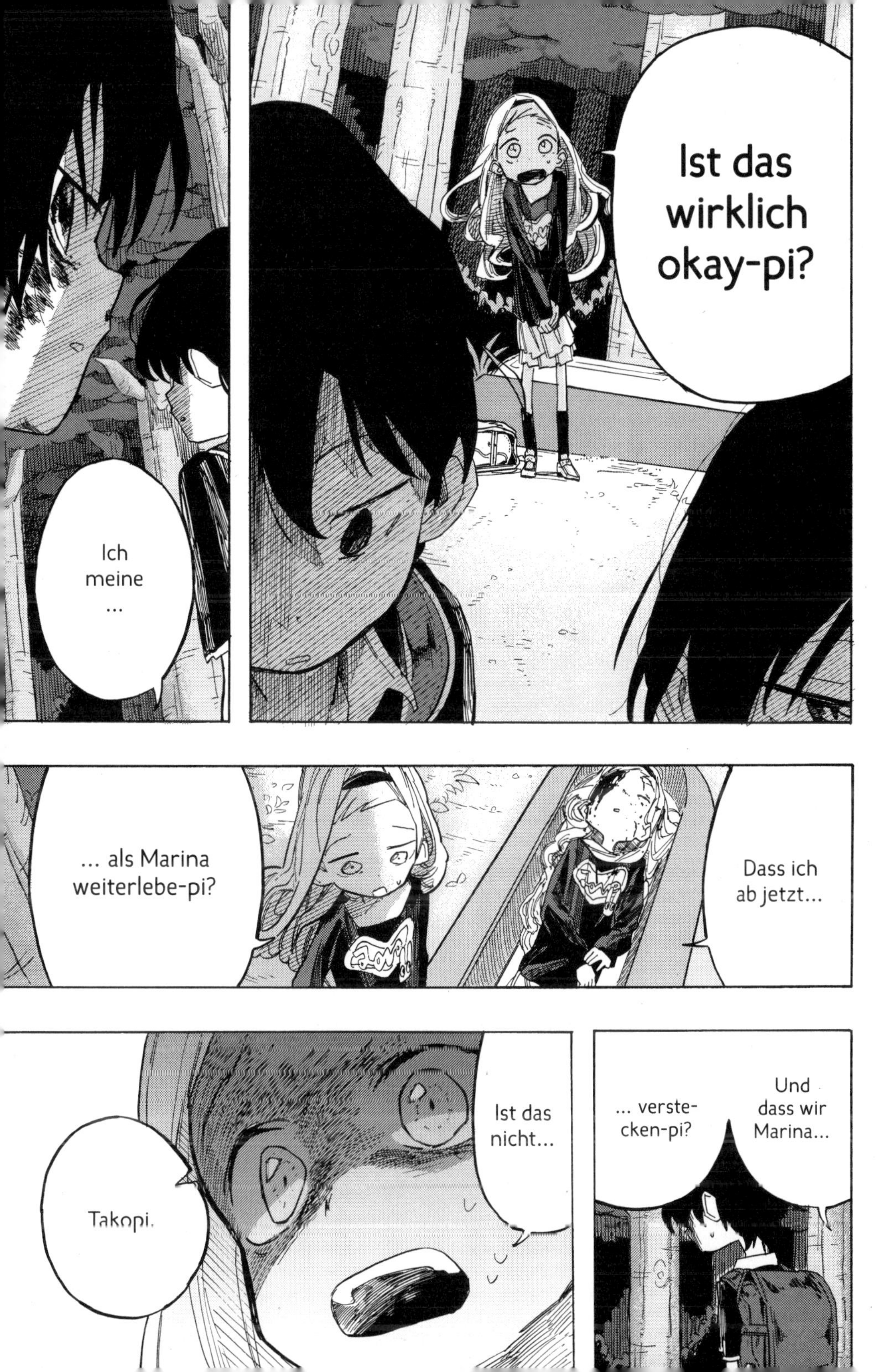
Ist das wirklich okay-pi?
Ich meine ...
Dass ich ab jetzt...
... als Marina weiterlebe-pi?
Und dass wir Marina...
... verste-cken-pi?
Ist das nicht...
Takopi.

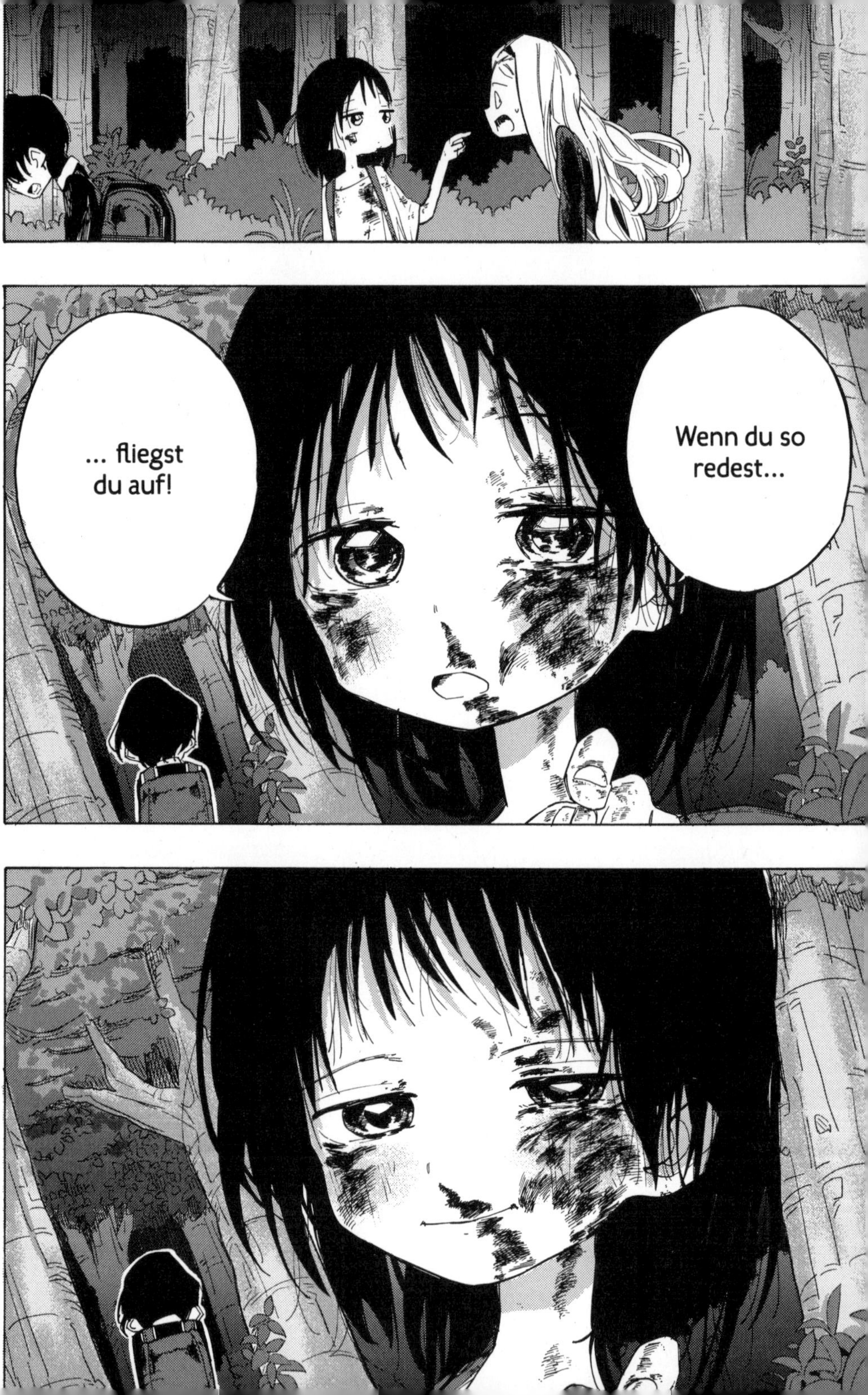
Wenn du so redest...
... fliegst du auf!

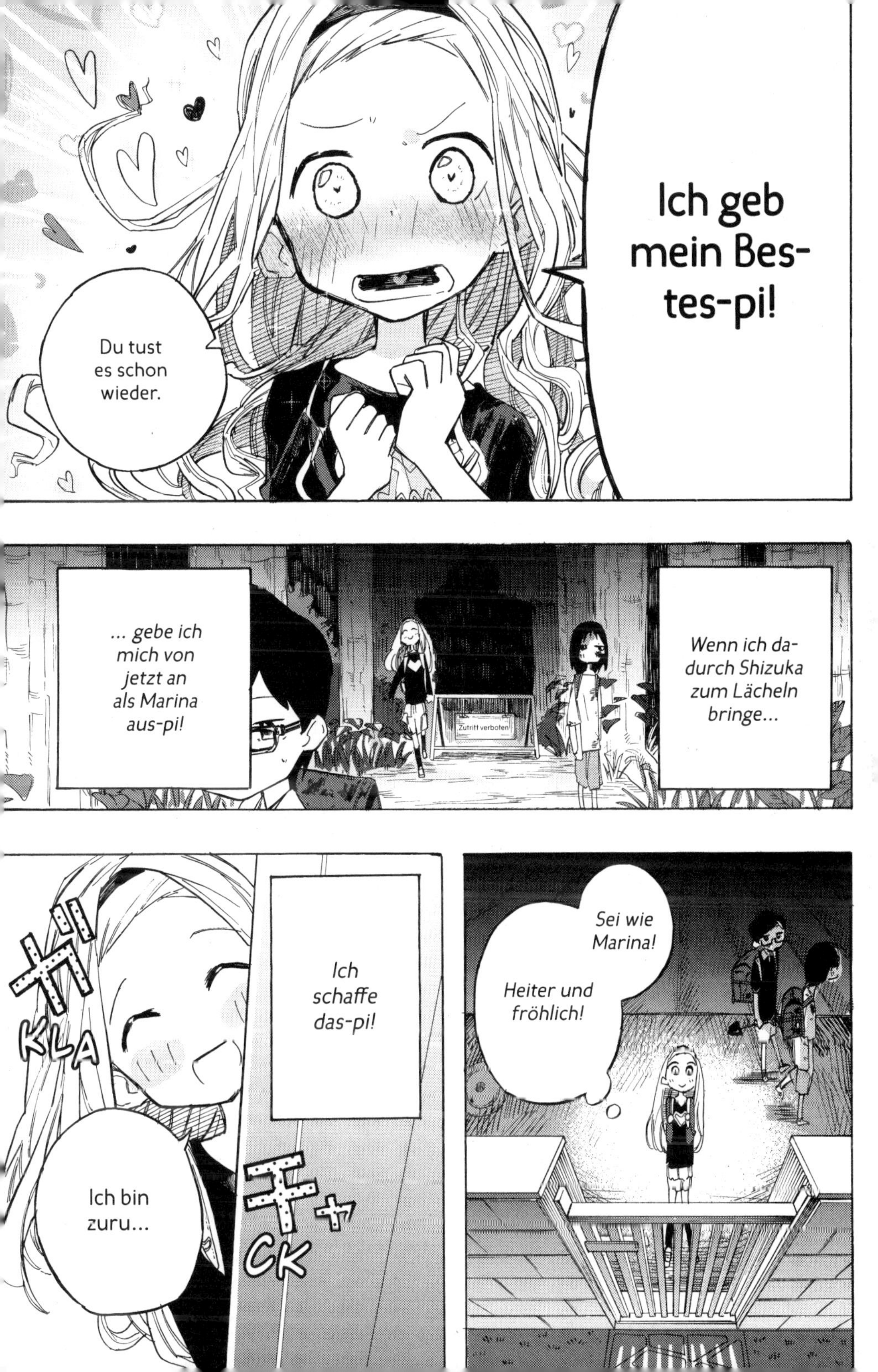
Ich geb mein Bestes-pi!
Du tust es schon wieder.
Wenn ich dadurch Shizuka zum Lächeln bringe...
Zutritt verboten
... gebe ich mich von jetzt an als Marina aus-pi!
Sei wie Marina!
Heiter und fröhlich!
Ich schaffe das-pi!
KLACK
Ich bin zuru...

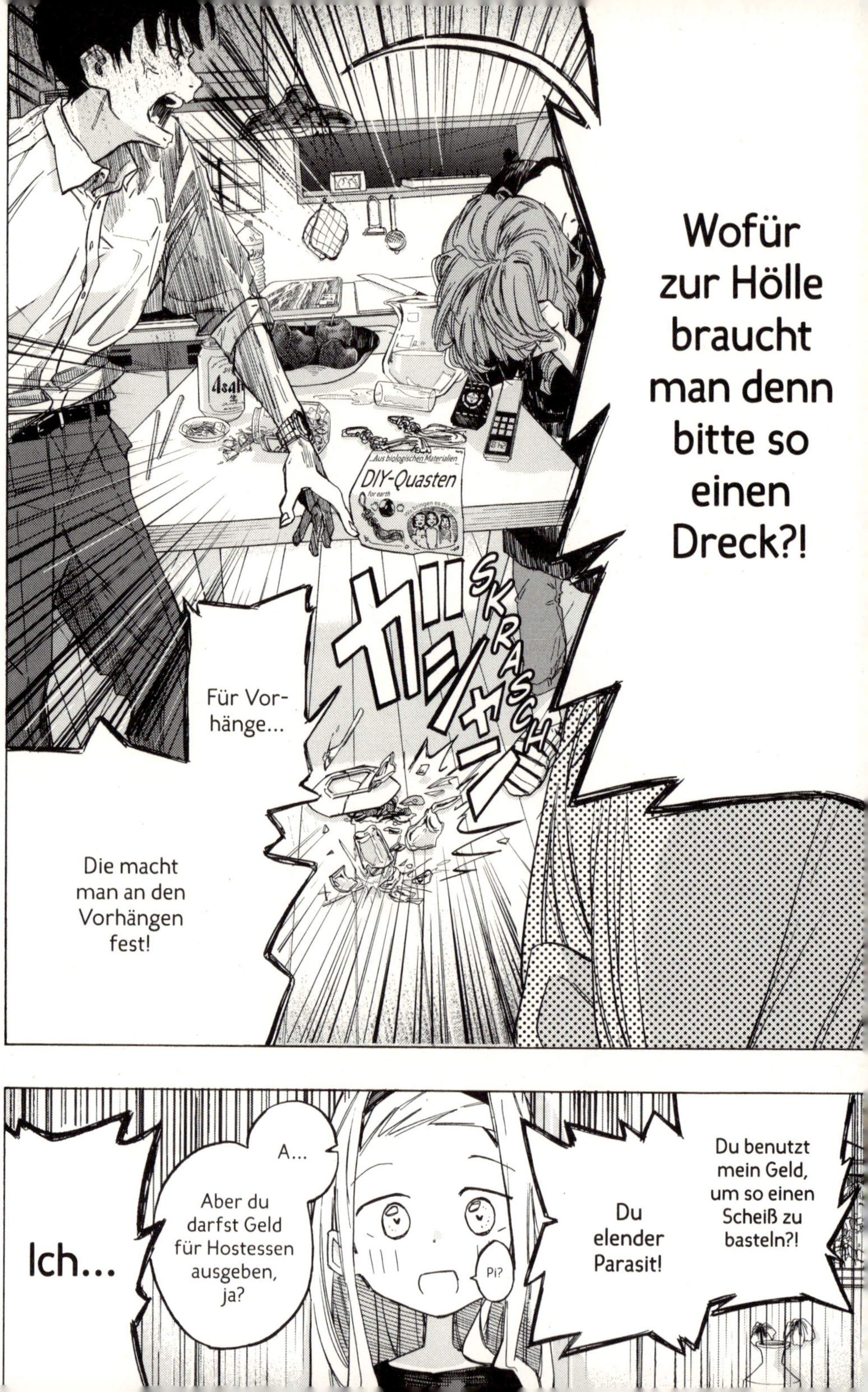
Wofür zur Hölle braucht man denn bitte so einen Dreck?!
SKRASCH
Für Vorhänge...
Die macht man an den Vorhängen fest!
Aus biologischen Materialien
DIY-Quasten
for earth
Du benutzt mein Geld, um so einen Scheiß zu basteln?!
Du elender Parasit!
Pi?
A...
Aber du darfst Geld für Hostessen ausgeben, ja?
Ich...

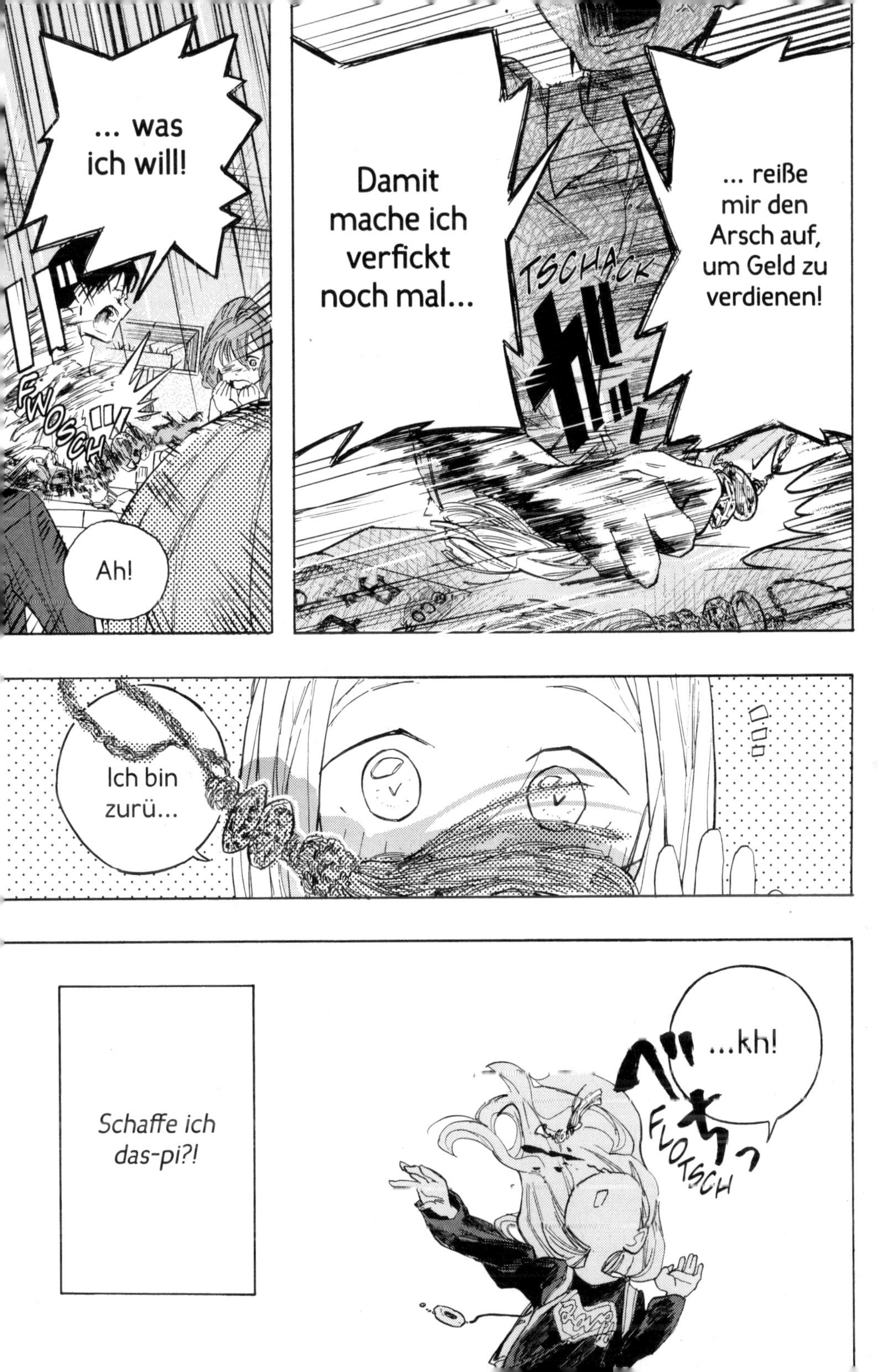

... reiße
mir den
Arsch auf,
um Geld zu
verdienen!
TSCHACK
Damit
mache ich
verfickt
noch mal...
... was
ich will!
FWOSCH
Ah!
Ich bin
zurü...
...kh!
FLOTSCH
Schaffe ich
das-pi?!

Bonus 2

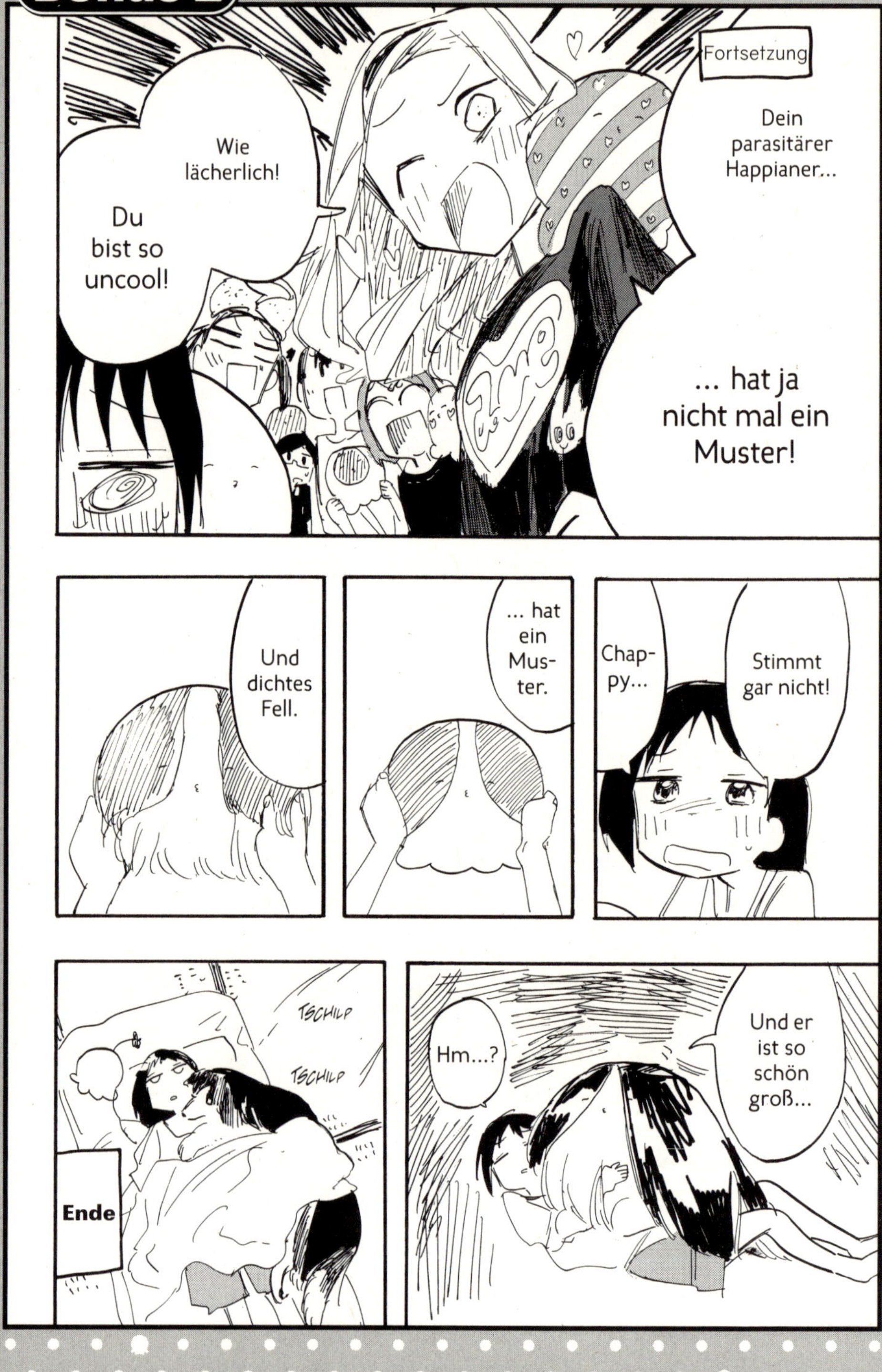
Fortsetzung
Dein parasitärer Happianer...
... hat ja nicht mal ein Muster!
Wie lächerlich!
Du bist so uncool!
Stimmt gar nicht!
Chappy...
... hat ein Muster.
Und dichtes Fell.
Und er ist so schön groß...
Hm...?
TSCHILP
TSCHILP
Ende

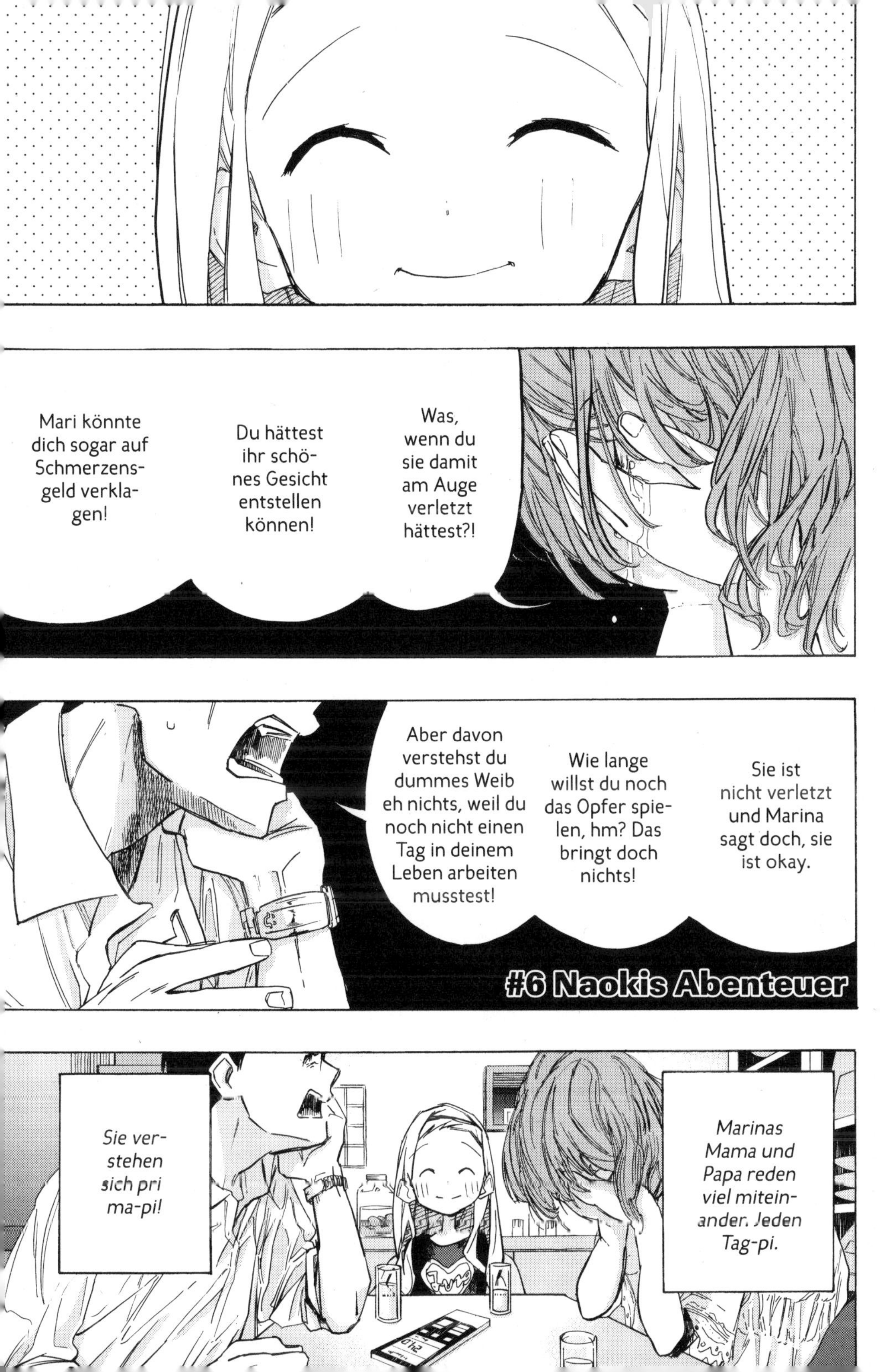
Was, wenn du sie damit am Auge verletzt hättest?!
Du hättest ihr schönes Gesicht entstellen können!
Mari könnte dich sogar auf Schmerzensgeld verklagen!
Sie ist nicht verletzt und Marina sagt doch, sie ist okay.
Wie lange willst du noch das Opfer spielen, hm? Das bringt doch nichts!
Aber davon verstehst du dummes Weib eh nichts, weil du noch nicht einen Tag in deinem Leben arbeiten musstest!
#6 Naokis Abenteuer
Marinas Mama und Papa reden viel miteinander. Jeden Tag-pi.
Sie verstehen sich prima-pi!

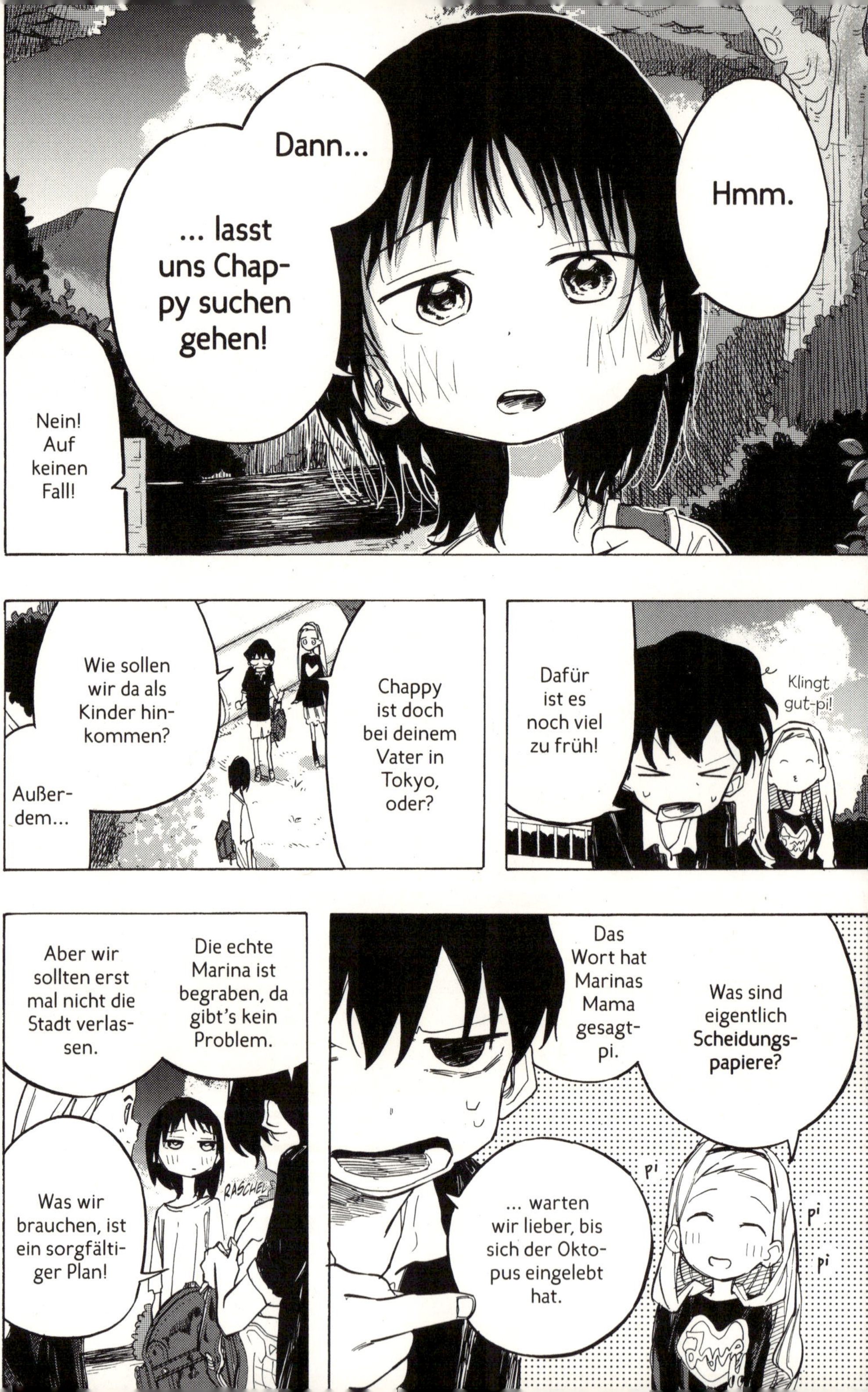
Hmm.
Dann...
... lasst uns Chappy suchen gehen!
Nein! Auf keinen Fall!
Dafür ist es noch viel zu früh!
Klingt gut-pi!
Chappy ist doch bei deinem Vater in Tokyo, oder?
Wie sollen wir da als Kinder hinkommen?
Außerdem...
Was sind eigentlich **Scheidungspapiere?**
Das Wort hat Marinas Mama gesagt-pi.
... warten wir lieber, bis sich der Oktopus eingelebt hat.
pi pi pi
Die echte Marina ist begraben, da gibt's kein Problem.
Aber wir sollten erst mal nicht die Stadt verlassen.
RASCHEL
Was wir brauchen, ist ein sorgfältiger Plan!

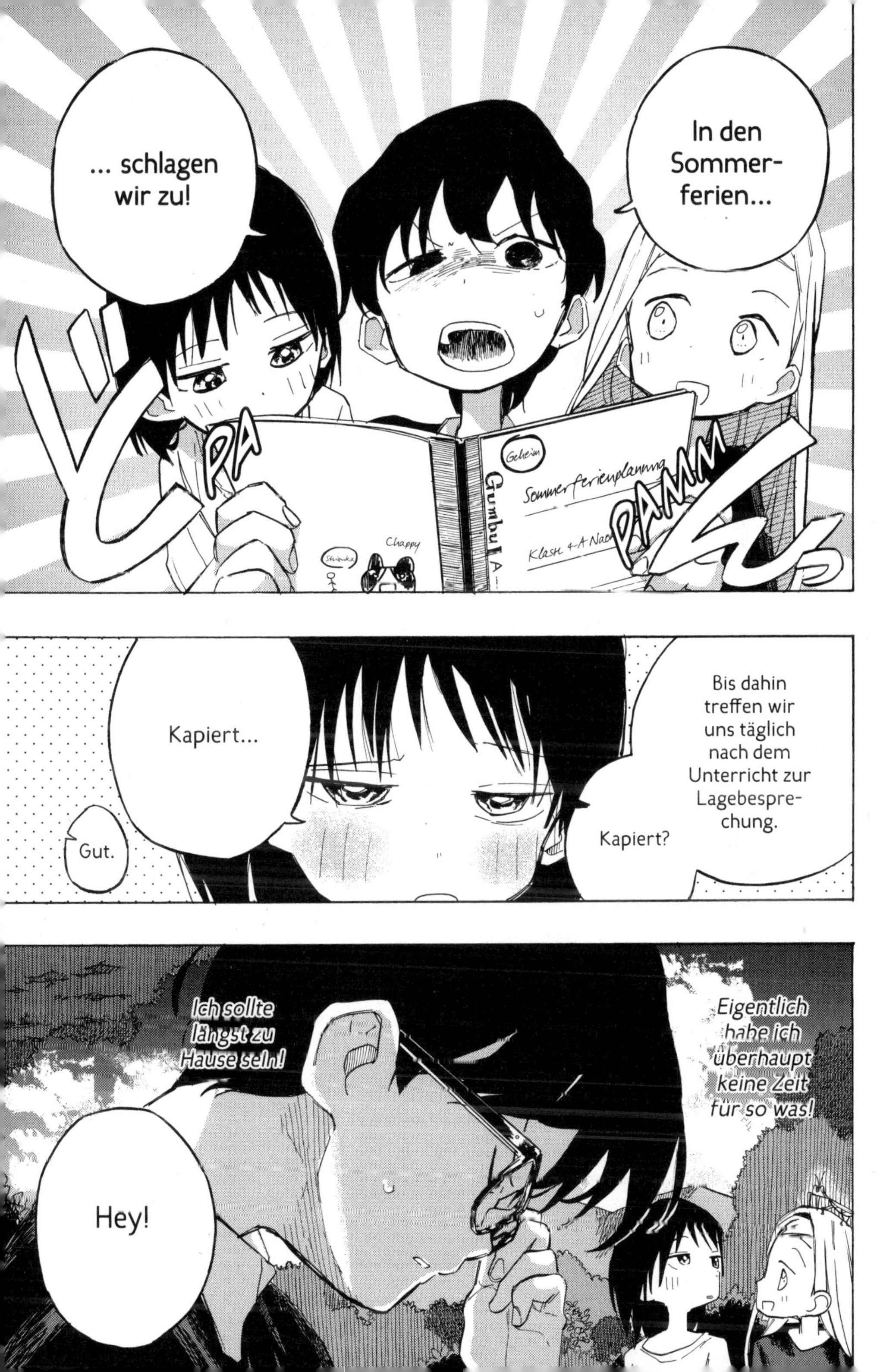

In den Sommerferien...
... schlagen wir zu!
Geheim
Sommerferienplanung
Chappy
PAMM
PA
Bis dahin treffen wir uns täglich nach dem Unterricht zur Lagebesprechung.
Kapiert?
Kapiert...
Gut.
Eigentlich habe ich überhaupt keine Zeit für so was!
Ich sollte längst zu Hause sein!
Hey!

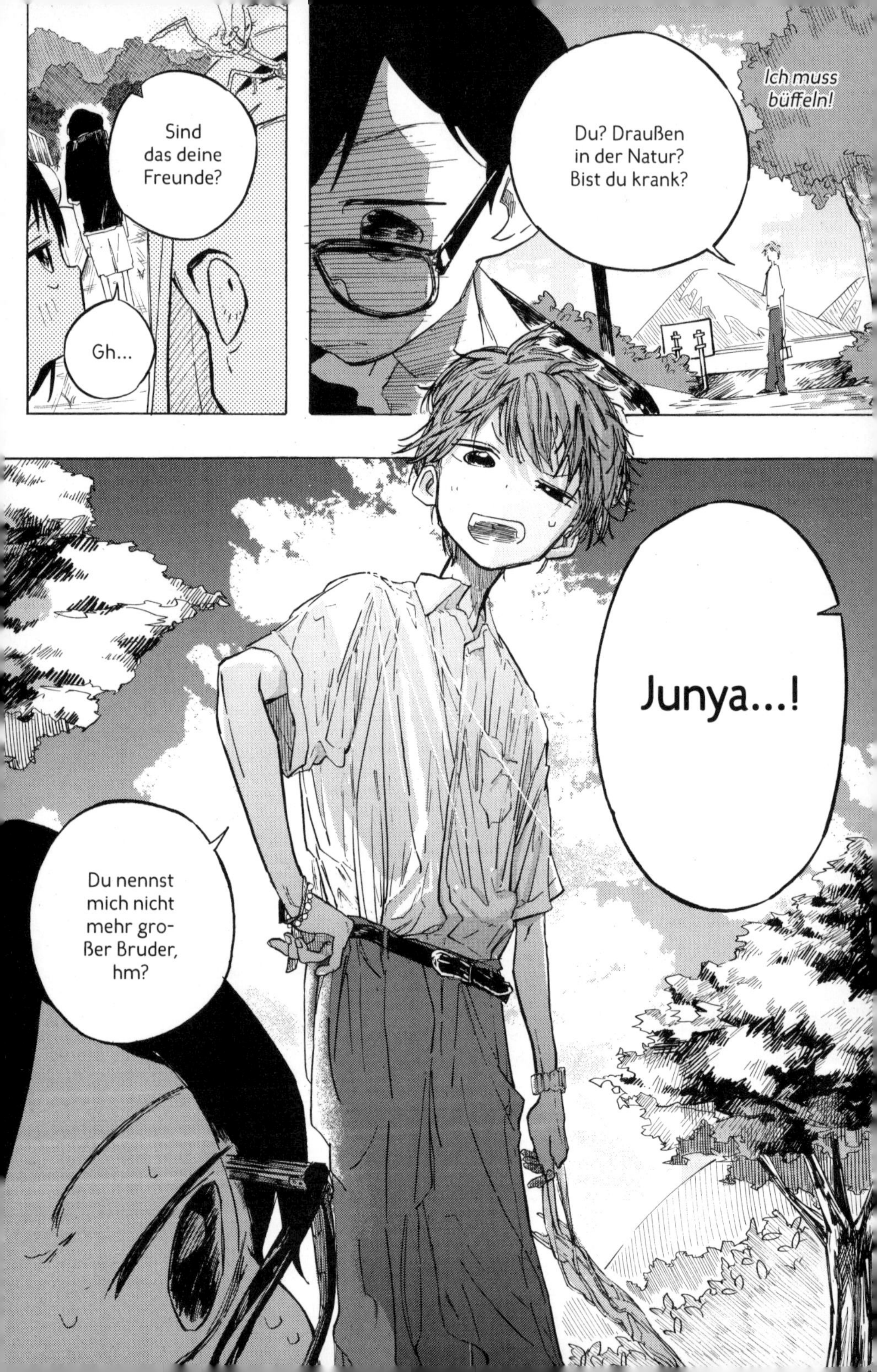
Ich muss büffeln!
Du? Draußen in der Natur? Bist du krank?
Sind das deine Freunde?
Gh...
Junya...!
Du nennst mich nicht mehr großer Bruder, hm?

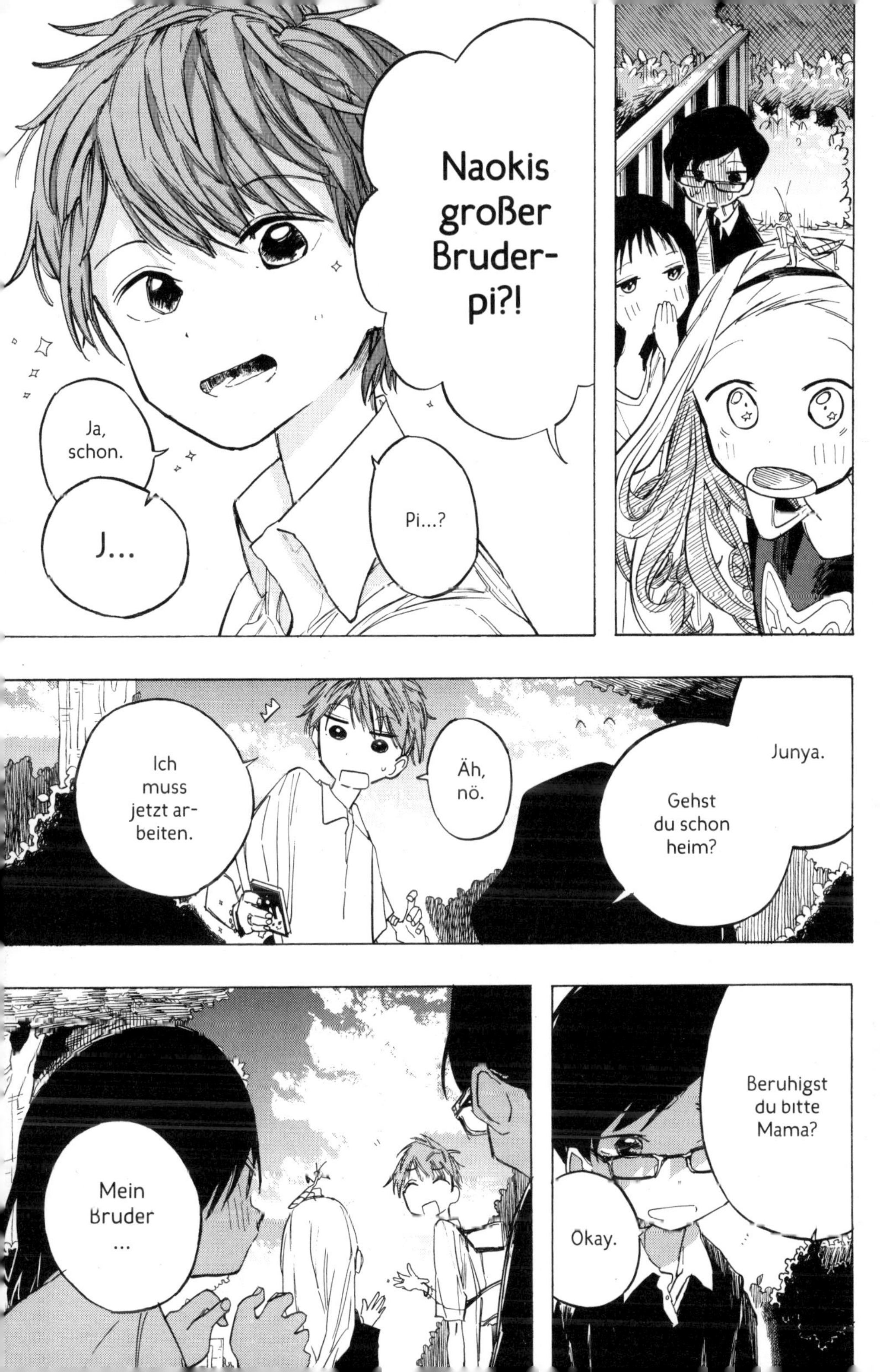
Naokis großer Bruder-pi?!
Pi…?
Ja, schon.
J…
Junya.
Gehst du schon heim?
Äh, nö.
Ich muss jetzt arbeiten.
Beruhigst du bitte Mama?
Okay.
Mein Bruder …

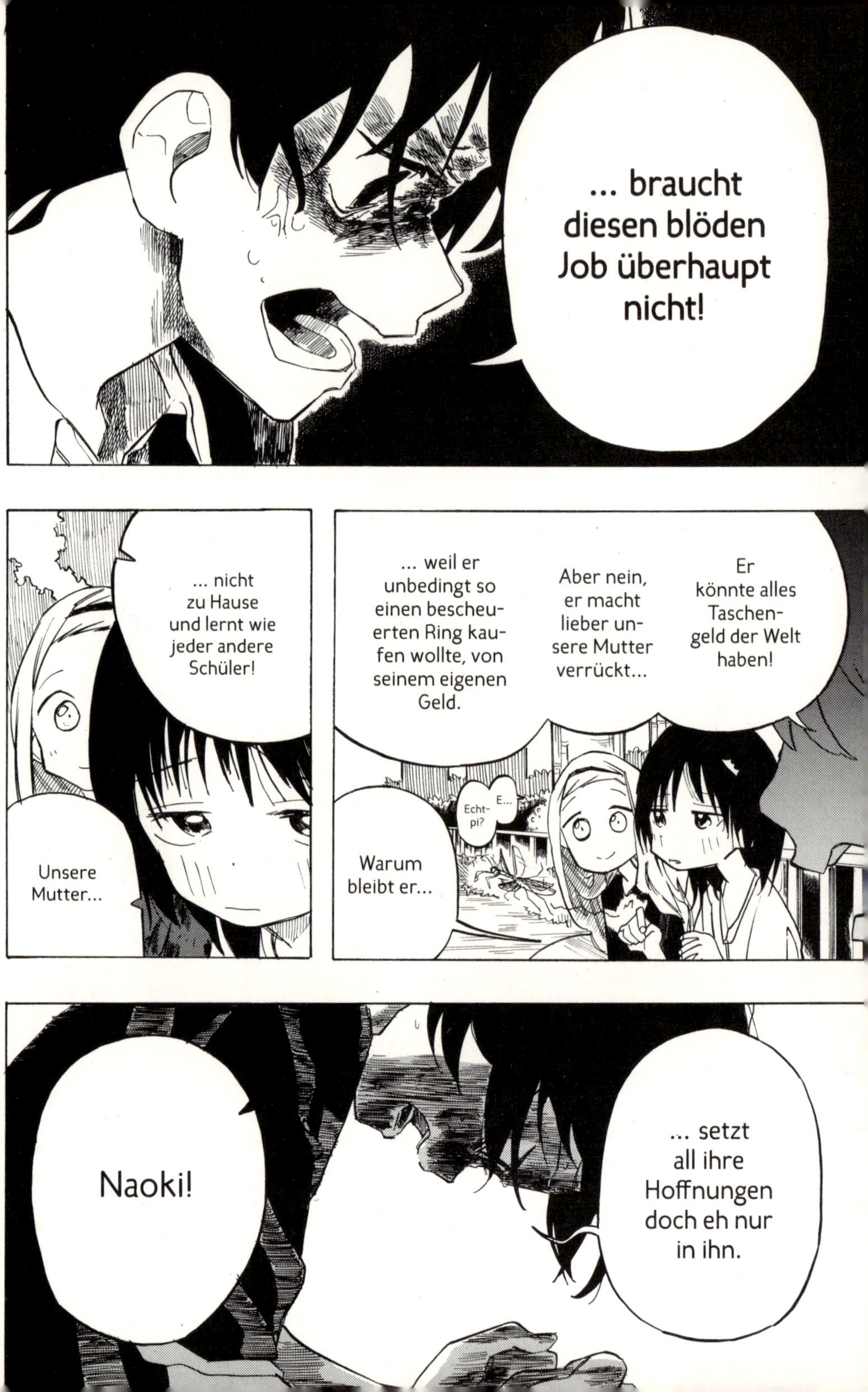
... braucht diesen blöden Job überhaupt nicht!
Er könnte alles Taschengeld der Welt haben!
Aber nein, er macht lieber unsere Mutter verrückt...
... weil er unbedingt so einen bescheuerten Ring kaufen wollte, von seinem eigenen Geld.
E...
Echt-pi?
Warum bleibt er...
... nicht zu Hause und lernt wie jeder andere Schüler!
Unsere Mutter...
... setzt all ihre Hoffnungen doch eh nur in ihn.
Naoki!

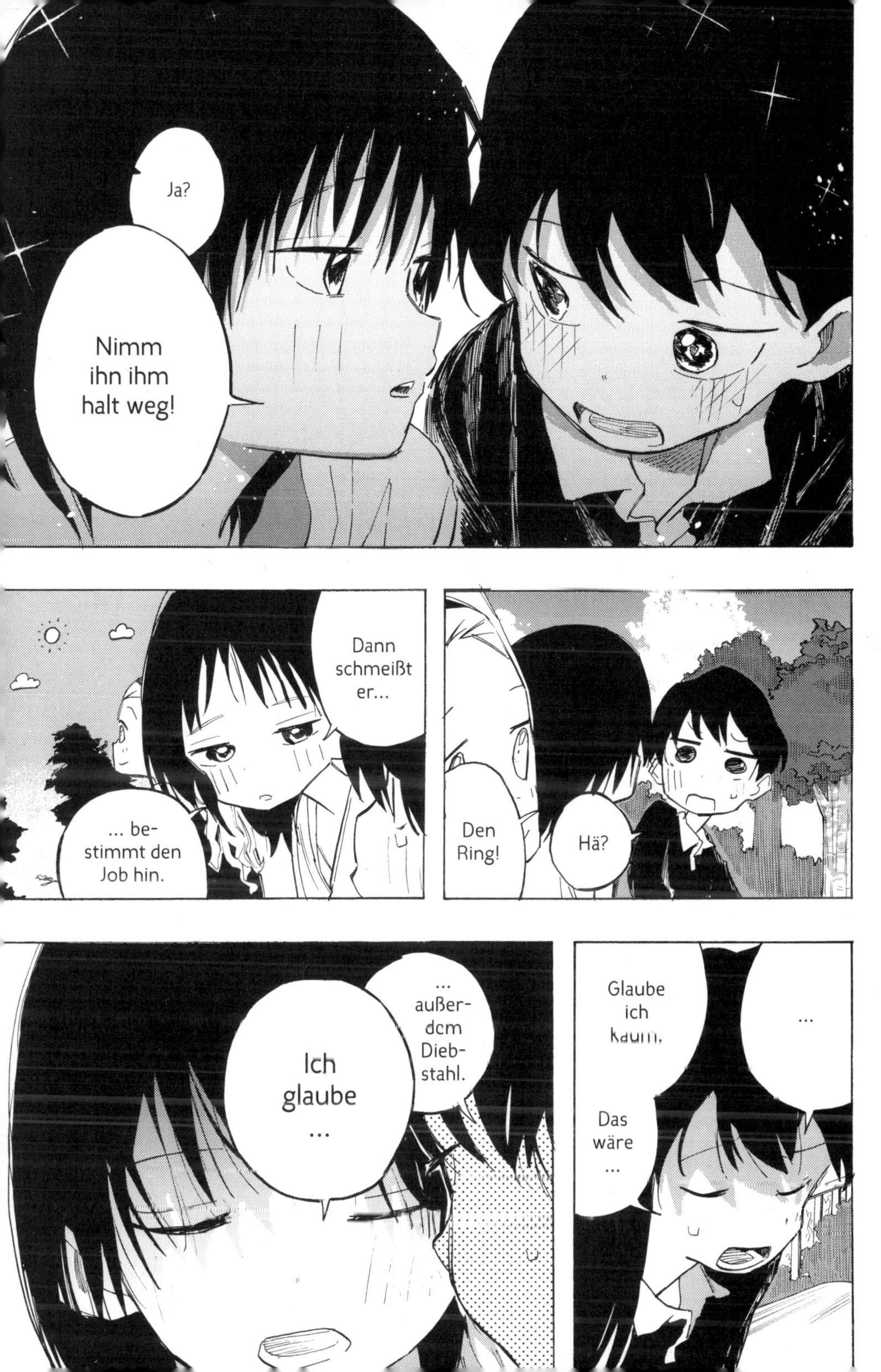

Ja?
Nimm ihn ihm halt weg!
Dann schmeißt er...
... bestimmt den Job hin.
Hä?
Den Ring!
... außerdem Diebstahl.
Ich glaube ...
...
Glaube ich kaum.
Das wäre ...

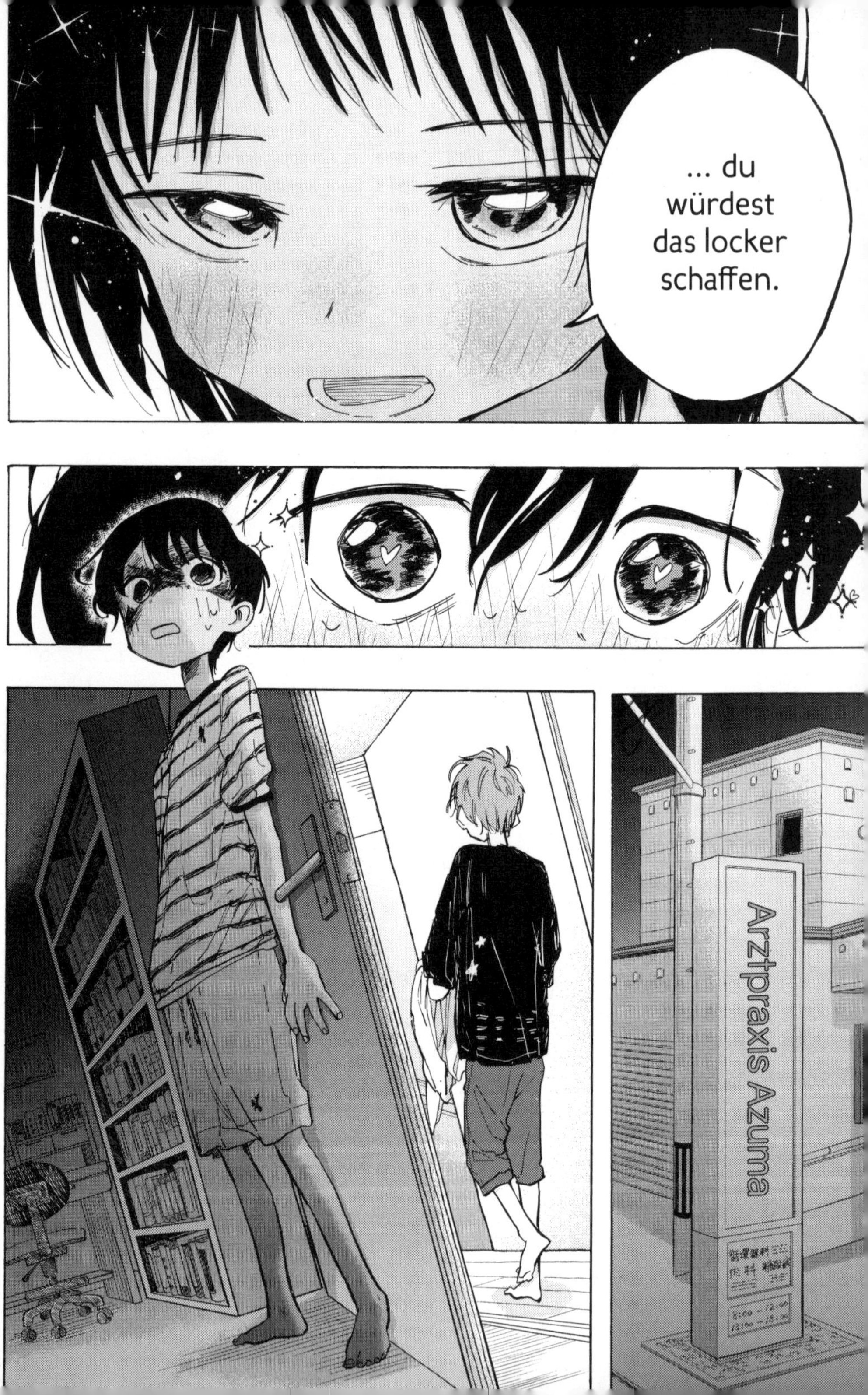
... du würdest das locker schaffen.
Arztpraxis Azuma

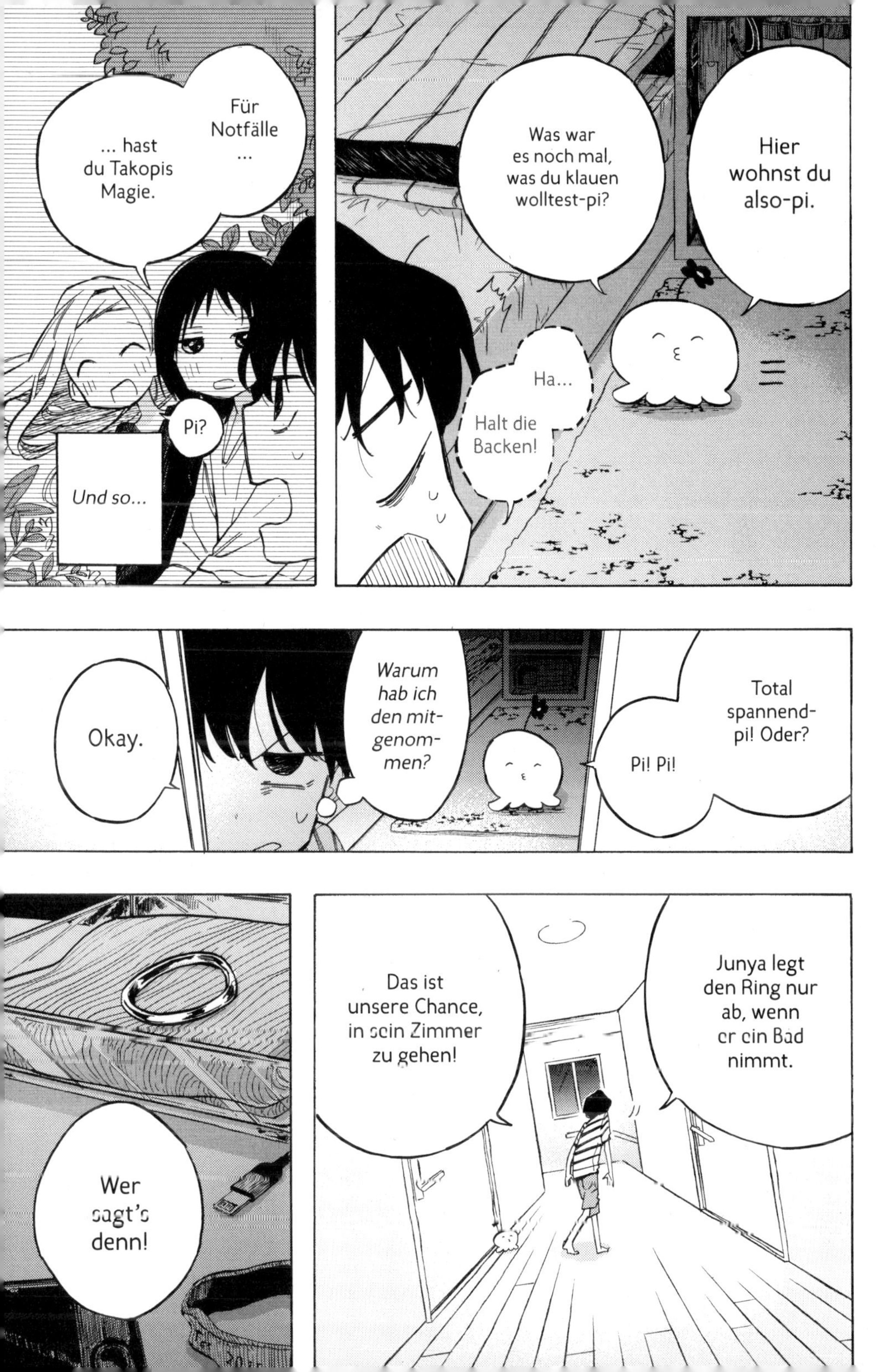
Hier wohnst du also-pi.
Was war es noch mal, was du klauen wolltest-pi?
Ha…
Halt die Backen!
Für Notfälle …
… hast du Takopis Magie.
Pi?
Und so…
Total spannend-pi! Oder?
Pi! Pi!
Warum hab ich den mitgenommen?
Okay.
Junya legt den Ring nur ab, wenn er ein Bad nimmt.
Das ist unsere Chance, in sein Zimmer zu gehen!
Wer sagt's denn!

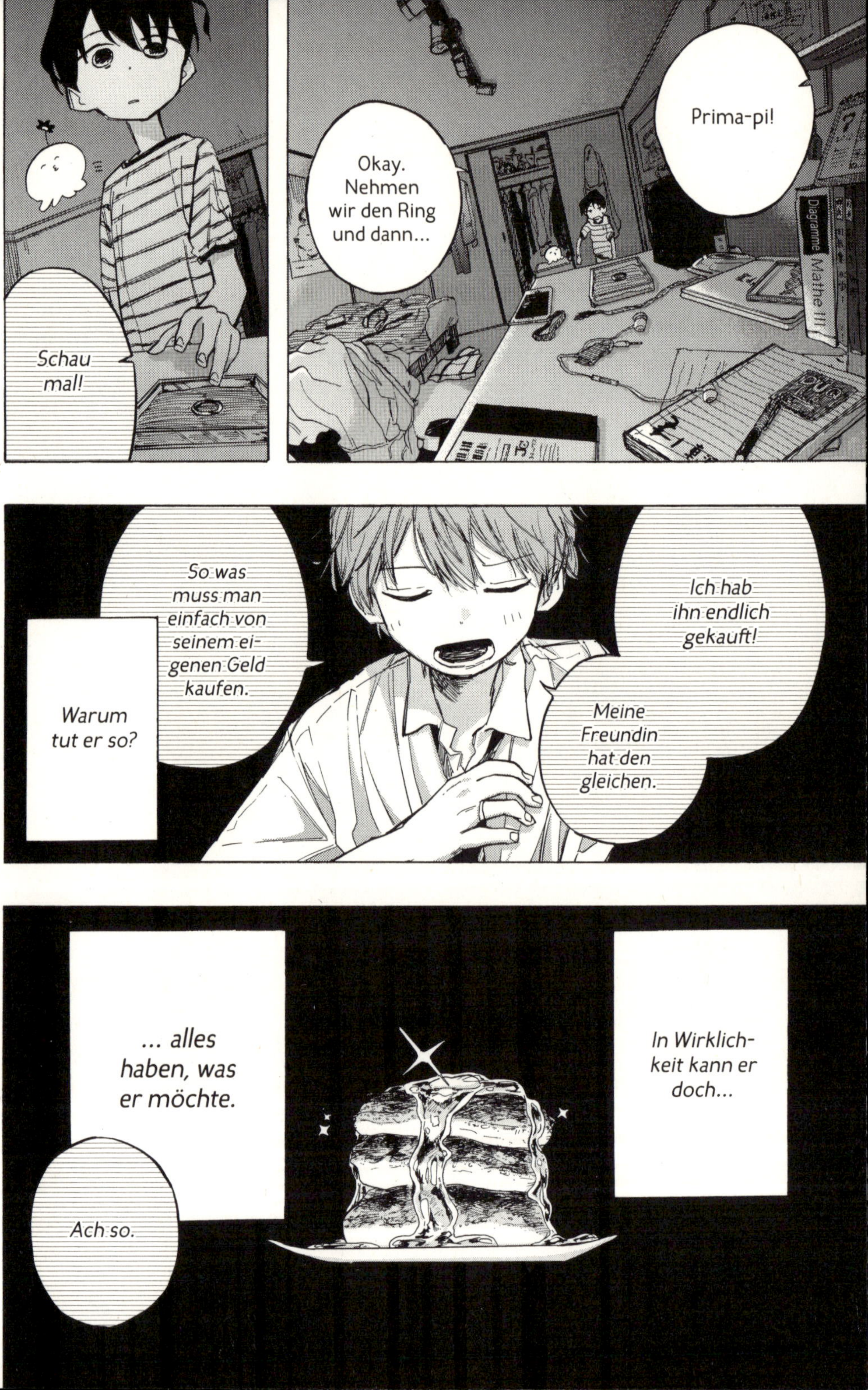
Prima-pi!
Diagramme Mathe III
Okay. Nehmen wir den Ring und dann...
Schau mal!
Ich hab ihn endlich gekauft!
Meine Freundin hat den gleichen.
So was muss man einfach von seinem ei-genen Geld kaufen.
Warum tut er so?
In Wirklich-keit kann er doch...
... alles haben, was er möchte.
Ach so.

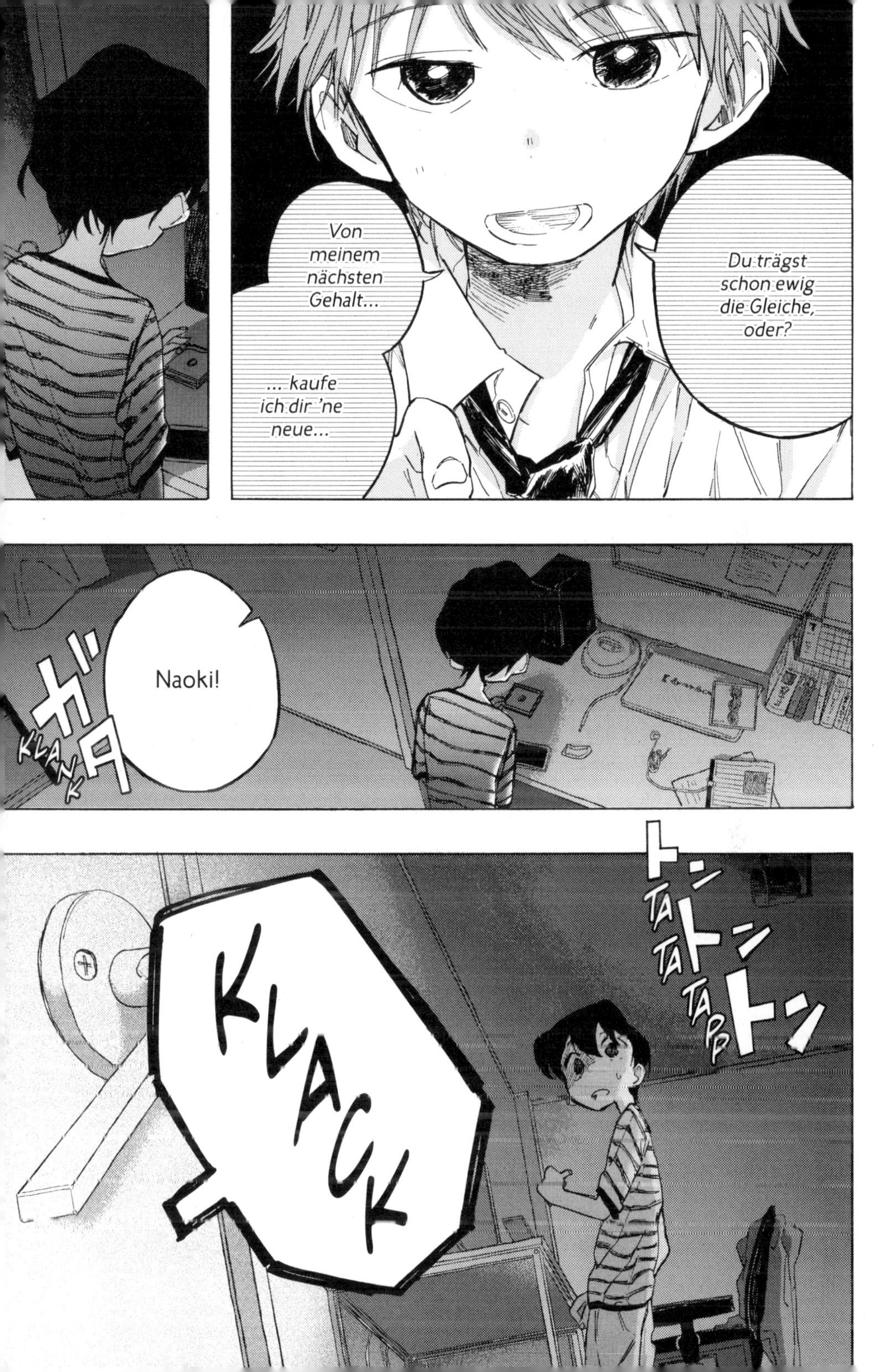
Du trägst schon ewig die Gleiche, oder?
Von meinem nächsten Gehalt...
... kaufe ich dir 'ne neue...
Naoki!
KLANK
TA TA TAPP
KLACK

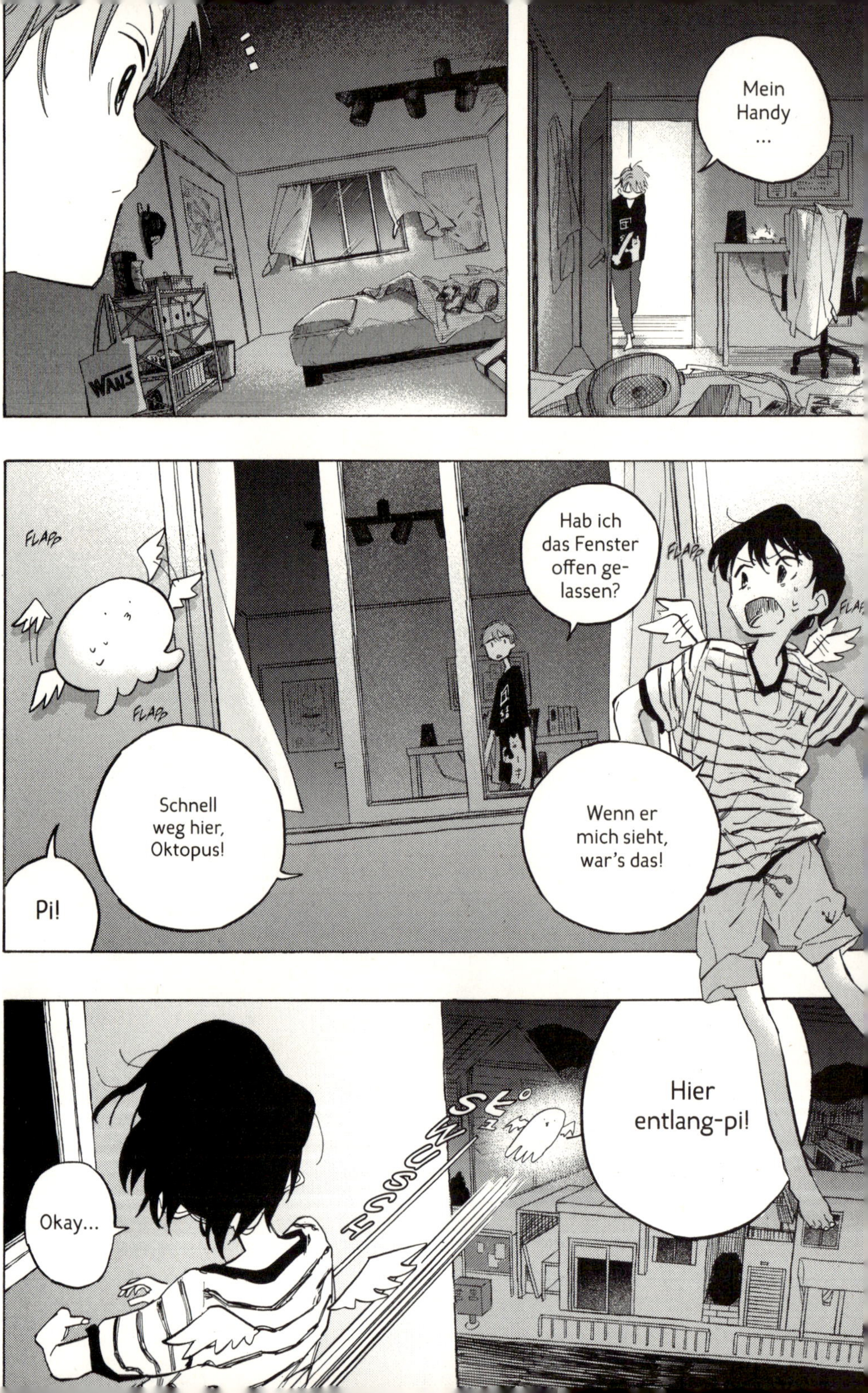
...
Mein Handy ...
FLAPP
Hab ich das Fenster offen gelassen?
FLAPP
FLAPP
FLAPP
Schnell weg hier, Oktopus!
Pi!
Wenn er mich sieht, war's das!
Hier entlang-pi!
WUSCH
HUSCH
Okay...

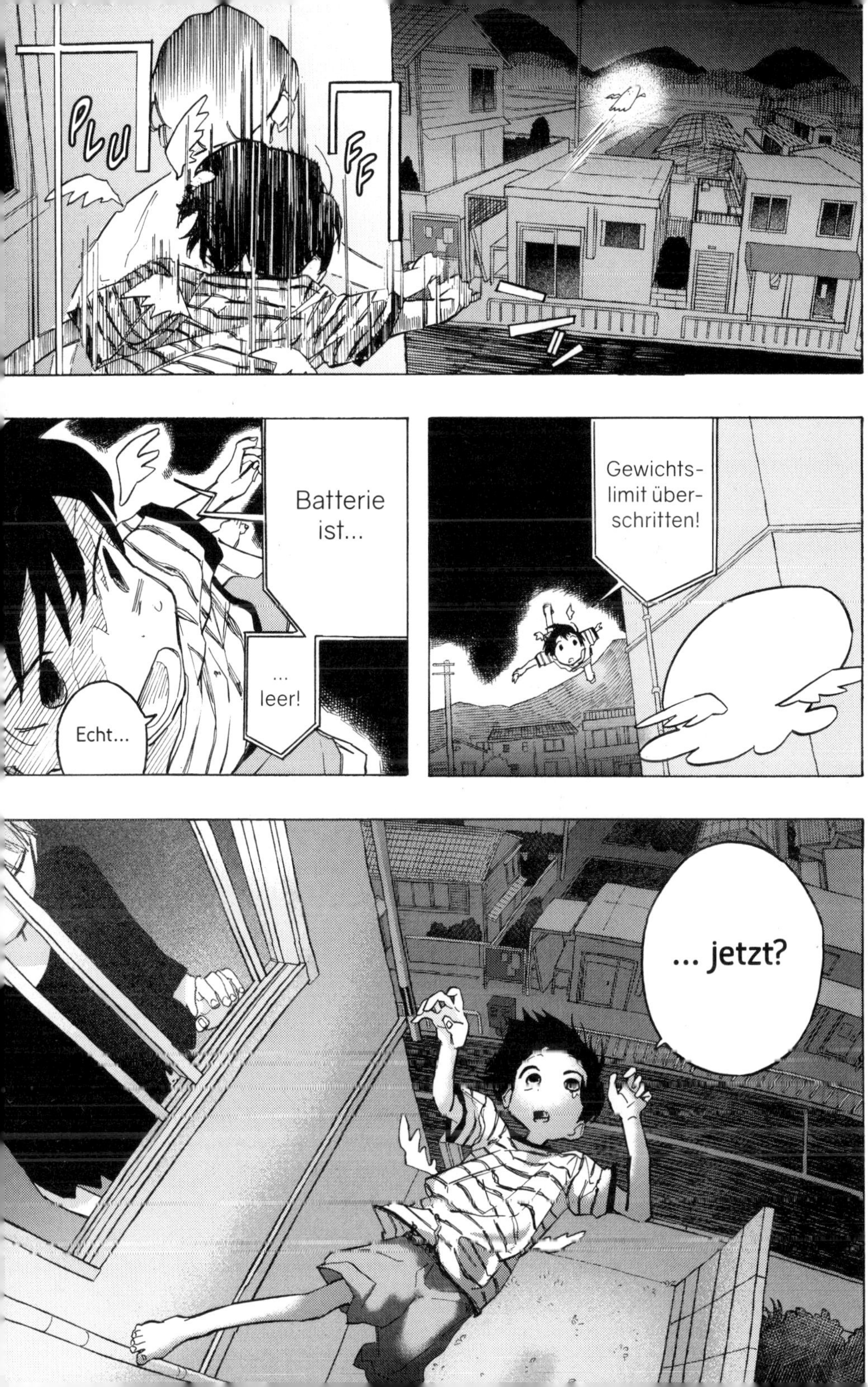
PLU
FF
Gewichts-
limit über-
schritten!
Batterie
ist...
... leer!
Echt...
... jetzt?

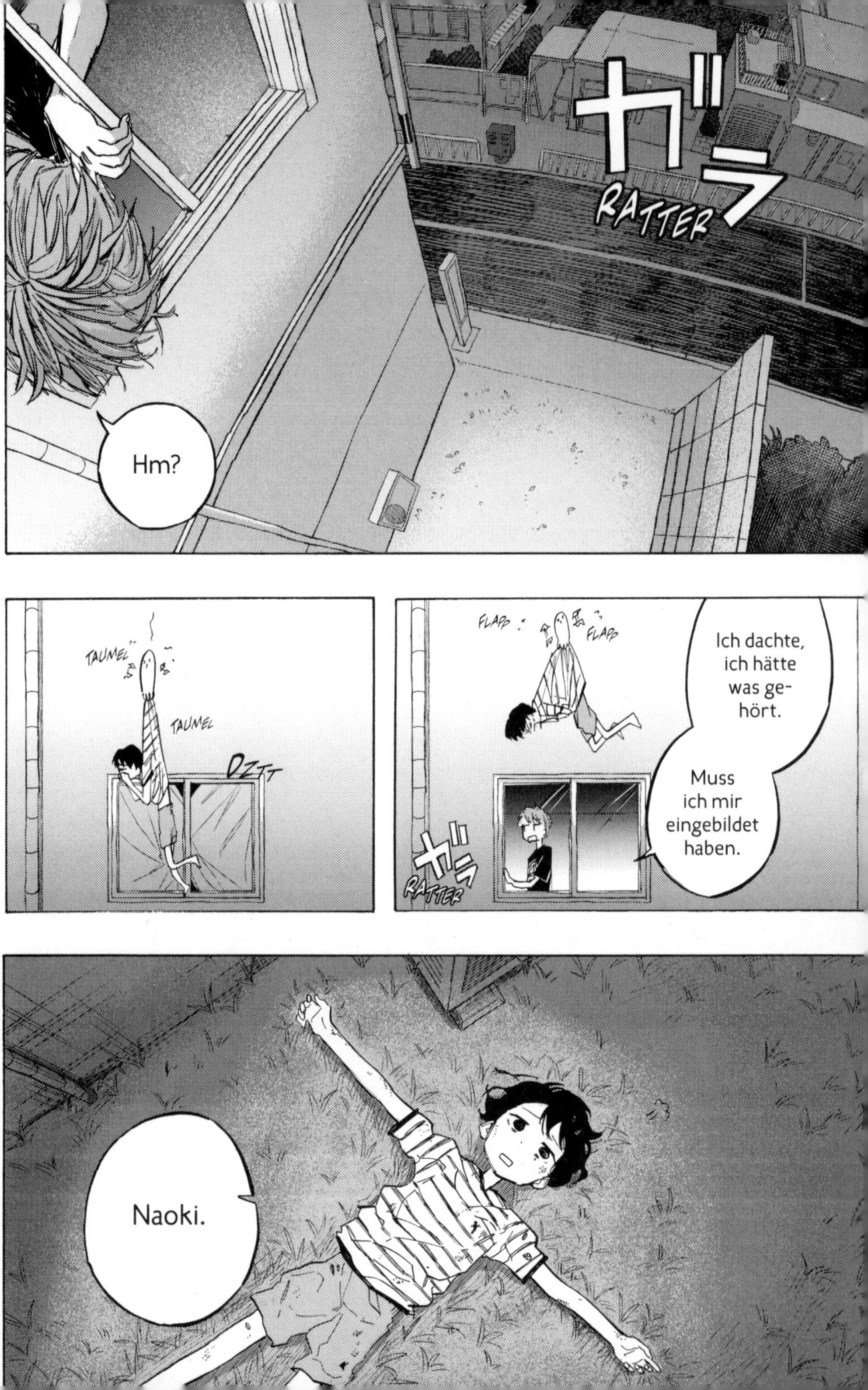

ガラ
RATTER
Hm?
Ich dachte, ich hätte was gehört.
Muss ich mir eingebildet haben.
ガラ
RATTER
FLAPP
FLAPP
TAUMEL
TAUMEL
DZTT
Naoki.

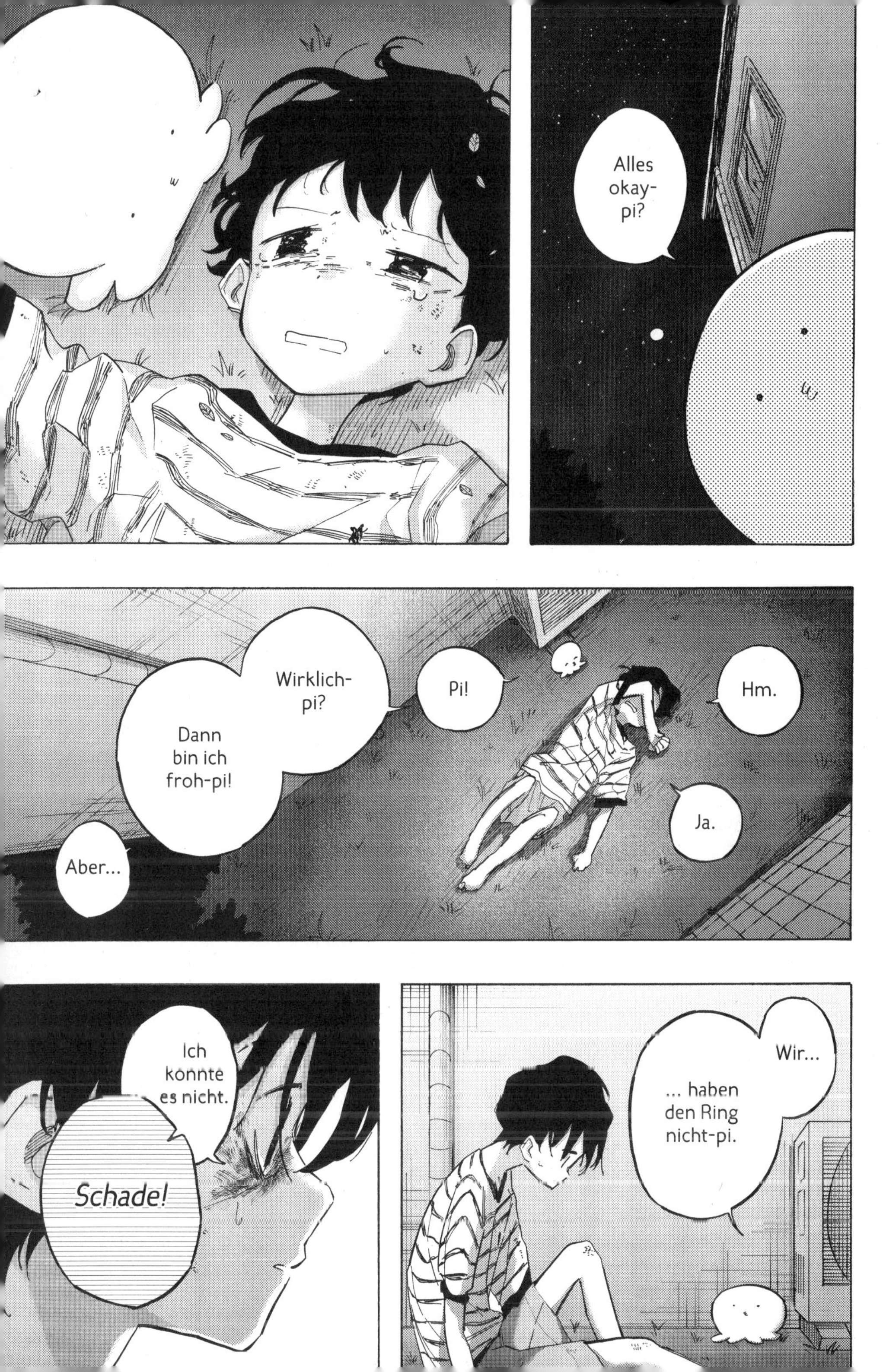
Alles okay-pi?
Hm.
Pi!
Wirklich-pi?
Ja.
Dann bin ich froh-pi!
Aber…
Wir…
… haben den Ring nicht-pi.
Ich konnte es nicht.
Schade!

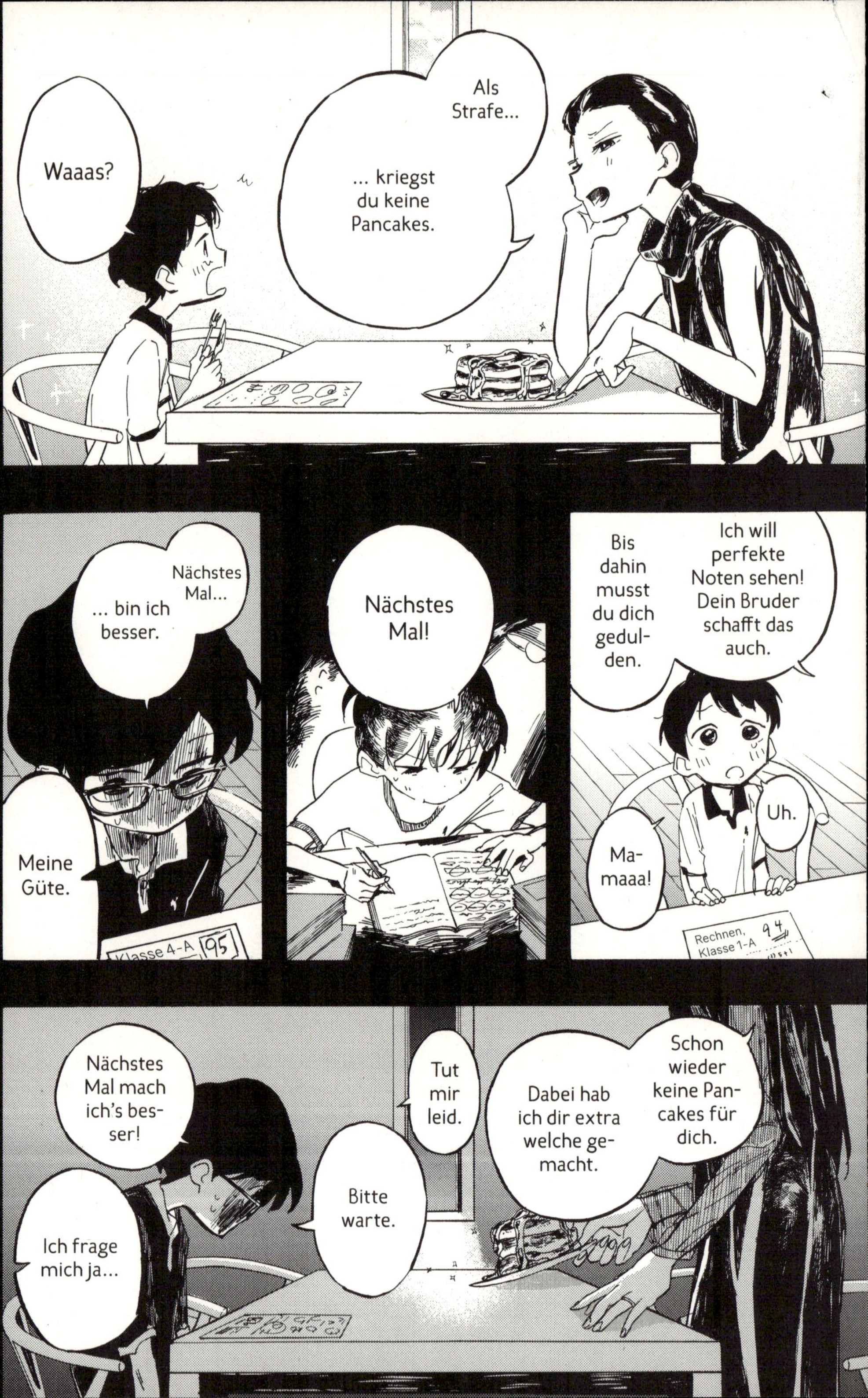
Als Strafe...
... kriegst du keine Pancakes.
Waaas?
Ich will perfekte Noten sehen! Dein Bruder schafft das auch.
Bis dahin musst du dich gedulden.
Uh.
Mamaaa!
Rechnen, Klasse 1-A 94
Nächstes Mal!
Nächstes Mal...
... bin ich besser.
Meine Güte.
Klasse 4-A 95
Schon wieder keine Pancakes für dich.
Dabei hab ich dir extra welche gemacht.
Tut mir leid.
Bitte warte.
Nächstes Mal mach ich's besser!
Ich frage mich ja...

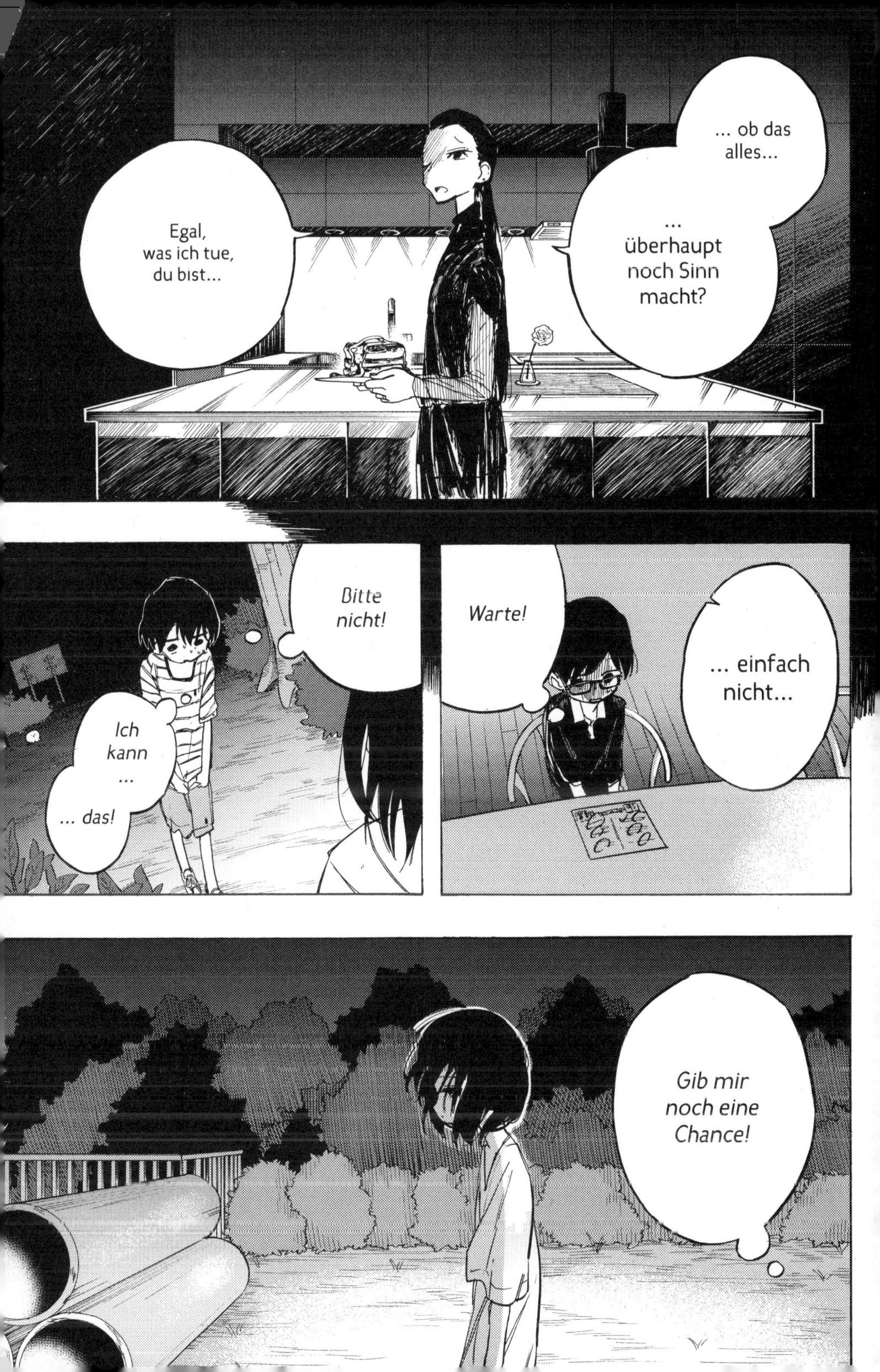
... ob das alles...
... überhaupt noch Sinn macht?
Egal, was ich tue, du bist...
... einfach nicht...
Warte!
Bitte nicht!
Ich kann ...
... das!
Gib mir noch eine Chance!

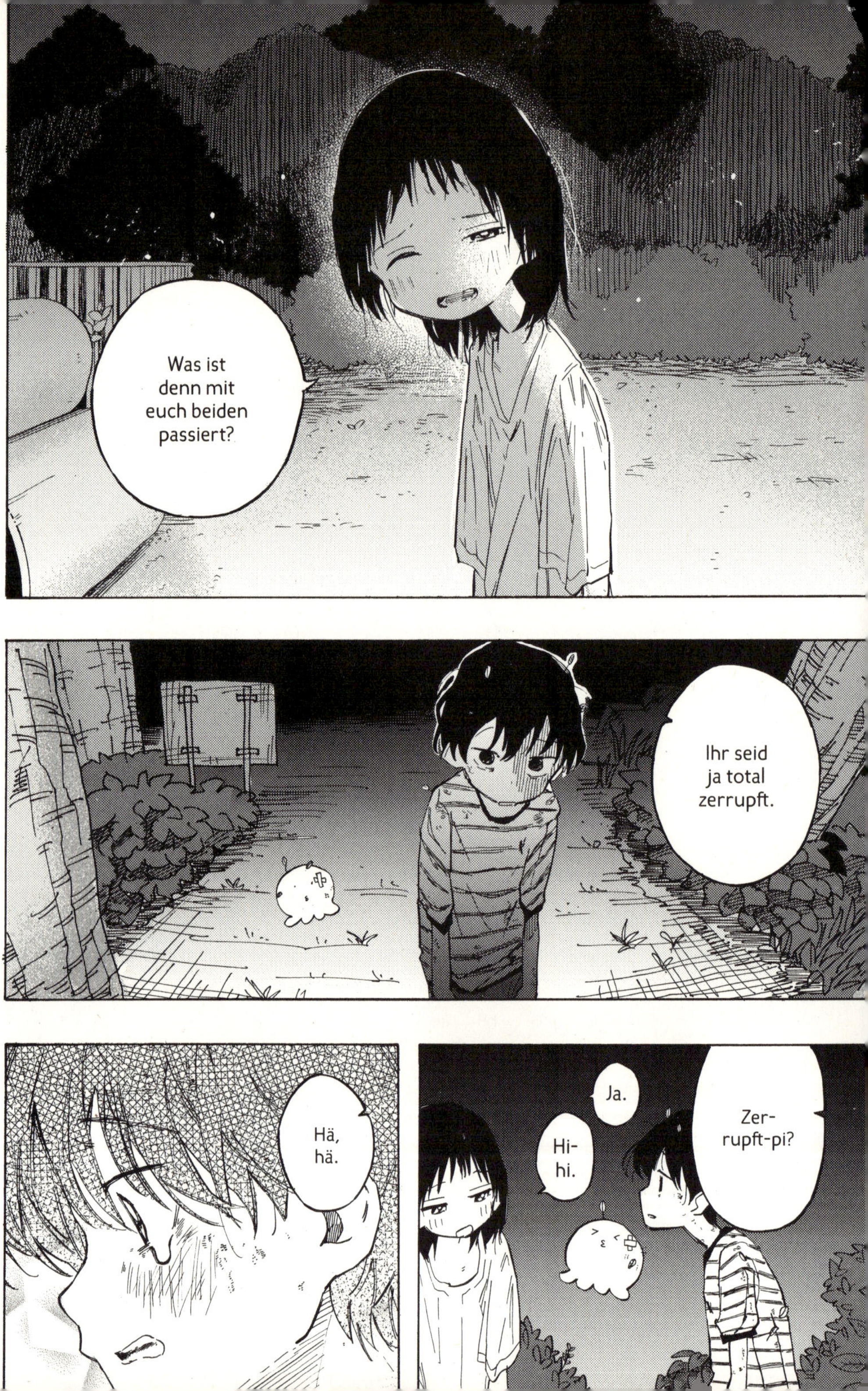
Was ist denn mit euch beiden passiert?
Ihr seid ja total zerrupft.
Zer-rupft-pi?
Ja.
Hi-hi.
Hä, hä.

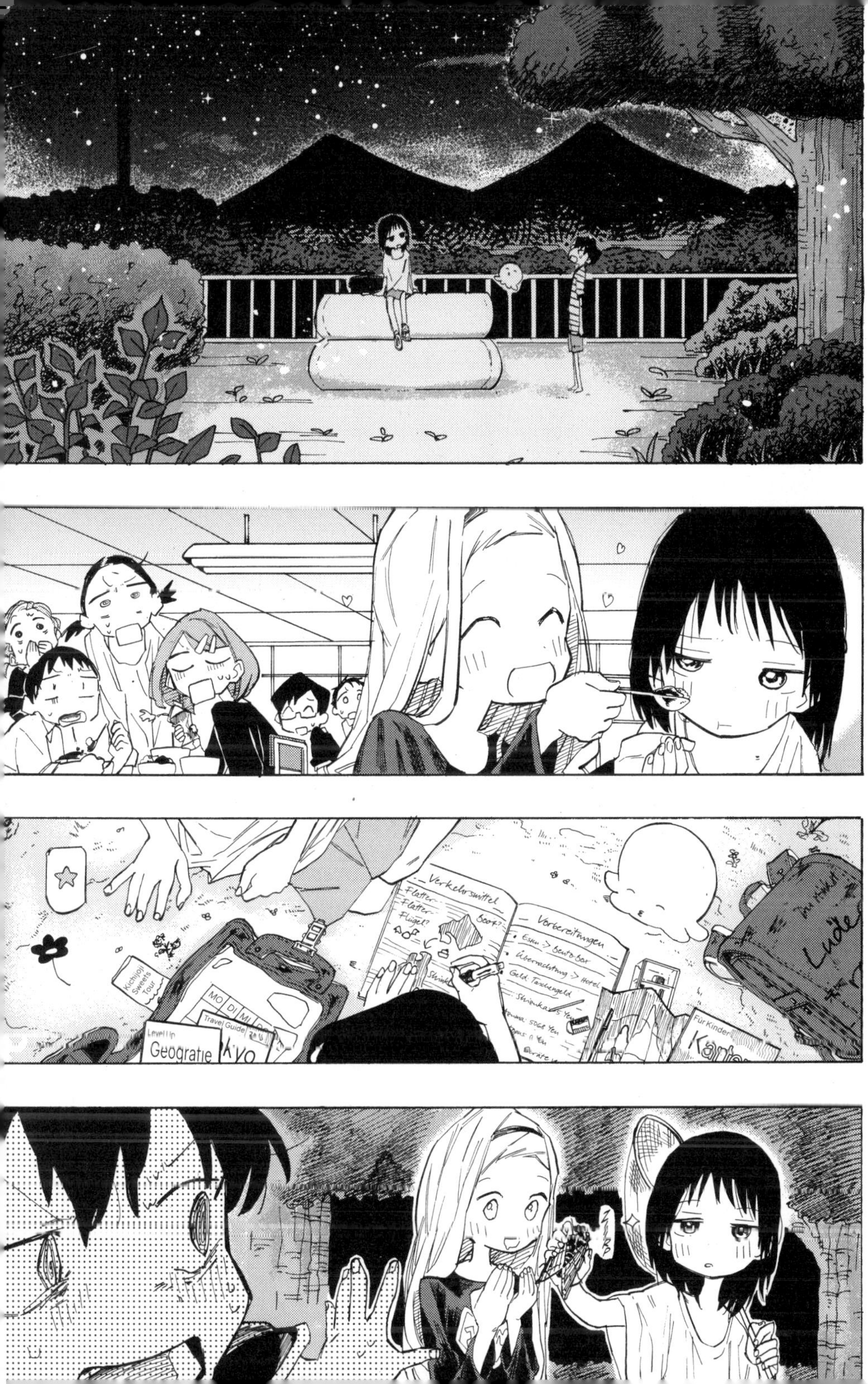
Verkehrsmittel
Flatter-
Flatter-
Flügel?
Boot?
Vorbereitungen
Essen -> Bento-Box
Übernachtung -> Hotel
Geld: Taschengeld
Kichijoji Sweets Tour
MO DI MI
Travel Guide
Level Up
Geografie
Für Kinder

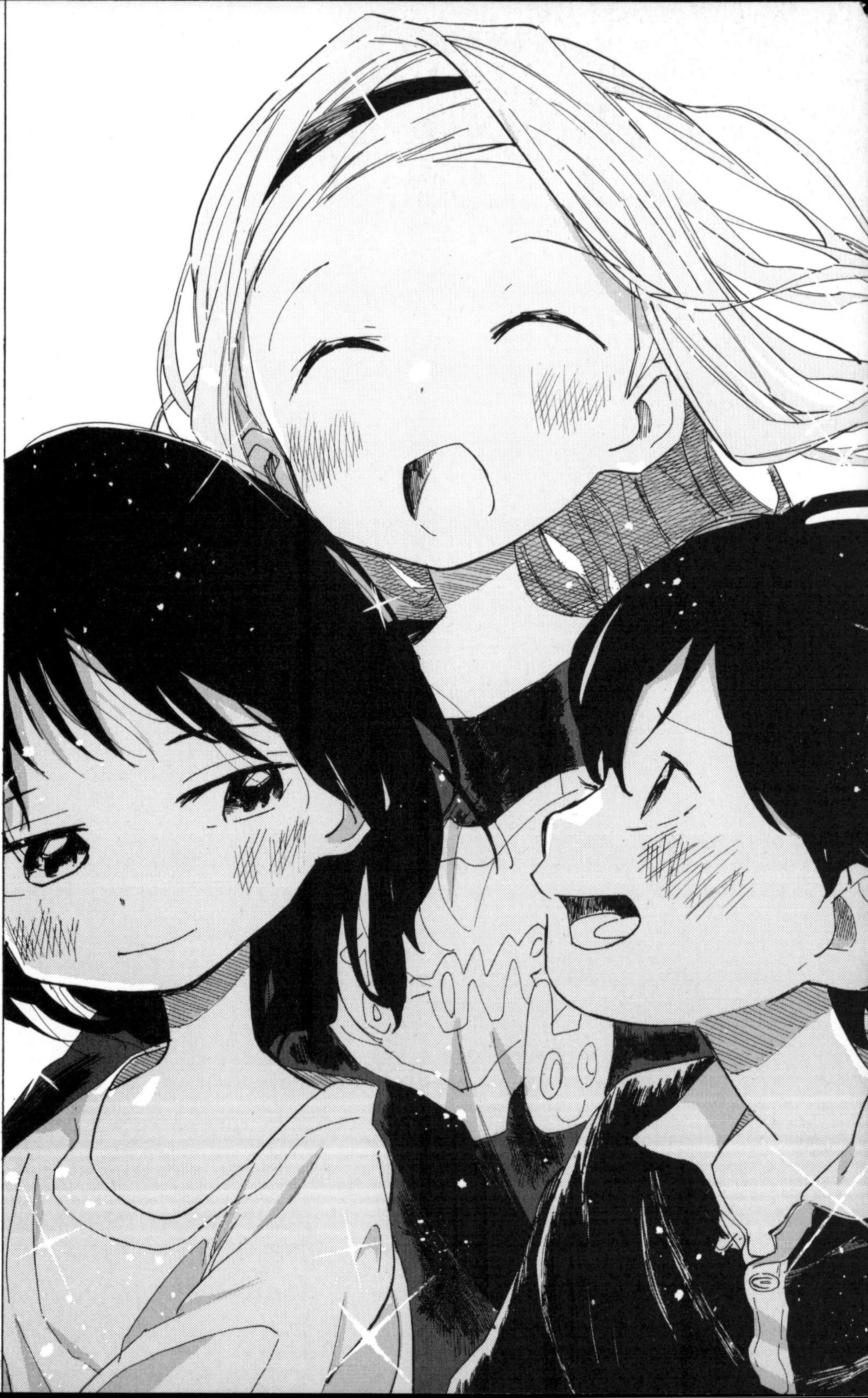

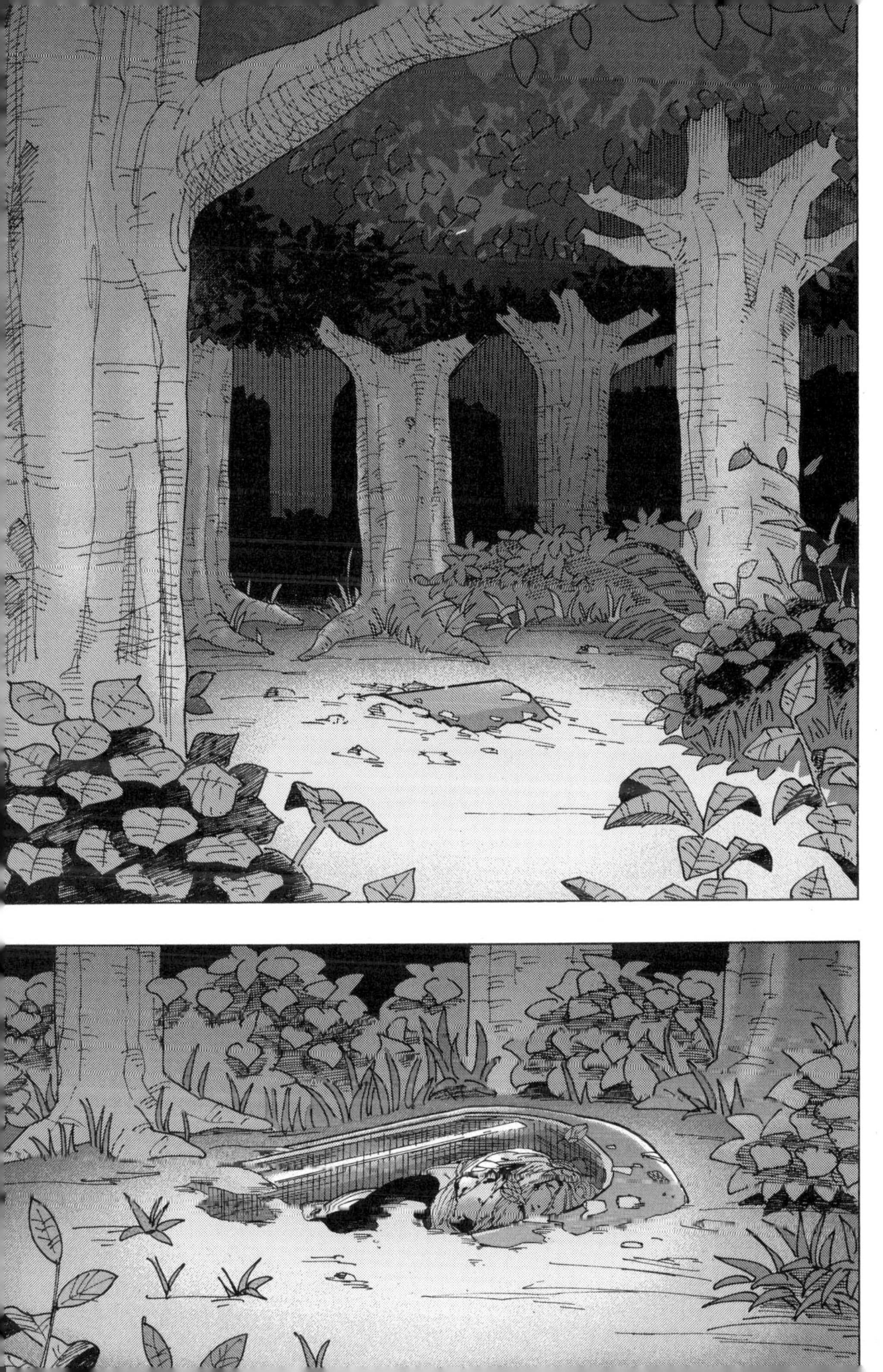

Bonus 3

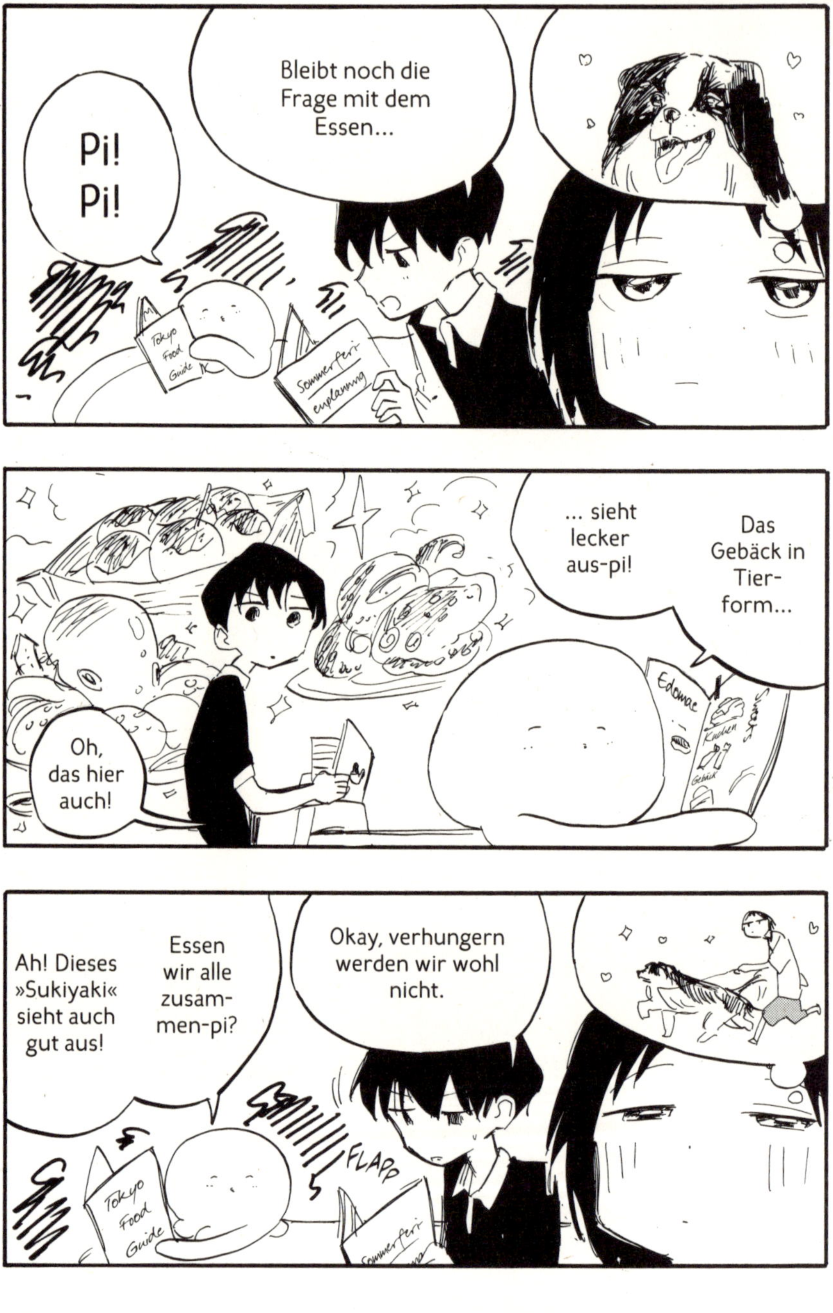
Pi! Pi!
Bleibt noch die Frage mit dem Essen…
Tokyo Food Guide
Sommerferienplanung
Das Gebäck in Tierform…
… sieht lecker aus-pi!
Oh, das hier auch!
Edomae
Sweets
Kuchen
Gebäck
Ah! Dieses »Sukiyaki« sieht auch gut aus!
Essen wir alle zusam-men-pi?
Okay, verhungern werden wir wohl nicht.
FLAPP
Tokyo Food Guide

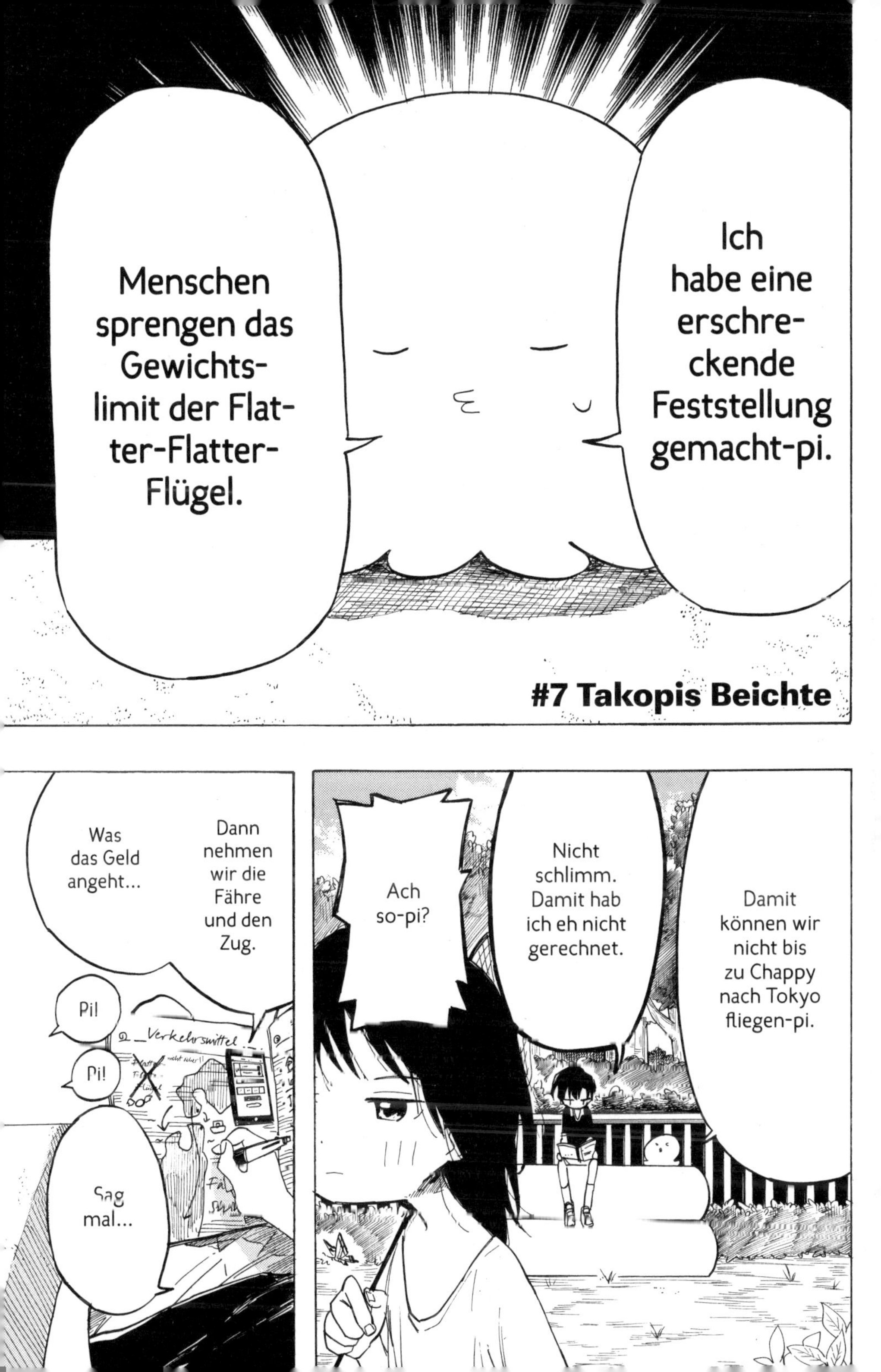
Ich habe eine erschreckende Feststellung gemacht-pi.
Menschen sprengen das Gewichtslimit der Flatter-Flatter-Flügel.
#7 Takopis Beichte
Damit können wir nicht bis zu Chappy nach Tokyo fliegen-pi.
Nicht schlimm. Damit hab ich eh nicht gerechnet.
Ach so-pi?
Dann nehmen wir die Fähre und den Zug.
Was das Geld angeht…
Pi!
Pi!
Verkehrsmittel
Sag mal…

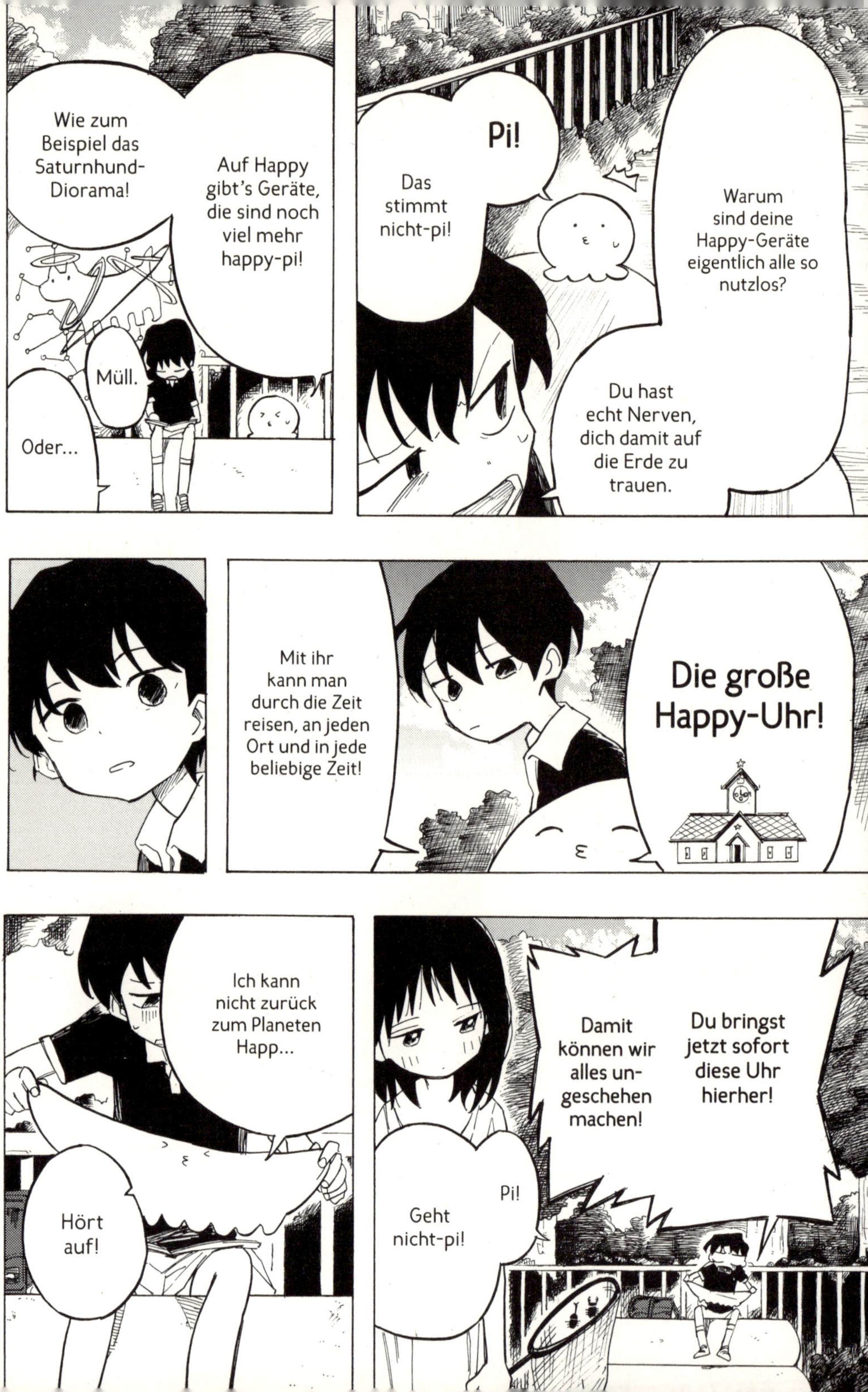
Warum sind deine Happy-Geräte eigentlich alle so nutzlos?
Du hast echt Nerven, dich damit auf die Erde zu trauen.
Pi!
Das stimmt nicht-pi!
Auf Happy gibt's Geräte, die sind noch viel mehr happy-pi!
Wie zum Beispiel das Saturnhund-Diorama!
Müll.
Oder...
Die große Happy-Uhr!
Mit ihr kann man durch die Zeit reisen, an jeden Ort und in jede beliebige Zeit!
Du bringst jetzt sofort diese Uhr hierher!
Damit können wir alles ungeschehen machen!
Pi!
Geht nicht-pi!
Ich kann nicht zurück zum Planeten Happ...
Hört auf!

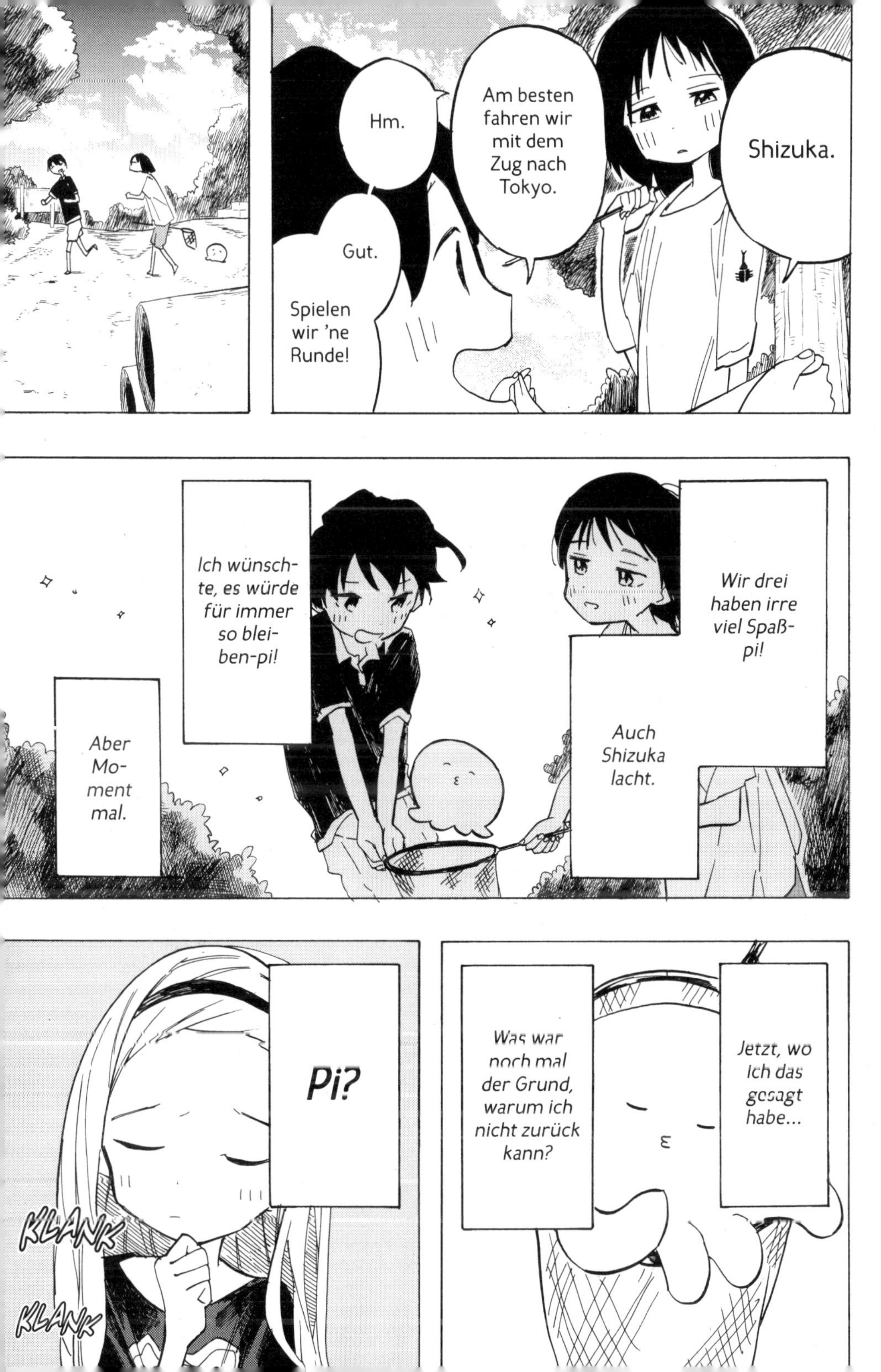
Shizuka.
Am besten fahren wir mit dem Zug nach Tokyo.
Hm.
Gut.
Spielen wir 'ne Runde!
Wir drei haben irre viel Spaß-pi!
Auch Shizuka lacht.
Ich wünschte, es würde für immer so bleiben-pi!
Aber Moment mal.
Jetzt, wo ich das gesagt habe...
Was war noch mal der Grund, warum ich nicht zurück kann?
Pi?
KLANK
KLANK

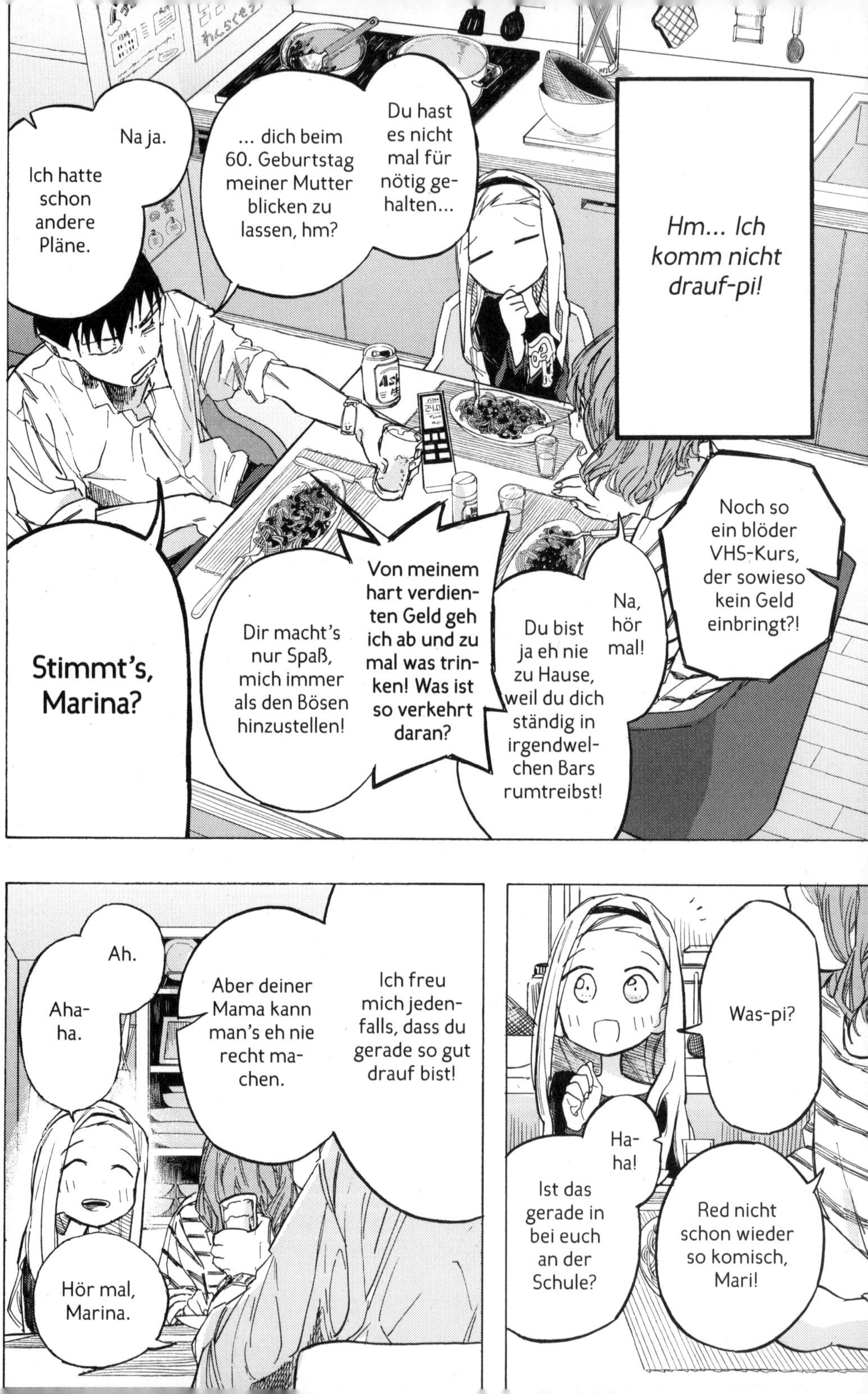
Hm… Ich komm nicht drauf-pi!
Du hast es nicht mal für nötig gehalten…
… dich beim 60. Geburtstag meiner Mutter blicken zu lassen, hm?
Na ja.
Ich hatte schon andere Pläne.
Noch so ein blöder VHS-Kurs, der sowieso kein Geld einbringt?!
Na, hör mal!
Du bist ja eh nie zu Hause, weil du dich ständig in irgendwelchen Bars rumtreibst!
Von meinem hart verdienten Geld geh ich ab und zu mal was trinken! Was ist so verkehrt daran?
Dir macht's nur Spaß, mich immer als den Bösen hinzustellen!
Stimmt's, Marina?
Was-pi?
Ha-ha!
Red nicht schon wieder so komisch, Mari!
Ist das gerade in bei euch an der Schule?
Ich freu mich jedenfalls, dass du gerade so gut drauf bist!
Aber deiner Mama kann man's eh nie recht machen.
Ah.
Aha-ha.
Hör mal, Marina.

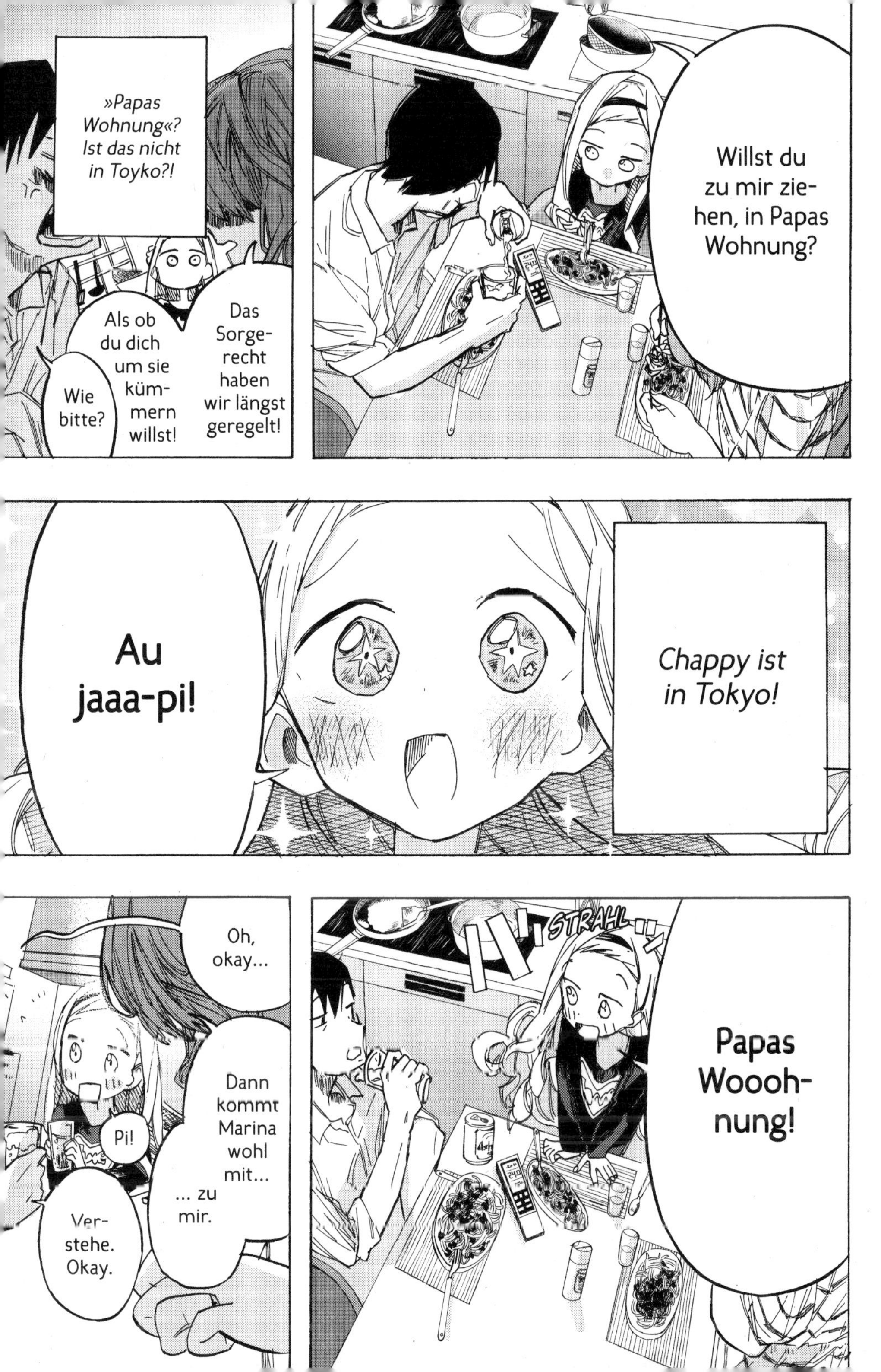
Willst du zu mir ziehen, in Papas Wohnung?
»Papas Wohnung«? Ist das nicht in Toyko?!
Das Sorgerecht haben wir längst geregelt!
Als ob du dich um sie kümmern willst!
Wie bitte?
Chappy ist in Tokyo!
Au jaaa-pi!
STRAHL
Papas Wooohnung!
Oh, okay...
Dann kommt Marina wohl mit...
... zu mir.
Pi!
Verstehe. Okay.

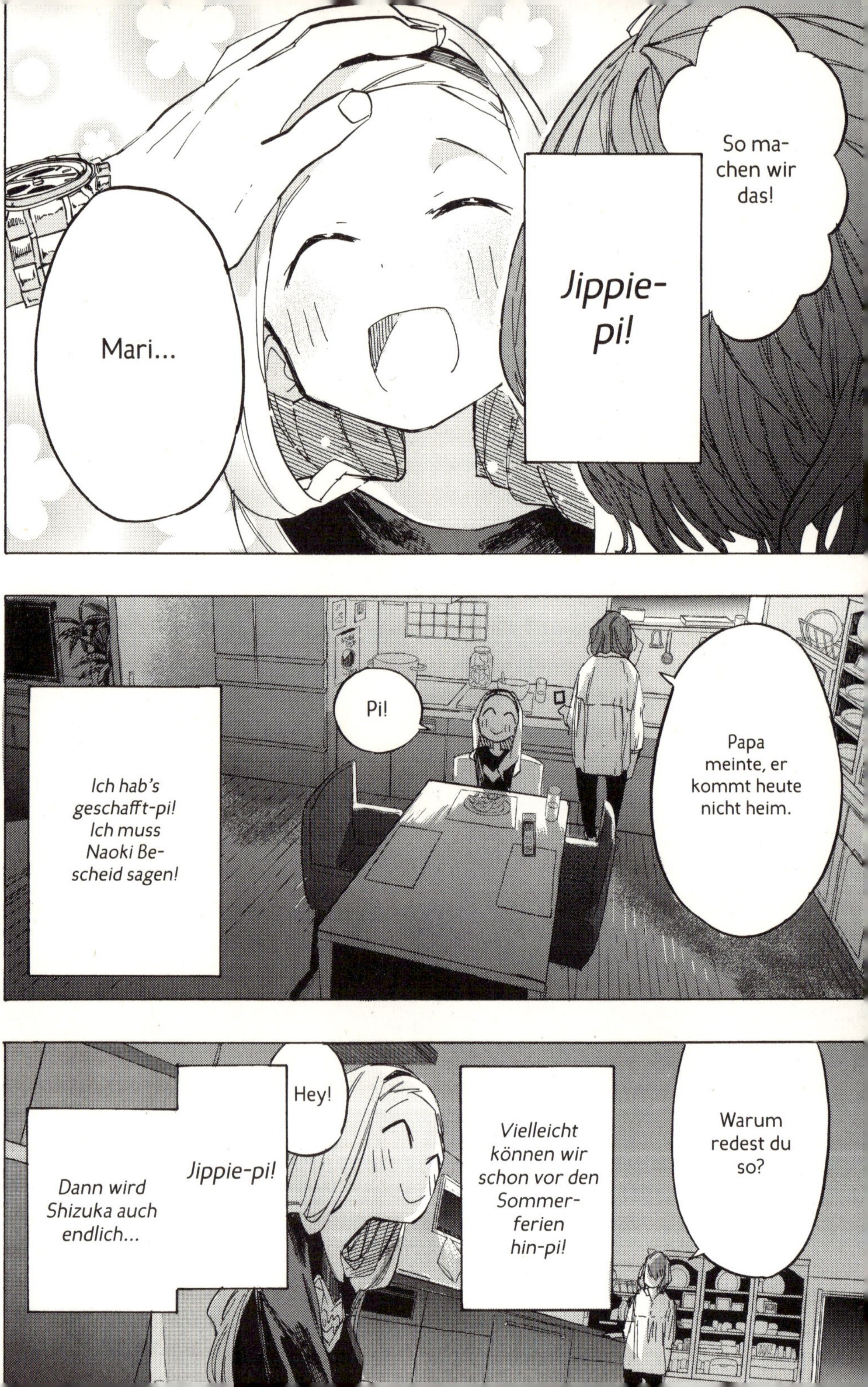
So machen wir das!
Jippie-pi!
Mari…
Papa meinte, er kommt heute nicht heim.
Pi!
Ich hab's geschafft-pi! Ich muss Naoki Bescheid sagen!
Warum redest du so?
Vielleicht können wir schon vor den Sommerferien hin-pi!
Hey!
Jippie-pi!
Dann wird Shizuka auch endlich…

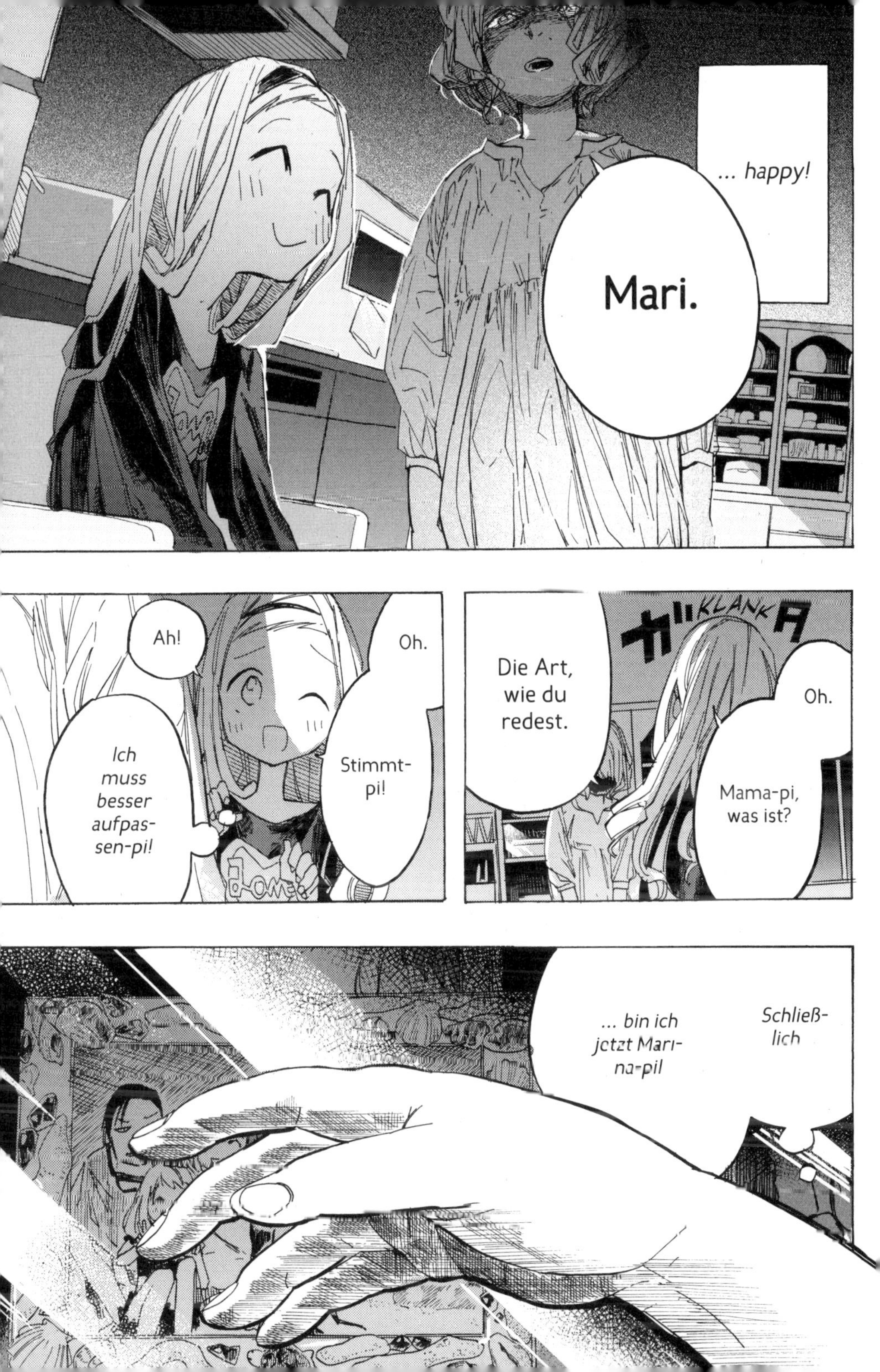
... happy!
Mari.
Oh.
Stimmt-pi!
Ah!
Ich muss besser aufpas-sen-pi!
KLANK
Oh.
Mama-pi, was ist?
Die Art, wie du redest.
Schließ-lich
... bin ich jetzt Mari-na-pi!

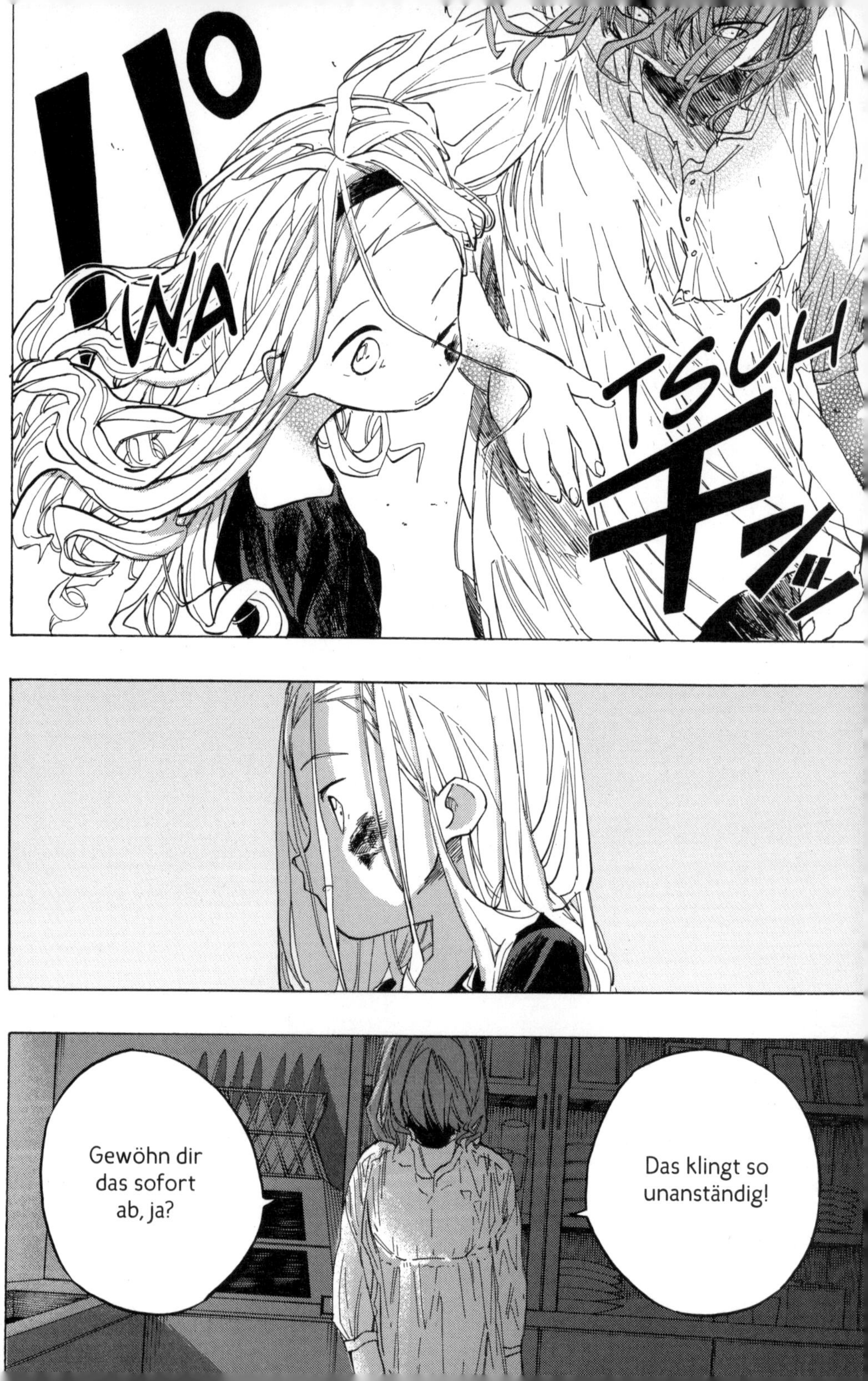

WATSCH
Gewöhn dir das sofort ab, ja?
Das klingt so unanständig!

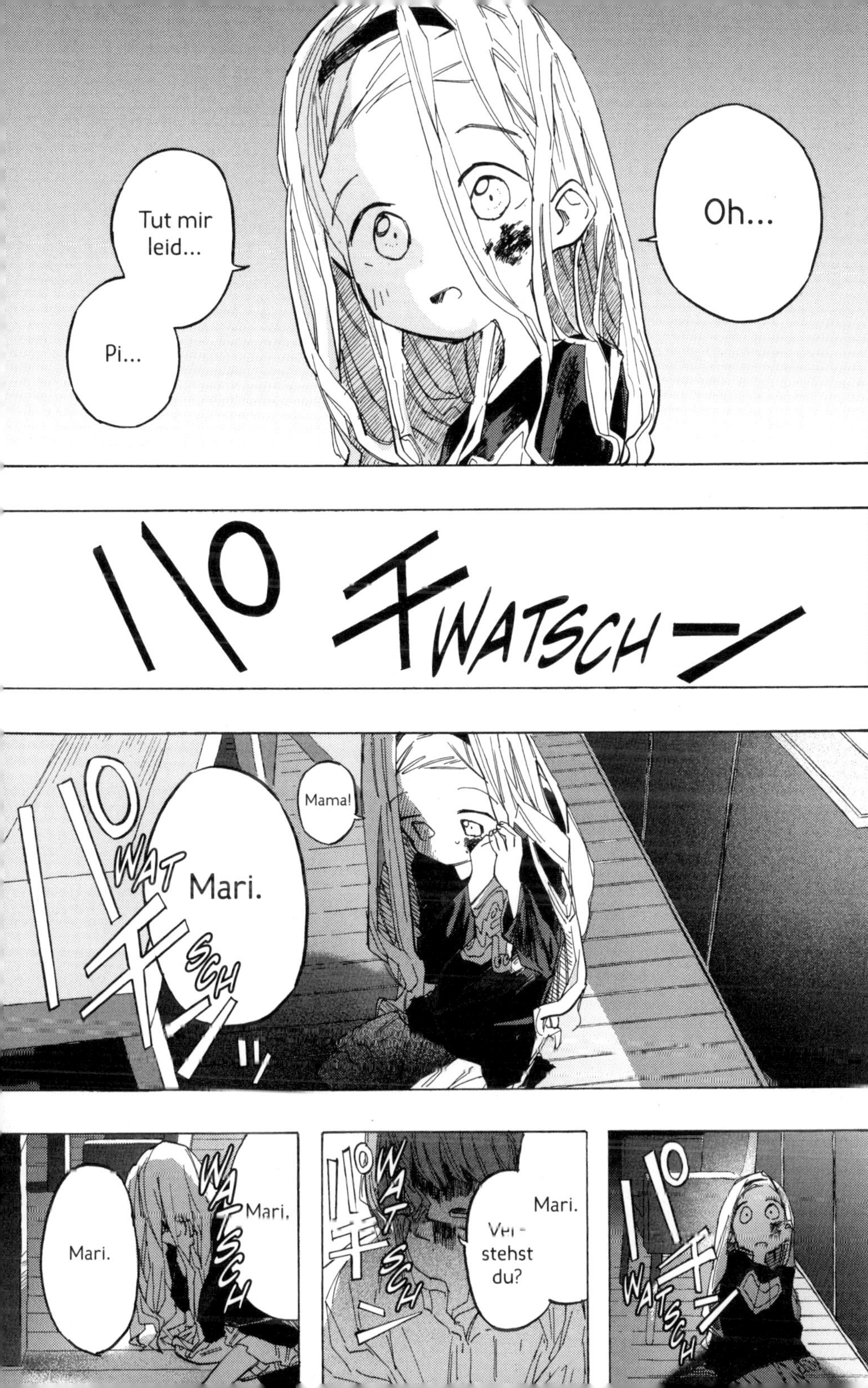
Oh...
Tut mir leid...
Pi...
WATSCH
Mama!
Mari.
WATSCH
WATSCH
Mari.
Ver-stehst du?
WATSCH
Mari.
Mari.
WATSCH

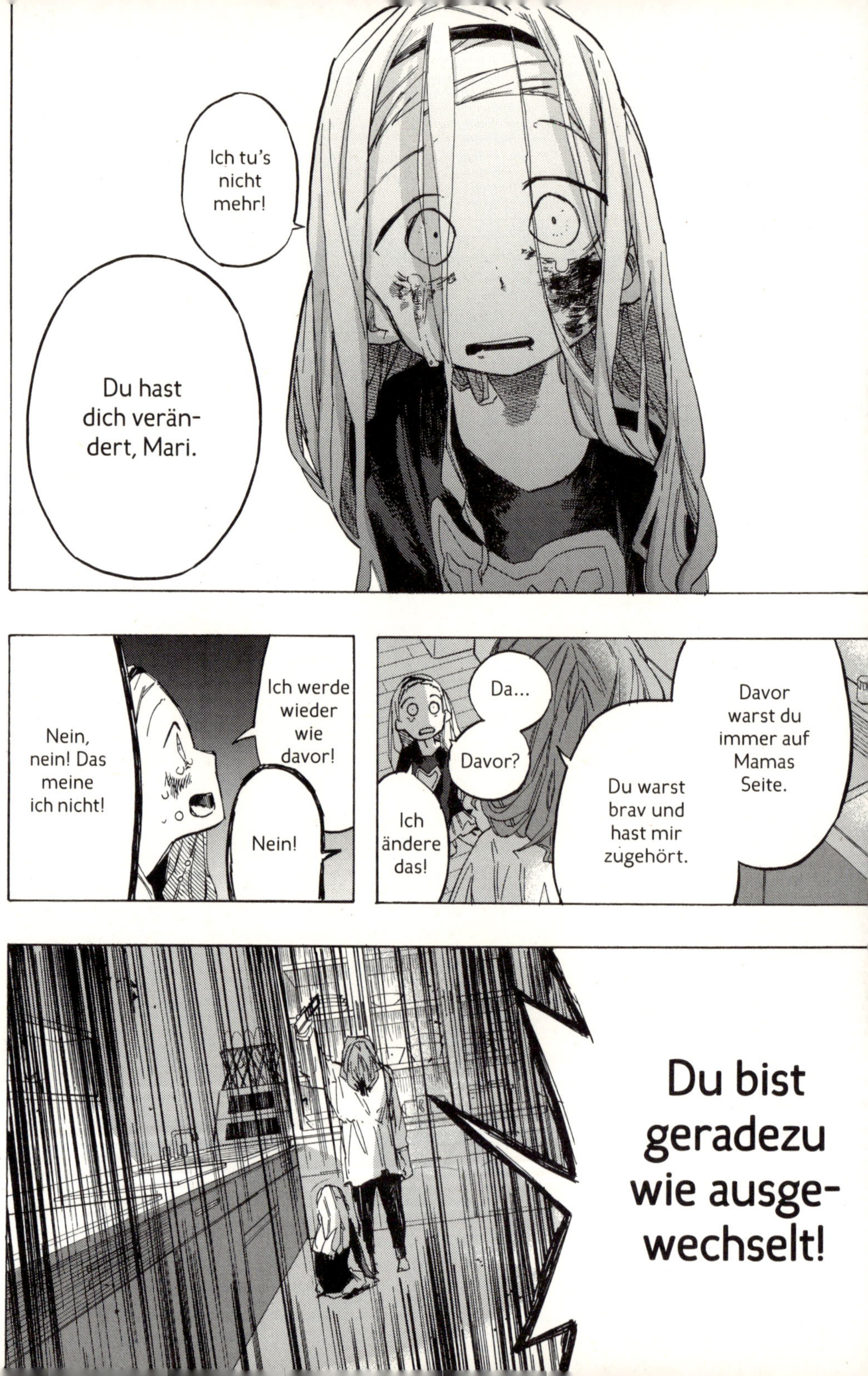
Ich tu's nicht mehr!
Du hast dich verändert, Mari.
Davor warst du immer auf Mamas Seite.
Du warst brav und hast mir zugehört.
Da...
Davor?
Ich ändere das!
Ich werde wieder wie davor!
Nein!
Nein, nein! Das meine ich nicht!
Du bist geradezu wie ausgewechselt!

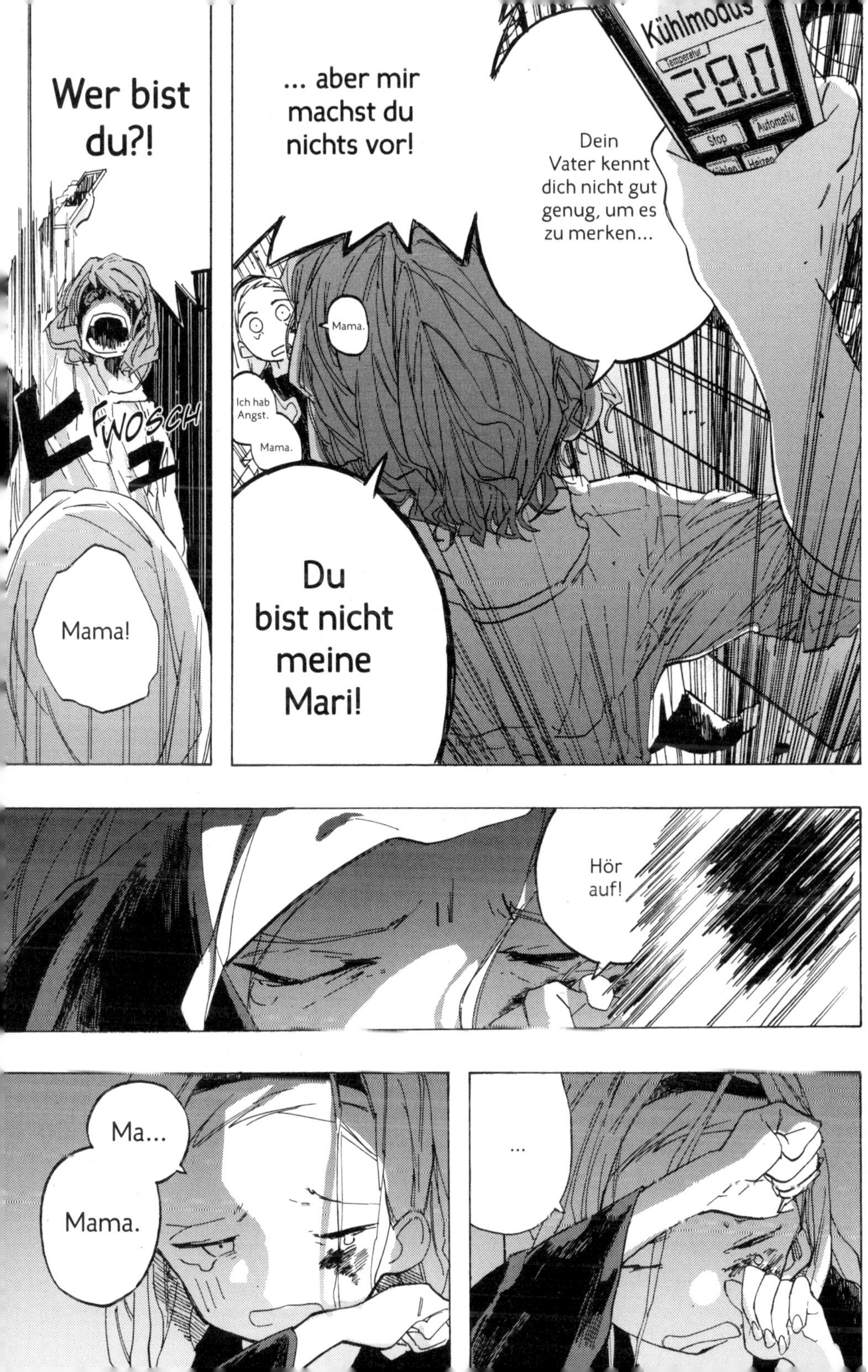

Kühlmodus
Temperatur
28.0
Stop
Automatik
Heizen
Dein Vater kennt dich nicht gut genug, um es zu merken…
… aber mir machst du nichts vor!
Mama.
Ich hab Angst.
Mama.
Du bist nicht meine Mari!
Wer bist du?!
FWOSCH
Mama!
Hör auf!
…
Ma…
Mama.

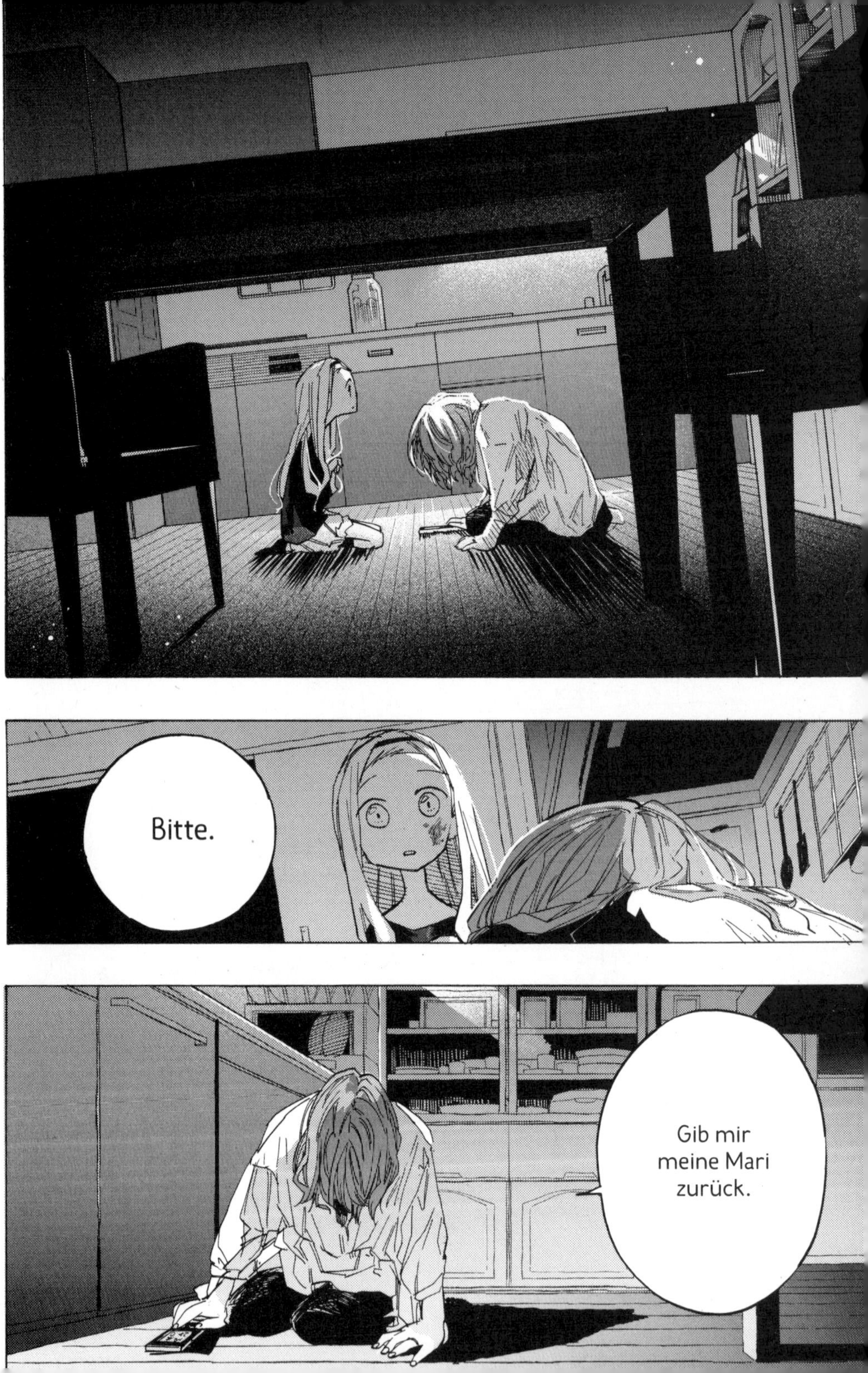
Bitte.
Gib mir meine Mari zurück.

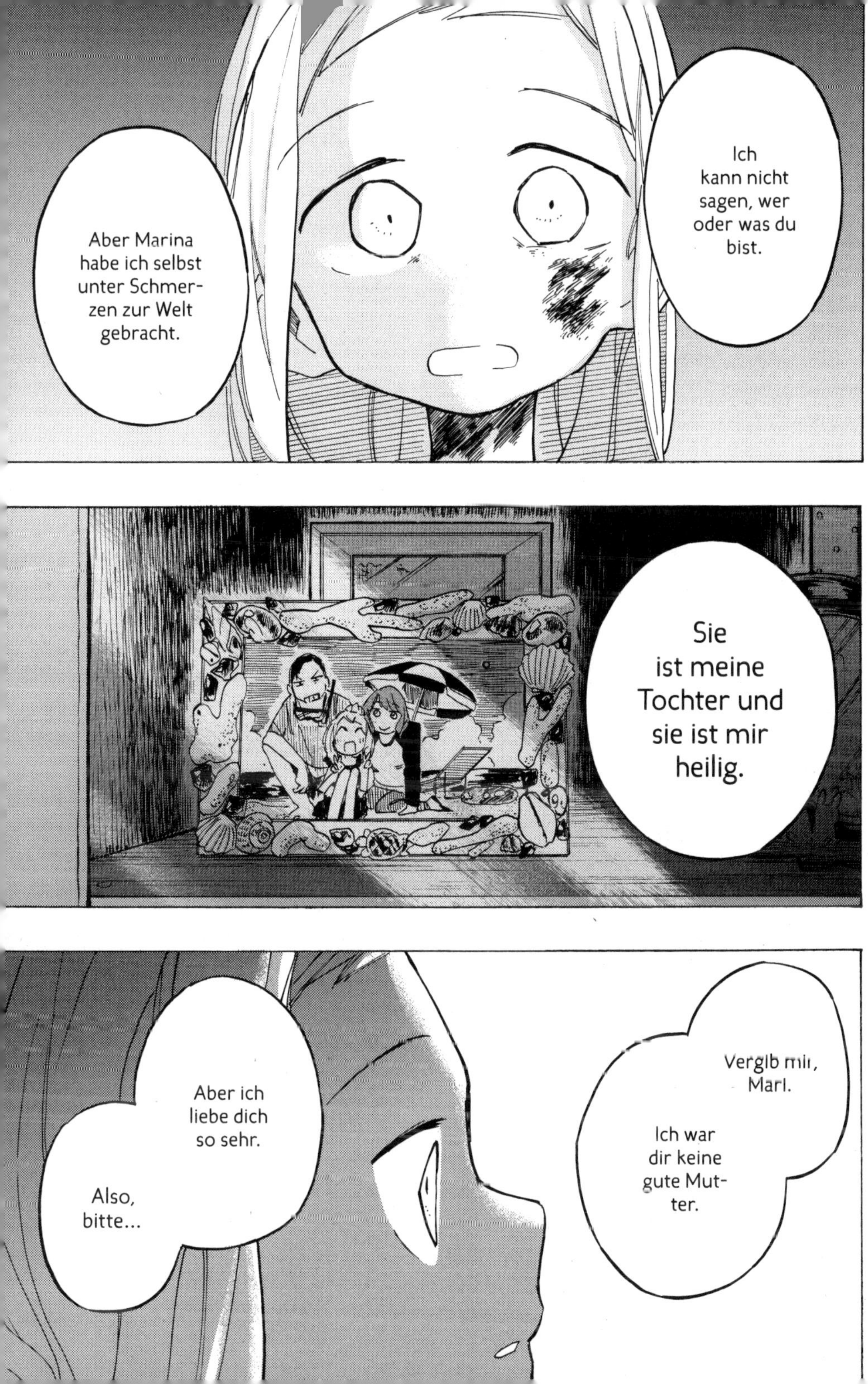
Ich kann nicht sagen, wer oder was du bist.
Aber Marina habe ich selbst unter Schmer-zen zur Welt gebracht.
Sie ist meine Tochter und sie ist mir heilig.
Vergib mir, Mari.
Ich war dir keine gute Mut-ter.
Aber ich liebe dich so sehr.
Also, bitte…

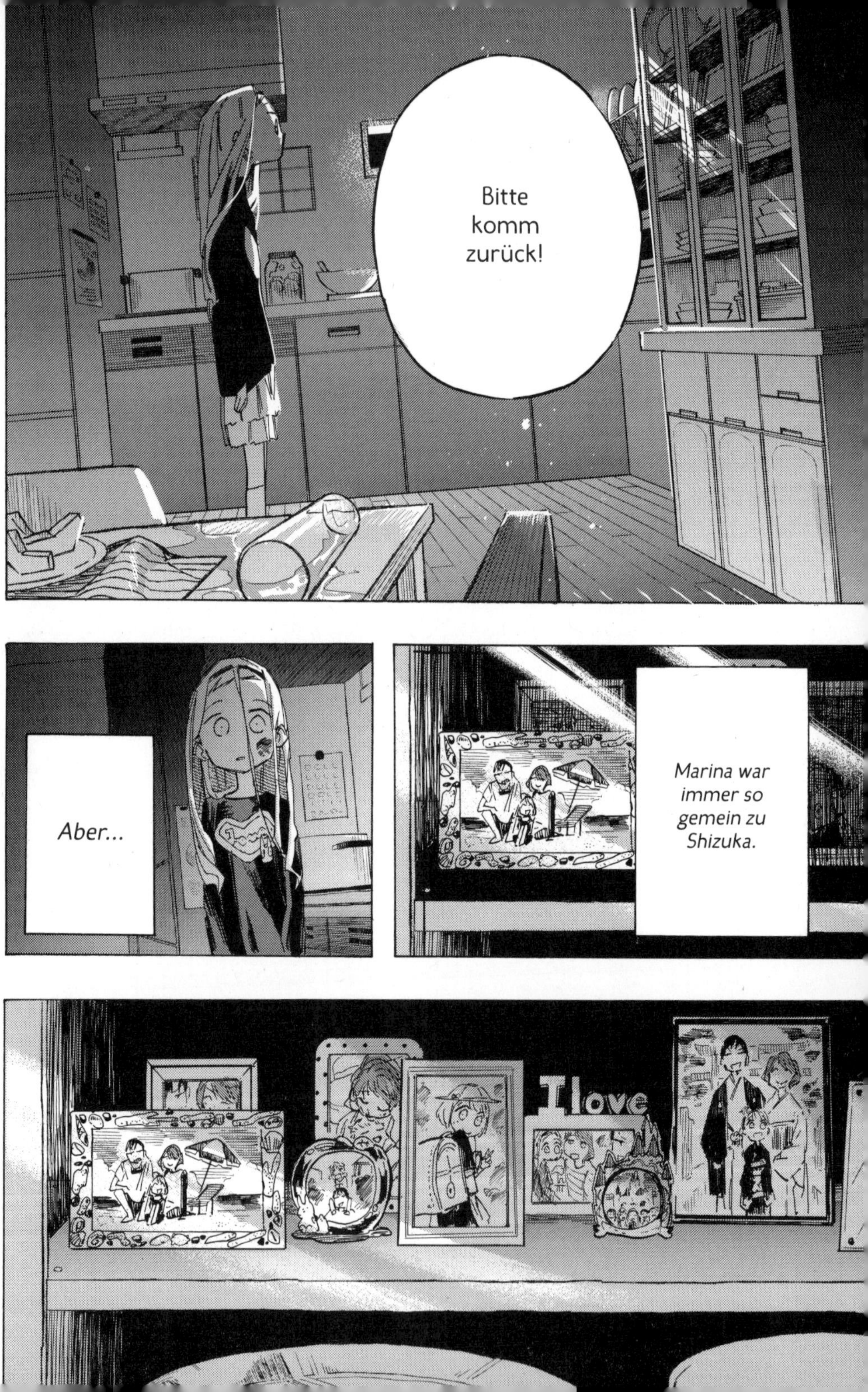

Bitte komm zurück!
Marina war immer so gemein zu Shizuka.
Aber…
I love

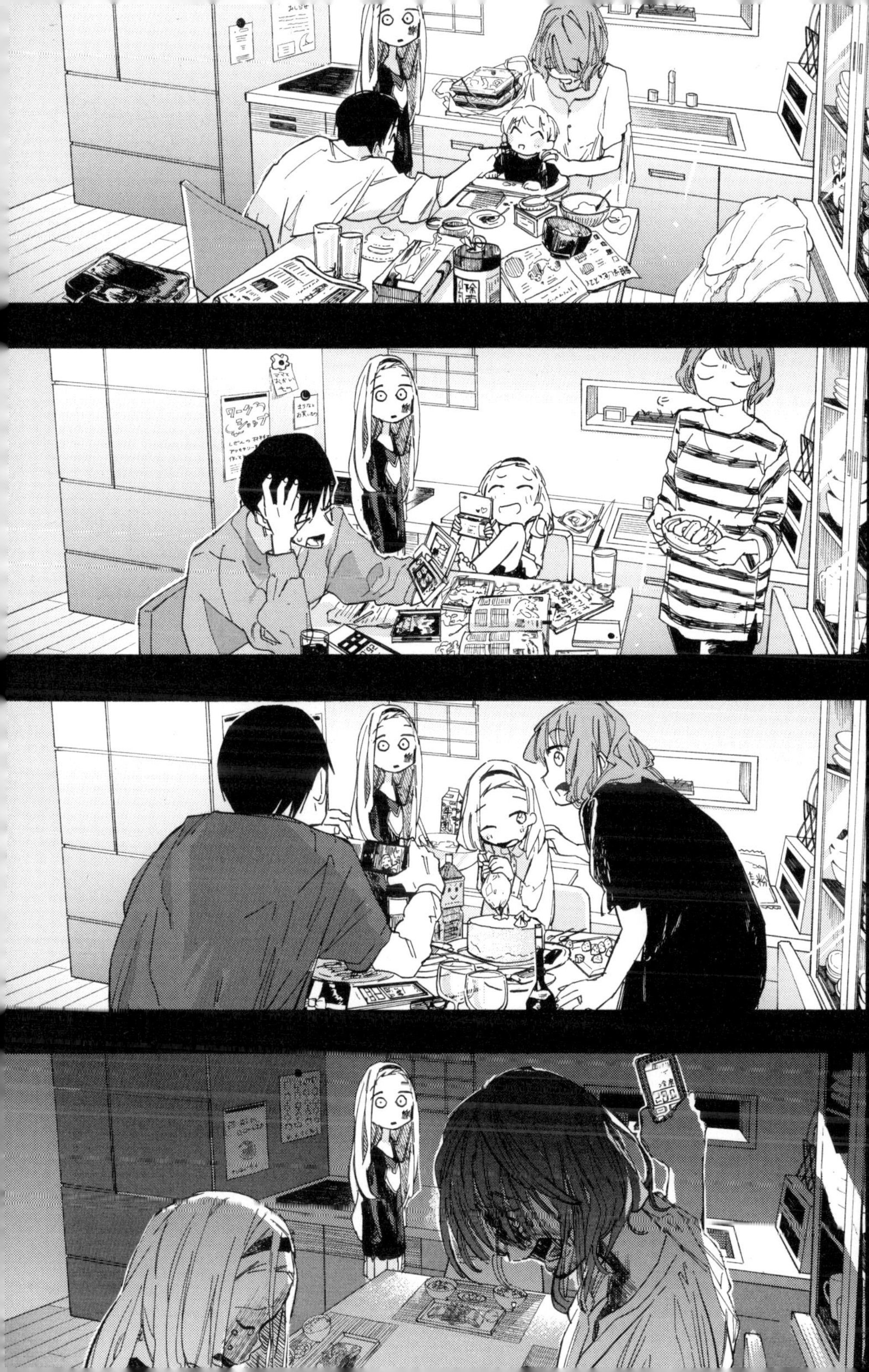
ワークショップ
ママとおかいもの
まりなとお買いもの

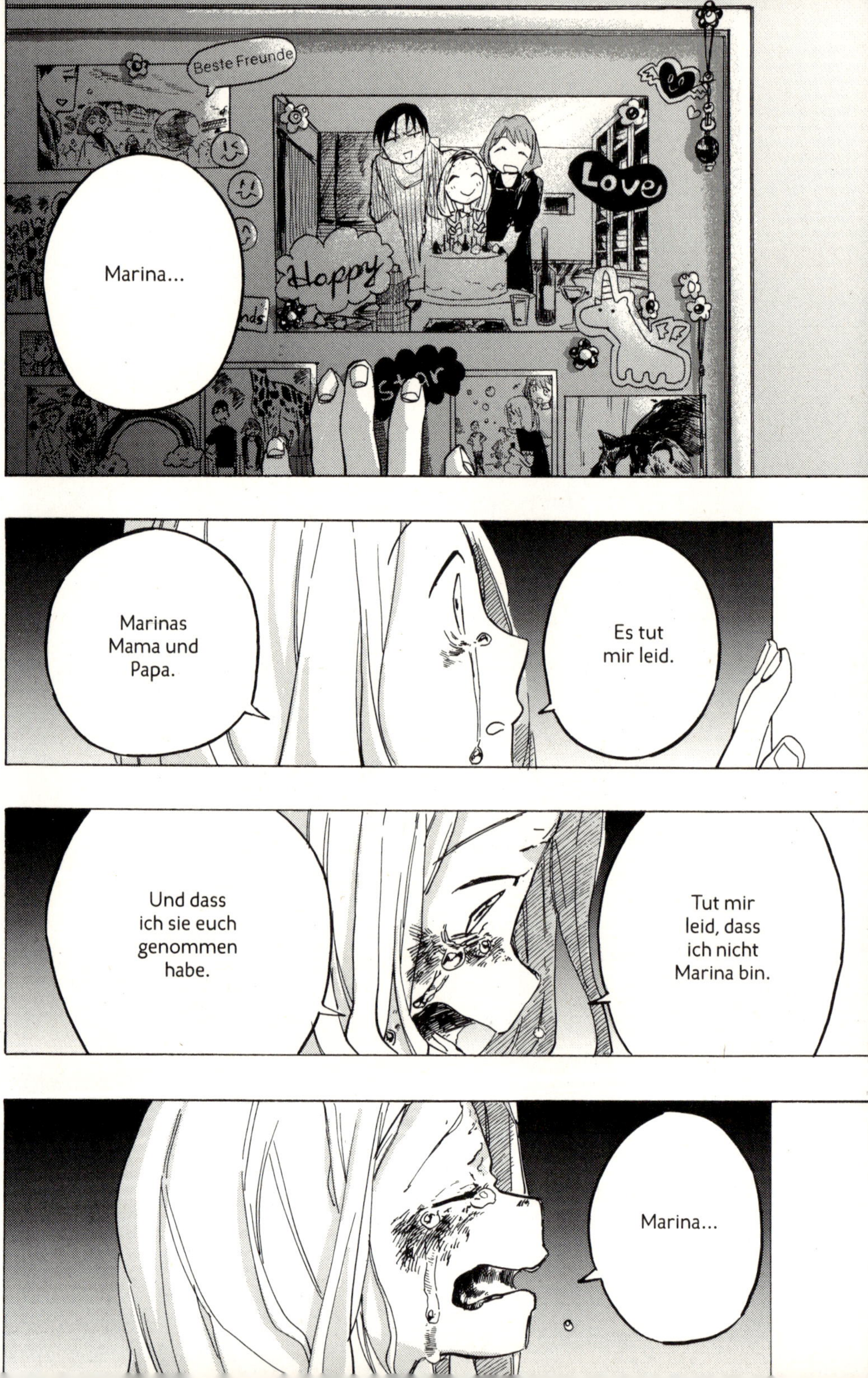
Beste Freunde
Love
star
Marina…
Es tut mir leid.
Marinas Mama und Papa.
Tut mir leid, dass ich nicht Marina bin.
Und dass ich sie euch genommen habe.
Marina…

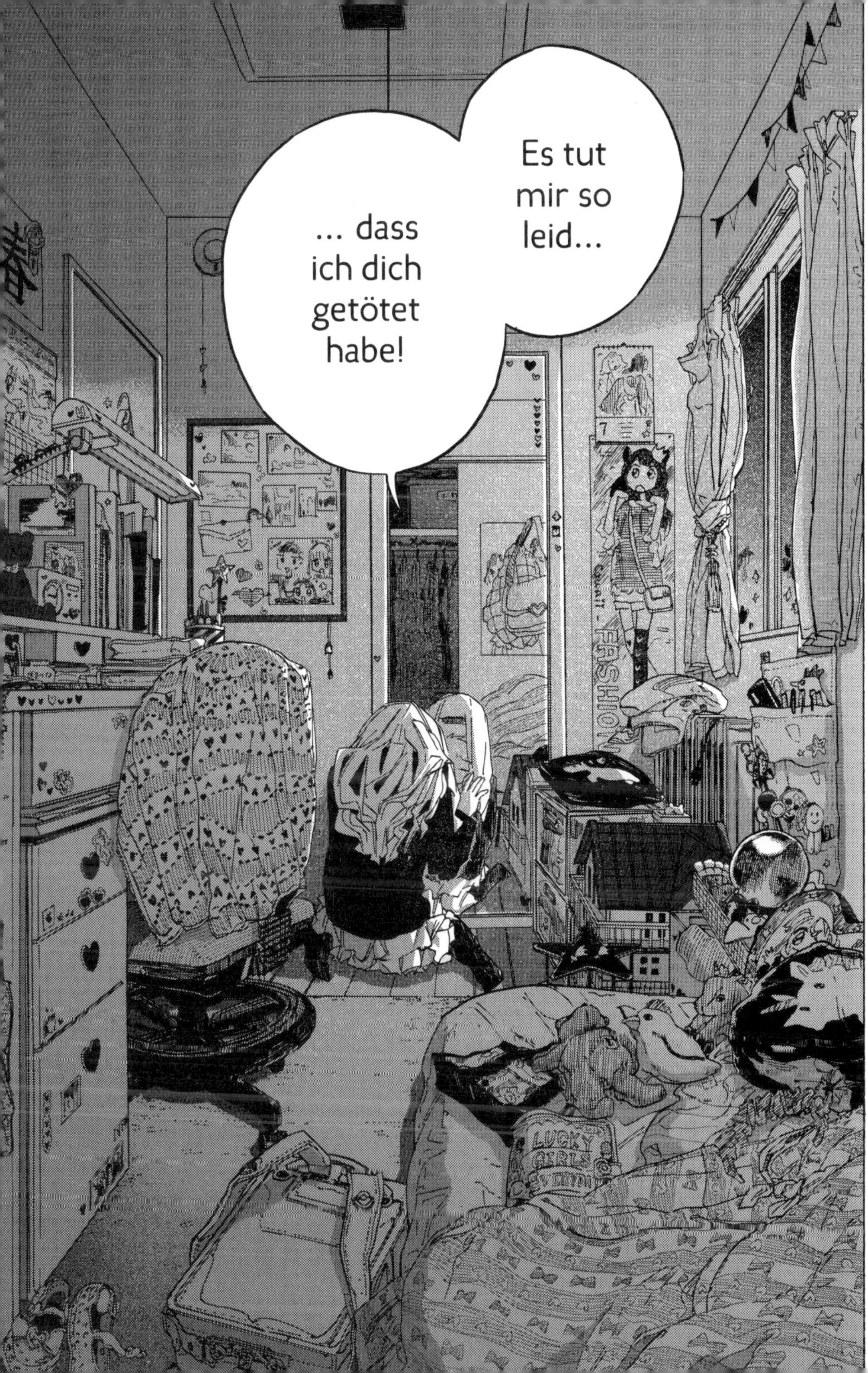
Es tut mir so leid...
... dass ich dich getötet habe!

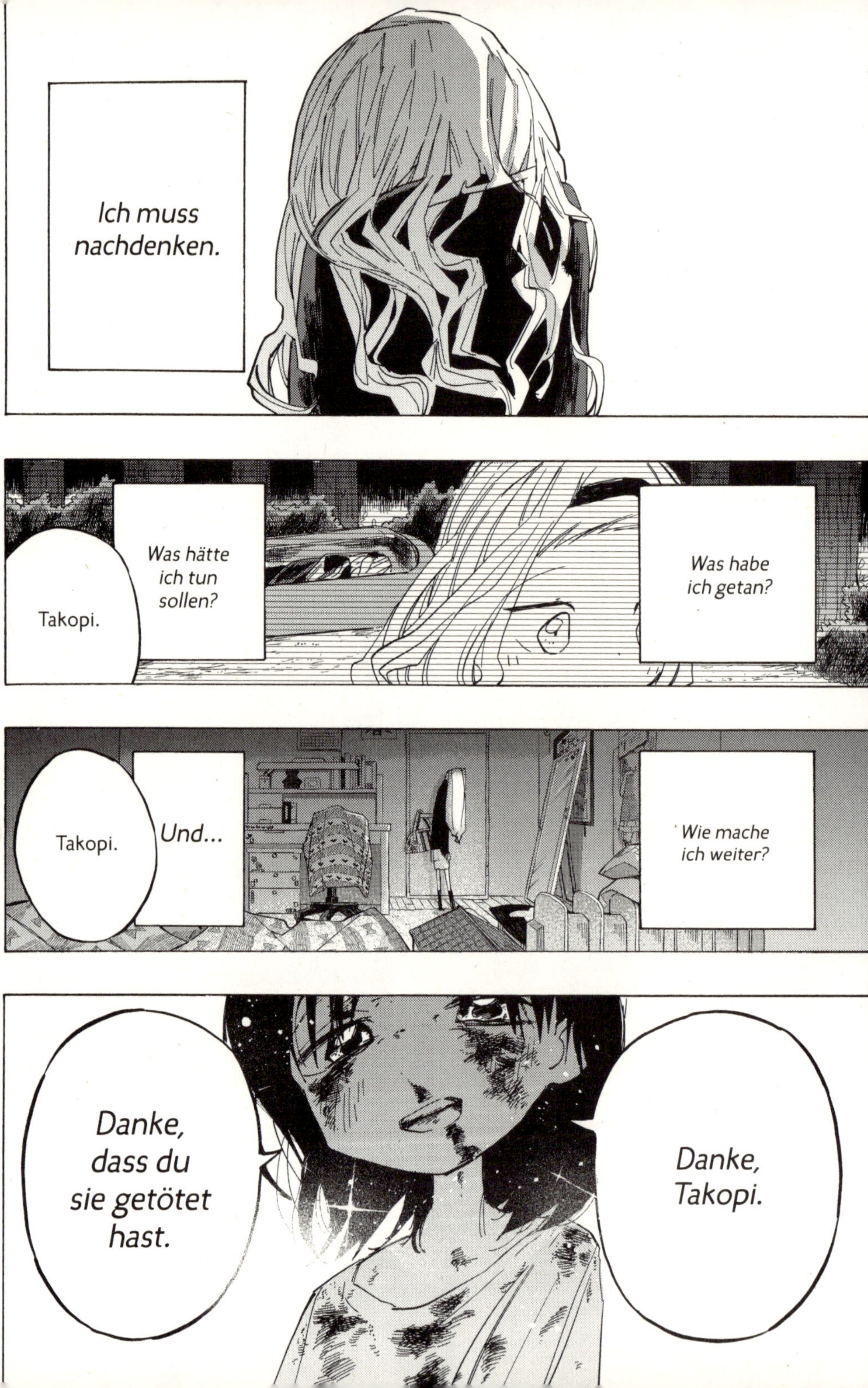
Ich muss nachdenken.
Was habe ich getan?
Was hätte ich tun sollen?
Takopi.
Wie mache ich weiter?
Und…
Takopi.
Danke, Takopi.
Danke, dass du sie getötet hast.

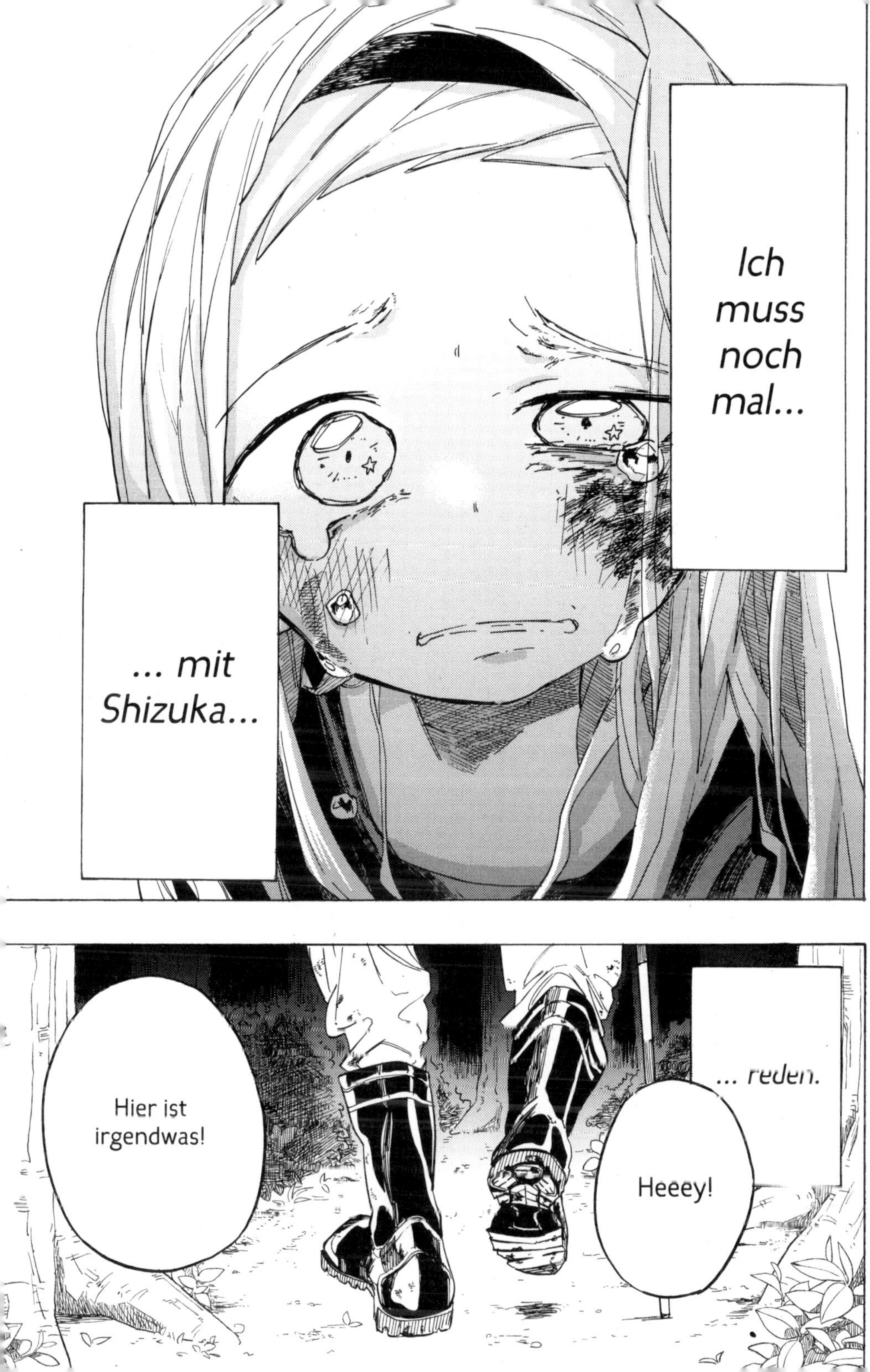

Ich muss noch mal...
... mit Shizuka...
... reden.
Heeey!
Hier ist irgendwas!

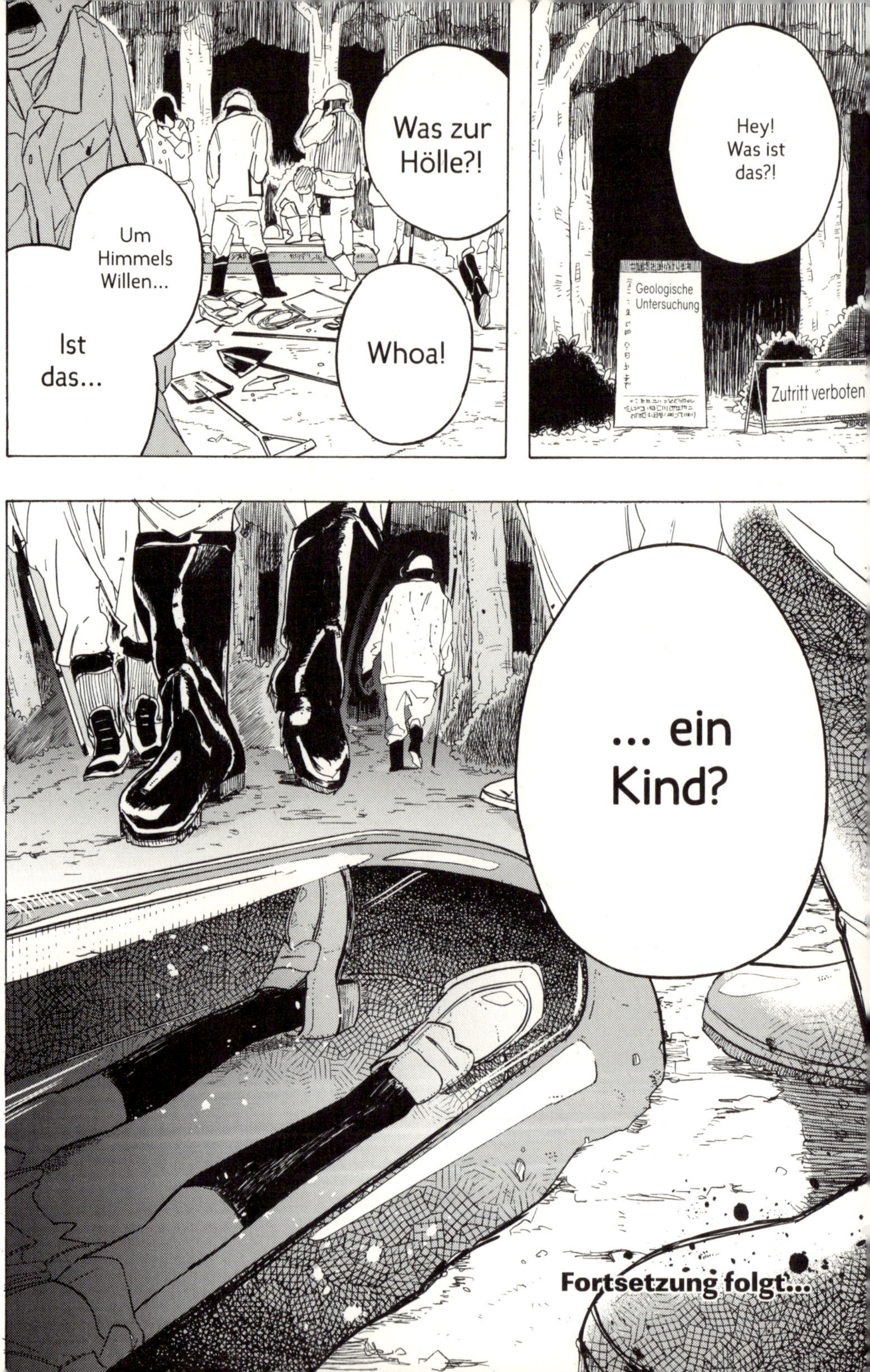
Hey!
Was ist das?!
Geologische Untersuchung
Zutritt verboten
Was zur Hölle?!
Whoa!
Um Himmels Willen...
Ist das...
... ein Kind?
Fortsetzung folgt...

Bonus 4

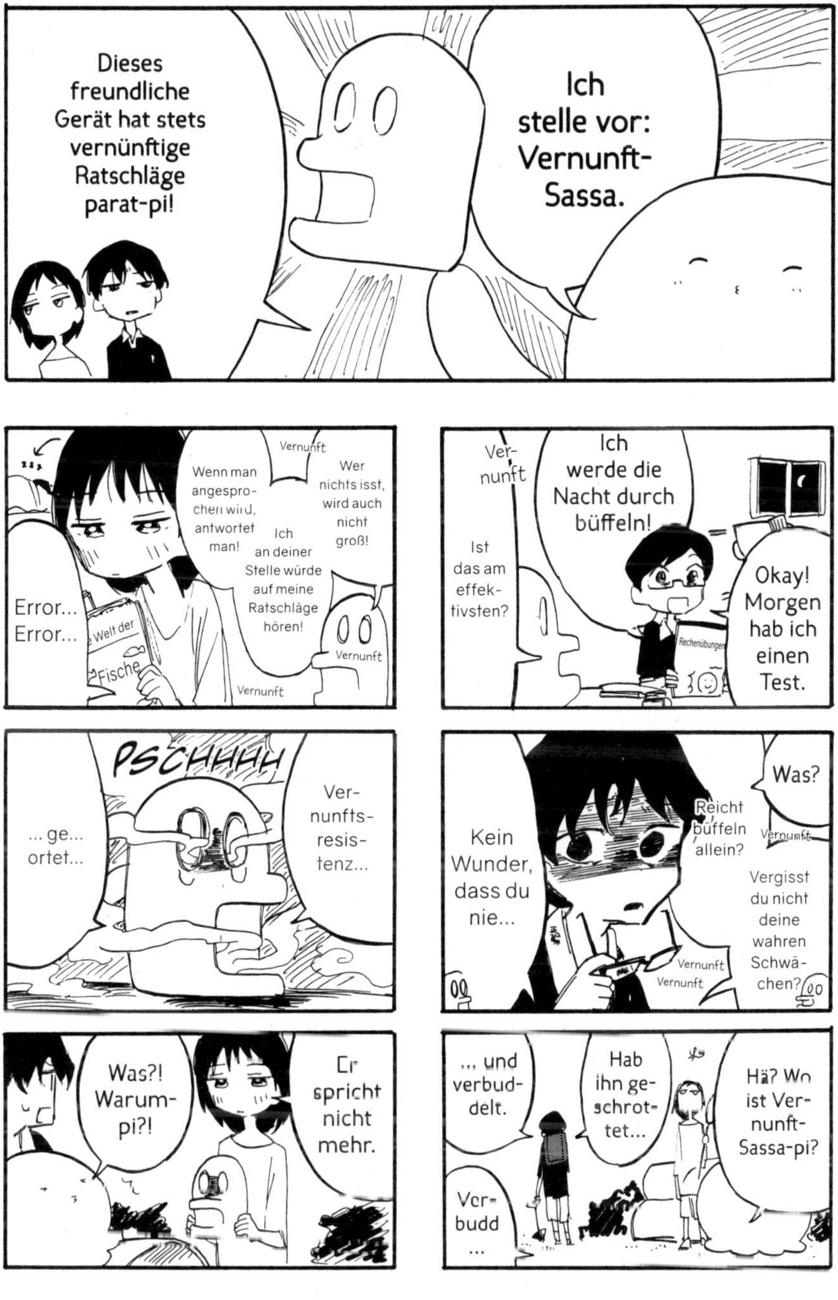

Ich stelle vor: Vernunft-Sassa.
Dieses freundliche Gerät hat stets vernünftige Ratschläge parat-pi!
Okay! Morgen hab ich einen Test.
Ich werde die Nacht durch büffeln!
Ver-nunft
Ist das am effek-tivsten?
Rechenübungen
Was?
Vernunft
Reicht büffeln allein?
Vergisst du nicht deine wahren Schwä-chen?
Vernunft
Vernunft
Kein Wunder, dass du nie...
Hä? Wo ist Ver-nunft-Sassa-pi?
Hab ihn ge-schrot-tet...
... und verbud-delt.
Ver-budd ...
Wer nichts isst, wird auch nicht groß!
Vernunft
Wenn man angespro-chen wird, antwortet man!
Ich an deiner Stelle würde auf meine Ratschläge hören!
Vernunft
Vernunft
Error... Error...
Welt der Fische
PSCHHHH
Ver-nunfts-resis-tenz...
... ge... ortet...
Er spricht nicht mehr.
Was?! Warum-pi?!